Schirmer/Mosel Jubiläumskatalog 1974–2024

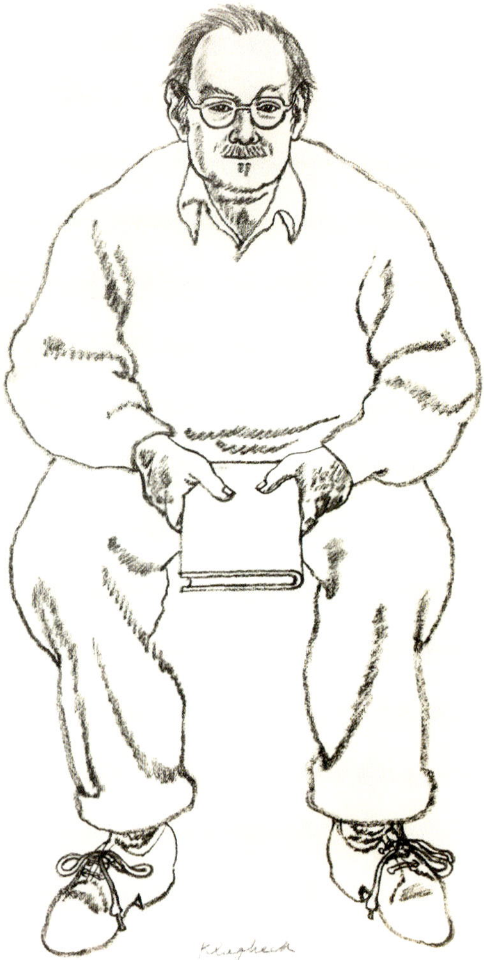

Lothar Schirmer, portraitiert von Konrad Klapheck, 2002

Das Buch der Bücher

Schirmer/Mosel Jubiläumskatalog 1974–2024

Eine illustrierte Bibliographie mit Büchern aus fünfzig Jahren
1825 Titel, 1212 farbige Abbildungen

Zusammengestellt von
Paula von Bornhaupt und Regine Kaiser

Mit einer Einleitung von
Wolfgang Kemp

SCHIRMER/MOSEL
Die Schatzinsel im Büchermeer

Ab den folgenden Seiten finden Sie alle unsere Bücher von

Was es alles gab und gibt

Vorwort des Verlegers

Liebe Freundinnen und Freunde
des schönen Schirmer/Mosel-Buchs,

wenn die vor Ihren Augen hier versammelten Buchtitel und Werke aus den 50 zurückliegenden Jahren der Arbeit und Erfindungen des Schirmer/Mosel-Verlags, die in Wort und Bild und in der willkürlichen Ordnung des Autorenalphabets zusammengestellt sind, auch nur partiell den Wunsch hervorrufen, den einen oder anderen Titel besitzen zu wollen, dann werden Ihnen die Antiquare und Buchhändler der Welt gern dabei helfen, diesen Wunsch zu erfüllen. Und dann hätte außerdem das kleine dicke Buch mit seinen 1212 Bildern und 1825 Titeleintragungen seine Schuldigkeit getan. Es braucht ja nicht gerade den Wunsch hervorzurufen, das Schirmer/Mosel-Programm komplett besitzen zu wollen. Das muss den Staatsbibliotheken Bayerns und der Bundesrepublik Deutschland vorbehalten bleiben. Sie haben per Gesetz geregelt, dass sie alle unsere Bücher geschenkt bekommen.

Jüngst entdeckte ich im Angebot eines New Yorker Buchhändlers im Internet eine komplette Ausgabe von Heiner Bastians fabelhaftem siebenbändigen Werkverzeichnis der Gemälde von Cy Twombly. Es wurde für mehr als zehntausend Euro angeboten, ein stolzer Preis. Da habe ich mir die Augen gerieben und gedacht, dass diese Nachricht doch ein schönes Geschenk sei zum 50. Verlagsjubiläum. Sicherlich ist eine solche Preisentwicklung die Ausnahme, und wahrscheinlich ist da ein gutes Stück amerikanischen Nationalstolzes mit eingepreist.

Ich denke, als Handwerkszeug für Buchhändler, Bibliothekare und Sammler wird das vorliegende Kompendium ein hilfreiches Werkzeug sein. Eine kleine Kulturgeschichte der vergangenen 50 Jahre ist es sowieso, und für Menschen, die sich privat oder beruflich mit Bildern beschäftigen, mag es eine unerschöpfliche Quelle der Erkenntnis, der Inspiration und des Vergnügens sein. So ist es jedenfalls mir ergangen, als ich diese Bücher für Sie produziert habe. »Wat et nit all jit!«, sagt der Kölsche. Ich wünsche Ihnen jedenfalls viel Vergnügen beim Blättern, Schauen, Lesen …

Lothar Schirmer
München, im April 2024

Glamour Collection Lothar Schirmer
79 ikonische Bilder – 1926 bis heute von 45 Meisterfotografen
Mit literarischen Miniaturen zu den Tafeln von 50 zeitgenössischen Autoren und Vorworten von Isabella Rossellini und Lothar Schirmer.
Katalog einer Sammlung, erschienen 2023

50 Jahre, 1500 Bücher, ein Mann mit (mindestens) drei Naturen: Sammler, Verleger, Autor

Wolfgang Kemp

Lothar Schirmer ist Sammler und Verleger. Zu dem Autor kommen wir ganz am Schluss. Mit dem Sammeln von zeitgenössischer Kunst fing Schirmer schon als Schüler an und blieb dabei bis heute. Das kennt man. Und Bücher verlegen, das berufliche Leben lang, kennt man auch. Was den Fall Lothar Schirmer aber so besonders macht, ist das Konzept des Verlegers als Sammler. Der Anlass ist das 50. Verlagsjubiläum, das ist schon klar, aber halten wir für den Aspekt Sammler noch fest, was Alfred Lichtwark diesem Typus zugeschrieben hat und was als Impuls für alles Folgende gelesen werden kann: »Das Höchste zu erreichen ist die Sammlernatur bestimmt, die mit der Gabe der instinktiven Erkenntnis oder mit dem Trieb und Vermögen des Forschers begnadet ist – oder mit beiden. Hier entwickelt der Sammler auf der einen Seite alle Kräfte der Empfindung, die ihn in die Nähe des Künstlers tragen, auf der andern alle Fähigkeiten, die dem Forscher, dem Wissenschaftler eigen sind.«

Der Verleger Schirmer sammelt im großen Stil Künstler und Autoren und bleibt ihnen mit vielen Buchveröffentlichungen treu. August Sander: 16 Bände; Thomas Struth: 20 Bände; Cindy Sherman: 12 Bände; Cy

Twombly: 39 Bände; Joseph Beuys: 43 Bände; Bernd und Hilla Becher: 24 Bände; Helmut Newton: 16 Bände. Es geht auch kleiner und dafür aparter: Isabella Rossellini, nur fünf Bände, aber welch ein Fächer an Titeln: *Some of Me – Looking at Me – Im Namen des Vaters, der Tochter und der Heiligen Geister – Green Porno – Meine Hühner und ich.*

Manche Künstler und Künstlerinnen hat Schirmer verlegerisch begleitet. Von den gerade aufgezählten gehören die Bechers, Struth, Newton, Sherman dazu. Für andere wie für Twombly hat er eine große verlegerische Retrospektive veranstaltet, einen Catalogue Raisonné in vier Sektionen für Malerei, Bildhauerei, Zeichnungen und Fotografie. August Sander, mit dem Schirmer/Mosel vor 50 Jahren anfing (wenn wir eine Samisdat-Publikation über Beuys unterschlagen, Abb. S. 11), war schon zehn Jahre tot, als Schirmer die *Rheinlandschaften* publizierte, aber Sander brachte für Schirmer und sein Verlagskonzept mehr mit als ein weitgehend unveröffentlichtes Œuvre, das katalogmäßig aufgearbeitet werden musste. Sander war als Autorenfotograf ein Sammler. Als ambulanter und als Studio-Fotograf lichtete er täglich Menschen ab und tat dies, ab den 20er Jahren mit der Idee im Hinterkopf, das Gelegenheitsbild vielleicht ein zweites Mal als Beleg für ein Gesellschaftspanorama gebrauchen zu können. Auf Medienebene hieß das Fotobuch, Bildband, Sammelband. Zu Lebzeiten war Sander nur eine Art Vorschau dieses Projekts gestattet: *Antlitz der Zeit*, erschienen 1929. Erst Lothar Schirmer konnte in Zusammenarbeit mit Sanders Sohn Gunther und dem Kunsthistoriker Ulrich Keller *Menschen des 20. Jahrhunderts* (1980) vollenden, erst als einbändiges Buch und dann 2002 als siebenbändige Ausgabe, die von Susanne Lange, Gabriele Conrath-Scholl und dem Enkel Gerd Sander betreut wurde. Der von Sander gewählte Titel ist wahrhaft unbescheiden, »Menschen des 20. Jahrhunderts« hieß de facto deutsche und mehrheitlich rheinländische Menschen aus den vier Jahrzehnten vor dem Zweiten Weltkrieg. Aber diese Großzügigkeit erlaubte sich einer, der sich ein Bild

Joseph Beuys. Zeichnungen 1947–59 I
Mit einem Gespräch zwischen Joseph Beuys und Hagen Lieberknecht, geschrieben von Joseph Beuys. Das erste Buch, verlegt von Lothar Schirmer 1972

des Ganzen zutraute und die Fotografie für geeignet hielt, diese »Jahrhundert«-Aufgabe zu stemmen. Ich meine, dass Lothar Schirmer nicht von ungefähr mit diesem Fotografen angefangen und mit ihm weitergearbeitet hat: Das Unvollendete des Werks und die Fülle des erhaltenen Materials bedeuteten auch in konservatorischer und drucktechnischer Hinsicht einen großen Lernprozess, sie forderten editorisches und verlegerisches Engagement, wie es für die Betreuung kompletter Lebenswerke von Fotografen und Fotografinnen noch nicht geleistet worden war. Am wichtigsten war aber das Vertrauen in die Fotografie als Kunstform. Schirmer/Mosel trug entscheidend dazu bei, dass in den letzten 50 Jahren aus Anspruch Selbstverständlichkeit wurde. Schirmer kann also beides: erstens den nächsten Band eines »seiner« Autoren verlegen und dessen Lebenswerk kumulieren lassen und zweitens ein bereits komplettes Œuvre betreuen, wie er das für Sander, Twombly und Beuys getan hat.

Sander pflegte noch historisch anerkannte Genres wie Portrait, Landschaft, Architektur. Mit den Bechers kam es zu der für die Epoche der 60er und 70er Jahre so typischen Themenerweiterung, zu der Erschließung von Alltag, Pop- und Objektkultur, Anonymer Architektur etc. Es wurde nun gezielt für Foto-Bücher gearbeitet. Legendär sind, was die Vor-Schirmer-Zeit anbelangt, die *Twentysix Gazoline Stations*, die Ed Ruscha im Jahr 1963 in eigener Regie herausbrachte. Ein Künstlerbuch, in dem ein Künstler nicht seine Werke abbildete, sondern »Ready-mades« am Straßenrand auflas und ohne künstlerischen Anspruch fotografierte. Aber für höchste Qualität sorgte, was Reproduktionsdruck und Typographie anbelangte. Ruscha hatte Graphikdesign studiert und war bei einer Druckanstalt für exklusive Künstlerbücher in die Lehre gegangen. Ein künstlerisches Konzept zu haben und am Grund zu fischen, musste nicht eine Vernachlässigung der Ästhetik bedeuten. Und das gilt von Anfang an auch für den Schirmer/Mosel-Verlag, der mit Lothar Schirmer und Erik Mosel zwei Buchgestalter besaß, die mit einer gewissen Ulmer

Strenge auftrumpften: sehr hartes Weiß, sehr hartes Schwarz, im Layout kein Collagieren, kein Sampling von Bildern und Texten auf der Seite, aber ein rührendes Festhalten an der serifenlosen Schrift. Das Bild spielt die Hauptrolle; seine Präsenz ist zugleich selbstbewusst und bescheiden. Bescheiden im Sinne von: der Bedingungen seines Erscheinens bewusst. Es darf nicht bis zum Rand gehen, freigestellt heißt bei Schirmer/Mosel ein fein austarierter weißer Grund, denn wir sollen nicht vergessen: dieses Bild steht in einem Buch. Andere Layouter glauben, sie würden dem Bild mit einem randlosen Dasein etwas Gutes antun, sie füllen aber nur.

Natürlich machte der Verlag den Übergang zur Farbe mit – genau so, wie die Schüler und Schülerinnen der Bechers von deren dunkelgrauem Austerity Regime Abstand nahmen und ins Fach Farbe wechselten und das Digital-Programm der Filter mühelos beherrschen. Aber – ich bin wieder bei Schirmer/Mosel und berühre ein kleines Wunder – die Farb-Repros sind sehr korrekt, weder hochgespritzt noch gedimmt, aber sie wirken auf mich, als hätte das Farbfoto nur den angestammten Platz einer Schwarzweiß-Fotografie ersatzweise übernommen. Vielleicht kommt das vom zu vielen Sehen von Schirmer/Mosel-Büchern, vor allem früherer.

Was aber die Texte anbelangt, so galt von Anfang an und immer noch, wenn auch eingeschränkt, ein anderes Anspruchsniveau. Schirmer setzte der Formel »mit einem Vorwort von« ein Ende. Vor Schirmer kamen Fotobücher mit der Bauchbinde eines kurzen Textes heraus, für den man einen möglichst bekannten, aber in Sachen Fotografie völlig unbelasteten Autor gewonnen hatte: Ernst Jünger hat in seinem Leben fünf Fotobildbände eingeleitet, das ist wenig bekannt. Döblin bevorwortete Sander, Gerhart Hauptmann schrieb für Kurt Hielscher, und Heinrich Zille wurde als Fotograf von dem bekannten Berliner Kritiker Friedrich Luft der Welt vorgestellt. Schirmer machte das anders. Er wollte für die Bilder mehr herausholen und so ihre Prominenz rechtfertigen, und dafür beschäftigte er eine Generation junger Kunsthistoriker, die bereit waren, die Fachenge zu überwinden und die einige neue Ideen mitbrachten. Das war lange bevor Medientheorie und Medienwissenschaft zur Leitdisziplin der Geisteswissenschaften aufstiegen. Mit dieser Herausforderung und natürlich wie immer mit der Nase für die Richtigen hat Schirmer auch ein Stück Geschichte der Kunstgeschichte geschrieben.

Als wir anfingen: Schirmer mit seinem ersten Buch, ich mit meinem ersten Buch, demselben Buch, gab es in der Bundesrepublik *einen* renommierten Kunsthistoriker, der auch und gelegentlich über Fotografie schrieb. Von Josef Adolf Schmoll gen. Eisenwerth, einem Münchner Kollegen, Jahrgang 1915, ist die Rede; er hat auch zwei kleinere Beiträge zu Schirmer/Mosel-Büchern beigesteuert (*Eine neue Kunst? Eine andere Natur! Fotografie und Malerei im 19. Jahrhundert* und *Toni Schneiders. Photographien 1946–1980*). Mit »kleinere Beiträge« spiele ich auf die Folgen der Tatsache an, dass der Verlag sich am großen Geschäft der Erstellung und Veröffentlichung von Ausstellungskatalogen beteiligte, für die andere Standards bei den Textbeiträgen gelten. Ausstellungskataloge mit vielen hundert Seiten und Bildern sind die große Neuerung der Zeit seit den 70er Jahren. Für die Verlagsbranche bedeutete die Zusammenarbeit mit Institutionen, dass sich nun für sie der Sesam öffnete, zu dem vorher nur Wissenschaftsverlage Zugang hatten: Drittmittel ist das Zauberwort. Und bei Ausstellungen von Künstlern der neueren Zeit ergaben sich zur gleichen Zeit erhebliche Einsparungen in Bezug auf Reproduktionsgebühren. Da gilt die sogenannte »Katalogbildfreiheit«, die auch Erzeugnisse der »Lichtbildkunst« einschließt.

Letzterer Punkt bedarf einer kleinen Abschweifung: Als die Gesetzgeber das Urheberrecht auch auf Fotografien erweitern wollten, fühlten sie sich verpflichtet, Werke »mit lichtbildnerischer Besonderheit« vom »Schnappschuss« zu unterscheiden. Ein »Lichtbildwerk« ist geschützt, wenn es eine

»Gestalthöhe« und »eindringliche Aussagekraft« besitzt: »dank ungewöhnlicher Perspektive, Verteilung von Licht und Schatten oder Kontrastgebung und Tiefenschärfe eine über die Wiedergabe des gegenständlichen Motivs hinausgehende Stimmung« etc. Diese Kriterien würden die Tankstellen Ruschas und die Wassertürme der Bechers ausschließen. Wenn diese »Lichtbildwerke« dennoch »eigenschöpferische Prägung und Gestaltung« erreichen, dann gelingt ihnen das, indem sie die ästhetischen Maßstäbe der Gesetzgeber unterlaufen und dadurch »ungewöhnlich« sind. Aber dieses Argument greift zu kurz, weil es vom einzelnen »Lichtbildwerk« ausgeht. Es zählen aber jetzt die Prinzipien des neuen »ästhetischen Aktes«, als da sind: die Serialität, das Konzept, die Arbeitsleistung.

Aber zurück zum Format Ausstellungskatalog. Öffentliche Subventionen, Katalogbildfreiheit sowie kostensparende Techniken im Vierfarbendruck haben es groß und mächtig gemacht. Was die publizistische Praxis der Kunstwissenschaftler innerhalb und außerhalb der Museen angeht, so ist zu beobachten, dass viele der großen Museen, mit dem Katalog-Machen beschäftigt, ihre eigenen Zeitschriften und Jahrbücher eingestellt haben. Weiterhin fällt auf, dass die Textbeiträge mehr und kürzer werden. »Mit Texten von« heißt, dass mindestens sechs Namen folgen – in einer Schirmer/Mosel-Publikation habe ich 13 »Texte von« gezählt. Dreierlei ist also passiert: Buch und Ausstellung gehören nun als Doppelpack zusammen, die Verantwortung für beides liegt beim Veranstalter der Ausstellung, das Buch, der Katalog schließt sich dem Format des Sammelbandes an und damit der zweiten Publikationsform, die sich seit den 70er Jahren massiv durchgesetzt hat. Dass der Ausstellungskatalog als Sammelband den Besuchern der Ausstellung nicht hilft, liegt nicht nur an seinem Gewicht. Wir sprechen von Strukturen, die sich seit 50 Jahren verselbständigt haben, und das heißt, man kann und will nicht mehr anders. Ein freiwilliges Zurück gibt es nicht, sagt Robert Musil.

Dass der Schirmer/Mosel-Verlag kein klassischer Ausstellungskatalog-Verlag ist, sei mit Erleichterung vermerkt. Es ist auch klar, warum das so ist. Dass etwas in sein Programm passt, ist für Lothar Schirmer nicht genug. Dass es auch anders geht, zeigen die beiden folgenden Kataloge: *Von Beuys bis Cindy Sherman. Sammlung Lothar Schirmer* mit einem Essay von Wolfgang Kemp (1999) und *Joseph Beuys im Lenbachhaus und Schenkung Lothar Schirmer* mit einem Text von Lothar Schirmer (2013). Genug des Eigenlobs! Viel wichtiger ist: Es hat sich ein Kreis geschlossen. Auf ihm haben wir folgende Positionen markiert: Der Verleger Schirmer sammelt Autoren und Künstler, denen er möglichst viele Publikationen abgewinnt. Nicht wenige dieser Schirmer/Mosel-Künstler generieren Sammlungen und Serien, die nicht nur in Buchform verbreitet, sondern als Originale zum Teil in die Sammlung Schirmer übergehen und aus dieser heraus, neu selektioniert und arrangiert, wieder in Schirmer/Mosel-Bücher überführt werden. Als Kandidat für den Deutschen Nachhaltigkeitspreis sei hiermit folgendes Buch vorgeschlagen – ich referiere in der Reihenfolge, die der Umschlag vorgibt (Abb. S. 8): »*Glamour Collection Lothar Schirmer* / Mit einem Vorwort von Isabella Rossellini«. In diesem Band ist Schirmer als Ideator, Sammler, Besitzer, Arrangeur, Freund und Autor aktiv. Und das bringt uns auf einen Verdacht bzw. zu der Einsicht, dass unser Beharren auf den Kategorien Sammeln, Sammlung, Sammelband etc. dringend der Korrektur durch ein anderes S-Wort bedürfte. Wie wäre es mit Selbstverlag? Als Autor ist Lothar Schirmer mit 14 Titeln in seinem Verlagsprogramm vertreten. Damit zählt er noch nicht ganz zu den Topscorern des Hauses, aber wenn wir die »more than 1500 books« dazuschlagen, die Lothar Schirmer als Herausgeber betreut hat, ist er unschlagbar. Für »im Selbstverlag« sagte man früher »Privatdruck«. Seien wir froh und dankbar, dass er uns allen den Zutritt zu seinem offenen Verlagshaus gewährt hat und dass viele andere Autoren – das Namensregister zählt 2126 – neben ihm Platz fanden. Ad multos libros!

Illustrierte Bibliographie von A *bis* Z

Die entstandenen Bücher aus der Zeit vom 1. April 1974 bis 1. April 2024 sortiert nach Autorenalphabet. Bei mehreren Titeln eines Autors erfolgt der Titeleintrag chronologisch nach Erscheinungsjahr.

Redaktionsstand 1. April 2024

1945

1945. *Ikonen eines Jahres.*
Hrsg. von Lothar Schirmer. Mit einem Text von Norbert Frei. 2015.
21 x 30 cm, 216 S., 108 Abb.,
brosch., ISBN 978-3-8296-0715-5

Die bibliothekarische Gepflogenheit, numerische Titel vor alphabetische Titel zu stellen, war die Ursache, dass unser Buch *1945. Ikonen eines Jahres* am Anfang der Bibliographie steht. Das ist insofern stimmig, weil Lothar Schirmer, der Verleger und Herausgeber dieses Bandes selbst im Jahr 1945 seine ersten Atemzüge auf dieser Welt getan hat. Seine Geburt am 1. Februar 1945 in der thüringischen Kleinstadt Schmalkalden ist sozusagen der Anfangspunkt.

A

VON ABBOTT BIS AVEDON

Abbott, Berenice.
Bonnie Yochelson, *Berenice Abbott – Changing New York. Photographien aus den 30er Jahren.*
Hrsg. vom Museum of the City of New York. Dt. von Marion Kagerer. 1997.
25,2 x 33 cm, 400 S., 420 Abb.,
geb., ISBN 3-88814-882-0
verkl. NA, geb. 1999: 646-1
brosch. 2002: ISBN 3-8296-0021-6 / 978-3-8296-0021-7

Addams, Chas. *Häusliche Höllen.*
Hrsg. von Tee Addams. Mit einem Vorwort von Wilfried Sheed. Dt. von Michael Farin und Birgit Mayer. 1991.
24,5 x 30 cm, 168 S., 156 Abb.,
geb., ISBN 3-88814-366-7
frz. Ausg. 1992: 564-3

–, *Störfall im Paradies.*
Hrsg. von Tee Addams. Mit einem Vorwort von Cecil Beaton. Dt. von Jörg Trobitius und Michael Farin. 1992.
24,5 x 30 cm, 176 S., 170 Abb.,
geb., ISBN 3-88814-466-3
frz. Ausg. 1992: 612-7

Adam, Peter *siehe* **Gray, Eileen**

Ades, Dawn *siehe* **Dali, Salvador**

Agamben, Giorgio. *Pulcinella oder Belustigung für Kinder.*
Dt. von Marianne Schneider. 2018.
18 x 23 cm, 152 S., 64 Abb.,
geb., ISBN 978-3-8296-0852-7

Agee, James / Walker Evans. *Preisen will ich die großen Männer. Drei Pächterfamilien.* Mit einem Nachwort von Joachim Sartorius. Dt. von Karin Graf. 1989.
15,5 x 23,5 cm, 536 S., 61 Abb.,
geb., ISBN 3-88814-287-3
brosch. 1993: 666-6

Aguado, Olympe.
Wolfgang Kemp, *Olympe Aguado. Fotografie am Hof Napoleons III.* 2023.
16,5 x 23,5 cm, 120 S., 43 Abb.,
geb., ISBN 978-3-8296-0977-7

Alaïa (Magier der Mode).
Mit einem Text von François Baudot. Dt. von Marietta Piekenbrock. 1996.
15,5 x 21,5 cm, 80 S., 51 Abb.,
geb., ISBN 3-88814-816-2

Albers, Josef. *Photographien 1928–1955.* Hrsg. von Marianne Stockebrand. Mit Texten von Josef Albers, Brenda Danilowitz, Kelly Feeny, Nicholas Fox Weber, Stefan Kraus, Brigitte Reinhardt und Marianne Stockebrand. Dt. von Martina Tichy, Jörg Trobitius u.a. 1992.
23,5 x 27,5 cm, 140 S., 81 Abb.,
geb., ISBN 3-88814-470-1

Albert, Joseph. Winfried Ranke, *Joseph Albert – Hofphotograph der Bayerischen Könige*. 1977.
24 x 28 cm, 280 S., 200 Abb.,
geb., ISBN 3-88814-009-9
brosch. 1983: 055-2

Alpers, Svetlana *siehe* **Evans, Walker**

Alvarez Bravo, Manuel. *Photopoetry.* Mit einem Vorwort von Colette Alvarez Urbajtel und Texten von John Banville, Jean-Claude Lemagny und Carlos Fuentes. 2008.
27,7 x 26 cm, 368 S., 374 Abb.,
geb., ISBN 978-3-8296-0376-8

Amelunxen, Hubertus von *siehe* ***Theorie der Fotografie*; Twombly, Cy** *und* **Wenders, Wim**

Amerikanische Photographie 1890–1965. *Aus der Sammlung des Museum of Modern Art, New York.* Hrsg. von Peter Galassi. Mit Texten von Peter Galassi und Luc Sante. Dt. von Jörg Trobitius. 1995.
24,5 x 29 cm, 256 S., 200 Abb.,
geb. u. brosch., ISBN 3-88814-754-9

Anderson, Laurie. *Empty Places* (SVB). Dt. von Pociao. 1994.
Dt./engl. Ausg.
14,5 x 19,2 cm, 120 S., 36 Abb.,
brosch., ISBN 3-88814-679-8 / 978-3-88814-679-4

Antonio. *Antonio 60 70 80. Drei Jahrzehnte Mode.* Hrsg. von Juan Eugene Ramos. Mit Texten von Katell le Bourhis, Bill Cunningham, Paloma Picasso u.a. Dt. von Anja Lazarowicz und Ingeborg Schober. 1994.
23,5 x 31 cm, 216 S., 311 Abb.,
geb., ISBN 3-88814-719-0
brosch. 1994: 842-1
frz. Ausg. 1994: 637-2
engl. Ausg. 1994: 759-X

Appearances. *Modephotographie seit 1945.* Hrsg. und mit einem Text von Martin Harrison. 1991.
Engl. Originalausg.
30 x 31,5 cm, 312 S., 230 Abb.,
geb., ISBN 3-88814-424-8

Arasse, Daniel *siehe* **Kiefer, Anselm**

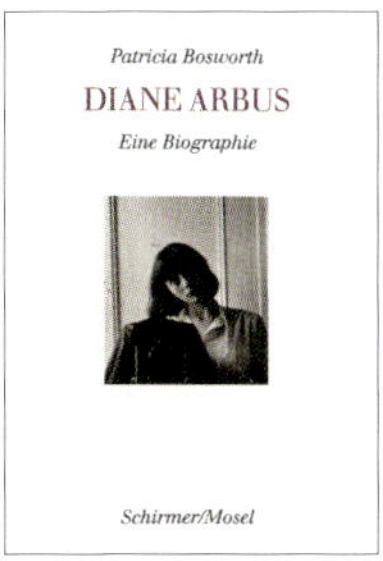

Arbus, Diane.
Patricia Bosworth, *Diane Arbus – Eine Biographie.* Dt. von Dorothee Asendorf, Barbara Evers, Frank Thomas Mendl und Peter Münder. 1984.
17 x 23,5 cm, 384 S., 26 Abb.,
brosch., ISBN 3-88814-150-8

–, *Photographien.*
Hrsg. von Doon Arbus und Marvin Israel. Mit Texten von Diane Arbus. Dt. von Ursula Wulfekamp. 2003.
23,5 x 28 cm, 184 S., 81 Abb.,
brosch., ISBN 3-8296-0039-9 / 978-3-8296-0039-2

Arbus, Diane. *Revelations [Offenbarungen].*
Mit Texten von Doon Arbus, Sandra Phillips, Elisabeth Sussmann, Neil Selkirk und Jeff L. Rosenheim. 2003. Engl. Originalausg.
24,8 x 31,8 cm, 352 S., 500 Abb.,
geb., ISBN 3-8296-0089-5 / 978-3-8296-0089-7
brosch. 2005: 0089-7

–, *Untitled.*
Hrsg. und gestaltet von Doon Arbus und Yolanda Cuomo. Mit einem Nachwort von Doon Arbus. 2011.
28 x 35,5 cm, 112 S., 50 Abb.,
geb., ISBN 978-3-8296-0554-0

Arbus, Doon *siehe* **Avedon, Richard**

Arbus, Friedlander, Winogrand.
New Documents 1967. Die legendäre Ausstellung. Museum of Modern Art, New York. Hrsg. von Sarah Hermanson Meister. Mit Texten von Max Kozloff. Dt. von Ursula Wulfekamp und Matthias Wolff. 2017.
23 x 27 cm, 168 S. 164 Abb.,
geb., ISBN 978-3-8296-0790-2

Archeology of Elegance. *1980–2000.*
20 Jahre Modefotografie. Hrsg. von Marion de Beaupré, Stéphane Baumet und Ulf Poschardt. Mit einem Text von Ulf Poschardt. 2002.
25,3 x 30,3 cm, 368 S., 215 Abb.,
geb., ISBN 3-8296-0004-6 / 978-3-8296-0004-0

Arnold, Eve. *Hommage.*
Hrsg. von Isabel Siben und Andréa Holzherr. Mit einem Vorwort von Gina Thomas und Texten der Photographin. 2012.
Dt./engl. Ausg.
23 x 28,5 cm, 184 S., 120 Abb., geb., ISBN 978-3-8296-0601-1

Arnold, Eve *siehe auch* **Monroe, Marilyn**

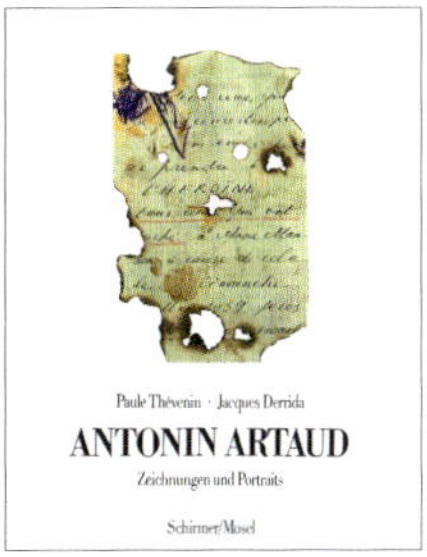

Artaud, Antonin. *Zeichnungen und Portraits.* Mit Texten von Jacques Derrida und Paule Thévenin.
Dt. von Simon Werle. 1986.
23 x 29 cm, 270 S., 321 Abb., geb., ISBN 3-88814-240-3
verkl. NA, geb. 2019:
ISBN 978-3-8296-0775-9
frz. Ausg. 2019: 0848-0

[Der Goldschatz von] Aržan *siehe* **Parzinger, Helmut**

Assig, Martin. *Zeichnungen 1993–1999.*
Mit einem Text von Werner Schade. 1999.
16 x 23 cm, 104 S., 68 Abb., geb., ISBN 3-88814-153-2 / 978-3-88814-153-9

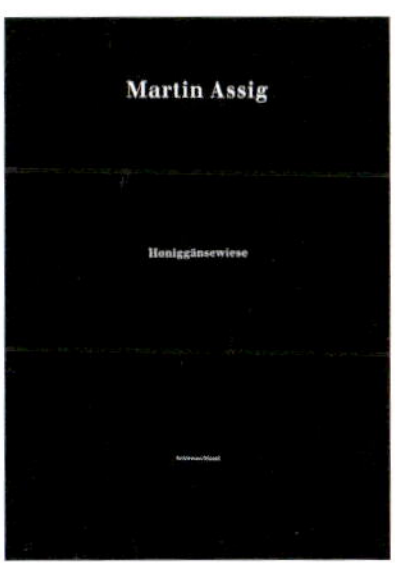

–, *Honiggänsewiese. Gemälde.*
Hrsg. von Martin Köttering. Mit einem Text von Volker Wortmann und einem Gespräch zwischen Ulrich Haase und Martin Assig. 2000.
24 x 31,7 cm, 88 S., 36 Abb., geb., ISBN 3-88814-966-5 / 978-3-88814-966-5

Assig, Martin. *Westwerk. Havelhaus.*
Mit einem Text von Eugen Blume. 2008.
Dt./engl. Ausg.
24 x 29 cm, 88 S., 40 Abb.,
geb., ISBN 978-3-8296-0374-4

–, *Vasen, Gipfel, Menschen.* Mit einem
Text von Mark Gisbourne. 2010.
Dt./engl. Ausg.
16,5 x 23 cm, 208 S., 152 Abb.,
geb., ISBN 978-3-8296-0475-8

–, *St. Paul. 652 Zeichnungen.* Mit einem
Text von Kay Heymer. Engl. von
Volker Ellerbeck. 2015.
Dt./engl. Ausg.
24 x 31,5 cm, 328 S., 328 Abb.,
geb., ISBN 978-3-8296-0708-7

–, *Die Großen (St. Paul).* Mit einem
Text von Reinhard Ermen. Engl. von
Volker Ellerbeck. 2017.
Dt. Ausg. mit engl. Textbeilage,
24 x 32 cm, 92 S., 39 Abb.,
brosch., ISBN 978-3-8296-0831-2

–, *Weil ich Mensch bin.*
Hrsg. von Walter Smerling. Mit Texten von Wolfgang Ullrich und Kay Heymer und einem Gespräch zwischen Martin Assig und Walter Smerling. 2022.
Dt./engl. Ausg.
24 x 29 cm, 308 S., 236 Abb.,
geb., ISBN 978-3-8296-0969-2

Atget, Eugène. *Paris* (Meister der Kamera). Mit einem Text von Wilfried Wiegand. 1998.
14,5 x 20,5 cm, 112 S., 65 Abb.,
geb., ISBN 3-88814-486-8
engl. Ausg. 1998: 311-X

Attenborough, David. *Wunderbare seltene Dinge. Die Darstellung der Natur im Zeitalter der Entdeckungen.*
Mit Texten von David Attenborough, Susan Owens, Martin Clayton und Rea Alexandratos und Illustrationen von Leonardo da Vinci, Cassiano dal Pozzo, Alexander Marshal, Maria Sibylla Merian und Mark Catesby. Dt. von Ursula Wulfekamp. 2008.
19,5 x 24,5 cm, 224 S., 88 Abb.,
geb., ISBN 978-3-8296-0317-1

Auerbach, Ellen.
Inka Graeve Ingelmann, *Ellen Auerbach. Das dritte Auge. Leben und Werk.* Mit einem Vorwort von Matthias Flügge. 2006.
23 x 32,5 cm, 224 S., 240 Abb.,
geb., ISBN 3-8296-0223-5 / 978-3-8296-0223-5

Auermann, Nadja. *Nadja.*
Mit einem Avant-Propos von Peter Lindbergh. 2000.
24,5 x 32,5 cm, 152 S., 83 Abb., geb., ISBN 3-88814-880-4 / 978-3-88814-880-4
engl. Ausg. 2000: ISBN 3-88814-758-1 / 978-3-88814-758-6

***Augsburg** – in frühen Photographien 1860 –1914.* Hrsg. und mit einem Text von Astrid Debold-Kritter. 1979.
24 x 28 cm, 208 S., 119 Abb., brosch., ISBN 3-88814-038-2
vergrößerte NA, geb. 1988: 283-0

Avantgarde-Fotografie in Deutschland
siehe **Deren Coke, Van**

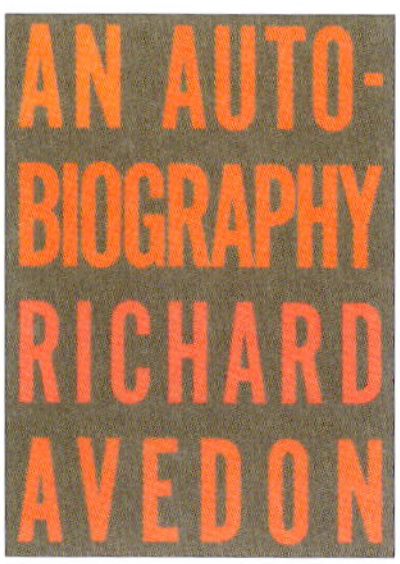

Avedon, Richard. *An Autobiography.* 1993.
Engl. Originalausg.
28,5 x 36 cm, 432 S., 284 Abb., geb., ISBN 3-88814-688-7

–, *Egoïste No. 12. Photographe Richard Avedon.*
Hrsg. von Nicole Wisniak. 1993.
Frz. Originalausg., Doppelheft, 30 x 40 cm, 244 S., über 200 Abb., brosch., ISBN 3-88814-244-X

–, *Evidence 1944–1994.*
Hrsg. von Mary Shanahan. Mit Texten von Adam Gopnik und Jane Livingston. Dt. von Manfred Ohl und Hans Sartorius. 1994.
29 x 36 cm, 186 S., ca. 250 Abb., geb., ISBN 3-88814-712-3
frz. Ausg. 1994: 639-9

–, *Egoïste No. 13.*
Photographe Richard Avedon.
Hrsg. von Nicole Wisniak. Mit Texten von André Glucksmann, Salman Rushdie, Philippe Sollers u. a. 1996.
Frz. Originalausg., Doppelheft, 30 x 40 cm, 280 S., über 200 Abb., brosch., ISBN 3-88814-762-X

–, *Egoïste No. 14.*
Photographe Richard Avedon.
Hrsg. von Nicole Wisniak. Mit Texten von Alain Finkielkraut, Michel Houellebecq, Adam Gopnik, Bernard Frank, Edna O'Brien u.a. 2000.
Frz. Originalausg., Doppelheft, 30 x 40 cm, 340 S., 207 Abb., brosch., ISBN 3-88814-920-7 / 978-3-88814-920-7

–, *Woman in the Mirror.*
Mit einem Vorwort von Norma Stevens und einem Text von Anne Hollander. Dt. von Christiane Buchner. 2005.
28 x 35,5 cm, 248 S., 125 Abb., geb., ISBN 3-8296-0191-3 / 978-3-8296-0191-7
brosch. 2008: 978-3-8296-0367-6

Avedon, Richard. *Die Kennedys. Portrait einer Familie.* Hrsg. von Shannon Thomas Perich. Mit einem Vorwort von Robert Dallek. Dt. von Ursula Wulfekamp, Matthias Wolf und Marion Kagerer. 2007.
25,4 x 29,2 cm, 128 S., 97 Abb.,
geb., ISBN 978-3-8296-0322-5

–, *Performance.* Hrsg. von The Richard Avedon Foundation. Mit Texten von André Gregory, John Lahr, Mike Nichols, Norma Stevens, Twyla Tharp und Mitsuko Uchida. Dt. von Rudolf Hermstein. 2008.
25,3 x 32,4 cm, 304 S., 259 Abb.,
geb. im Leinenportfolio,
ISBN 978-3-8296-0372-0

–, *Fashion.* Hrsg. von Willis Hartshorn und Norma Stevens. Mit Texten von Philippe Garner, Carol Squiers und Vince Aletti. Dt. von Edith Winner, Gabriele Werbeck, Andrea Stumpf und Karin Weidner. 2009.
Engl. Ausg. mit dt. Textbeilage,
24,5 x 32 cm, 372 S., 303 Abb.,
geb., ISBN 978-3-8296-0422-2

Avedon, Richard *siehe auch* **Versace, Gianni; Pirelli**

Avedon, Richard / Doon Arbus. *The Sixties.* Dt. von Ursula Wulfekamp. 1999.
25 x 32,4 cm, 240 S., 160 Abb.
geb., ISBN 3-88814-605-4
brosch. 2002: ISBN 3-8296-0048-8 / 978-3-8296-0048-4

B

VON BACHLER BIS BURRI

Bachler, Nikolaus. *Sprachen des Musiktheaters. Dialoge mit fünfzehn zeitgenössischen Regisseuren.* Eingeleitet von Albert Ostermaier und mit Zeichnungen von Georgia Grinter. 2021.
11,8 x 19 cm, 320 S., 13 Abb.,
geb., ISBN 978-3-8296-0926-5
engl. Ausg. 2022: 0943-2

Bacon, Francis. *Portraits und Selbstportraits.* Mit Texten von France Borel und Milan Kundera. Dt. von Uli Aumüller und Caroline Gutberlet. 1996.
24,5 x 30 cm, 216 S., 224 Abb.,
geb., ISBN 3-88814-755-7

Baier, Wolfgang. *Geschichte der Fotografie. Quellendarstellungen.* 1977.
17 x 24 cm, 704 S., 313 Abb.,
geb., ISBN 3-88814-015-3
brosch. 1980: 060-9
NA, brosch. 1983: 068-4

Bailey, David. *Mrs. David Bailey. Erotische Photographien.* Mit Texten von Brian Clarke und J.-H. Lartigue. Dt. von Birgit Mayer. 1980.
24,5 x 24,5 cm, 120 S., 81 Abb.,
geb., ISBN 3-88814-064-1
brosch. 1980: 181-8

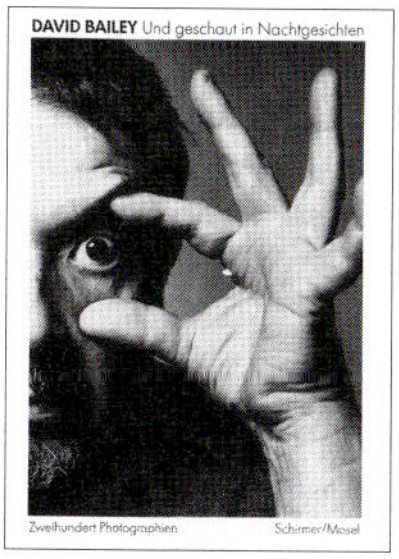

–, *Und geschaut in Nachtgesichten.* Mit einem Text von George Melly. Dt. von Martina Tichy. 1992. 25 x 33,5 cm, 216 S., 200 Abb., geb., ISBN 3-88814-488-4

–, *The Lady is a Tramp. Die Gesichter der Catherine Bailey.* Mit einem Text von Fay Weldon. Dt. von Carla Blesgen. 1995. 25,6 x 33,6 cm, 176 S., 132 Abb., geb., ISBN 3-88814-756-5

–, *David Bailey's Rock and Roll Heroes.* Mit einem Text von Neil Spencer. Dt. von Carla Blesgen. 1997. 28 x 37 cm, 112 S., 84 Abb., geb., ISBN 3-88814-823-5

Baker, Chet *siehe* **Claxton, William**

Balenciaga (Magier der Mode). Mit einem Text von Marie-Andrée Jouve. Dt. von Anja Lazarowicz. 1997. 15,5 x 21,5 cm, 80 S., 56 Abb., geb., ISBN 3-88814-895-2

Balenciaga, Cristóbal. Mary Blume. *Balenciaga, unser aller Meister. Die Biographie*. Dt. von Saskia Bontjes van Beek. 2017.
12,5 x 20,5 cm, 264 S., 74 Abb.,
geb., ISBN 978-3-8296-0795-7

Balkenhol, Stephan. *Stephan Balkenhol.* Hrsg. von Söke Dinkla. Mit Texten von Söke Dinkla, Heinz-Norbert Jocks, Ronja Friedrichs. 2020
24 x 28 cm, 120 S., 69 Abb.,
geb., ISBN 978-3-8296-0909-8

Ballhause, Walter. *Zwischen Weimar und Hitler. Sozialdokumentarische Fotografie 1930–1933.* Mit einem Text von Fritz Rudolph Fries. 1981.
20,5 x 24 cm, 156 S., 126 Abb.,
brosch., ISBN 3-88814-086-2

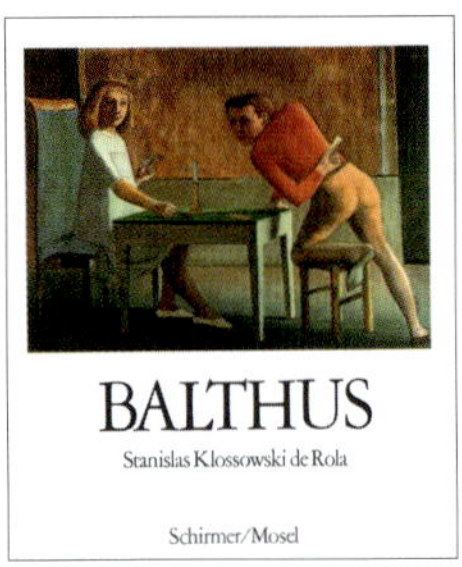

Balthus. *Gemälde.*
Mit einem Text von Stanislas Klossowski de Rola. Dt. von Reinhard Kaiser. 1983.
25 x 28,5 cm, 120 S., 80 Abb.,
geb., ISBN 3-88814-110-9
brosch. 1985: 174-5

–, Jean Clair, *Metamorphosen des Eros. Essay über Balthus.*
Dt. von Erika Tophoven-Schöningh. 1984.
17 x 23,5 cm, 112 S., 77 Abb.,
brosch., ISBN 3-88814-138-9

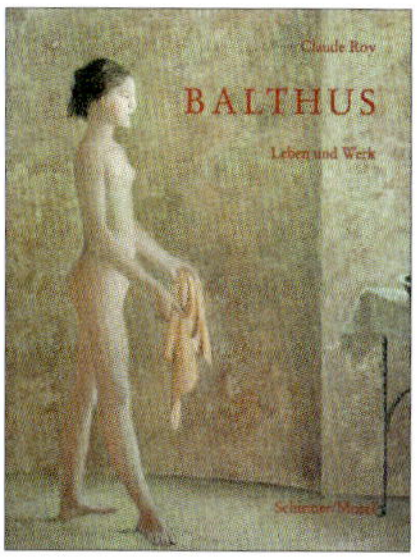

–, Claude Roy, *Balthus. Leben und Werk.*
Dt. von Jörg Trobitius. 1996.
24 x 30 cm, 272 S., 300 Abb.,
geb., ISBN 3-88814-792-1

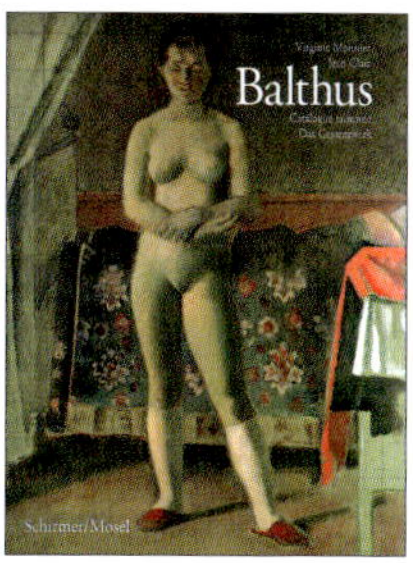

–, *Catalogue raisonné. Das Gesamtwerk.*
Virginie Monnier. Mit einem Text von Jean Clair. Dt. von Reinold Werner. 2000.
Dt./frz. Ausg.
22,5 x 29 cm, 576 S., 2.367 Abb.,
geb., mit Schuber ISBN 3-88814-732-8 / 978-3-88814-732-6

–, Kishin Shinoyama / Gero von Boehm, *Das Haus des Malers. Balthus im Grand Chalet.* 2000.
20,5 x 24,5 cm, 88 S., 42 Abb.,
geb., ISBN 3-88814-618-6
engl. Ausg. 2000: 904-5
verkl. NA, dt./engl. Ausg., brosch. 2007: 978-3-8296-0320-1

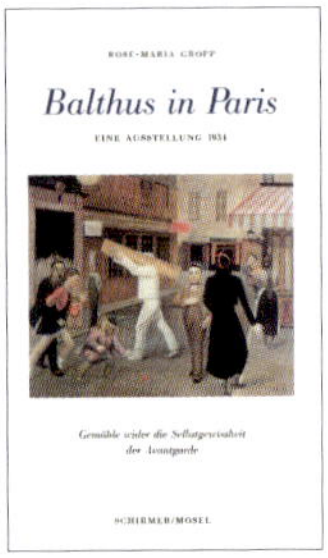

Balthus. Rose-Maria Gropp, *Balthus in Paris. Die erste Ausstellung 1934.* 2007.
11,5 x 19 cm, 128 S., 16 Abb., geb., ISBN 978-3-8296-0289-1

–, Sabine Rewald, *Aufgehobene Zeit. Gemälde und Zeichnungen 1932–1960.* Mit einem Beitrag von Virginie Monnier. 2007.
26 x 31,5 cm, 168 S., 172 Abb., geb., ISBN 978-3-8296-0309-6
engl. Ausg. 2007: 0321-9

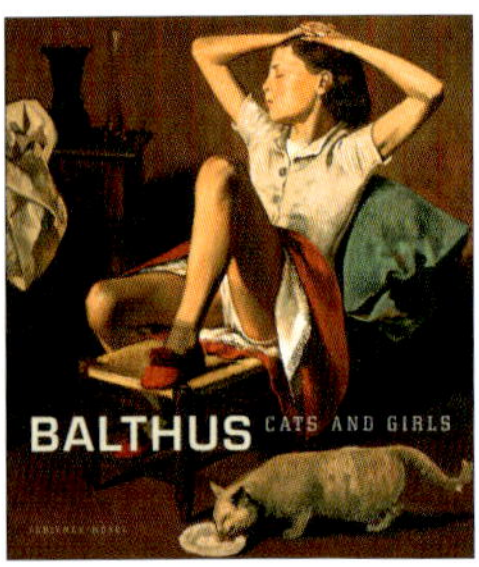

–, Sabine Rewald, *Cats and Girls.* In Zusammenarbeit mit The Metropolitan Museum of Art, New York. Dt. von Bernadette Ott. 2013.
23 x 25,3 cm, 176 S., 169 Abb., geb., ISBN 978-3-8296-0647-9

Banier, François-Marie. *Past-Present. Photographien.* Dt. von Uli Aumüller. 1997.
Dt./engl. Ausg.
26,6 x 37,6 cm, 256 S., 179 Abb., geb., ISBN 3-88814-853-7

Bardot, Brigitte.
Henry-Jean Servat. *Filmidol – Mode-Ikone – Sexsymbol.* Dt. von Michaela Angermair. 2016.
19,5 x 27 cm, 256 S., 189 Abb.,
geb., ISBN 978-3-8296-0773-5

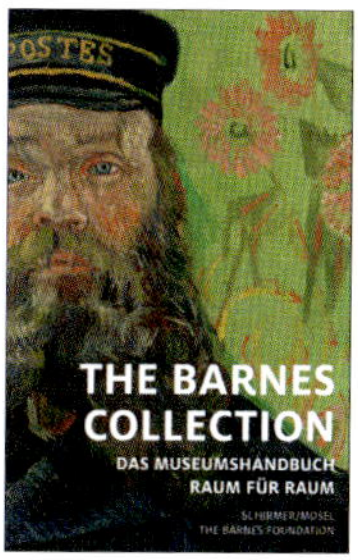

[The] Barnes Collection.
Das Museumshandbuch. Raum für Raum. Hrsg. von der Barnes Foundation, Philadelphia. Dt. von Matthias Wolf und Ursula Wulfekamp. 2024.
15,2 x 22,9 cm, 232 S., 214 Abb.,
geb., ISBN 978-3-8296-0986-9

Bastian, Heiner. *Die Argonauten erreichen das offene Meer und beraten den Fortgang ihrer Erzählung. Über Beuys, Twombly, Kiefer, Warhol, Hirst.* 2012.
16 x 24 cm, 160 S., 39 Abb.,
geb., ISBN 978-3-8296-0573-1

Bastian, Heiner. *Der Gedanke, der die Welt wiedergewinnt. Gedichte.*
Mit 8 Aquarellen von Anselm Kiefer. 2022.
18 x 24 cm, 64 S., 8 Abb.,
geb., ISBN 978-3-8296-0958-6

Bastian, Heiner *siehe auch* **Beuys, Joseph; Marden, Brice; Hirst, Damien; Kiefer, Anselm; Picasso, Pablo; Sammlung Marx; Twombly, Cy; Warhol, Andy**

Baudot, François. *Die Mode im 20. Jahrhundert.* Dt. von Sabine Herting. 1999. 15,5 x 21 cm, 400 S., über 300 Abb., geb., ISBN 3-88814-642-9 / 978-3-88814-642-8

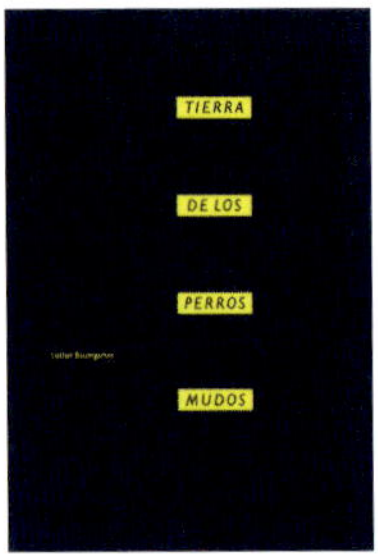

Baumgarten, Lothar. *Tierra de los perros mudos. Land der stummen Hunde.* Mit einem Text von Alejo Carpentier. 1985.
17,5 x 25 cm, 20 S., 18 Abb., brosch., ISBN 3-88814-172-9

–, *America. Unsettled objects.* Mit Texten von Vincent Crapanzano, Hal Forster und Michael Govan. 1992. Engl. Ausg.
27 x 34,5 cm, 112 S., 56 Abb., brosch., ISBN 3-88814-660-7

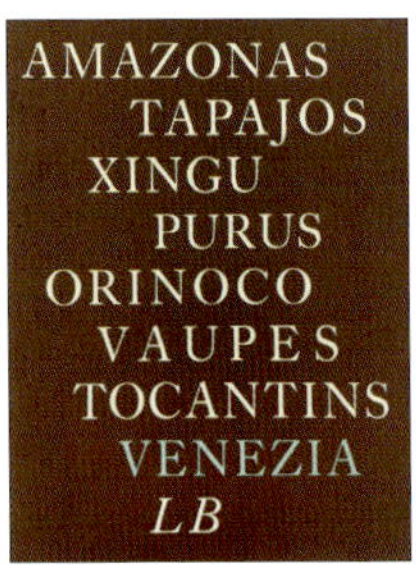

Baumgarten, Lothar / A. R. Penck. *Biennale Venedig 1984.* Hrsg. von Johannes Cladders. Mit Texten von Johannes Cladders und R. H. Fuchs. Dt. von Wolfgang Huppertz. 1984.
24 x 30 cm, 48 S., 28 Abb., brosch., ISBN 3-88814-152-4

–, *Land of the Spotted Eagle. Werke aus der Sammlung Lothar Schirmer.* Mit Texten von Anna Storm, Roland Mönig und Joanna Vickery-Barkow. Dt. von Marion Kagerer, engl. von Daniel Mufson. 2024.
Dt./engl. Ausg.
21,5 x 29 cm, 128 S., 57 Abb.,
geb., ISBN 978-3-8296-0999-9

[Das] Bayerische Staatsorchester mit Kirill Petrenko … *siehe* **Brech, Christoph**

Béart, Emmanuelle / Sylvie Lancrenon.
Cuba Libre. 2008.
Dt./engl./frz. Ausg.
23 x 34 cm, 88 S., 50 Abb.,
geb., ISBN 978-3-8296-0375-1

[The] Beatles *siehe* **Vollmer, Jürgen**

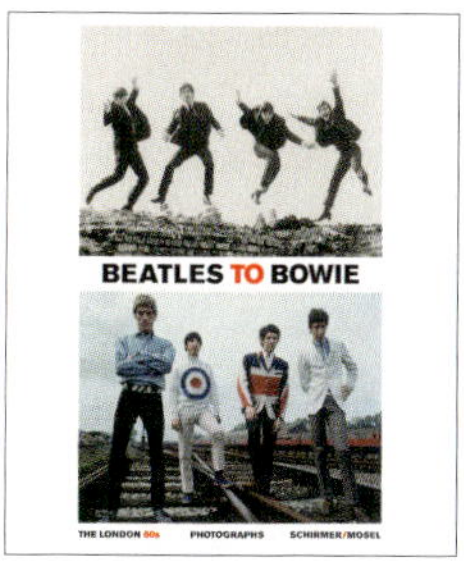

Beatles to Bowie. The London 60s.
Mit Texten von Jon Savage und Terence Pepper. Dt. von Walter Ahlers, Ursula Wulfekamp und Marion Kagerer. 2009.
25 x 28 cm, 208 S., 300 Abb.,
geb., ISBN 978-3-8296-0381-2

Beaton, Cecil. *Photographien 1920–1970.*
Hrsg. und mit Texten von Philippe Garner und David Alan Mellor. 1994.
25 x 31,5 cm, 320 S., 265 Abb.,
geb., ISBN 3-88814-671-2
brosch. 1994: 844-8
engl. Ausg., geb. 1994: 552-X
frz. Ausg., geb. 1998: 615-1
NA, geb. 2012: *The Essential Cecil Beaton*, ISBN 978-8296-0609-7
NA, engl. Ausg., geb. 2012: 0610-3

BERND & HILLA BECHER

Becher, Bernd & Hilla. *Fachwerkhäuser des Siegener Industriegebietes.* 1977/2000.
22 x 24,5 cm, 356 S., 350 Abb., geb., ISBN 3-88814-005-6 / 978-3-88814-005-2
engl. Ausg. 1977: 013-7 / 978-3-88814-013-6

–, *Fördertürme / Chevalements / Mineheads.* Mit Texten von Bernd und Hilla Becher, Zdenek Felix und Suzanne Pagé. 1985.
21,5 x 28,5 cm, 220 S., 196 Abb., geb., ISBN 3-88814-173-7

–, *Wassertürme.* Mit einem Text von Reyner Banham. Dt. von Jörg Trobitius. 1988.
23,5 x 29,5 cm, 240 S., 223 Abb., geb., ISBN 3-88814-255-5 / 978-3-88814-255-0
frz. Ausg. 1988: 520-1

–, *Hochöfen.* 1990.
24 x 29,5 cm, 272 S., 319 Abb.,
geb., ISBN 3-88814-352-7 /
978-3-88814-352-6
frz. Ausg. 1990: 558-9

–, *Tipologie – Typologien – Typologies.*
Katalog der 44. Biennale Venedig 1990.
Hrsg. und mit einem Vorwort von
Klaus Bußmann. 1990.
Ital./dt./engl. Ausg.
29 x 29 cm, 64 S., 321 Abb.,
brosch., ISBN 3-88814-417-5
NA, dt./engl. Ausg., geb. 1999: 593-7

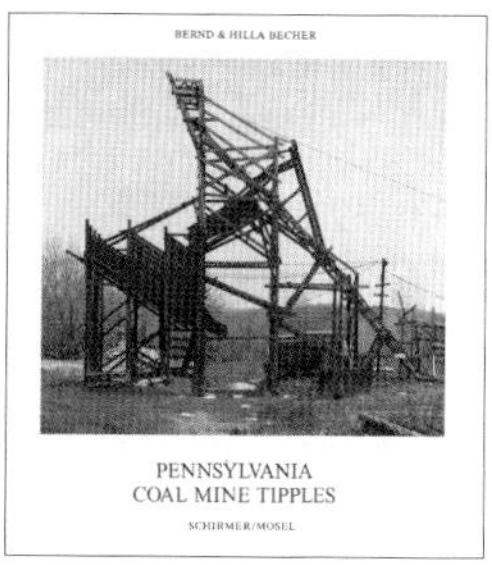

–, *Pennsylvania Coal Mine Tipples.*
Mit Texten von Bernd und Hilla Becher
und Charles B. Wright. 1991.
27,5 x 29,5 cm, 136 S., 99 Abb.,
geb., ISBN 3-88814-408-6
engl. Ausg. 1991: 416-7

–, *Gasbehälter.* 1993.
27,5 x 29,5 cm, 120 S., 102 Abb.,
geb., ISBN 3-88814-493-0 /
978-3-88814-493-6
engl. Ausg. 1993: 681-X

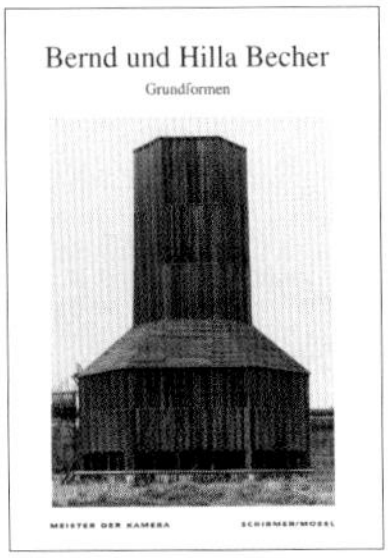

Becher, Bernd & Hilla. *Grundformen* (SVB). Mit einem Text von Thierry de Duve. Dt. von Hans-Horst Henschen. 1993.
14,5 x 19 cm, 160 S., 64 Abb., brosch., ISBN 3-88814-704-2
NA, geb. (Meister der Kamera) 1999: 959-2
NA, engl. Ausg. (Meister der Kamera) 1999: 400-0
vergrößerte NA, dt./frz. Ausg., geb. 2020: ISBN 978-3-8296-0886-2

–, *Fabrikhallen.* Mit einem Text von Klaus Bußmann. 1994.
27,5 x 29,5 cm, 276 S., 264 Abb., geb., ISBN 3-88814-730-1

–, *Fördertürme.* 1997.
27,5 x 29,5 cm, 200 S., 190 Abb., geb., ISBN 3-88814-803-0

–, *Zeche Hannibal.* Mit einer Einführung von Susanne Lange und Els Barents und einem Text von Rudi Fuchs. 2000. Dt./engl. Ausg.
27 x 29 cm, 124 S., 170 Abb., geb., ISBN 3-88814-937-1 / 978-3-88814-937-5

–, *Festschrift. Erasmuspreis 2002.*
Hrsg. von Susanne Lange. 2002.
Dt./engl. Ausg.
17 x 24 cm, 168 S., 128 Abb.,
geb., ISBN 3-8296-0064-X /
978-3-8296-0064-4

–, *Industrielandschaften.*
Mit einem von Susanne Lange
geführten Interview. 2002.
30 x 24 cm, 272 S., 180 Abb.,
geb., ISBN 3-8296-0003-8 /
978-3-8296-0003-3

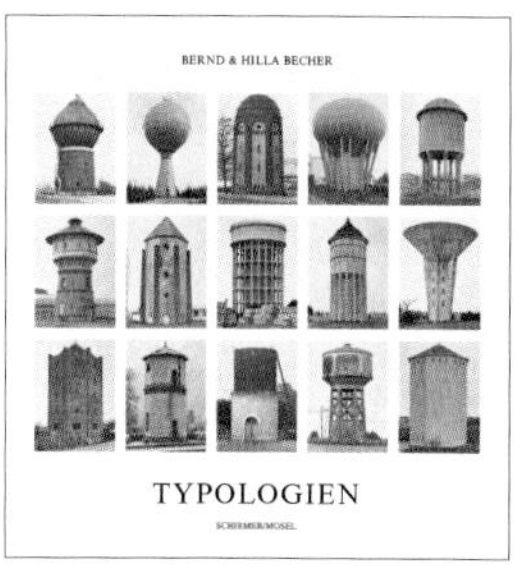

–, *Typologien industrieller Bauten.*
Hrsg. von der Kunstsammlung
Nordrhein-Westfalen. Mit Texten von
Armin Zweite, Thomas Weski, Ludger
Derenthal und Susanne Lange. 2003.
29 x 29 cm, 276 S., 130 Typologien mit
1.528 Abb.,
geb., ISBN 3-8296-0092-5 /
978-3-8296-0092-7

–, *Grundformen industrieller Bauten.*
Hasselblad Foundation International
Award 2004. Mit einem Vorwort von
Gunilla Knape und einem Text von
Susanne Lange. Dt. von Angela Meer-
mann und Michael Garner, engl. von
Malcolm Bell. 2004.
17 x 24 cm, 144 S., 61 Abb.,
geb., ISBN 3-8296-0150-6 /
978-3-8296-0150-4
engl. Ausg. 2004: ISBN 3-8296-0173-5
/ 978-3-8296-0173-3
NA, dt./engl. Ausg. 2014: *Basic Forms /*
Grundformen, ISBN 978-3-8296-0694-3

Becher, Bernd & Hilla. *Kühltürme.* 2005.
27 x 29 cm, 244 S., 236 Abb.,
geb., ISBN 3-8296-0192-1 /
978-3-8296-0192-4

–, Susanne Lange, *»Was wir tun, ist letztlich Geschichten erzählen …« Bernd und Hilla Becher. Einführung in Leben und Werk.* 2005.
24,5 x 31 cm, 248 S., 188 Abb.,
geb., ISBN 3-8296-0175-1 /
978-3-8296-0175-7

–, *Getreidesilos.* 2006.
27 x 29 cm, 256 S., 246 Abb.,
geb., ISBN 3-8296-0256-1 /
978-3-8296-0256-3

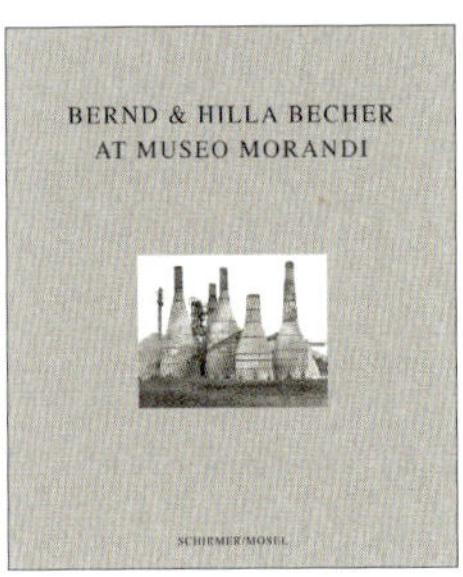

–, *Bernd & Hilla Becher at Museo Morandi.* Hrsg. von Gianfranco Maraniello. Mit einem Gespräch zwischen Gianfranco Maraniello und Hilla Becher. 2009. Ital./engl. Ausg. mit dt. Textbeilage,
20 x 23 cm, 48 S., 173 Abb.,
brosch., ISBN 978-3-8296-0406-2

–, *Bergwerke und Hütten.* Mit einem Text von Heinz Liesbrock. 2010.
28 x 28 cm, 188 S., 154 Abb.,
geb., ISBN 978-3-8296-0467-3
engl. Ausg. 2010: 0474-1

–, *Zeche Hannover / Hannover Coal Mine.* Mit einem Text von Gabriele Conrath-Scholl. 2010.
Dt./engl. Ausg.
27 x 29 cm, 280 S., 237 Abb.,
geb., ISBN 978-3-8296-0468-0

–, *Steinwerke und Kalköfen.* 2013.
27 x 29 cm, 256 S., 232 Abb.,
geb., ISBN 978-3-8296-0576-2

–, *Bernd & Hilla Becher im Gespräch.* Zwei Interviews. Hrsg. von Lothar Schirmer. Mit einem Text von Ulf Erdmann Ziegler und zwei Interviews von Ulf Erdmann Ziegler, Dominik Wichmann und Tobias Haberl. 2016.
14,5 x 20,5 cm, 120 S., 45 Abb.,
brosch., ISBN 978-3-8296-0752-0

–, *Bernd & Hilla Becher.*
Hrsg. von The Metropolitan Museum of Art, New York. Mit einem Vorwort von Max Hollein und Texten von Jeff L. Rosenheim, Gabriele Conrath-Scholl, Virginia Heckert, Lucy Sante und einem Interview mit Max Becher. 2022.
Engl. Originalausg.
24 x 27,2 cm, 282 Seiten, 515 Abb., geb., ISBN 978-3-8296-0957-9

Becher, Bernd & Hilla *siehe auch* **Berges, Laurenz; *Vergleichende Konzeptionen*** *und* ***[Die] Düsseldorfer Photoschule***

Beckmann, Max.
Hildegard Zenser, *Max Beckmann. Selbstbildnisse.* Mit Texten von Max Beckmann. 1984.
22,5 x 28 cm, 152 S., 67 Abb., geb., ISBN 3-88814-134-6
brosch. 1987: 257-1

Bedford, Sybille. *Jagd auf einen Lebemann. Der Prozess Dr. Ward. Eine Gerichtsreportage.* Mit einem Nachwort von Gina Thomas.
Dt. von Matthias Fienbork. 2011.
12,5 x 20,4 cm, 120 S., 15 Abb., geb., ISBN 978-3-8296-0543-4

Bellmer, Hans. *Photographien.*
Mit einem Text von Alain Sayag.
Dt. von Rudolf Kimmig. 1983.
20,5 x 30 cm, 150 S., 170 Abb.,
geb., ISBN 3-88814-133-8
brosch. 1983: 242-3

Bellucci, Monica. *Photographien.*
Hrsg. von Monique Kouznetzoff
(H&K). Mit Texten von Giuseppe
Tornatore und Monica Bellucci. 2010.
20,5 x 30 cm, 254 S., 148 Abb.,
geb., ISBN 978-3-8296-0499-4

Berges, Laurenz. *Fotografien 1991–1995.*
Mit einem Text von Ulrich Bischoff.
2000.
24,5 x 23 cm, 88 S., 38 Abb.,
geb., ISBN 3-88814-931-2 /
978-3-88814-931-3

–, *Etzweiler.* Mit einem Text von
Michael Lentz. 2005.
30 x 23,2 cm, 108 S., 48 Abb.,
geb., ISBN 3-8296-0176-X /
978-3-8296-0176-4

Berges, Laurenz. *Frühauf – Danach.* Mit einem Text von Thomas Weski. Engl. von Jeremy Gaines. 2011. Dt./engl. Ausg.
27,2 x 28 cm, 116 S., 43 Abb., geb., ISBN 978-3-8296-0538-0

–, *Das Becherhaus in Mudersbach.* Mit einem Text von Hanns-Josef Ortheil. 2022.
23 x 25,7 cm, 96 S., 46 Abb., geb., ISBN 978-3-8296-0948-7

Bergman, Ingrid. *Ein Leben in Bildern.* Hrsg. von Isabella Rossellini und Lothar Schirmer. Mit einem Vorwort von Liv Ullmann und einem Interview zwischen Ingrid Bergman und John Kobal. Mit CD *As Time Goes By.* Engl. von Roger W. Benner. 2013.
24 x 31 cm, 528 S., 385 Abb., geb., ISBN 978-3-8296-0648-6
engl. Ausg. 2013: 978-3-8296-0660-8
verkl. Ausg., brosch. 2015: 0702-5

***Berlin** – in frühen Photographien 1857–1913.* Hrsg. von Janos Frecot und Helmut Geisert. 1984.
23,5 x 27, 5 cm, 240 S., 220 Abb., geb., ISBN 3-88814-123-0
brosch. 1984: 123-0
NA geb. 1999: 984-3

Berlin und Potsdam.
Architekturphotographien 1872–1875.
Hrsg. von Janos Frecot. 1980.
23 x 27 cm, 118 S., 97 Abb.,
brosch., ISBN 3-88814-062-5

Berlin im 19. Jahrhundert.
Frühe Photographien 1850–1914.
Hrsg. von Miriam Paeslack. 2015.
24 x 28 cm, 232 S., 195 Abb.,
geb., ISBN 978-3-8296-0722-3

Berlin als Residenzstadt.
Photographien von Leopold Ahrendts 1854–1870. Hrsg. von Eberhard Mayer-Wegelin. Mit Texten von Sigrid Schulze und Eberhard Mayer-Wegelin sowie Bilderläuterungen von Martina Weinland. 2018.
24 x 28 cm, 240 S., 211 Abb.,
geb., ISBN 978-3-8296-0836-7

Berlin *siehe auch* **Chiaramonte, Giovanni; Engel, Gerrit; Larsson, Bernard**

Besler, Basilius. *Der Garten von Eichstätt. Das große Herbarium des Basilius Besler von 1613.* Mit Texten von Gérard G. Aymonin und Dieter Vogellehner. Dt. von Ulrike Kilias, Eva Döring und Danièle Leonhard; bearb. von Harald und Ulrike Kilias. 1988.
29 x 37,5 cm, 546 S., 367 Abb.,
geb., ISBN 3-88814-285-7
NA, geb. 2007:
ISBN 978-3-8296-0318-8
verkl. NA, geb. 2008:
ISBN 978-3-8296-0389-8

–, *Frühlingsblumen aus dem Garten von Eichstätt. Eine Auswahl aus dem großen Herbarium des Basilius Besler von 1613.* Mit einem Vorwort von Birgit Mayer und botanischen Erläuterungen. 2004.
10,5 x 15,2 cm, 96 S., 41 Abb.,
geb., ISBN 3-8296-0135-2 /
978-3-8296-0135-1

–, *Sommerblumen aus dem Garten von Eichstätt. Eine Auswahl aus dem großen Herbarium des Basilius Besler von 1613.* Mit einem Vorwort von Birgit Mayer und botanischen Erläuterungen. 2004.
10,5 x 15,2 cm, 96 S., 41 Abb.,
geb., ISBN 3-8296-0162-X /
978-3-8296-0162-7

Besler, Basilius *siehe auch* ***Hortus Eystettensis***

JOSEPH BEUYS

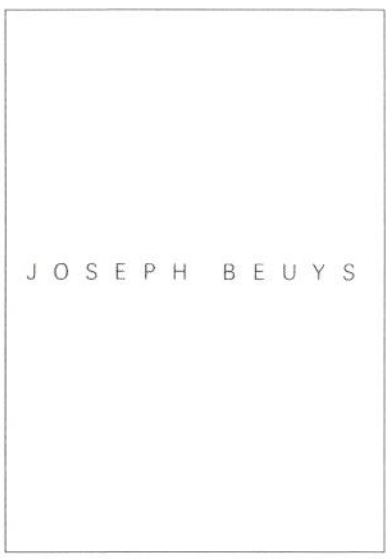

Beuys, Joseph. *Zeichnungen 1947–59 I.*
Mit einem Gespräch zwischen Joseph Beuys und Hagen Lieberknecht. 1972.
27 x 35,5 cm, 144 S., 57 Abb.,
geb., ISBN 3-88814-002-1

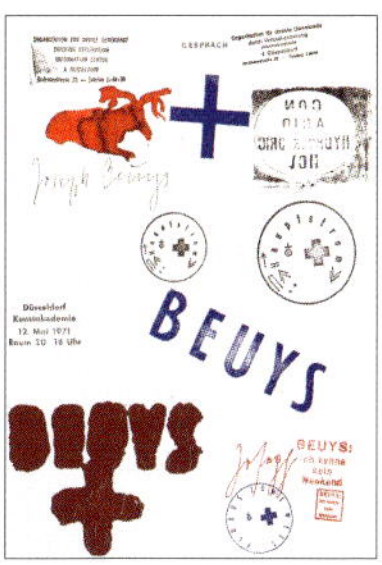

–, *Multiplizierte Kunst. Werkverzeichnis.*
Hrsg. von Jörg Schellmann und Bernd Klüser. 1975.
15 x 20,5 cm, 260 S., 300 Abb.,
brosch., ISBN 3-88814-018-8

–, Caroline Tisdall, *Joseph Beuys – Coyote.*
Photographien und Texte von Caroline Tisdall. 1976.
26 x 18 cm, 160 S., 97 Abb.,
brosch., ISBN 3-88814-006-4
geb. 1980: 057-9
NA, geb. 1988: 268-7
NA, geb. 2008: 978-3-8296-0396-6
engl. Ausg., geb. 2008:
978-3-8296-0397-3

Beuys, Joseph.
Arbeiten aus Münchener Sammlungen. Katalog Städtische Galerie im Lenbachhaus, München. Hrsg und mit einem Text von Armin Zweite. 1981.
22,5 x 22,5 cm, 342 S., 247 Abb.,
brosch., ISBN 3-88814-091-9

–, *Skulpturen und Objekte.* Katalog Berlin. Band 1. Hrsg. von Heiner Bastian. Mit Texten von Götz Adriani, Heiner Bastian, Franz-Joseph van der Grinten u.a. 1988.
21 x 30 cm, 340 S., 238 Abb.,
geb., ISBN 3-88814-264-4
brosch. 1988: 279-2

–, *The secret block for a secret person in Ireland.* Katalog Berlin. Band 2. Hrsg. von Heiner Bastian. Mit einem Text von Dieter Koepplin. 1988.
21 x 30 cm, 524 S., 483 Abb.,
geb., ISBN 3-88814-265-2
brosch. 1988: 280-6

–, *Frühe Aquarelle* (SVB). Mit einem Text von Werner Schade. 1989.
14,5 x 19 cm, 108 S., 41 Abb.,
brosch., ISBN 3-88814-316-0
frz. Ausg. 1989: 536-8
engl. Ausg. 1991: 398-5

–, *Block Beuys.* Hrsg. von Eva, Wenzel und Jessyka Beuys. Mit Photographien von Claudio Abate. 1990.
24 x 29,5 cm, 412 S., 335 Abb.,
geb., ISBN 3-88814-288-1

–, *Natur Materie Form.*
Katalog Kunstsammlung Nordrhein-Westfalen, Düsseldorf. Hrsg. und mit einem Text von Armin Zweite. 1991.
24 x 30 cm, 360 S., 285 Abb.,
brosch., ISBN 3-88814-454-X
geb. 1992: 453-1

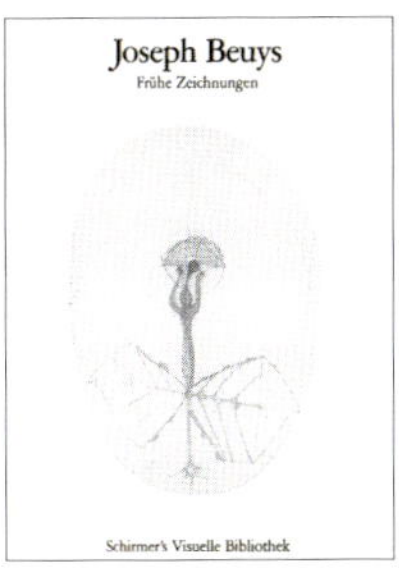

–, *Frühe Zeichnungen* (SVB). Mit einem Text von Werner Schade. 1992.
14,5 x 19 cm, 104 S., 53 Abb.,
brosch., ISBN 3-88814-447-7
engl. Ausg. 1992: 471-X
frz. Ausg. 1992: 594-5

–, *Die Multiples 1965–1986. Werkverzeichnis der Auflagenobjekte und Druckgraphik.* Hrsg. von Jörg Schellmann. 1992.
Erw. u. überarb. Ausg.
21,5 x 30,5 cm, 592 S., 860 Abb.,
geb., ISBN 3-88814-232-6
NA, geb. 1997: 199-0 /
978-3-88814-199-7
engl. Ausg. 1997: 210-5 /
978-3-88814-210-9

Beuys, Joseph. *Hauptstrom Jupiter. Beuys und die Antike.*
Hrsg. von Klaus Vierneisel.
Mit Texten von Gottlieb Leinz und Franz-Joseph van der Grinten. 1993.
24 x 29,5 cm, 164 S., 124 Abb.,
brosch., ISBN 3-88814-676-3

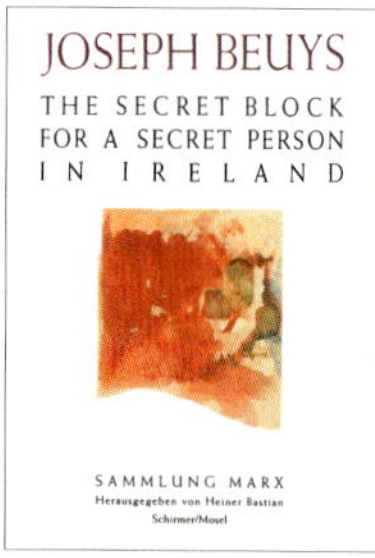

–, *The secret block for a secret person in Ireland.* Sammlung Marx. Hrsg. und mit einem Text von Heiner Bastian. 1996.
21 x 30 cm, 504 S., 483 Abb.,
brosch., ISBN 3-88814-280-6 /
978-3-88814-280-2

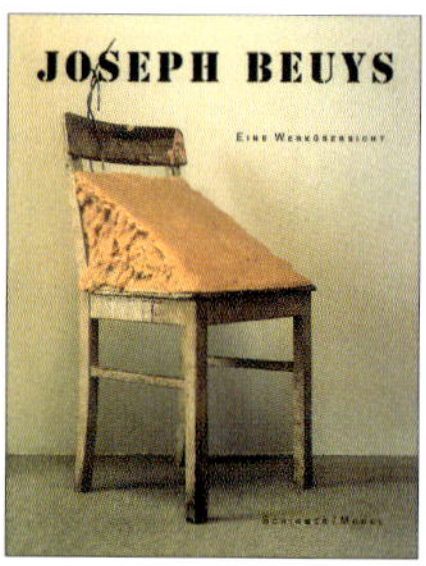

–, *Eine Werkübersicht.*
Hrsg. von Lothar Schirmer.
Mit einem Text von Alain Borer.
Dt. von Reinold Werner. 1996.
24,5 x 31,5 cm, 240 S., 152 Abb.,
geb., ISBN 3-88814-810-3 /
978-3-88814-810-1
brosch. 2001: ISBN 3-88814-976-2 /
978-3-88814-976-4
NA, geb. 2015/2021: *Werkübersicht 1945–1985*, 978-3-8296-0732-2

–, *Block Beuys* (gekürzte Ausg.).
Hrsg. von Eva, Wenzel und Jessyka Beuys. Mit einem Interview von Richard Hamilton mit Joseph Beuys. 1997.
Dt./engl. Ausg.
24 x 31 cm, 112 S., 42 Abb.,
brosch., ISBN 3-88814-829-4

–, *Frühe Aquarelle* (Meister der Kunst). Mit einem Text von Werner Schade. 1998.
15,5 x 21,5 cm, 108 S., 41 Abb., geb., ISBN 3-88814-648-8
engl. Ausg. 1998: 227-X

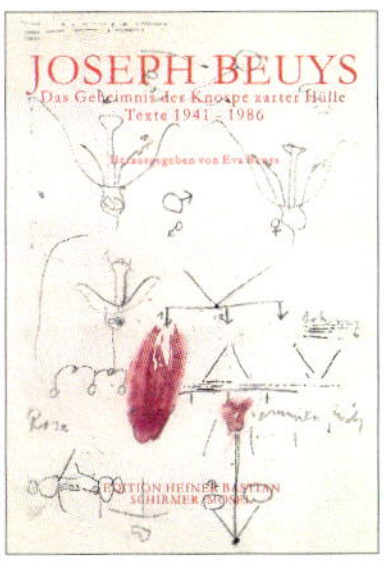

–, *Das Geheimnis der Knospe zarter Hülle – Texte 1941–1986.* Hrsg. von Eva Beuys. Mit einem Vorwort von Heiner Bastian. 2000.
21,7 x 30,2 cm, 520 S., 230 Abb., geb., ISBN 3-88814-924-X / 978-3-88814-924-5

–, *Joseph Beuys in Basel. Band 1: Feuerstätte.* Hrsg. und mit einem Text von Dieter Koepplin. 2003.
22,5 x 30 cm, 200 S., 110 Abb., geb., ISBN 3-8296-0090-9 / 978-3-8296-0090-3

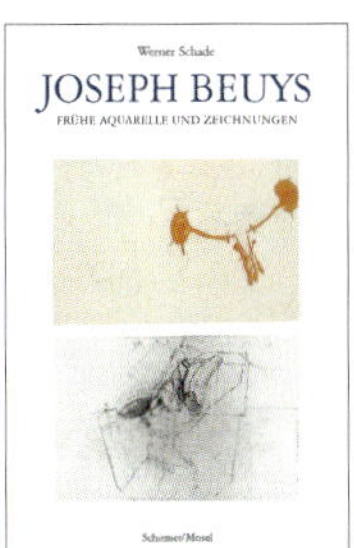

–, *Frühe Aquarelle und Zeichnungen.* Mit Texten von Werner Schade. 2004.
15,4 x 23 cm, 144 S., 82 Abb., geb., ISBN 3-8296-0152-2 / 978-3-8296-0152-8
engl. Ausg. 2004: ISBN 3-8296-0165-4 / 978-3-8296-0165-8

Beuys, Joseph. *Mein Dank an Lehmbruck. Eine Rede.* Hrsg. von Lothar Schirmer. Mit einem Nachwort von Eugen Blume. 2006.
11,5 x 19 cm, 80 S., 12 Abb.,
geb., ISBN 3-8296-0225-1 / 978-3-8296-0225-9

–, *Joseph Beuys in Basel. Band 2: Frühe Zeichnungen und Holzschnitte bis 1954.* Hrsg. und mit einem Text von Dieter Koepplin. 2006.
22,5 x 30 cm, 272 S., 135 Abb.,
geb., ISBN 3-8296-0091-7 / 978-3-8296-0091-0

–, *Joseph Beuys in Basel. Band 1 und 2.* 2006.
ISBN 978-3-8296-0246-4

–, Sean Rainbird, *Joseph Beuys und die Welt der Kelten. Schottland, Irland und England 1970–85.* Dt. von Ursula Wulfekamp und Andrea Stumpf. 2006.
16,5 x 23,8 cm, 120 S., 50 Abb.,
geb., ISBN 3-8296-0177-8 / 978-3-8296-0177-1

–, *Das Ende des 20. Jahrhunderts. The End of the 20th Century.* Hrsg. von Susanne Willisch und Bruno Heimberg. Mit Texten von UWe Claus, Eckart Förster, Erich Gantzert-Castrillo, Maike Grün, Bruno Heimberg, Otto Hubacek, Bernd Klüser, Jens Linke, Sean Rainbird, Alexander Rocholl, Carla Schulz-Hoffmann, Peter Weller und Susanne Willisch. 2007.
Dt./engl. Ausg.
23 x 30 cm, 396 S., 254 Abb.,
geb., ISBN 978-3-8296-0287-7

–, Heiner Bastian, *Traum und Albtraum. Von einem vergeblichen Versuch, den Zauber der Werke von Joseph Beuys in Moyland zu finden*, 2009.
12,5 x 18,5 cm, 36 S., 6 Abb.,
geb., ISBN 978-3-8296-0454-3

–, *Parallelprozesse.* Hrsg. von der Kunstsammlung Nordrhein-Westfalen, Marion Ackermann und Isabelle Malz. Mit Texten von Marion Ackermann, Gottfried Boehm, Wilfried Kuehn, Isabelle Malz, Maja Naef, Johannes Stüttgen u.a. und einem Interview mit Marina Abramović. 2010.
23 x 29 cm, 432 S., 436 Abb.,
geb., ISBN 978-3-8296-0481-9
engl. Ausg. 2010: 0482-6

–, *Eine farbige Welt.* Objekte, Plastiken, Drucke 1970–1986. Schellmann Art München. 2011.
24 x 29,7 cm, 120 S., 353 Abb.,
brosch., ISBN 978-3-8296-0547-2
engl. Ausg. 2011: 0548-9

–, *Ich (Ich selbst die Iphigenie).* Plastiken, Objekte, Zeichnungen, Drucke. Schellmann Art München. 2011.
Dt./engl. Ausg.
24 x 29,7 cm, 94 S., 162 Abb.,
brosch., ISBN 978-3-8296-0549-6

–, *Joseph Beuys in Basel. Band 3: Schneefall.* Hrsg. und mit einem Text von Dieter Koepplin. 2012.
22,5 x 30 cm, 80 S., 33 Abb.,
geb., ISBN 978-3-8296-0556-4

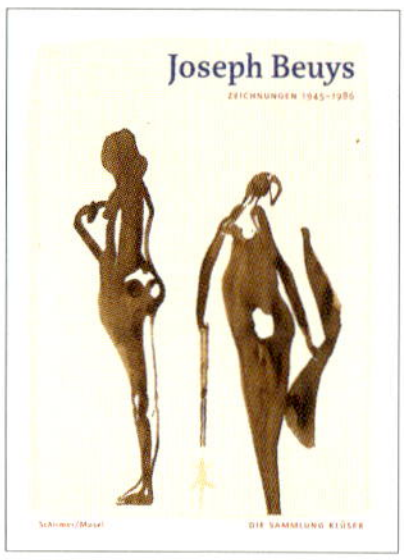

–, *Zeichnungen 1945–1986. Die Sammlung Klüser.* Hrsg. von Bernd Klüser. Mit Texten von Magdalena Holzhey und Dieter Koepplin. 2012.
24 x 32 cm, 368 S., 198 Abb.,
geb., ISBN 978-3-8296-0624-0

–, *Joseph Beuys im Lenbachhaus und Schenkung Lothar Schirmer.* Hrsg. von Helmut Friedel und Lothar Schirmer. Mit Texten von Joseph Beuys, Helmut Friedel und Lothar Schirmer. 2013.
24,5 x 27,7 cm, 152 S., 111 Abb.,
geb., ISBN 978-3-8296-0629-5

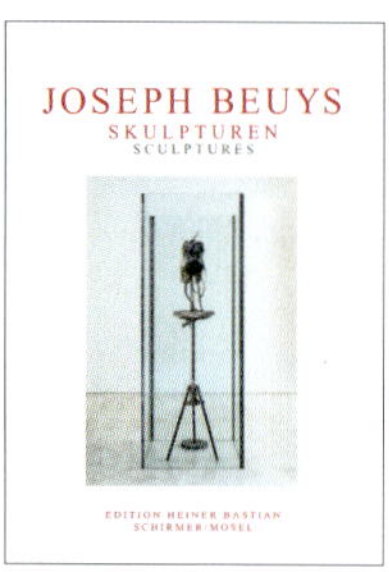

–, *Joseph Beuys. Skulpturen / Sculptures.* Hrsg. und mit einem Text von Heiner Bastian. 2015.
Dt./engl. Ausg.
22 x 30 cm, 108 S., 56 Abb.,
geb., ISBN 978-3-8296-0745-2

–, *Beuys, Düsseldorf-Oberkassel, Drakeplatz 4.* Hrsg. und mit einem Vorwort von Lothar Schirmer. Photographien und Bilderläuterungen von Eva Beuys. Mit einem Gespräch zwischen Friedolin Reske und Dieter Hülsmanns mit Joseph Beuys. 2016.
26,5 x 34 cm, 144 S., 127 Abb., geb., ISBN 978-3-8296-0704-9

–, Kirsten Claudia Voigt, *Joseph Beuys liest Friedrich Nietzsche. Das autopoietische Subjekt.* 2016.
16,5 x 23,5 cm, 304 S., 89 Abb., geb., ISBN 978-3-8296-0754-4

–, *Joseph Beuys in Basel. Band 4: Zeichnungen, Plastische Bilder und Multiples von 1955 bis 1985.* Hrsg. und mit einem Text von Dieter Koepplin. 2016.
22,5 x 30 cm, 380 S., 158 Abb., geb., ISBN 978-3-8296-0753-7

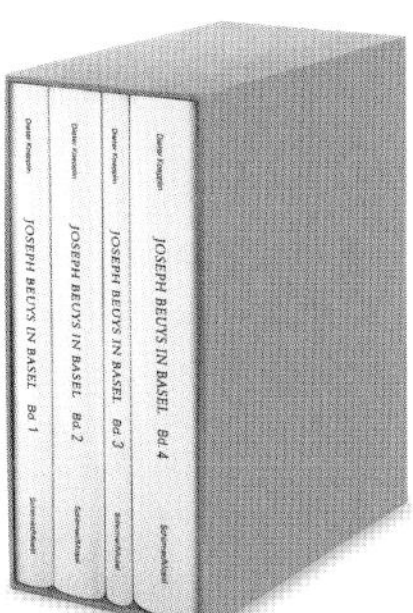

–, *Joseph Beuys in Basel. Band 1–4.* Im Schuber. 2016.
ISBN 978-3-8296-0802-2

–, *Joseph Beuys. Einwandfreie Bilder 1945–1985. Arbeiten auf Papier aus der Sammlung Lothar Schirmer.*
Mit Texten von Kirsten Claudia Voigt, Matthias Mühling, Eva Huttenlauch und Lothar Schirmer. 2017.
24 x 28 cm, 280 S., 268 Abb.,
geb., ISBN 978-3-8296-0822-0

–, *Joseph Beuys im Lenbachhaus. Sammlung Lothar Schirmer.*
Zwei Bände im Schuber.
Band 1: *Joseph Beuys im Lenbachhaus und Schenkung Lothar Schirmer.*
Band 2: *Einwandfreie Bilder 1945–1985. Arbeiten auf Papier aus der Sammlung Lothar Schirmer.* 2018.
ISBN 978-3-8296-0839-8

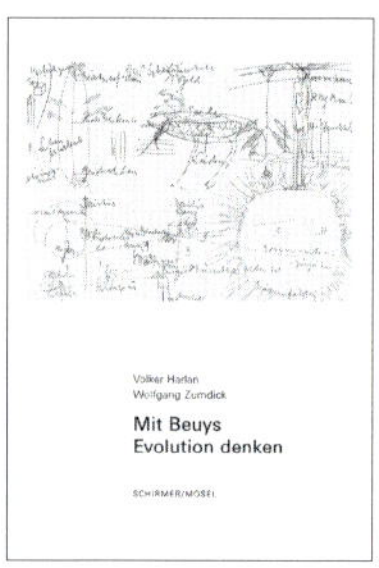

–, Volker Harlan und Wolfgang Zumdick, *Mit Beuys Evolution denken. Einführung in die Gedankenwelt von Joseph Beuys. Ein Arbeitsbuch.* 2020.
16,5 x 23,5 cm, 288 S., 123 Abb.,
geb., ISBN 978-3-8296-0867-1

–, Eva Huttenlauch, *Joseph Beuys. Zeige Deine Wunde / Show Your Wound.* Bd. 7 der Edition Lenbachhaus. Mit einem Vorwort von Matthias Mühling.
Engl. von Gérard Goodrow. 2021.
Dt./engl. Ausg.
16 x 20 cm, 116 S., 66 Abb.,
geb., ISBN 978-3-8296-0937-1

–, *Jahrgang 1921: Joseph Beuys und der Sammler Erich Marx*. Hrsg. und mit Texten von Eugen Blume. 2021.
23,6 x 30 cm, 144 S., 103 Abb.,
geb., ISBN 978-3-8296-0938-8

–, Alf Christophersen, *Die Kunst des Unsichtbaren. Ethik – Beuys – Ästhetik.* 2021.
15,6 x 23,5 cm, 208 S., 44 Abb.,
geb., ISBN 978-3-8296-0931-9

–, *Linie zu Linie – Blatt um Blatt. Die Zeichnungssammlung der Familie Beuys.* Hrsg. von Staatliche Kunstsammlungen Dresden, Mailena Mallach, Stephanie Buck, Marion Ackermann. 2021.
23 x 30 cm, 208 S., 142 Abb.,
brosch., ISBN 978-3-8296-0920-3

–, *Kompass Beuys. Werke aus der Sammlung Ludwig Rinn.* Hrsg. von Christoph Otterbeck und Ludwig Rinn. Mit Texten von Joseph Beuys u. a. 2023.
24 x 32,5 cm, 280 S., 200 Abb.,
geb., ISBN 978-3-8296-0939-5

Beuys, Joseph / Ute Klophaus. *Aus der Zeit gerissen. Joseph Beuys: Aktionen. Fotografiert von Ute Klophaus 1965–1986. Sammlung Lothar Schirmer.* Katalog Von der Heydt-Museum Wuppertal. Hrsg. von Roland Mönig und Antje Birthälmer. Mit Texten von Loretta Baum-Ischebeck, Antje Birthälmer, Bazon Brock, Ute Klophaus und Bernd Stiegler. 2021.
24 x 29 cm, 208 S., 137 Abb., brosch., ISBN 978-3-89202-106-3 (Museumsausgabe)

–,/ **Abisag Tüllmann.** *Joseph Beuys. Titus/Iphigenie. Abisag Tüllmann – Photographien.* Mit Texten von Mario Kramer und Peter Handke. Engl. von Daniel Mufson. 2018.
Dt. Ausg. mit engl. Textbeilage, 30 x 24 cm, 120 S., 57 Abb., geb., ISBN 978-3-8296-0837-4

Beuys, Joseph *siehe auch* **Marc, Franz**

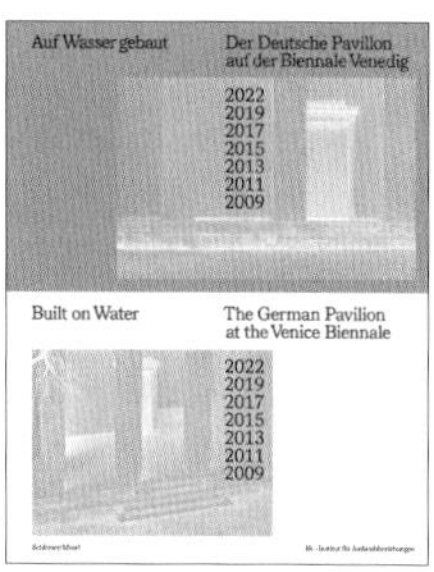

Biennale Venedig. *Auf Wasser gebaut / Built on Water. Der Deutsche Pavillon auf der Biennale Venedig 2009–2022.* Hrsg. von Ulrich Raulff, Ellen Strittmatter, Gitte Zschoch, Institut für Auslandsbeziehungen e.V. (ifa). Mit Texten von Lena Bopp, Anne Carson, Yilmaz Dziewior, Florian Ebner, Maria Eichhorn, Susanne Gaensheimer u.a. 2022.
Dt./engl. Ausg.
22,6 x 28 cm, 296 S., 102 Abb., brosch., ISBN 978-3-8296-0953-1

Björk. *Björk – The Book.*
Hrsg. von Studio M/M, Paris. Mit Texten von Won Tchoi, Rick Poynor, Phillippe Parreno, Björk, Sir David Attenborough, Jefferson Hack und Sjón. Dt. von Andreas Vollmer und Marion Kagerer. 2001.
19,5 x 23 cm, 104 S., 90 Abb., brosch., ISBN 3-88814-908-8 / 978-3-88814-908-5

–, *Archives.*
Mit Texten von Klaus Biesenbach, Alex Ross, Nicola Dibben and Sjón. 2015.
Engl. Originalausg.
24 x 30,5 cm, 192 S., 224 Abb., geb. ISBN 978-3-8296-0695-0

[Der] Blaue Reiter *siehe* ***Schöne Aussichten. Der Blaue Reiter …***

Block, René. *Drei Hubwagen und ein Blatt Papier. Editionen 1966–2022. Gesamtverzeichnis.* Mit Texten von Hubertus Butin, Michael Glasmeier, Birgit Eusterschulte, Eva Scharrer und Katrin Seemann. 2023.
24,5 x 29 cm, 352 S., 676 Abb., geb., ISBN 978-3-8296-0968-5

Bloßfeldt, Karl. *Das fotografische Werk.*
Mit einem Text von Gert Mattenklott. 1981.
22 x 27,5 cm, 548 S., 240 Abb., geb., ISBN 3-88814-072-2

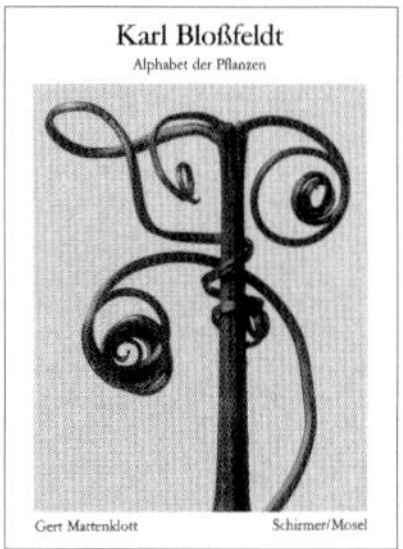

Bloßfeldt, Karl. *Photographien* (SVB).
Hrsg. von Ann und Jürgen Wilde. Mit einem Text von Gert Mattenklott. 1991.
14,5 x 19 cm, 128 S., 48 Abb.,
brosch., ISBN 3-88814-381-0
frz. Ausg. 1991: 574-0
NA, brosch. 2007: *Alphabet der Pflanzen*, ISBN 978-3-8296-0303-4
engl. Ausg., brosch. 2007: 0304-1
NA, dt./engl. Ausg. 2020:
ISBN 978-3-8296-0912-8

–, *Urformen der Kunst – Wundergarten der Natur. Das fotografische Werk in einem Band.* Mit einem Text von Gert Mattenklott. 1994.
25 x 30,5 cm, 312 S., 240 Abb.,
geb., ISBN 3-88814-718-2 / 978-3-88814-718-0
engl. Ausg. 1999: 718-2/ 978-3-88814-627-5

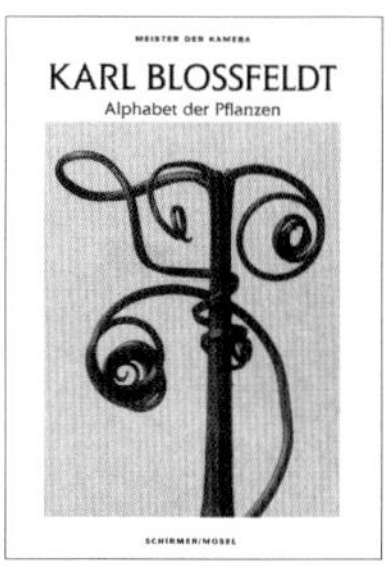

–, *Alphabet der Pflanzen* (Meister der Kamera). Hrsg. von Ann und Jürgen Wilde. Mit einem Text von Gert Mattenklott. 1997.
15,5 x 21 cm, 80 S., 44 Abb.,
geb., ISBN 3-88814-851-0
engl. Ausg. 1997: 867-7

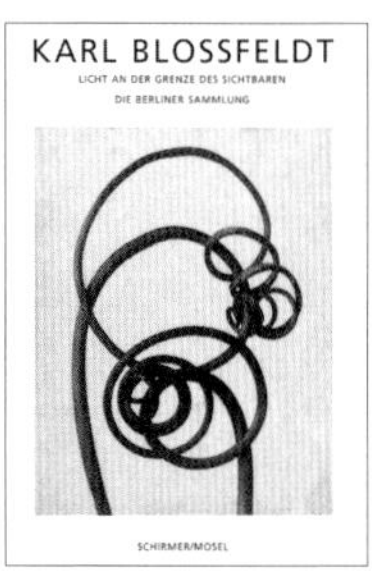

–, *Licht an der Grenze des Sichtbaren. Die Berliner Sammlung.* Hrsg. von der Akademie der Künste. 1999.
23 x 33 cm, 104 S., 103 Abb.,
geb., ISBN 3-88814-115-X / 978-3-88814-115-7

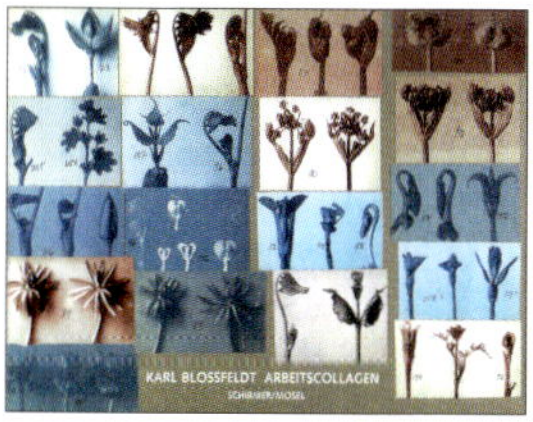

–, *Arbeitscollagen.*
Hrsg. von Ann und Jürgen Wilde. Mit einem Text von Ulrike Meyer Stump. 2000.
31,5 x 24 cm, 156 S., 71 Abb., geb., ISBN 3-88814-786-7 / 978-3-88814-786-9
engl. Ausg. 2000:
ISBN 3-88814-971-1 / 978-3-88814-971-9
verkl. NA, dt. Ausg., geb. 2012:
ISBN 978-3-8296-0568-7

–, *Meisterwerke.* Hrsg. von Ann und Jürgen Wilde. Mit einem Text und botanischen Erläuterungen von Hansjörg Küster. 2016.
23,5 x 36,5 cm, 160 S., 140 Abb., geb., ISBN 978-3-8296-0725-4

Bloßfeldt, Karl *siehe auch* **Nooteboom, Cees** *und* ***Vergleichende Konzeptionen***

Bonk, Ecke. *Monte Carlo Method. A Typosophical Manual.* Hrsg. von Peter Weibel. Mit Texten von Hans Belting, Richard Hamilton, Sarat Maharaj, Ecke Bonk, Owen Griffith, Isa Quandt und Peter Weibel. Mit beiliegender DVD: *Cosmic Reflux,* für Geigerzähler und Grand Piano, 121 Min. 2007.
Engl. Ausg.
18 x 24 cm, 224 S., 120 Abb., geb., ISBN 978-3-8296-0337-9

Bonk, Ecke *siehe auch* **Duchamp, Marcel**

Bonnard, Pierre.
Françoise Heilbrun / Philippe Néagu, *Pierre Bonnard. Photograph.* Mit einem Vorwort von Antoine Terrasse. Dt. von Johannes Hauck. 1988. 31 x 24,5 cm, 144 S., 286 Abb., geb., ISBN 3-88814-271-7

Bonnet, Anne-Marie / Gabriele Kopp-Schmidt. *Die Malerei der deutschen Renaissance 1484–1555.* Unter Mitarbeit von Daniel Görres. 2010. 27,5 x 34,5 cm, 408 S., 307 Abb., geb., ISBN 978-3-8296-0407-9 verkl. NA, geb. 2014/2019: 0693-6

Bonnet, Anne-Marie *siehe auch* **Cranach, Lukas; Dürer, Albrecht; Rodin, Auguste**

Boo – Der süsseste Hund der Welt. Mit Texten von J. H. Lee und Fotografien von Gretchen Le Maistre. 2012. 20 x 15,2 cm, 80 S., 92 Abb., geb., ISBN 978-3-8296-0577-9

Bosch, Hieronymus *siehe* **Nooteboom, Cees**

Botti, Giancarlo *siehe* **Schneider, Romy**

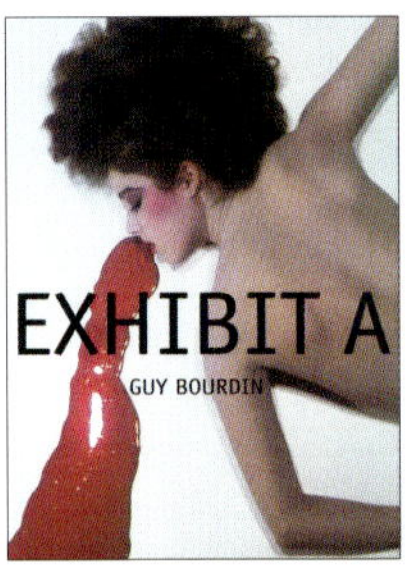

Bourdin, Guy. *Exhibit A.* Hrsg. von Samuel Bourdin, Fernando Delgado. Mit einem Vorwort von Luc Santé und einem Text von Michel Guerrin. Dt. von Sabine Herting. 2001. 27,9 x 36,5 cm, 208 S., 100 Abb., geb., ISBN 3-8296-0002-X / 978-3-8296-0002-6

Bourgeois, Louise. *Femme Maison. Das Haus der Künstlerin.* Photographien von Jean-François Jaussaud. Mit einem Vorwort von Xavier Girard und Texten von Marie-Laure Bernadac und dem Photographen und Auszügen aus Louise Bourgeois' Tagebüchern. Dt. von Michaela Angermair. 2019.
17,8 x 24,2 cm, 192 S., 113 Abb.,
geb., ISBN 978-3-8296-0870-1

Bourke-White, Margaret. *Deutschland, April 1945. (Dear Fatherland Rest Quietly).* Mit einem Vorwort von Klaus Scholder. Dt. von Ulrike von Puttkamer. 1979.
17 x 23,5 cm, 184 S., 120 Abb.,
geb., ISBN 3-88814-034-X
brosch. 1979: 162-1

Bourne, Samuel. *Sieben Jahre Indien. Die Photographien und Reiseberichte 1863–1870.* Hrsg. von Ulrich Pohlmann und Dietmar Siegert unter Mitarbeit von Esther Ruelfs. Mit Texten von Samuel Bourne, Esther Ruelfs, Gary D. Sampson, John Falconer und Ulrich Pohlmann.
Dt. von Nikolaus G. Schneider. 2001.
24 x 30 cm, 272 S., 168 Abb.,
geb., ISBN 3-88814-901-0 / 978-3-88814-901-6

Bowe, Patrick. *Gärten der Römischen Welt.* Dt. von Antje Pehnt. 2004.
24,8 x 28 cm, 176 S., 197 Abb.,
geb., ISBN 3-8296-0145-X / 978-3-8296-0145-0

Bramly, Serge *siehe* **Rheims, Bettina**

Brando, Marlon. *Marlon Brando. Portraits & Filmstills 1946–1995.* Hrsg. von Lothar Schirmer. Mit einem Text von Truman Capote. 1995.
24 x 27,5 cm, 184 S., 87 Abb.,
geb., ISBN 3-88814-777-8
engl. Ausg. 1995: 891-X

Brassaï. *Paris de nuit – Nächtliches Paris.* Mit Texten von Paul Morand, Lawrence Durrell und Henry Miller. Dt. von Christoph Huber und Ulrike von Puttkamer. 1979.
19 x 24 cm, 132 S., 62 Abb.,
brosch., ISBN 3-921375-35-5

–, Sylvie Aubenas / Quentin Bajac, *Brassaï – Flaneur durch das nächtliche Paris.* Dt. von Matthias Wolf. 2013.
24 x 29,3 cm, 312 S., 300 Abb.,
geb., ISBN 978-3-8296-0630-1

Braun, Adolphe. *Ein europäisches Photographie-Unternehmen und die Bildkünste im 19. Jahrhundert.* Hrsg. von Ulrich Pohlmann und Klaus Mellenthin in Zusammenarbeit mit Franziska Kunze. Mit Texten von Jan van Brevern, Aziza Gril-Mariotte, Christian Kempf, Dorothea Peters, Marie Robert, Bernd Stiegler und den Herausgebern. Dt. von Michaela Angermair und Iskra Narinova. 2017.
24,5 x 28 cm, 360 S., 359 Abb.,
geb., ISBN 978-3-8296-0823-7

Brech, Christoph. *Das Bayerische Staatsorchester mit Kirill Petrenko on tour.* Mit Texten von Nikolaus Bachler und Reinhard Brembeck. 2018.
22 x 29 cm, 176 S., 76 Abb.,
geb., ISBN 978-3-8296-0851-0

Breitenbach, Josef. *Photographien.* Hrsg. von T.O. Immisch, Ulrich Pohlmann und Klaus E. Göltz. Mit Texten von J. Breitenbach, Ludger Derenthal, Kelly George, Dirk Halfbrodt, T.O. Immisch, Peter C. Jones, Ulrich Pohlmann und Marcia Tiede. 1996.
24,5 x 31 cm, 232 S., 269 Abb.,
geb. u. brosch., ISBN 3-88814-827-8

Brioni (Magier der Mode). Mit einem Text von Farid Chenoune. Dt. von Caroline Gutberlet. 1999.
15,5 x 21,5 cm, 80 S., 48 Abb.,
geb., ISBN 3-88814-979-7

Brix, Michael *siehe* **Callas, Maria; Evans, Walker**

Brohm, Joachim. *Color.* Hrsg. von Die Photographische Sammlung / SK Stiftung, Köln und Landesgalerie Linz am Oberösterreichischen Landesmuseum. Mit einem Text von Gabriele Conrath-Scholl. 2010.
Dt./engl. Ausg.
22 x 27,5 cm, 152 S., 55 Abb.,
brosch., ISBN 978-3-8296-0518-2

Bronfen, Elisabeth / Barbara Straumann. *Die Diva. Eine Geschichte der Bewunderung.* 2002.
23 x 32,5 cm, 224 S., 208 Abb., geb., ISBN 3-88814-308-X / 978-3-88814-308-3

Brooks, Louise. *Lulu in Berlin und Hollywood.* Mit Texten von Louise Brooks, William Shawn und Lotte H. Eisner. Dt. von Bernd Samland. 1983.
17 x 23,5 cm, 173 S., 50 Abb., brosch., ISBN 3-88814-116-8

–, Peter Cowie, *Lulu Forever.* Mit einem Vorwort von Jack Garner. Dt. von Ursula Wulfekamp und Rudolf Hermstein. 2006.
21,5 x 31,8 cm, 240 S., 167 Abb., geb., ISBN 3-8296-0257-X / 978-3-8296-0257-0

Bull, Clarence Sinclair. *Starphotograph bei MGM.* Hrsg. von Terence Pepper und John Kobal. Mit Texten von Katharine Hepburn, John Kobal und Terence Pepper. Dt. von Georg Auerbach. 1989.
23,5 x 29,5 cm, 256 S., 186 Abb., geb., ISBN 3-88814-312-8
frz. Ausg., geb. 1989: 532-5
brosch. 1992: 994-0
engl. Ausg., brosch. 1992: 480-9

Buñuel, Luis. *Luis Buñuel. Auge des Jahrhunderts.* Hrsg. von Yasha David. Mit Texten von Luis Buñuel, Pontus Hulten, Wenzel Jacob u.a. Dt. von Stefan Barmann, Susanne Petersen u.a. 1994.
25 x 28 cm, 518 S., 400 Abb.,
brosch., ISBN 3-88814-697-6

Burkard, Hans-Jürgen. *Jenseits von Kreml und Rotem Platz. Bilder aus Rußland.* Mit Texten von Katja Gloger und Jewgeni Popow. 1995.
24,5 x 30 cm, 192 S., 122 Abb.,
geb., ISBN 3-88814-772-7
brosch. 1995: 771-9

Burri, René. *Die Deutschen. Photographien 1957–1964.* Mit Texten von Hans Magnus Enzensberger. 1986.
28,5 x 24,5 cm, 208 S., 88 Abb.,
geb., ISBN 3-88814-161-3
brosch. 1990: 161-3
erw. NA (mit einer Einführung von Hans-Michael Koetzle), brosch. 1999: 988-6

C

VON CAGE BIS CRANACH

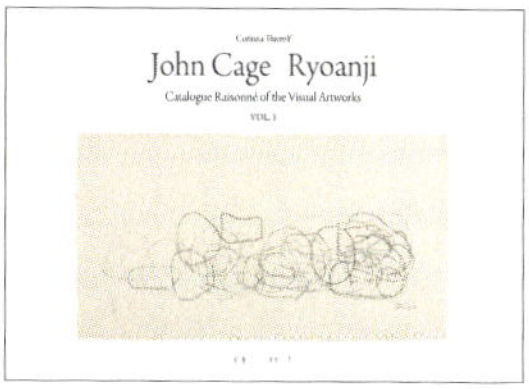

Cage, John. *Ryoanji. Catalogue Raisonné of the Visual Artworks. Vol. I.* Hrsg. und mit einem Text von Corinna Thierolf. Engl. von Donald Goodwin. 2013.
Engl. Ausg. mit dt. Textbeilage,
32,7 x 22,5 cm, 240 S., 166 Abb.,
geb., ISBN 978-3-8296-0625-7

Cage, John *siehe auch* **Tobey, Mark**

Cahun, Claude. *Bilder.* Hrsg. von Heike Ander und Dirk Snauwaert. Mit Texten von Laura Cottingham, François Leperlier, Dirk Snauwaert und Peter Weibel. 1997.
23 x 27 cm, 140 S., 111 Abb.,
brosch., ISBN 3-88814-885-5

Callas, Maria.
Attila Csampai, *Callas. Gesichter eines Mediums.* Mit einem Vorwort von Ingeborg Bachmann. 1993.
23,5 x 33 cm, 272 S., 169 Abb.,
geb., ISBN 3-88814-669-0
frz. Ausg. 1993: 616-X
engl. Ausg. 1995: 793-X
engl. Ausg., brosch. 1999: 925-8 / 978-3-88814-925-2
brosch. 1999: 987-8 / 978-3-88814-987-0
NA, geb., 2007: 978-3-8296-0313-3
NA, engl. Ausg., geb. 2007: 0314-0
verkl. NA, geb. 2023: 0982-1
verkl. NA, engl. Ausg., geb. 2023: 0997-5

Callas, Maria. Michael Brix, *Maria Callas. Aufführungen / Performances.* Mit Texten von Ingeborg Bachmann, Teodoro Celli, René Leibovitz und Mario Praz. Dt. von Susanne Vogel und Michael Brix. 1994. 24,5 x 29,5 cm, 224 S., 129 Abb., geb., ISBN 3-88814-696-8

Calvenzi, Giovanna *siehe* ***Italia***

Campbell, Naomi. *Naomi.* Mit Texten von Iman und Quincy Jones. Dt. von Marion Kagerer. 1996. 22,2 x 28,6 cm, 144 S., 175 Abb., geb., ISBN 3-88814-825-1

Carroll, Jock *siehe* **Gould, Glenn**

Cartier (Magische Marken). Mit einem Text von Philippe Tretiack. Dt. von Petra Dahesch. 1997. 15,5 x 21,5 cm, 80 S., 51 Abb., geb., ISBN 3-88814-859-6

HENRI CARTIER-BRESSON

Cartier-Bresson, Henri. *Photoportraits.*
Mit einem Text von André Pieyre de Mandiargues. Dt. von Rudolf Kimmig. 1985.
25,5 x 29 cm, 288 S., 252 Abb.,
geb., ISBN 3-88814-175-3

–, *Zeichnungen.*
Mit Texten von Jean Clair und John Russell. Dt. von Hans-Horst Henschen und Thomas Schulz. 1989.
25 x 27,5 cm, 128 S., 65 Abb.,
geb., ISBN 3-88814-307-1

–, *Amerika. Photo-Skizzen.*
Mit einem Text von Gilles Mora.
Dt. von Michael Bischoff. 1991.
24,5 x 26,5 cm, 152 S., 99 Abb.,
geb., ISBN 3-88814-433-7
brosch. (mit einem Vorwort von Arthur Miller) 1996: 828-6

Cartier-Bresson, Henri.
Die Photographien.
Mit Texten von Yves Bonnefoy.
Dt. von Anja Lazarowicz. 1992.
30 x 29,5 cm, 344 S., 155 Abb.,
geb., ISBN 3-88814-491-4
NA, geb. 2016: 978-3-8296-0776-6

–, *A propos de Paris.*
Mit Texten von Vera Feyder und André Pieyre de Mandiargues. Dt. von Hans-Horst Henschen. 1994.
24 x 26 cm, 168 S., 131 Abb.,
geb., ISBN 3-88814-692-5
brosch. 1997: 295-4 /
978-3-88814-295-6

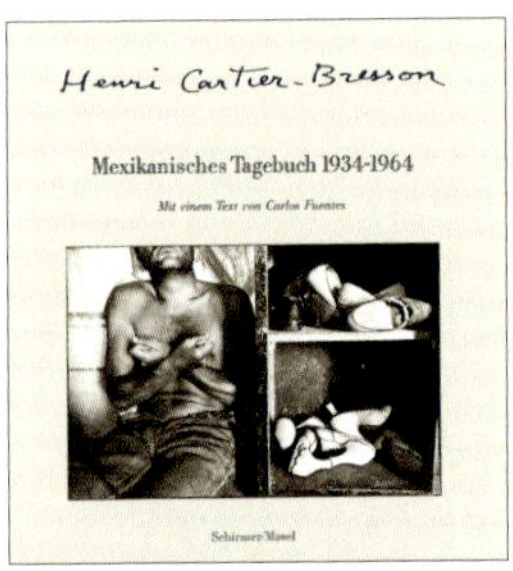

–, *Mexikanisches Tagebuch 1934–1964.*
Mit einem Text von Carlos Fuentes.
Dt. von Ulrich Kunzmann. 1995.
24 x 22 cm, 84 S., 54 Abb.,
geb., ISBN 3-88814-773-5

–, *Europäer.*
Mit einem Text von Jean Clair.
Dt. von Caroline Gutberlet. 1997.
22,5 x 28 cm, 232 S., 184 Abb.,
geb., ISBN 3-88814-887-1

–, Jean-Pierre Montier,
Henri Cartier-Bresson. Seine Kunst – sein Leben. Dt. von Caroline Gutberlet. 1997.
24,5 x 33,6 cm, 336 S., 299 Abb.,
geb., ISBN 3-88814-667-4
brosch. 2002: ISBN 3-8296-0020-8 / 978-3-8296-0020-0

–, *Tête à tête.* Mit einem Text von Ernst Gombrich. Dt. von Walter Ahlers. 1998.
25 x 30,5 cm, 144 S., 142 Abb.,
geb., ISBN 3-88814-304-7

–, *Landschaften und Städte.* Mit einem Vorwort von Erik Orsenna und einem Nachwort von Gérard Macé. Dt. von Sabine Herting. 2001.
29,5 x 28,5 cm, 240 S., 105 Abb.,
geb., ISBN 3-88814-814-6 / 978-3-88814-814-9

–, *»Wer sind Sie, Henri Cartier-Bresson?« Das Lebenswerk in 602 Bildern.*
Hrsg. von der Fondation Henri Cartier-Bresson. Mit Texten von Philippe Arbaïzar, Jean Clair, Claude Cookman, Robert Delpire, Peter Galassi, Jean-Noël Jeanneney, Jean Leymarie und Serge Toubiana. Dt. von Ulla Varchmin und Manfred Mothes. 2003.
28 x 26 cm, 432 S., 602 Abb.,
geb., ISBN 3-8296-0068-2 / 978-3-8296-0068-2
brosch. 2006: ISBN 3-8296-0144-1 / 978-3-8296-0144-3

Cartier-Bresson, Henri. *Meisterwerke.*
Mit einem Text des Photographen. 2004.
14,4 x 19,2 cm, 128 S., 52 Abb.,
brosch., ISBN 3-8296-0149-2 /
978-3-8296-0149-8

–, *Der Klang der Seele. Portraits.*
Mit einem Vorwort von Agnès Sire und einem Essay von Jean-Luc Nancy.
Dt. von Jörg Trobitius. 2006.
20 x 24 cm, 160 S., 97 Abb.,
geb., ISBN 3-8296-0241-3 /
978-3-8296-0241-9

–, *Scrapbook. Fotografien 1932–1946.*
Mit einem Vorwort von Martine Franck und Texten von Agnès Sire und Michel Frizot. Dt. von Christine Diefenbacher.
2007.
27 x 32, 264 S., 346 Abb.,
geb., ISBN 978-3-8296-0280-8

–, Peter Galassi, *Die frühen Photographien.*
Dt. von Rudolf Hermstein und Martina Tichy. 2007.
25,5 x 24,5 cm, 152 S., 87 Abb.,
geb., ISBN 978-3-8296-0338-6

–, Clement Chéroux,
Henri Cartier-Bresson.
Der Schnappschuss und sein Meister.
Dt. von Claudia Steinitz. 2008.
14,5 x 20,5 cm, 160 S., 182 Abb.,
brosch., ISBN 978-3-8296-0377-5

–, *Sein 20. Jahrhundert.*
Mit einem Text von Peter Galassi.
Dt. von Ursula Wulfekamp, Matthias Wolf und Susanne Vogel. 2010.
24 x 30,4 cm, 376 S., 462 Abb.,
geb., ISBN 978-3-8296-0391-1

–, *Man redet immer zu viel.*
Gespräche über das Leben, die Kunst und die Photographie 1951–1998. Hrsg. von Clément Chéroux und Julie Jones.
Dt. von Marion Kagerer und Michaela Angermair. 2020.
11,8 x 19 cm, 216 S.,
geb., ISBN 978-3-8296-0868-8

Cassandre.
Henri Mouron, *Cassandre.*
Plakatmaler, Typograph, Bühnenbildner.
Dt. von Rudolf Kimmig. 1985
25 x 28 cm, 320 S., 404 Abb.,
geb., ISBN 3-88814-157-5
brosch. 1991: 431-0
frz. Ausg. 1991: 584-8

Castiglione, Virginia Oldoini Verasis, Contessa di. Catharina Berents, *Contessa di Castiglione. Die Femme fatale des Second Empire.* 2023.
16,5 x 23,5 cm, 176 S., 65 Abb.,
geb., ISBN 978-3-8296-0976-0

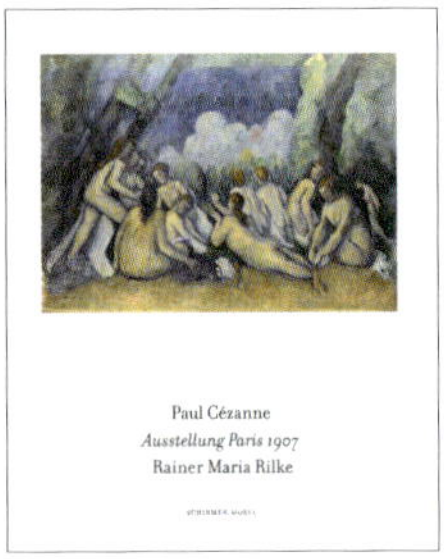

Cézanne, Paul / Rainer Maria Rilke. *Ausstellung Paris 1907. Paul Cézanne. Die Bilder seiner Ausstellung Paris 1907 besucht, betrachtet und beschrieben von Rainer Maria Rilke.* Rekonstruktion der Cézanne-Ausstellung im Grand Palais, zusammengestellt und eingeleitet von Bettina Kaufmann. Hrsg. von Lothar Schirmer. Engl. von Roger W. Benner. 2018.
18 x 23 cm, 200 S., 69 Abb.,
geb., ISBN 978-3-8296-0821-3
engl. Ausg. 2018: 0847-3

Chanel (Magier der Mode).
Mit einem Text von François Baudot.
Dt. von Anja Lazarowicz. 1996.
15,5 x 21 cm, 80 S., 68 Abb.,
geb., ISBN 3-88814-815-4

Chanel, Coco.
Paul Morand, *Die Kunst, Chanel zu sein. Gespräche mit Coco Chanel.*
Dt. von Annette Lallemand. 1998.
21 x 23 cm, 216 S., 45 Abb.,
geb., ISBN 3-88814-905-3
brosch. 2003: ISBN 3-8296-0110-7 / 978-3-8296-0110-8
verkl. NA, geb. 2009:
978-3-86555-068-2

Chaplin, Charlie.
Maurice Bessy, *Das große Charlie Chaplin-Buch*. Dt. von Florian Hopf. 1984.
24 x 32 cm, 440 S., 1087 Abb., geb., ISBN 3-88814-140-0

Chiaramonte, Giovanni. *Berlin, die Stadt, die immer wird.* Mit Texten von Kurt W. Forster und Giovanni Chiaramonte. 2009.
29 x 29 cm, 140 S., 66 Abb., geb., ISBN 978-3-8286-0410-9
engl. Ausg., geb. 2009: 0458-1

Chirico, Giorgio de *siehe* **de Chirico, Giorgio**

Christo. *Prints and Objects / Druckgraphik und Objekte 1963–87.* Hrsg. von Jörg Schellmann und Joséphine Benecke. Mit einem Text von Werner Spies. 1988. Dt./engl. Ausg.
21 x 24 cm, 188 S., 133 Abb., brosch., ISBN 3-88814-249-0
erw. Ausg., geb. 1995: *Christo and Jeanne-Claude. Prints and Objects 1963–95*, 3-88814-764-6

Clark, Colin *siehe* **Monroe, Marilyn**

Clausberg, Karl. *Zeppelin. Die Geschichte eines unwahrscheinlichen Erfolges.* 1979.
21,5 x 25 cm, 296 S., 223 Abb., geb., ISBN 3-88814-023-4

Claxton, William. *Young Chet. Der junge Chet Baker, photographiert von William Claxton.* Mit Texten von Christian Caujolle und William Claxton. Dt. von Walter Ahlers und Susanne Farin. 1993.
23 x 31 cm, 112 S., 73 Abb.,
geb., ISBN 3-88814-698-4
engl. Ausg. 1993: 230-X
frz. Ausg. 1993: 629-1
brosch. 1996: 798-0 /
978-3-88814-798-2
engl. Ausg. brosch. 1996: 860-X /
978-3-88814-860-6
Bonsai dt. 1998: 206-7
Bonsai engl. 1998: 129-X

Close, Chuck. *A Couple of Ways of Doing Something.* Mit Gedichten von Bob Holman und einem Interview von Lyle Rexer mit Chuck Close und Bob Holman. Dt. von Matthias Wolf. 2006. Engl. Originalausg. mit dt. Textbeilage,
28,7 x 38 cm, 56 S., 22 Abb.,
geb., ISBN 3-8296-0259-6 /
978-3-8296-0259-4

Cobain, Kurt / Frohman, Jesse. *Die letzte Session.* Fotografien von Jesse Frohman. Mit Texten von Jon Savage und Glenn O'Brien. Dt. von Karl Bruckmaier und Marion Kagerer. 2014.
26,5 x 32 cm, 144 S., 191 Abb.,
geb., ISBN 978-3-8296-0681-3

Coffin, Clifford. *Photographs from Vogue 1945 to 1955.* Hrsg. und mit einem Text von Robin Muir. 1997.
Engl. Ausg.
25 x 30 cm, 144 S., 113 Abb.,
geb., ISBN 3-88814-790-5

Cohen, Leonard. *Almost Young.*
Eine Bildbiographie mit einem Text von Jens Sparschuh. Engl. von Roger W. Benner. 2014.
21,5 x 24 cm, 168 S., 75 Abb.,
geb., ISBN 978-3-8296-0663-9
engl. Ausg. 2014: 0664-6

Collodi, Carlo. *Pinocchio. Die Geschichte eines Hampelmanns. Ein Fortsetzungsroman.* Mit einem Vorwort von Gianni Celati. Neu übersetzt von Marianne Schneider. 2003.
Dt./ital. Ausg.
16,8 x 23,8 cm, 240 S., 91 Abb.,
brosch., ISBN 3-8296-0073-9 /
978-3-8296-0073-6

–, *Pinocchio hat gesagt …*
Ausgewählt und zusammengestellt von Marianne Schneider. Mit Photographien von Ulrich Gambke. 2003.
10,5 x 15,2 cm, 96 S., 45 Abb.,
brosch., ISBN 3-8296-0104-2 /
978-3-8296-0104-7

Colville, Alex. *Gemälde und Zeichnungen.* Mit Texten von David Burnett, Alex Colville, Marilyn Schiff und Dieter Ruckhaberle. 1983. 22 x 27 cm, 268 S., 179 Abb., brosch., ISBN 3-88814-120-6

Comme des Garçons (Magier der Mode). Mit einem Text von France Grand. Dt. von Caroline Gutberlet. 1998. 16 x 22,4 cm, 80 S., 58 Abb., geb., ISBN 3-88814-634-8

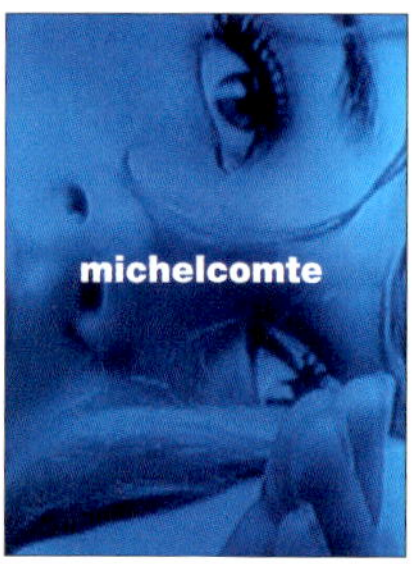

Comte, Michel. *Twenty Years 1979–1999.* Mit Vorworten von Geraldine Chaplin und Tina Brown und einem Text von Moritz von Uslar. 1999. 26,5 x 33 cm, 268 S., 151 Abb., geb., ISBN 3-88814-921-5 / 978-3-88814-921-4 engl. Ausg. 1999: ISBN 3-88814- 390-X / 978-3-88814-390-8

Conrath-Scholl, Gabriele *siehe* **Becher, Bernd und Hilla; *Points of View*** *und* **Sander, August**

Conant, Howell *siehe* **Hepburn, Audrey** *und* **Kelly, Grace**

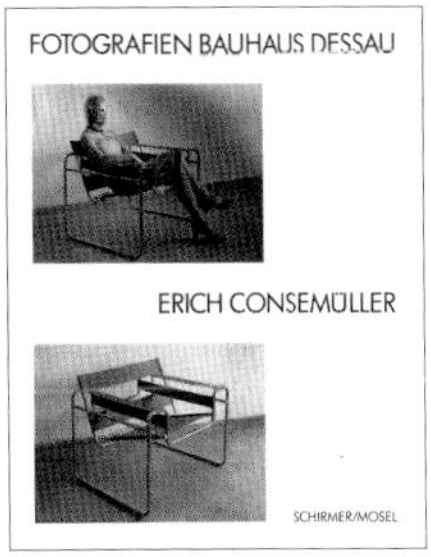

Consemüller, Erich. *Fotografien Bauhaus Dessau.* Hrsg. von Wulf Herzogenrath. Mit Texten von Wulf Herzogenrath und Stefan Kraus. 1989.
23 x 27,5 cm, 216 S., 207 Abb.,
geb., ISBN 3-88814-310-1
brosch. 1990: 995-9

Cooper, Michael. *You are here. The London Sixties.* Hrsg. von Robin Muir. 1999.
Engl. Ausg.
24,5 x 30,5 cm, 144 S., 120 Abb.,
geb., ISBN 3-88814-958-4
brosch. 1999: 3-88814-958-4

ANTON CORBIJN

Corbijn, Anton. *Famouz. Photographs 1976–88.* 1989.
36 x 27 cm, 148 S., 105 Abb.,
geb., ISBN 3-88814-313-6
NA, geb. (mit einem Text von Bono) 1997: *Famouz. Photographs 1975–88,* 846-4
NA, geb. 2005: ISBN 3-8296-0182-4 / 978-3-8296-0182-5

Corbijn, Anton. *Allegro* (SVB).
Mit einem Text von Els Barents. Dt. von Magda Moses und Bram Opstelten. 1991.
14,5 x 19 cm, 112 S., 76 Abb., brosch., ISBN 3-88814-383-7
engl. Ausg. 1991: 428-0
frz. Ausg. 1991: 576-7
NA, dt./engl. Ausg. 2018: 978-3-8296-0794-0

–, *Grönemeyer.* Photographien von Anton Corbijn. Mit Texten von Galina Breitkreuz und Ralf Niemczyk. 1993.
21 x 30 cm, 80 S., 80 Abb., brosch., ISBN 3-88814-680-1

–, *Star Trak.* Mit einem Text von Brian Eno. 1996.
30 x 30 cm, 144 S., 113 Abb., geb., ISBN 3-88814-794-8
engl. Ausg. 1996: 857-X
dt./engl. Ausg. 2002: ISBN 3-8296-0056-9 / 978-3-8296-0056-9

–, *33 Still Lives.* Mit einem Text von Ulf Poschardt. 1999.
26 x 35,3 cm, 80 S., 33 Abb., geb., ISBN 3-88814-873-1/ 978-3-88814-873-6
engl. Ausg. 1999: 151-6 / 978-3-88814-151-5

–, *Werk.* Mit einem Essay von Bernd Skupin. 2000.
24 x 30 cm, 176 S., 182 Abb.,
brosch., ISBN 3-88814-944-4 / 978-3-88814-944-3
engl. Ausg., brosch. 2000; ISBN 3-88814-927-4 / 978-3-88814-927-6

–, *a. somebody, strijen, holland.* Mit einem Text von Paul Morley. Dt. von Walter Ahlers. 2002.
Dt./engl. Ausg.
33,5 x 24 cm, 84 S., 46 Abb.,
geb., ISBN 3-8296-0059-3 / 978-3-8296-0059-0

–, *everybody hurts.* Hrsg. von Veit Görner. Mit Texten von Brian Eno, Alan Bangs und Veit Görner. 2003.
Dt./engl. Ausg.
14 x 19,5 cm, 280 S., 135 Abb.,
brosch., ISBN 3-8296-0115-8 / 978-3-8296-0115-3

–, *Herbert Grönemeyer. Liedtexte und Bilder von 1980–2004.* Mit einem Essay von Michael Lentz. 2004.
14 x 22 cm, 160 S., 30 Abb.,
geb., ISBN 3-8296-0123-9 / 978-3-8296-0123-8

Corbijn, Anton. *U2&i. Die Photographien 1982–2004.* Mit Texten von Bono, Helena Christensen, Bill Clinton, Anton Corbijn, William Gibson, Paul Morley, Salman Rushdie, Michael Stipe und Wim Wenders.
Dt. von Christiane Buchner, Melanie Walz und Martina Tichy. 2005.
26 x 31 cm, 416 S., 379 Abb.,
geb., ISBN 3-8296-0153-0 / 978-3-8296-0153-5
engl. Ausg., geb. 2005: ISBN 3-8296-0174-3 / 978-3-8296-0174-3
verkl. NA, dt./engl. Ausg., geb. 2007: 0319-5

–, *In Control. A diary.*
Mit Texten von Anton Corbijn. 2007.
Dt./engl. Ausg.
32 x 21 cm, 136 S., 75 Abb.,
geb., ISBN 978-3-8296-0290-7

–, *Inside The American.*
Mit einer Einleitung und Texten von Anton Corbijn. Dt. von Marion Kagerer. 2010.
Engl. Ausg. mit dt. Textbeilage,
30,5 x 21 cm, 164 S., 117 Abb.,
geb., ISBN 978-3-8296-0476-5

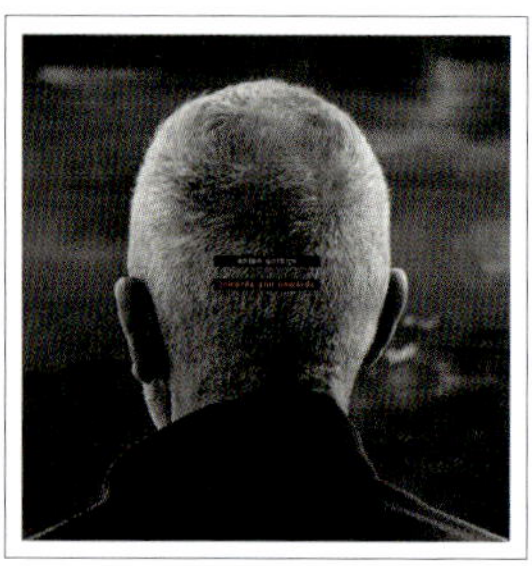

–, *Inwards and Onwards.*
Mit einem Text von Francis Hodgson.
Dt. von Karl Bruckmaier. 2011.
Engl. Ausg. mit dt. Textbeilage,
22,5 x 22,5 cm, 88 S., 36 Abb.,
geb., ISBN 978-3-8296-0558-8

–, *Waits / Corbijn.* Photographs by Anton Corbijn. Curiosities by Tom Waits. Texte von Jim Jarmusch und Robert Christgau. Dt. von Karl Bruckmaier. Limitierte Auflage 2013.
Engl. Ausg. mit dt. Textbeilage, 25,5 x 36 cm, 272 S., 226 Abb., geb., ISBN 978-3-8296-0555-7

–, *Looking at a Most Wanted Man.*
Mit Bildlegenden von Anton Corbijn. Dt. von Marion Kagerer. 2014.
Engl. Ausg. mit dt. Textbeilage, 30,5 x 21 cm, 180 S., 140 Abb., geb., ISBN 978-3-8296-0649-3

–, *Hollands Deep.*
Mit Texten von Franz Kaiser und Seán O'Hagan und einem Interview mit Anton Corbijn. 2015.
Engl. Ausg.
27 x 31 cm, 240 S., 240 Abb., brosch., ISBN 978-3-8296-0683-7

–, *Selbstportrait. Anton Corbijn im Gespräch mit Marie-Noël Rio.*
Dt. von Michaela Angermair. 2018.
11,5 x 19 cm, 96 S., 24 Abb., geb., ISBN 978-3-8296-0846-6

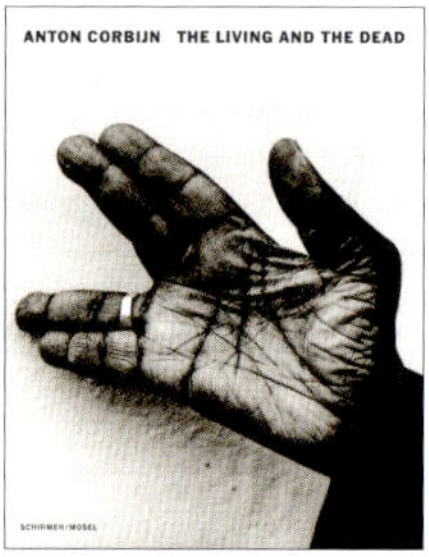

Corbijn, Anton. *The Living and the Dead.* Mit Beiträgen von Daria Dittmeyer-Hössl, Franz Wilhelm Kaiser, Marie-Noël Rio. Dt. von Jeremy Gaines und Matthias Wolf. 2018.
Dt./engl. Ausg.
22,5 x 28 cm, 160 S., 110 Abb., brosch., ISBN 978-3-8296-0834-3

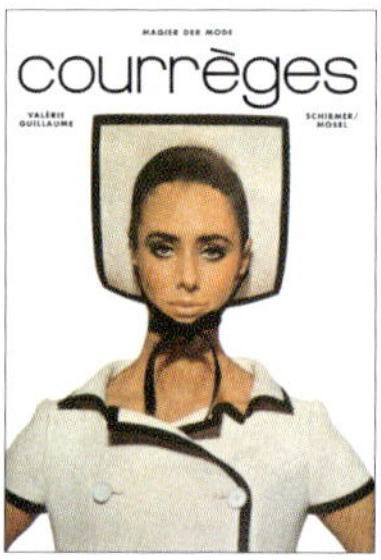

Courrèges (Magier der Mode).
Mit einem Text von Valérie Guillaume. Dt. von Anja Lazarowicz. 1998.
15,5 x 21,5 cm, 80 S., 50 Abb., geb., ISBN 3-88814-640-2

Cowan, John. *Through the light barrier.* Hrsg. von Philippe Garner. 1999.
Engl. Ausg.
24,5 x 30,5 cm, 160 S., 111 Abb., geb. u. brosch., ISBN 3-88814-585-6 / 978-3-88814-585-6

Cowie, Peter *siehe* **Brooks, Louise**

Cragg, Anthony.
Skulpturen und Zeichnungen. Mit einem Vorwort von Cathrin Klingsöhr-Leroy und Texten von Anthony Cragg und Jon Wood. 2019.
19,8 x 30 cm, 120 S., 68 Abb., geb., ISBN 978-3-8296-0881-7

Cranach, Lucas D. Ä.
Maler der deutschen Renaissance.
Mit Texten von Anne-Marie Bonnet und Daniel Görres. 2015.
24,5 x 30,5 cm, 80 S., 48 Abb.,
brosch., ISBN 978-3-8296-0736-0

Cugunov, Konstantin V. *siehe* **Parzinger, Helmut**

Cürten, Gregor. *Eben Bilder – das heißt den Atem anhalten. Gemälde und Zeichnungen. 1989–2000.* Mit Texten von Francesco Petrarca, Ernst Meister, Manos Tsangaris, Thomas Kling, Keto von Waberer, Rainer Barzen, Oskar Pastior und Andreas Neufert. 2000.
17,5 x 22,5 cm, 80 S., 49 Abb.,
geb., ISBN 3-88814-996-7 / 978-3-88814-996-2

–, *Beziehungsweisen. Gemälde & Zeichnungen. Paintings & Drawings.*
Mit Texten von Ralf F. Hartmann, Kornelia Koepsell, Angelika Leik, Rosa von der Schulenburg, Gisela von Wysocki und Hans Zitko. 2014.
Dt./engl. Ausg.
17 x 22,5 cm, 156 S., 102 Abb.,
geb., ISBN 978-3-8296-0680-6

D

VON DAHLEM BIS DYER

Dahlem, Franz.
Am liebsten würde ich Marilyn Monroe sein. Eine autobiografische Erzählung.
Hrsg. und kommentiert von Franziska Leuthäußer. 2022.
15,2 x 22,8 cm, 256 S., 79 Abb.,
geb., ISBN 978-3-8296-0936-4

Dali, Salvador. *Das geheime Leben des Salvador Dali.* Autobiographie.
Mit einem Vorwort von Ralf Schiebler.
Dt. von Ralf Schiebler. 1984.
16 x 23,5 cm, 504 S., 219 Abb.,
brosch., ISBN 3-88814-137-0
geb. 1990: 404-3
NA, brosch. 1999: 896-0
verkl. NA (Sonderausgabe zum 100. Geburtstag), 704 S., 130 Abb.,
geb. 2004: ISBN 3-8296-0133-6 /
978-3-8296-0133-7

–, *Meisterwerke der dreißiger Jahre* (SVB).
Mit einem Text von Ralf Schiebler.
1989.
14,5 x 19 cm, 120 S., 39 Abb.,
brosch., ISBN 3-88814-341-1 /
978-3-88814-341-0
frz. Ausg. 1990: 543-0

–, *Aufzeichnungen eines werdenden Genies. Tagebücher 1919–1920.*
Hrsg. und kommentiert von Félix Fanés.
Dt. von Theres Moser in einer Bearb. von Marion Kagerer. 2004.
16,8 x 23,5 cm, 272 S.,
geb., ISBN 3-88814-325-X /
978-3-88814-325-0

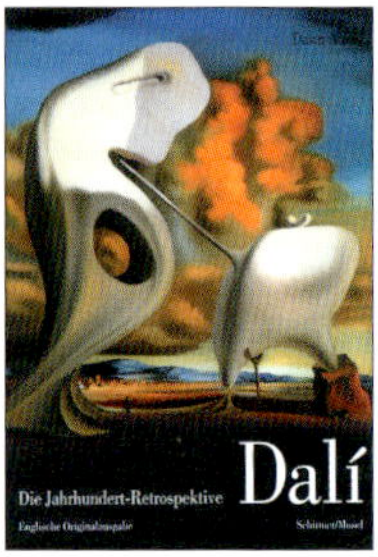

Dali, Salvador. Dawn Ades,
Dalí – Die Jahrhundert-Retrospektive.
2004.
Engl. Originalausg.
21 x 29,7 cm, 608 S., 695 Abb.,
geb., ISBN 3-8296-0169-7 /
978-3-8296-0169-6

Darboven, Hanne. *R. M. Rilke.*
Das Stundenbuch. Leo Castelli
Feb. 1. 1957 – Feb. 1. 1987 NYC. 1987.
30 x 24 cm, 64 S., 30 Abb.,
geb., ISBN 3-88814-237-7 /
978-3-88814-237-6

Deakin, John. *Photographien.* Hrsg. und
mit einem Text von Robin Muir.
Dt. von Marion Kagerer.
1996/1999.
24,5 x 31,5 cm, 146 S., 120 Abb.,
geb., ISBN 3-88814-805-7
engl. Ausg. 1996: 888-X
engl. Ausg., brosch. 1996: 969-X

Dean, James.
David Dalton / Ron Cayen,
James Dean – Sein Leben in Bildern.
Mit Texten von Ron Cayen, David
Dalton und Martin Sheen.
Dt. von Angela Meermann. 1985.
23 x 30,5 cm, 272 S., 250 Abb.,
brosch., ISBN 3-88814-179-6
geb. 1991: 403-5

–, *Photographien* (SVB).
Mit einem Text von Axel Arens. 1989.
14,5 x 19 cm, 136 S., 49 Abb.,
brosch., ISBN 3-88814-343-8
978-3-88814-343-4
frz. Ausg. 1989: 545-7
engl. Ausg. 1993: 483-3 /
978-3-88814-483-7

Dean, James / Roy Schatt. *James Dean – Ein Portrait.* Mit Photographien und einem Text von Roy Schatt.
Dt. von Peter Münder. 1984.
21 x 27 cm, 148 S., 143 Abb.,
brosch., ISBN 3-88814-147-8
NA, brosch. 1991: 422-1
frz. Ausg. 1984: 503-1

Dean, James / Dennis Stock. *James Dean Revisited.* Mit Photographien und einem Text von Dennis Stock.
Dt. von Oliver Stephan. 1986.
22 x 27 cm, 116 S., 83 Abb.,
brosch., ISBN 3-88814-219-9

Debussy, Claude *siehe* **Nijinskij, Waslaw**

de Chirico, Giorgio. *Das Geheimnis der Arkade. Erinnerungen und Reflexionen.* Hrsg. und übersetzt von Marianne Schneider. Mit einem Nachwort von Laszlo Glozer. 2011.
12,5 x 20,5 cm, 384 Seiten, 33 Abb.,
geb., ISBN 978-3-8296-0535-9

Degas, Edgar. *Skizzenbücher.* Mit einem Text von Pascal Bonafoux und einem Vorwort von Monique Moulène. Dt. von Saskia Bontjes van Beek. 2013. 19 x 22,5 cm, 160 S., 80 Abb., geb., ISBN 978-3-8296-0650-9

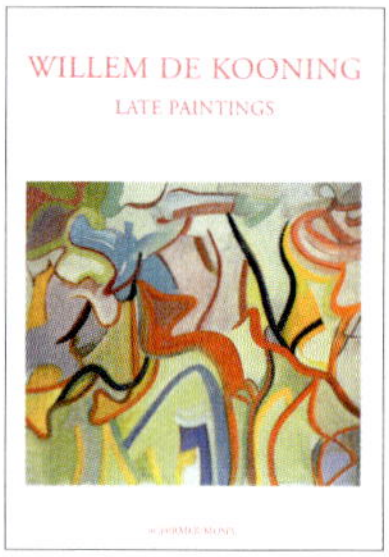

De Kooning, Willem. *Late Paintings.* Mit Texten von Julie Sylvester und David Sylvester. 2006. Engl. Ausg. 24,5 x 34 cm, 86 S., 25 Abb., geb., ISBN 3-8296-0226-X / 978-3-8296-0226-6

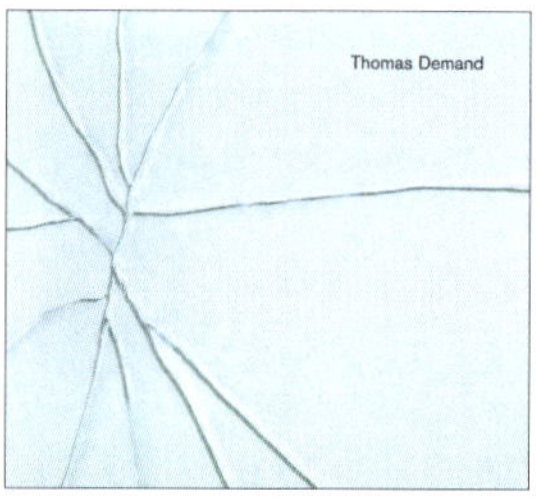

Demand, Thomas. *Neue Arbeiten.* Mit einem Vorwort von Helmut Friedel und Poul Erik Tøjner und Texten von Susanne Gaensheimer, Collier Schorr, Neville Wakefield und Jeffrey Eugenides. 2002. 22,3 x 30 cm, 216 S., ca. 80 Abb., geb., ISBN 3-8296-0083-6 / 978-3-8296-0083-5

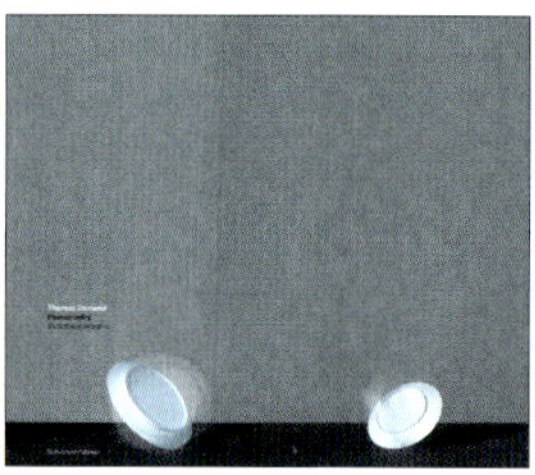

–, *Phototrophy.* Hrsg. von Eckhard Schneider. Mit einem Essay von Ralph Rugoff und einer Erzählung von Julia Franck. Dt. von Volker Ellerbeck, engl. von Isabel Fargo Cole. 2004. Dt./engl. Ausg. 37 x 31 cm, 128 S., 66 Abb., geb., ISBN 3-8296-0171-9 / 978-3-8296-0171-9

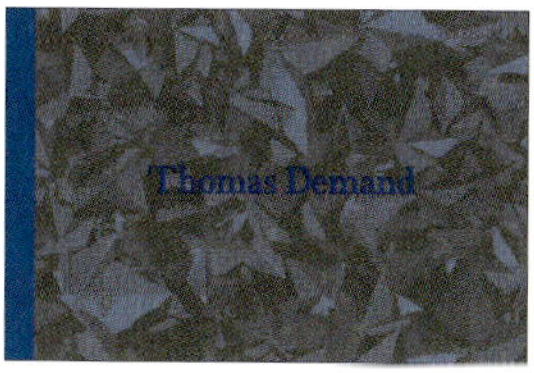

–, *Katalog Serpentine Gallery London.*
Mit einem Text von Beatriz Colomina und einem Interview zwischen Thomas Demand und Alexander Kluge. 2006.
Engl. Originalausg.
34 x 22 cm, 144 S., 60 Abb.,
geb., ISBN 3-8296-0249-9 / 978-3-8296-0249-5

De Maria, Walter. Thomas Kellein, *Conceptual Art, Minimal Art, Land Art. Eine Werkübersicht.* 2023.
16,5 x 23,5 cm, 144 S., 63 Abb.,
geb., ISBN 978-3-8296-0965-4
engl. Ausg. 2023: 0994-4

Deneuve, Catherine. Isabelle Giordano, *Catherine Deneuve. Film für Film.*
Dt. von Michaela Angermair. 2018.
24,5 x 28,5 cm, 240 S., 176 Abb.,
geb., ISBN 978-3-8296-0854-1

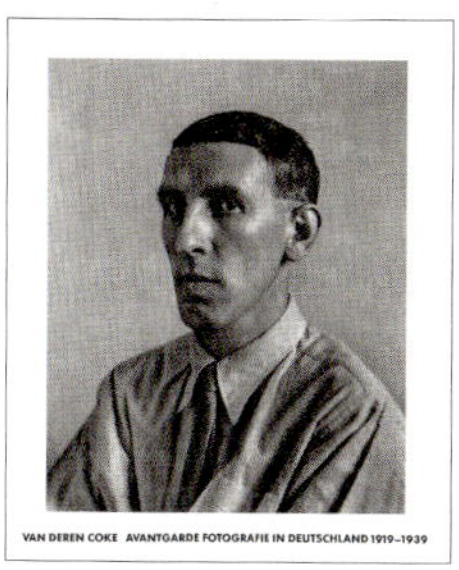

Deren Coke, Van. *Avantgarde-Fotografie in Deutschland 1919–1939.*
Dt. von Reinhard Kaiser. 1982.
23 x 27,5 cm, 176 S., 113 Abb.,
geb., ISBN 3-88814-088-9
engl. Ausg., brosch. 1982: 102-8

[Das] deutsche Auge. *33 Photographen und ihre Reportagen – 33 Blicke auf unser Jahrhundert.* Hrsg. vom Arbeitskreis Photographie Hamburg. Mit Texten von Zdenek Felix, Peter-Matthias Gaede, F.C. Gundlach, Robert Pledge, Stefan Raum und Bernd Weise. 1996.
21 x 28,5 cm, 144 S., 251 Abb.,
brosch., ISBN 3-88814-817-0

Deutschland in frühen Photographien 1840–1890 *aus der Sammlung Siegert. Zwischen Biedermeier und Gründerzeit.* Hrsg. von Ulrich Pohlmann und Dietmar Siegert. Mit Texten von Ulrich Pohlmann, Bodo von Dewitz, Monika Faber, Detlef Hoffmann, Esther Ruelfs, Christian Drude, Milan Chlumsky, Bernd Stiegler, Dorothea Peters, Helmut Hess und Timm Starl. 2012.
24 x 28 cm, 366 Seiten, 321 Abb.,
geb., ISBN 978-3-8296-0626-4

Dick, Philip K. *A Scanner Darkly – Alles wird nicht gut.* Ein Comic-Buch nach dem Film von Richard Linklater.
Dt. von Marion Kagerer. 2007.
22 x 15 cm, 200 S. in Farbe
brosch., ISBN 978-3-8296-0286-0

Dienes, André de *siehe* **Monroe, Marilyn**

Dietrich, Marlene. *Marlene Dietrich – Portraits 1926–1960.* Mit Texten von Klaus-Jürgen Sembach und Josef von Sternberg. Dt. von Hartmut Zahn. 1984.
23 x 29,5 cm, 272 S., 145 Abb.,
geb., ISBN 3-88814-135-4
brosch. 1984: 141-9
brosch. 1987: 259-8
engl. Ausg., geb. 1985: 600-3

Dijkstra, Rineke. *Portraits.* Mit Texten von Hripsimé Visser und Urs Stahel. Dt. von Helga van Beuningen, engl. von Maureen Oberli-Turner und Donald Mader. 2004.
Dt./engl. Ausg.
25 x 33 cm, 160 S., 69 Abb.,
geb., ISBN 3-8296-0151-4 / 978-3-8296-0151-1

Dior (Magier der Mode). Mit einem Text von Marie-France Pochna. Dt. von Anja Lazarowicz. 1997.
15,5 x 21,5 cm, 80 S., 51 Abb.,
geb., ISBN 3-88814-854-5

Dior, Christian.
Françoise Giroud, *Christian Dior 1905–1957.* Photographien von Sascha van Dorssen u.a.
Dt. von Brunhild und Rolf Seeler. 1987.
25 x 33 cm, 328 S., 272 Abb.,
geb., ISBN 3-88814-247-4

–, *Dior und ich. Die Autobiographie.* Mit Zeichnungen von Christian Dior und René Gruau sowie Photographien von Willy Maywald, Horst P. Horst u.a. 2016.
12,5 x 20,5 cm, 352 S., 42 Abb.,
geb., ISBN 978-3-8296-0766-7

[Die] Diva *siehe* **Bronfen, Elisabeth**

Doisneau, Robert. *Drei Sekunden Ewigkeit.* Mit einem Text des Photographen. Dt. von Ulrike von Puttkamer. 1980.
24 x 30,5 cm, 144 S., 101 Abb.,
geb., ISBN 3-88814-053-6
brosch. 1997: 847-2
engl. Ausg. 1997: 226-1
brosch. 2004: ISBN 3-8296-0070-4 / 978-3-8296-0070-5
engl. Ausg., brosch. 2004: ISBN 3-8296-0071-2 / 978-3-8296-0071-2

–, *Mein Paris.*
Mit Texten von Robert Doisneau.
Dt. von Christine Diefenbacher. 2010.
19,7 x 25,5 cm, 400 S., 600 Abb.,
brosch., ISBN 978-3-8296-0502-1

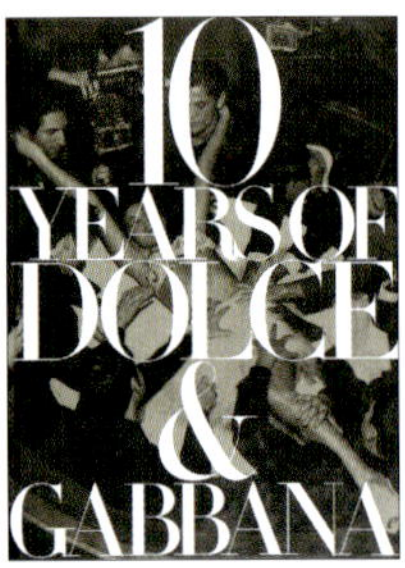

Dolce & Gabbana.
10 Years of Dolce & Gabbana. Mit einem Vorwort von Isabella Rossellini.
Dt. von Marion Kagerer. 1996.
24,5 x 32,5 cm, 226 S., 159 Abb.,
geb., ISBN 3-88814-482-5
brosch. 1998: 733-6

–, *Animal.* 1998.
21 x 27,5 cm, 240 S., 130 Abb.,
geb., ISBN 3-88814-251-2

–, *Dolce & Gabbana* (Magier der Mode).
Mit einem Text von Franca Sozzani.
Dt. von Caroline Gutberlet. 1999.
15,5 x 21,5 cm, 80 S., 45 Abb.,
geb., ISBN 3-88814-982-7

Dominis, John *siehe* **McQueen, Steve**

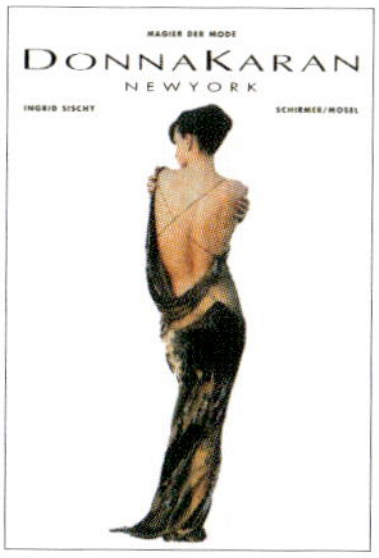

Donna Karan (Magier der Mode).
Mit einem Text von Ingrid Sischy.
Dt. von Marion Kagerer. 1998.
15,5 x 21,5 cm, 80 S., 45 Abb.,
geb., ISBN 3-88814-643-7

D'Orazio, Sante. *A Private View.*
Hrsg. von David Fahey. Mit einem
Text von Francesco Clemente.
Dt. von Marion Kagerer. 1998.
19 x 24,5 cm, 296 S., 285 Abb.,
brosch., ISBN 3-88814-911-8 /
978-3-88814-911-5
engl. Ausg, brosch. 2006:
ISBN 3-8296-0247-2 /
978-3-8296-0247-1

D'Orazio, Sante. *Pam. American Icon.*
Mit Texten von Glenn O'Brien, Richard Prince und Jeff Koons. 2005.
Engl. Ausg.
33,5 x 42 cm, 96 S., 38 Abb.,
geb., ISBN 3-8296-0187-5 / 978-3-8296-0187-0
verkl. NA, dt. Ausg., geb. 2006: *Pamela Anderson. American Icon*, ISBN 3-8296-0255-3 / 978-3-8296-0255-6
verkl. NA, engl. Ausg., geb. 2006: ISBN 3-8296-0240-3 / 978-3-8296-0240-2

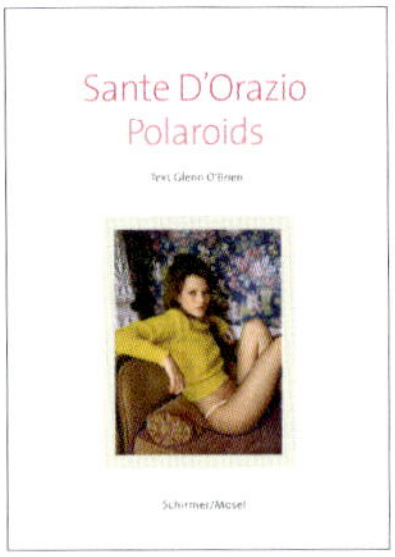

–, *Polaroids.*
Mit einem Text von Glenn O' Brien.
Dt. von Marion Kagerer. 2015.
Dt./engl./frz. Ausg.
17,5 x 24 cm, 136 S., 105 Abb.,
geb., ISBN 978-3-8296-0720-9

***Dresden** – in Photographien des 19. Jahrhunderts.* Hrsg. von Andreas Krase. 2020.
24 x 28 cm, 312 S., 254 Abb.,
geb., ISBN 978-3-8296-0777-3
erw. NA, geb. 2021: 0942-5

Drtikol, Frantisek.
Anna Farovà, *Frantisek Drtikol. Photograph des Art Deco.*
Hrsg. von Manfred Heiting.
Dt. von Michael Bischoff. 1986.
22,5 x 28 cm, 200 S., 181 Abb.,
geb., ISBN 3-88814-159-1
brosch. 1993: 683-6
engl. Ausg., brosch. 1993: 521-X
frz. Ausg., geb. 1986: 509-0
frz. Ausg., brosch. 1993: 622-4

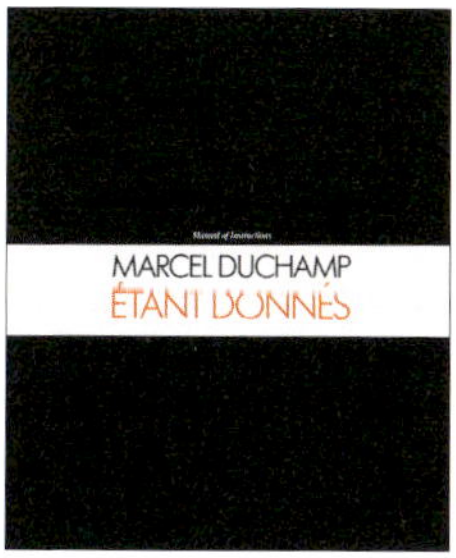

Duchamp, Marcel. *Étant Donnés. Manual of Instructions.* 1987.
Engl. Originalausg.
27 x 30,5 cm, 58 S., 12 Abb.,
geb., ISBN 3-88814-260-1

–, *Marcel Duchamp in München 1912.* Hrsg. von Helmut Friedel, Thomas Girst, Matthias Mühling und Felicia Rappe. 2012.
Dt./engl. Ausg.
16,5 x 23,5 cm, 336 S., 113 Abb.,
geb., ISBN 978-3-8296-0591-5

Duchamp, Marcel / Ecke Bonk. *Marcel Duchamp – Die große Schachtel. Inventar einer Edition.* Dt. von Simon Werle. 1989.
22,2 x 30,2 cm, 324 S., 516 Abb.,
geb., ISBN 3-88814-235-0

Dürer, Albrecht.
Anne-Marie Bonnet. *Albrecht. Dürer. Die Erfindung des Aktes.* 2014.
23 x 32,5 cm, 160 S., 102 Abb.,
geb., ISBN 978-3-8296-0651-6

Covermotiv der 1. u. 3. erw. Aufl.

Durin, Bernard. *Käfer und andere Kerbtiere.* Hrsg. von Paul-Armand Gette. Mit Texten von E.T.A. Hoffmann, Gottfried Keller, Martin Opitz, Jean Paul, Jonathan Swift u.v.a. 1980.
28 x 33,5 cm, 108 S., 34 Abb.,
geb., ISBN 3-88814-048-X
zweite erw. Aufl., brosch. 1986:
Durin's Käfer, ISBN 3-88814-225-3
frz. Ausg., brosch. 1987: 513-9
Bonsai dt. 1998: 652-6
Bonsai engl. 1998: 658-5

Cover der 2. erw. Aufl. 1986

–, *Käfer und andere Kerbtiere.*
Mit einer Einführung von Paul-Armand Gette, entomologischen Texten von Gerhard Scherer, Michael Balke u.a. Mit literarischen Texten von E.T.A. Hoffmann, Gottfried Keller, Martin Opitz, Jean Paul, Jonathan Swift u.v.a. Engl. von Michael Ashdown und Martin Spies. 2013.
Dritte erw. Aufl.
28 x 32,5 cm, 156 S., 60 Abb.,
geb., ISBN 978-3-8296-0631-8
engl. Ausg., geb. 2013: 0632-5

Düsseldorf *– in frühen Photographien 1855–1914.* Hrsg. und mit Texten von Boris Becker. 1990.
24 x 27,5 cm, 208 S., 188 Abb.,
geb. u. brosch., ISBN 3-88814-376-4
NA geb. 1999: 919-3

[Die] Düsseldorfer Photoschule *siehe* **Gronert, Stefan** *und* **Schirmer, Lothar**

Dyer, Geoff. *Die Zone. Ein Buch über einen Film über eine Reise zu einem Zimmer.*
Dt. von Marion Kagerer. 2012.
12,5 x 20,4 cm, 240 S.,
geb., ISBN 978-3-8296-0596-0

Dylan, Bob. *Early Dylan. Photographien von Barry Feinstein, Daniel Kramer und Jim Marshall.* Mit einem Vorwort von Arlo Guthrie. Dt. von Helmut Roß. 1999.
24,5 x 28 cm, 96 S., 73 Abb.,
geb., ISBN 3-88814-508-2 / 978-3-88814-508-7

E

VON EGOÏSTE BIS EVANS

Egoïste No. 12–14 *siehe* **Avedon, Richard**

Eisenkonstruktionen des 19. Jahrhunderts. Hrsg. und mit Texten von Günter Behnisch und Giselher Hartung. 1983.
22 x 24 cm, 230 S., 214 Abb., geb., ISBN 3-88814-070-6

Eisenstaedt, Alfred. *Eisenstaedt über Eisenstaedt. Photographien 1913–1980.* Mit Texten von Peter Adam und Alfred Eisenstaedt. Dt. von Inge Leipold. 1985.
22 x 27 cm, 120 S., 113 Abb., brosch., ISBN 3-88814-183-4

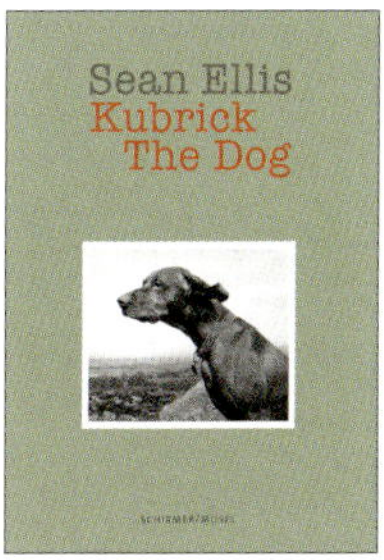

Ellis, Sean. *Kubrick The Dog.* Mit einem Vorwort von Stella McCartney. 2010. Dt./engl. Ausg.
20,5 x 28 cm, 144 S., 118 Abb., geb., ISBN 978-3-8296-0505-2
verkl. NA, geb. 2014: ISBN 978-3-8296-0675-2

Elsheimer, Adam.
Keith Andrews, *Adam Elsheimer. Werkverzeichnis der Gemälde, Zeichnungen und Radierungen.* Dt. von Angelika Schweikhart. 1985.
30,5 x 33 cm, 208 S., 175 Abb., geb., ISBN 3-88814-142-7
verkl. NA, brosch. 2006: ISBN 3-8296-0244-8 / 978-3-8296-0244-0

Engel, Gerrit. *Manhattan – New York.* Mit einem Vorwort von Terence Riley und einem Essay von Jordan Mejias. 2006.
24 x 31 cm, 336 S., 162 Abb., geb., ISBN 3-8296-0227-8 / 978-8296-0227-3
engl. Ausg. 2006: ISBN 3-8296-0157-3 / 978-3-8296-0157-3

–, *Berlin – Photographien. 234 Berliner Bauwerke in chronologischer Reihenfolge von 1230 bis 2008.* Mit einer Einleitung von Matthias Sauerbruch und baugeschichtlichen Kommentaren von Detlef Jessen-Klingenberg. Engl. von Patricia Szobar. 2009.
27 x 31 cm, 278 S., 234 Abb., geb., ISBN 978-3-8296-0378-2
engl. Ausg. 2009: 0392-8

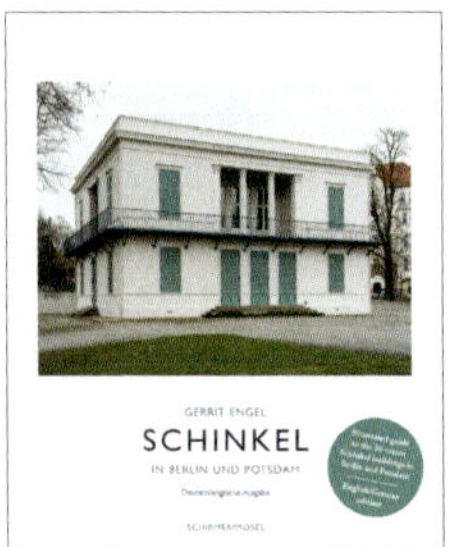

–, *Schinkel in Berlin und Potsdam. Ein Führer zu allen erhaltenen Schinkel-Bauten in Berlin und Potsdam.* Mit einer Einführung von Barry Bergdoll und architekturhistorischen Texten von Detlef Jessen-Klingenberg. Engl. von Patricia Szobar. Dt. von Walter Ahlers. 2011.
Dt./engl. Ausg.
25,5 x 30,5 cm, 140 S., 104 Abb., geb., ISBN 978-3-8296-0427-7

Engel, Gerrit *siehe auch* ***[Die] Tradition von morgen***

Enzensberger, Hans Magnus / Stefan Moses. *Eine Hommage.*
Hrsg. von Ulrich Pohlmann. Mit einem Text von Michael Krüger. 2019.
26 x 18 cm, 104 S., 48 Abb.,
geb., ISBN 978-3-8296-0882-4

Enzensberger, Hans Magnus *siehe auch* **Burri, René** *und* **Stevens, Wallace**

Erwitt, Elliott. *Personal Exposures. Fotografien 1946–1988.*
Mit einem Text des Photographen.
Dt. von Rudolf Hermstein. 1997.
25,5 x 29 cm, 256 S., 222 Abb.,
geb., ISBN 3-88814-871-5
NA, geb. 2012:
ISBN 978-3-8296-0598-4

–, *Das Handbuch.* Mit einem Vorwort von Charles Flowers. Dt. von Matthias Wolf. 2003.
15 x 21 cm, 128 S., 95 Abb.,
brosch., ISBN 3-8296-0093-3 / 978-3-8296-0093-4

Esser, Elger. *Veduten und Landschaften. 1996–2000.* Mit einem Text von Rupert Pfab und einem Gespräch zwischen Elger Esser und Georg Elben. Engl. von Jeremy Gaines. 2000.
Dt./engl. Ausg.
33,5 x 28 cm, 132 S., 60 Abb.,
geb., ISBN 3-88814-936-3 / 978-3-88814-936-8
engl./dt. Ausg. mit engl. Schutzumschlag 2000: ISBN 3-88814-177-X / 978-3-88814-177-5

Esser, Elger. *Cap d'Antifer – Etretat.* Mit Auszügen aus dem Briefwechsel zwischen Gustave Flaubert und Guy de Maupassant und einem Text von Peter Foos. 2002.
Dt./engl./frz. Ausg.
33,5 x 28 cm, 48 S., 23 Abb.,
geb., ISBN 3-8296-0047-X / 978-3-8296-0047-7

–, *Ansichten / Views / Vues. Bilder aus dem Archiv 2004–2008.* Mit einem Text von Alexander Pühringer. 2008.
Dt./engl. Ausg.
31,7 x 28,2 cm, 96 S., 37 Abb.,
geb., ISBN 978-3-8296-0357-7

–, *Eigenzeit.* Mit Texten von Hubertus von Amelunxen, Peter Herzog, Friedrich Wolfram Heubach, Cees Nooteboom, Alexander Pühringer, Simone Schimpf. 2009.
Dt./engl. Ausg.
21,5 x 29 cm, 180 S., 73 Abb.,
geb., ISBN 978-3-8296-0418-5

–, *Nocturnes à Giverny.* Mit einem Text von Hubertus von Amelunxen. Engl. von Pauline Cumbers, frz. von Olivier Mannoni. 2012.
Dt./engl./frz. Ausg.
30 x 23 cm, 48 S., 13 Abb.,
geb., ISBN 978-3-8296-0578-6

–, *Combray.*
Mit Texten von Kirsten Claudia Voigt und Bernd Stiegler. Engl. von Ehren Fordyce und Bram Opstelten, frz. von Jean Torrent. 2016.
Dt. Ausg. mit engl./frz. Textbeilage,
32,2 x 28 cm, 224 S., 102 Abb.,
geb., ISBN 978-3-8296-0751-3

–, *Morgenland.*
Mit Texten von Osnat Zukerman Rechter und Özkan Ezli. Dt. von Jörg Trobitius, engl. von Ehren Fordyce. 2017.
Dt./engl. Ausg.
24 x 30 cm, 180 S., 131 Abb.,
geb., ISBN 978-3-8296-0797-1

–, *Mont-Saint-Michel.*
Mit Texten von Heloïse Conésa und Yann Queffélec. Dt. von Caroline Gutberlet, engl. von Chris Miller. 2024.
Dt./engl./frz. Ausg.
32 x 28 cm, 168 S., 108 Abb.,
geb., ISBN 978-3-8296-0974-6

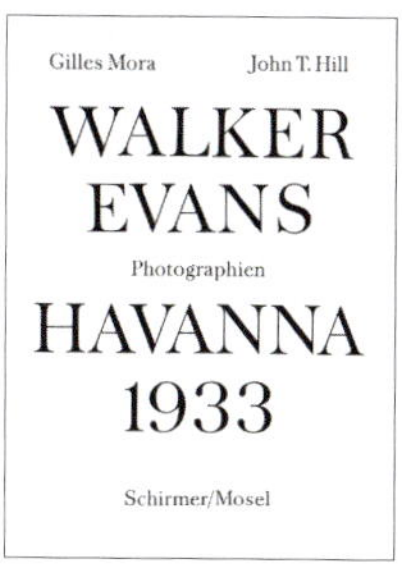

Evans, Walker. *Havanna 1933.*
Hrsg. und mit Texten von John T. Hill. Dt. von Maria Buchwald. 1989.
21,5 x 28,5 cm, 104 S., 104 Abb.,
geb., ISBN 3-88814-329-2

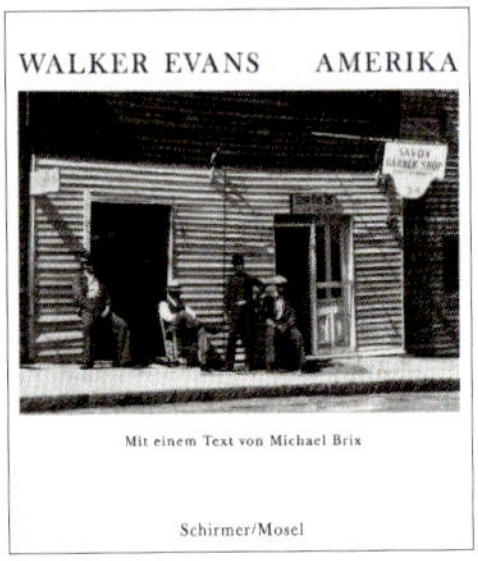

Evans, Walker. *Amerika. Bilder aus den Jahren der Depression.* Hrsg. von Michael Brix und Birgit Mayer. Mit Texten von Michael Brix, Christine Heiß, Ulrich Keller und Armin Zweite. 1990.
25 x 28 cm, 268 S., 257 Abb., geb., ISBN 3-88814-351-9
brosch. 1997: 830-8
frz. Ausg. 1990: 560-0
engl. Ausg. geb. 1991: 402-7
engl. Ausg. brosch. 1991: 339-X

–, *Der unstillbare Blick – Die endgültige Monographie.* Hrsg. von John T. Hill. Mit einem Text von Gilles Mora. Dt. von Monika Buchgeister, Michael Niehaus u.a. 1993.
24,7 x 31 cm, 368 S., 475 Abb., geb., ISBN 3-88814-689-5

–, *American Photographs.* (75 Jahre *American Photographs*). Die Jubiläumsausgabe des Department of Publications, The Museum of Modern Art, New York. Mit einem Essay von Lincoln Kirstein. Dt. von Matthias Wolf und Marion Kagerer. 2012.
19,8 x 22,3 cm, 208 S., 87 Abb., geb., ISBN 978-3-8296-0611-0

–, Svetlana Alpers, *Walker Evans. America. Leben und Kunst.* Mit einem Nachwort von Wolfgang Kemp. Dt. von Wolfgang Kemp. 2021
15,6 x 23,5 cm, 416 S., 154 Abb., geb., ISBN 978-3-8296-0910-4

Evans, Walker *siehe auch* **Agee, James**

F

VON FAIGENBAUM BIS FULTON

Faigenbaum, Patrick.
Fotografien 1974–2020.
Hrsg. von Jean-François Chévrier und Heinz Liesbrock. Mit Texten von Jean-François Chévrier, Heinz Liesbrock und Jeff Wall. 2021.
23,4 x 29,4 cm, 224 S., 200 Abb.,
geb., ISBN 978-3-8296-0924-1

Fabelhafte Frösche *siehe* **Löffel, Leo**

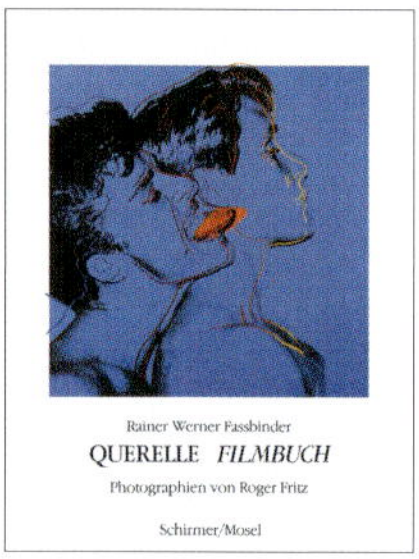

Fassbinder, Rainer Werner.
Querelle – Filmbuch. Mit Filmbildern von Roger Fritz und Texten von Dieter Schidor, Burkhard Driest, Douglas Sirk u.a. 1982.
22 x 27 cm, 192 S., 118 Abb.,
brosch., ISBN 3-88814-107-9
geb. 1982: 192-3
engl. Ausg. brosch. 1982: 118-4
engl. Ausg. geb. 1982: 213-X

–, *Die Kinofilme 1.* Hrsg. und mit einem Text von Michael Töteberg. 1987.
17 x 23,5 cm, 296 S., 252 Abb.,
brosch., ISBN 3-88814-182-6

–, *Berlin Alexanderplatz.*
Hrsg. von Klaus Biesenbach. Mit Texten von Klaus Biesenbach, R.W. Fassbinder und Susan Sontag. 2007.
30 x 24 cm, 664 S., 530 Abb.,
geb., ISBN 978-3-8296-0253-2
engl. Ausg. 2007: 0310-2

–, *Im Land des Apfelbaums. Gedichte und Prosa aus den Kölner Jahren 1962/63.* Hrsg. von Juliane Lorenz und Daniel Kletke. Mit einem Geleitwort von Susan Sontag. 2015.
12,5 x 20,5 cm, 192 S., 24 Abb., geb., ISBN 978-3-8296-0714-8

–, *Die Filme. 1966–1982. Ein illustriertes Werkverzeichnis aller 44 Kino- und Fernsehfilme 1966 bis 1982.* Hrsg. von Juliane Lorenz und Lothar Schirmer. Mit Texten von Laurence Kardish, Juliane Lorenz und Lothar Schirmer sowie Rainer Werner Fassbinder. 2016.
24,5 x 30,5 cm, 328 S., 1414 Abb., brosch., ISBN 978-3-8296-0698-1

–, *Film Stills. 1966–1982.* Hrsg. von Juliane Lorenz und Lothar Schirmer. Mit Texten von John Waters, Hans Helmut Prinzler und Peter Handke. Dt. von Frank Heibert. Engl. von Daniel Mufson. 2020. Dt./engl. Ausg.
14,5 x 20,5 cm, 240 S., 190 Abb., geb., ISBN 978-3-8296-0895-4

Fassbinder, Rainer Werner *siehe auch* **Schygulla, Hanna**

Feingersh, Ed *siehe* **Monroe, Marilyn**

Feldmann, Hans-Peter. *Porträt.* 1994.
15,5 x 21,5 cm, 188 S., 236 Abb., geb., ISBN 3-88814-735-2

Feldmann, Hans-Peter. *100 Jahre.* 2001.
20 x 27 cm, 208 S., 101 Abb.,
geb., ISBN 3-88814-975-4 /
978-3-88814-975-7

–, *Maria Grefe. 12 Entwürfe.*
Hans Peter Feldmann. 12 Photographien.
Mit einem Text von Ivonne Fehn. 2017.
21 x 29,7 cm, 28 S., 12 Abb.,
brosch., ISBN 978-3-8296-0830-5

Fellini, Federico. *Das Buch der Filme.*
Hrsg. und mit Texten von Tullio Kezich.
Dt. von Grit Fröhlich und Sophia
Marzolff. 2009.
24 x 30,2 cm, 320 S., mehr als 400 Abb.,
geb., ISBN 978-3-8296-0423-9

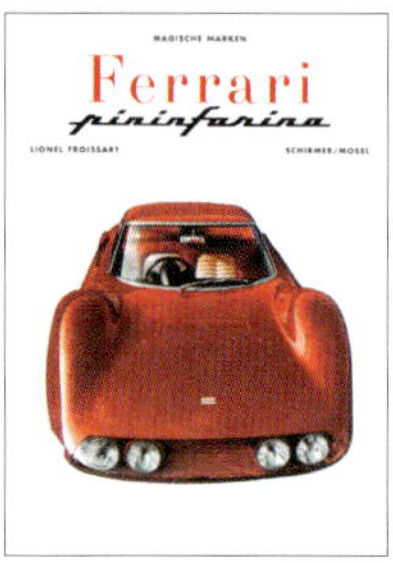

Ferrari & Pininfarina (Magische
Marken). Mit einem Text von Lionel
Froissart. Dt. von Thomas Wollermann.
1998.
15,5 x 21,5 cm, 80 S., 60 Abb.,
geb., ISBN 3-88814-332-2

Fink, Larry. *The Vanities. Hollywood Parties 2000–2009. Photographs Larry Fink.* Mit Texten von Larry Fink, Luc Santé und Ash Carter. Dt. von Matthias Wolf. 2011. Dt./engl. Ausg.
27 x 32 cm, 140 S., 92 Abb.,
geb., ISBN 978-3-8296-0526-7

Flavin, Dan. *Icons.* Mit einem Text von Corinna Thierolf und Johannes Vogt. Engl. von Jeremy Gaines. 2009.
24 x 28 cm, 80 S., 67 Abb.,
geb., ISBN 978-3-8296-0363-8
engl. Ausg. 2009: 978-3-8296-0405-5

Fonssagrives, Lisa.
David Seidner, *Lisa Fonssagrives. Drei Jahrzehnte klassischer Modephotographie.* Mit Texten von Martin Harrison und David Seidner. Dt. von Anja Lazarowicz und Karen Lauer. 1996.
24,5 x 32 cm, 152 S., 118 Abb.,
geb., ISBN 3-88814-411-6
frz. Ausg. 1998: 649-6
verkl. NA, engl. Ausg. mit dt. Textbeilage, geb. 2017: *Lisa Fonssagrives-Penn,* 978-3-8296-0796-4

Fotografie der 30er Jahre.
Eine Anthologie. Mit einem Text von Hans Jürgen Syberberg. 1977.
19 x 24 cm, 182 S., 169 Abb.
brosch., ISBN 3-88814-014-5

Frajndlich, Abe. *Penelopes hungriger Blick. Portraits von Photographen.* Mit Texten von Abe Frajndlich und einem Essay von Henry Adams. Dt. von Ursula Wulfekamp und Matthias Wolf. 2011.
26 x 30,5 cm, 188 S., 102 Abb.,
geb., ISBN 978-3-8296-0527-4
engl. Ausg. 2011: 978-3-8296-0559-5

Franck, Martine. *Von Tag zu Tag.*
Mit einem Dialog zwischen John Berger und Martine Franck.
Dt. von Marion Kagerer. 1998.
22,5 x 28 cm, 168 S., 111 Abb.,
geb., ISBN 3-88814-913-4

François, André. *The Eggzercise Book.*
1981.
21,5 x 16 cm, 52 S., 23 Abb.,
brosch., ISBN 3-88814-060-9

Frankfurt. *Wie Frankfurt photographiert wurde 1850–1914.* Hrsg. und mit Texten von Detlef Hoffmann, Almut Junker und Viktoria Schmidt-Linsenhoff. 1977.
19,5 x 24,5 cm, 240 S., 150 Abb.,
geb. u. brosch., ISBN 3-88814-020-X

–, Eberhard Mayer-Wegelin, *Frühe Photographie in Frankfurt am Main 1839–1870.* 1982.
23 x 27 cm, 198 S., 177 Abb.,
geb. u. brosch., ISBN 3-88814-087-0

–, *In frühen Photographien 1850–1914.* Hrsg. von Dieter Bartetzko. Mit Texten von Dieter Bartetzko, Detlef Hoffmann, Almut Junker und Viktoria Schmidt-Linsenhoff. 1988.
23 x 27 cm, 232 S., 150 Abb.,
geb. u. brosch., ISBN 3-88814-284-9

–, Eberhard Mayer-Wegelin. *Das alte Frankfurt am Main. Photographien 1855–1890 von Carl Friedrich Mylius.* 2014.
24 x 28 cm, 288 S., 270 Abb.,
geb., ISBN 978-3-8296-0682-0

Frauen sehen Frauen *siehe* **Schirmer, Lothar**

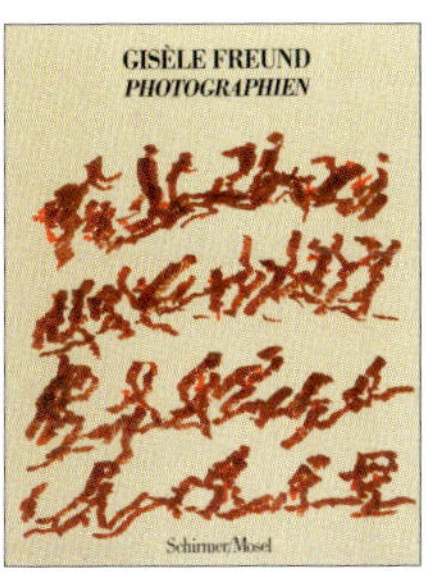

Freund, Gisèle. *Photographien und Erinnerungen.* Mit Texten von Christian Caujolle und Gisèle Freund. Dt. von Verena von der Heyden-Rynch, Rudolf Kimmig und Friedhelm Kemp. 1985.
23,5 x 29,5 cm, 240 S., 205 Abb.,
geb., ISBN 3-88814-160-5
brosch. 1993: 682-8
engl. Ausg. 1993: 535-X
NA, dt. Ausg., geb. 1998: 659-3

NA, dt. Ausg., geb. 2008:
978-3-8296-0398-0
NA dt. Ausg., brosch. 2008:
978-3-8296-0404-8
NA, engl. Ausg., geb. 2008:
978-3-8296-0399-7

Freund, Gisèle. *Portraits von Schriftstellern und Künstlern* (SVB). Mit einem Text der Photographin. 1989.
14,5 x 19 cm, 96 S., 41 Abb.,
brosch., ISBN 3-88814-345-4
frz. Ausg. 1989: 546-5

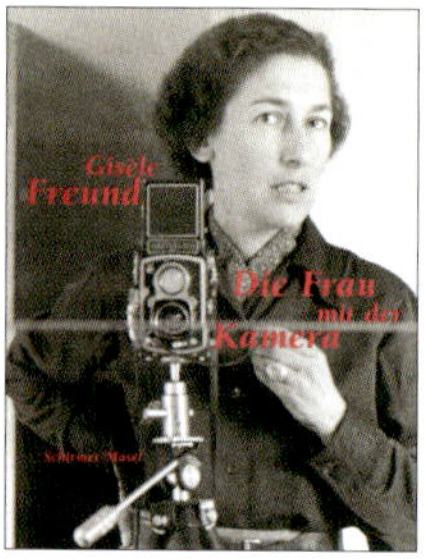

–, *Die Frau mit der Kamera. Fotografien 1929–1988.* Hrsg. und mit einem Text von Hans Puttnies. 1992.
23 x 29 cm, 104 S., 49 Abb.,
geb., ISBN 3-88814-487-6

Freund, Gisèle / Rauda Jamis.
Gisèle Freund. Gespräche mit Rauda Jamis. Dt. von Peter Wanninger. 1993.
12 x 20 cm, 208 S., 16 Abb.,
brosch., ISBN 3-88814-672-0

–, *Die Poesie des Portraits* (Meister der Kamera). Mit einem Text der Photographin. 1998.
15,5 x 21 cm, 96 S., 41 Abb.,
geb., ISBN 3-88814-889-8
engl. Ausg. 1998: 890-1

Fried, Michael. *Warum Photographie als Kunst so bedeutend ist wie nie zuvor.* Dt. von Ursula Wulfekamp und Matthias Wolf. 2014.
21 x 27,5 cm, 448 S., 278 Abb.,
geb., ISBN 978-3-8296-0665-3

Friedrich, Caspar David. *Gemälde und Zeichnungen aus der UdSSR.* Hrsg. von Sabine Rewald. Mit Texten von Boris I. Aswarischtsch, Sabine Rewald und Robert Rosenblum. Dt. von Angelika Hartmann, Gertraude Krueger u.a. 1991.
20,8 x 26 cm, 120 S., 69 Abb.,
geb., ISBN 3-88814-420-5

–, *Gemälde und Zeichnungen aus russischen Museen.* Hrsg. und mit Texten von Sabine Rewald, Robert Rosenblum und Boris I. Aswarischtsch. 2024. Zweite erw. Aufl.
24 x 30 cm, 128 S., 78 Abb.,
geb., ISBN 978-3-8296-0992-0

Friedrich, Heiner. *Ich will nichts über mich sagen. Es geht um die Kunst. Heiner Friedrich im Gespräch mit Corinna Thierolf.* Mit Beiträgen von Herzog Franz von Bayern, Michael Govan und Elisa Schaar. Dt. von Matthias Wolf. 2018.
24 x 30 cm, 112 S., 113 Abb., geb., ISBN 978-3-8296-0844-2
engl. Ausg., 2018: 978-3-8296-0861-9

Fritz, Roger. *Boulevard der Eitelkeiten. Fotografien und Erinnerungen. 235 Portraitfotografien und 80 persönliche Erinnerungen von den 50er Jahren bis heute.* Mit einem Geleitwort von Hubert Burda. 2022.
15,2 x 22,8 cm, 320 S., 235 Abb., geb., ISBN 978-3-8296-0935-7

Fulton, Hamish. *Wege und Pfade. Zwanzig Wanderungen 1971–1977.* 1978.
33,6 x 24,3 cm, 36 S., 34 Abb., geb., ISBN 3-88814-029-3
engl. Ausg. 1978: 032-3

G

VON GARBO BIS GURSKY

Garbo, Greta. *Greta Garbo. Portraits 1920–1951.* Mit einem Text von Klaus-Jürgen Sembach. 1985.
23,5 x 29,5 cm, 240 S., 148 Abb., geb., ISBN 3-88814-178-8
engl. Ausg. 1985: 603-8
frz. Ausg. 1985: 502-3

–, *[Ein] Mythos in Bildern. Photographien 1920–1951.* Mit einem Text von Gisela von Wysocki. 1990.
30 x 29 cm, 128 S., 78 Abb., brosch., ISBN 3-88814-386-1
engl. Ausg. 1990: 388-8
frz. Ausg. 1990: 581-3

Gauguin, Paul. *Gauguin in Tahiti. Die erste Reise* (SVB). Mit einem Text von Günter Metken. 1989.
14,5 x 19 cm, 104 S., 37 Abb., brosch., ISBN 3-88814-346-2
frz. Ausg. 1990: 544-9
engl. Ausg. 1992: 484-1

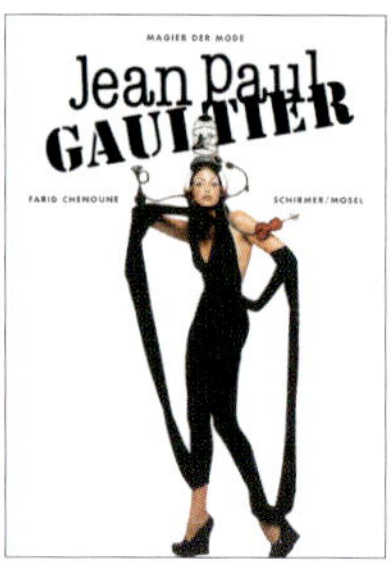

Gaultier. *Jean-Paul Gaultier* (Magier der Mode). Mit einem Text von Farid Chenoune. Dt. von Susanne Farin. 1996.
15,5 x 21,5 cm, 80 S., 54 Abb., geb., ISBN 3-88814-819-7

Geimer, Peter *siehe* ***Theorie der Fotografie***

Gemalte Tiere *siehe* **Schirmer, Lothar**

Gerster, Georg. *Flug in die Vergangenheit. Archäologische Stätten der Menschheit in Flugbildern.* Hrsg. von Charlotte Trümpler. Mit Texten von Georg Gerster, Charlotte Trümpler u.a. 2003.
23,5 x 29 cm, 416 S., 516 Abb.,
geb., ISBN 3-8296-0094-1 /
978-3-8296-0094-1
brosch. 2005: ISBN 3-8296-0190-5 /
978-3-8296-0190-0

–, *Weltbilder – 70 Flugbilder aus den sechs Erdteilen.* Mit einer Einführung und Bildkommentaren des Photographen. 2004.
24 x 30 cm, 136 S., 70 Abb.,
geb., ISBN 3-8296-0154-9 /
978-3-8296-0154-2

–, *Swissair Posters.* 2006.
21 x 32,5 cm, 96 S., 44 Abb.,
brosch., ISBN 3-8296-0229-4 /
978-3-8296-0229-7

[Die große] Geschichte der Photographie: Die Anfänge. 1840 bis 1920. In Zusammenarbeit mit dem MoMA New York. Hrsg. und mit Texten von Quentin Bajac, Lucy Gallun, Roxana Marcoci, Sarah Hermanson Meister u.a.
Dt. von Sven Scheer, Matthias Wolf und Ursula Wulfekamp. 2017.
24 x 31 cm, 376 S., 396 Abb.,
geb., ISBN 978-3-8296-0788-9

[Die große] Geschichte der Photographie: Die Moderne. 1920 bis 1960. In Zusammenarbeit mit dem MoMA New York. Hrsg. und mit Texten von Quentin Bajac, Lucy Gallun, Roxana Marcoci, Sarah Hermanson Meister u.a.
Dt. von Sven Scheer, Matthias Wolf und Ursula Wulfekamp. 2016.
24 x 31 cm, 416 S., 529 Abb.,
geb., ISBN 978-3-8296-0778-0

[Die große] Geschichte der zeitgenössischen Photographie: 1960 bis heute. In Zusammenarbeit mit dem MoMA New York. Hrsg. und mit Texten von Quentin Bajac, Lucy Gallun, Roxana Marcoci, Sarah Hermanson Meister u.a.
Dt. von Sven Scheer, Matthias Wolf und Ursula Wulfekamp. 2015.
24 x 31 cm, 368 S., 642 Abb.,
geb., ISBN 978-3-8296-0718-6

[Die große] Geschichte der Photographie. MoMA. Drei Bände im Schuber. 2018.
ISBN 978-3-8296-0820-6

Geschichte der Photographie *siehe auch* **Baier, Wolfgang; Kemp, Wolfgang** *und* **Newhall, Beaumont**

Giacometti, Alberto. Paul Moorhouse. *Giacometti – Portraits. Skulpturen, Zeichnungen, Gemälde.* Dt. von Saskia Bontjes van Beek. 2015.
22 x 30 cm, 192 S., 91 Abb.,
geb., ISBN 978-3-8296-0730-8

Gilbert & George. *The Complete Pictures 1971–1985.* Mit einem Text von Carter Ratcliff. Dt. von Helga Herborth. 1986.
26 x 30 cm, 308 S., 596 Abb.,
geb., ISBN 3-88814-223-7
brosch. 1986: 209-1

–, Wolf Jahn, *Die Kunst von Gilbert und George oder Eine Ästhetik der Existenz.* 1989.
21 x 26 cm, 524 S., 406 Abb.,
geb., ISBN 3-88814-314-4
frz. Ausg. 1989: 530-9

Glamour Collection *siehe* **Schirmer, Lothar**

Glasherz Nr. 5. *Kohlenpott-Kinder. Photographien von Karsten Fricke.* Hrsg. von Hans J. Scheurer. Mit einem Text von Uli Becker. 1978.
21 x 23,5 cm, 56 S., 22 Abb.,
brosch., ISBN 3-88814-050-1

Glasherz Nr. 6. *Halbjahresschrift für zeitgenössische Fotografie.* Hrsg. von Hans J. Scheurer. Mit Photographien von Michel Delluc, Gerhard Gscheidle, Reinhard Matz, Thomas Miller, Erich Salomon und Texten von Uli Becker, Egon Erwin Kisch, Studs Terkel u.a. 1979.
22 x 24 cm, 120 S., 86 Abb.,
brosch., ISBN 3-88814-043-9

–, ***Nr. 7.*** *Kaufhauswelt. Fotografien aus dem KaDeWe von Kevin Clarke.* Hrsg. von Hans J. Scheurer. 1980.
22 x 24 cm, 80 S., 72 Abb.,
brosch., ISBN 3-88814-052-8

–, ***Nr. 8.*** *Heimatkunde. Deutsches nach 1945.* Hrsg. von Hans J. Scheurer. Mit Photographien von René Burri, Axel Carp, Ruth Hallensleben, Hans-Martin Küsters, Alfred Miersch, Karl Otto Mühl, Hilmar Pabel, Timm Rautert u.a. 1981.
22 x 24 cm, 132 S., 94 Abb.,
brosch., ISBN 3-88814-076-5

Gloeden, Wilhelm von. *Taormina* (Meister der Kamera). Mit einem Text von Ulrich Pohlmann. 1998.
15,5 x 21,5 cm, 96 S., 53 Abb.,
geb., ISBN 3-88814-474-4
engl. Ausg. 1998: 406-X

Goedicke, Claus. *Dinge.* Hrsg. von Heinz Liesbrock. Mit einem Text von Christoph Ribbat. 2017.
Dt./engl. Ausg.
25 x 34 cm, 160 S., 74 Abb.,
geb., ISBN 978-3-8296-0799-5

Görg, Patricia.
Der Sturz aus dem Schneckenhaus. Bilder und Rätsel. 2023.
16,5 x 23,5 cm, 160 S., 37 Abb.,
geb., ISBN 978-3-8296-0987-6

Gogh, Vincent van. *Van Gogh in Arles. Gemälde 1888/1889* (SVB). Mit einem Text von Uwe M. Schneede. 1989.
14,5 x 19 cm, 120 S., 46 Abb.,
brosch., ISBN 3-88814-317-9
frz. Ausg. 1989: 531-7

–, *Van Gogh in St. Rémy und Auvers. Gemälde 1889/1890* (SVB). Mit einem Text von Uwe M. Schneede. 1989.
14,5 x 19 cm, 112 S., 44 Abb.,
brosch., ISBN 3-88814-344-6
frz. Ausg. 1989: 550-3

Gogh, Vincent van. Fritz Erpel, *Vincent van Gogh. Lebensbilder – Lebenszeichen.* 1989.
24,5 x 28 cm, 304 S., 533 Abb., geb., ISBN 3-88814-326-8

–, Fritz Erpel, *Vincent van Gogh. Die Rohrfederzeichnungen.* 1990.
27 x 26 cm, 184 S., 186 Abb., geb., ISBN 3-88814-364-0
frz. Ausg. 1990: 562-7

[Das] Goldene Jahrhundert. *Holländische Meisterzeichnungen aus dem Fitzwilliam Museum Cambridge.* Hrsg. von Thea Vignau-Wilberg. Mit Texten von Simon Jervis, David Scrase und Thea Vignau-Wilberg. 1995.
Dt./engl. Ausg.
25 x 29 cm, 256 S., 110 Abb., geb., ISBN 3-88814-789-1

Goodman, Wendy *siehe* **Vanderbilt, Gloria**

Goude, Jean-Paul. *So weit, so Goude.* Jean-Paul Goude in Zusammenarbeit mit Patrick Mauriès.
Dt. von Claudia Steinitz. 2005.
24 x 29 cm, 352 S., 350 Abb., geb., mit DVD, ISBN 3-8296-0193-X / 978-3-8296-0193-1

Gould, Glenn.
Jock Carroll, *Glenn Gould. Einige Portraits des Künstlers als junger Mann.* Mit einem Text des Photographen. Dt. von Sabine Roth. 1995.
30 x 23,5 cm, 96 S., 74 Abb.,
geb., ISBN 3-88814-767-0

–, Attila Csampai, *Glenn Gould. Photographische Suiten.* Mit Texten von Attila Csampai und Tim Page. Dt. von Hans-Joachim Metzger. 1995.
24 x 29,5 cm, 176 S., 92 Abb.,
geb., ISBN 3-88814-736-0

[La] Grande Parade. *Höhepunkte der Malerei nach 1940.* Hrsg. vom Stedelijk Museum, Amsterdam. Mit Texten von Karl Schampers, Edy de Wilde u. a. 1984.
Engl./niederl. Ausg.
20,8 x 27,5 cm, 352 S., 250 Abb.,
brosch., ISBN 3-88814-156-7

Graves, Morris *siehe* **Tobey, Mark**

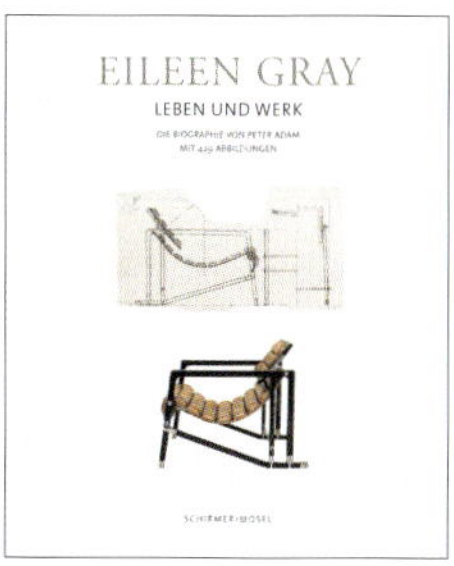

Gray, Eileen.
Peter Adam, *Eileen Gray. Leben und Werk. Die Biographie von Peter Adam.* 2009.
25 x 29 cm, 360 S., 429 Abb.,
geb., ISBN 978-3-8296-0293-8
engl. Ausg. 2009: 0420-8
verkl. NA, brosch. 2014: 0691-2
verkl. NA, engl. Ausg., brosch. 2014: 0692-9

Greene, Milton H. *siehe* **Monroe, Marilyn**

Grefe, Maria *siehe* **Feldmann, Hans-Peter**

Grönemeyer, Herbert *siehe* **Corbijn, Anton**

Gronert, Stefan. *Die Düsseldorfer Photoschule. Photographien 1961–2008.* Hrsg. von Lothar Schirmer. 2009.
26 x 30,5 cm, 320 S., 232 Abb.,
geb., ISBN 978-3-8296-0291-4
NA, geb. 2017: 0803-9
engl. Ausg., geb. 2017: 0808-4

Gronert, Stefan *siehe auch* **Wall, Jeff**

Gruau, René. *Monographie.* Hrsg. von Joëlle Chariau. Mit Texten von Hubert de Givenchy, Frieda Grafe und René Gruau. Dt. von Sybille Greiling. 1984.
23 x 29 cm, 140 S., 74 Abb.,
geb., ISBN 3-88814-145-1
brosch. 1984: 229-6

–, *Gruau.* Hrsg. von Joëlle Chariau. Mit einem Text von Ulf Poschardt. 1999.
Dt./frz./engl. Ausg.
27 x 36 cm, 176 S., 111 Abb.,
geb., ISBN 3-88814-942-8

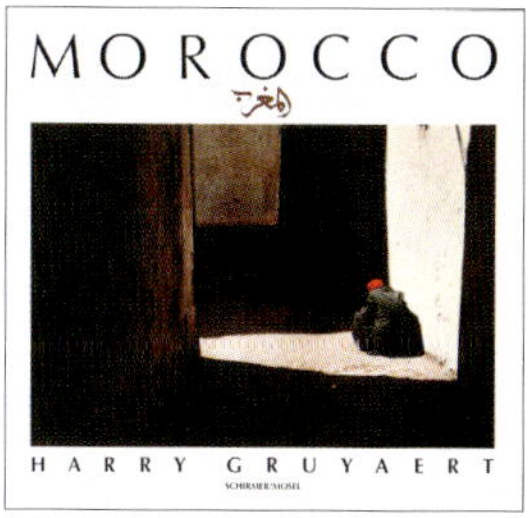

Gruyaert, Harry. *Morocco.*
Mit einem Text von Brice Matthieussent.
Dt. von Bruni Maier. 1990.
33 x 30 cm, 112 S., 52 Abb.,
geb., ISBN 3-88814-323-3
engl. Ausg. 1990: 392-6
frz. Ausg. 1990: 579-1

Guibert, Hervé. *Photographien.*
Mit einem Text des Photographen.
Dt. von Hinrich Schmidt-Henkel. 1993.
24 x 28,5 cm, 136 S., 123 Abb.,
geb., ISBN 3-88814-708-5

–, *Photographien.* Mit einem Text von
Jean-Baptiste Del Amo. Dt. von
Sophia Marzolff. 2011.
18,5 x 22 cm, 240 S., 210 Abb.,
geb., ISBN 978-3-8296-0528-1

Gullick, Steve. *Pop Book Number One. Photographien 1988–1995.* Hrsg. und
mit einem Text von Steve Gullick.
Dt. von Marion Kagerer. 1996.
25 x 26 cm, 120 S., 108 Abb.,
geb., ISBN 3-88814-796-4

Gursky, Andreas. *Photographien.*
Hrsg. von Zdenek Felix. Mit einem Text von Rudolf Schmitz. 1994.
22,5 x 26,5 cm, 160 S., 70 Abb.,
geb., ISBN 3-88814-717-4
engl. Ausg., geb. u. brosch. 1994: 636-4

–, *Fotografien von 1984 bis heute.*
Hrsg. von Marie Luise Syring.
Mit Texten von Lynne Cooke, Rupert Pfab und Marie Luise Syring.
Dt. von Matthias Wolf. 1998.
34,5 x 30,5 cm, 132 S., 76 Abb.,
geb., ISBN 3-88814-822-7
engl. Ausg. 1998: 776-X / 651-8 / 978-3-88814-776-0

H

VON HAAS BIS HÜTTE

Haas, Ernst. *Farbphotographien.*
Mit einem Text von Inge Bondi.
Dt. von Jörg Trobitius. 1989.
31,5 x 26 cm, 176 S., 153 Abb.,
geb., ISBN 3-88814-333-0

Hackspecht, Harumi.
Harumi Hackspecht erklärt die Welt.
15 Spruchpostkarten. 2018.
10 x 15 cm, 1 Abb. von Papan
ISBN 978-3-8296-0840-4

Hall, Jerry. *Mein Leben in Bildern.*
Unter Mitarbeit von Jonathan Phang.
Dt. von Martina Tichy. 2011.
21,5 x 27 cm, 256 S., 318 Abb.,
geb., ISBN 978-3-8296-0524-3

Hamann, Horst. *One Night on Broadway.*
Mit einem Essay von Jimmy Breslin und einem Interview mit Horst Hamann von Katja Guttmann. Dt. von Marion Kagerer und Katja Guttmann. 2004.
Dt./engl. Ausg.
14,7 x 20,7 cm, 240 S., 164 Abb.,
brosch., ISBN 3-8296-0127-1 / 978-3-8296-0127-6

Handke, Peter. *Zeichnungen.* Mit einem Essay von Giorgio Agamben. 2019.
28,2 x 26 cm, 144 S., 104 Abb.,
geb., ISBN 978-3-8296-0853-4

–, *19 Pilzdrucke.*
Mit Zitaten aus dem Werk *Versuch über den Pilznarren. Eine Geschichte für sich* von Peter Handke. 2020.
15,7 x 22 cm, 56 S., 19 Abb.,
brosch., ISBN 978-3-8296-0897-8

Hannover *– in frühen Photographien 1848–1910.* Mit Texten von Ludwig Hoerner und Franz Rudolf Zankl. 1979.
19 x 24 cm, 240 S., 250 Abb.,
brosch., ISBN 3-88814-044-7

–, Ludwig Hoerner, *Hannover. Heute und vor 100 Jahren – Stadtgeschichte photographiert.* 1982.
23,5 x 27,5 cm, 184 S., 162 Abb.,
geb., ISBN 3-88814-105-2

Hanzlova, Jitka. *Female.* Mit Texten von Zdenek Felix und Peter V. Brinkemper. 2000.
21,5 x 28,2 cm, 128 S. 53 Abb., geb., ISBN 3-88814-845-6 / 978-3-88814-845-3

Harlan, Volker *siehe* **Beuys, Joseph**

Hausmann, Raoul.
Andreas Haus, *Raoul Hausmann. Kamerafotografien 1927–1957.* 1979.
24 x 28 cm, 128 S., 132 Abb., geb. u. brosch., ISBN 3-88814-040-4

Havekost, Eberhard. *Benutzeroberfläche. User Interface.* Hrsg. von Heiner Bastian. Mit Texten von Heiner Bastian und Eberhard Havekost. Engl. von Daniel Mufson. 2007.
Dt./engl. Ausg.
23,6 x 30 cm, 178 S., 170 Abb., geb., ISBN 978-3-8296-0334-8

Hecke, Roswitha. *Secret Views. Fotografien 1964 bis heute.* Mit einer Einleitung von Joachim Sartorius. 2007.
24,2 x 27 cm, 152 S., 111 Abb., geb., ISBN 978-3-8296-0325-6

Held, Louis. *Weimar um 1900. Photographien von Louis Held.* Hrsg. von Renate und Eberhard Renno. Mit Texten von Renate Müller-Krumbach und Wolfgang G. Schröter. 1984.
24,5 x 27,5 cm, 212 S., 265 Abb., geb., ISBN 3-88814-143-5

Hendra, Tony *siehe* **Lichtenstein, Roy**

Hepburn, Audrey. *Adieu Audrey. Photographische Erinnerungen an Audrey Hepburn.* Mit einem Text von Klaus-Jürgen Sembach.
Engl. von Michael Robertson. 1993.
24 x 27,3 cm, 136 S., 89 Abb., geb., ISBN 3-88814-699-2
engl. Ausg. 1993: 566-X / 978-3-88814-566-7
frz. Ausg. 1993: 630-5
NA, engl. Ausg. 1994: 258-X
NA, dt. Ausg. 1997: 840-5 / 978-3-88814-840-8
verkl. NA, dt./engl. Ausg. 2018: 978-3-8296-0860-2

–, Pamela Clarke Keogh, *Audrey Style.* Mit einem Vorwort von Hubert de Givenchy. Dt. von Jochen Schwarzer. 2000.
23 x 32,5 cm, 176 S., 115 Abb., geb., ISBN 3-88814-190-7 / 978-3-88814-190-4

Hepburn, Audrey. *Portraits einer Ikone.*
Mit Texten von Terence Pepper und Helen Trompeteler.
Dt. von Katrin Behringer. 2015.
23 x 28 cm, 192 S., 159 Abb.,
brosch., ISBN 978-3-8296-0719-3

Hepburn, Audrey / Howell Conant.
Audrey Hepburn in Frühstück bei Tiffany und andere Photographien. Mit Texten von Leslie Caron und Deirdre Fernand.
Dt. von Marion Kagerer. 2007.
19,5 x 24 cm, 120 S., 47 Abb.,
geb., ISBN 978-3-8296-0294-5
engl. Ausg. 2007: 0306-5

Herzog, Werner. *Fitzcarraldo. Filmbuch.*
1982.
21 x 16,5 cm, 168 S., 105 Abb.,
brosch., ISBN 3-88814-090-0

Heute bis jetzt.
Zeitgenössische Fotografie aus Düsseldorf. Band I. Mit einem Vorwort von Jean-Hubert Martin und Texten von Rupert Pfab und José Lebrero Stals.
2002.
18 x 24 cm, 168 S., 179 Abb.,
brosch., ISBN 3-8296-0052-6 / 978-3-8296-0052-1

–, *Zeitgenössische Fotografie aus Düsseldorf. Band II.* Mit einem Vorwort von Jean-Hubert Martin und Texten von Rupert Pfab, Rolf Sachsse und Andreas Zeising. 2002.
18 x 24 cm, 176 S., 180 Abb.,
brosch., ISBN 3-8296-0053-4 /
978-3-8296-0053-8

Hitchcock's Blondes *siehe* **Wydra, Thilo**

Hirst, Damien. *Void.* Mit Texten von Heiner Bastian und Aeneas Bastian. 2007.
Dt./engl. Ausg.
22,5 x 30 cm, 56 S., 22 Abb.,
geb., ISBN 978-3-8296-0347-8

Hobhouse, Penelope. *Das Paradies auf Erden finden. Ein Führer zu den schönsten Gärten der Welt.*
Dt. von Susanne Stopfel. 2006.
24,9 x 30,5 cm, 272 S., 197 Abb.,
geb., ISBN 3-8296-0258-8 /
978-3-8296-0258-7

Hockney, David. *Photograph.* Mit Texten von David Hockney und Alain Sayag. Dt. von Jean-Christophe Ammann und Margit Suter. 1983.
21,5 x 30,5 cm, 120 S., 96 Abb.,
geb., ISBN 3-88814-111-7

CANDIDA HÖFER

Höfer, Candida. *Zoologische Gärten. Photographien.* Hrsg. von der Hamburger Kunsthalle und der Kunsthalle Bern. Mit Texten von Hanna Hohl und Ulrich Loock. 1993.
29,5 x 19,5 cm, 80 S., 38 Abb., geb., ISBN 3-88814-685-2

–, *Photographie.* Hrsg. von Susanne Pfleger. Mit einem Text von Siegfried Gohr. 1998.
Dt./engl. Ausg.
24 x 28,5 cm, 96 S., 32 Abb., geb., ISBN 3-88814-864-2

–, *Orte Jahre. Photographien 1968–1999.* Hrsg. von der Photographischen Sammlung / SK Stiftung Kultur, Köln. Mit Texten von Anne Ganteführer-Trier, Barbara Hofmann, Ellen Seiferman und einem Vorwort von Susanne Lange. 1999.
21,5 x 28,5 cm, 136 S., 81 Abb., brosch., ISBN 3-88814-578-3 / 978-3-88814-578-3

–, *Zwölf – Twelve.* Mit Texten von Annette Haudiquet und Pascal Beausse. Dt. von Claudia Schinkievicz, engl. von Brian Holmes. 2001.
Dt./engl. Ausg.
24 x 28,5 cm, 88 S., 34 Abb.,
geb., ISBN 3-88814-373-X / 978-3-88814-373-1

–, *Monographie.* Mit einem Text von Michael Krüger. Frz. von Claude Porcell. 2003.
Dt./frz. Ausg.
26 x 28 cm, 252 S., 209 Abb.,
geb., ISBN 3-8296-0023-2 / 978-3-8296-0023-1
engl. Ausg. 2003: ISBN 3-8296-0086-0 / 978-3-8296-0086-6

–, *Bibliotheken.* Mit einem Essay von Umberto Eco. 2005.
24,5 x 30 cm, 272 S., 137 Abb.,
geb., ISBN 3-8296-0178-6 / 978-3-8296-0178-8
engl. Ausg. 2005: ISBN 3-8296-0186-7 / 978-3-8296-0186-3

–, *Fotografien 2004–2005.*
Mit einem Text von Maik Schlüter. Engl. von Jeremy Gaines. 2005.
Dt./engl. Ausg.
22 x 27 cm, 64 S., 24 Abb.,
geb., ISBN 3-8296-0194-8 / 978-3-8296-0194-8

Höfer, Candida.
Em Portugal – In Portugal. Mit Texten von José Saramago und Shelley Rice. 2006.
Portugies./engl. Ausg.
24,5 x 30 cm, 128 S., 83 Abb.,
geb., ISBN 3-8296-0279-0 / 978-3-8296-0279-2

–, *Louvre.* Mit Texten von Henri Loyrette und Marie-Laure Bernadac. Dt. von Claudia Steinitz, engl. von Laura und Michael Shuttleworth. 2006.
Dt./engl./frz. Ausg.
26,5 x 34 cm, 56 S., 18 Abb.,
geb., ISBN 3-8296-0250-2 / 978-3-8296-0250-1

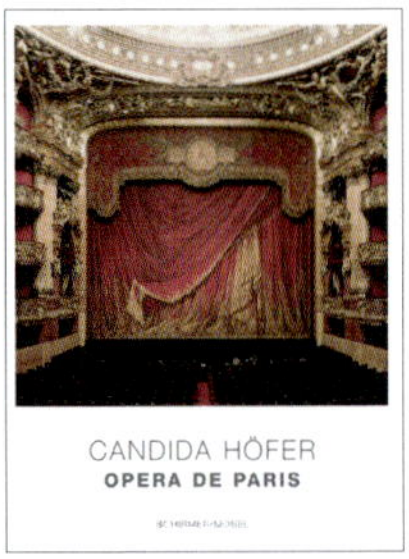

–, *Opéra de Paris.* Mit einem Text von Gérard Mortier. Dt. von Matthias Wolf, engl. von Jeremy Gaines. 2006.
Dt./engl./frz. Ausg.
26,5 x 34 cm, 80 S., 31 Abb.,
geb., ISBN 3-8296-0230-8 / 978-3-8296-0230-3

–, *Weimar.* Mit Texten von Wulf Kirsten und Gerda Wendermann. 2007.
Dt./engl. Ausg.
24,5 x 30 cm, 104 S., 39 Abb.,
geb., ISBN 978-3-8296-0327-0

–, *Napoli.* Mit einem Essay von Angela Tecce. 2009.
Dt./engl. Ausg.
21 x 27 cm, 56 S., 42 Abb.,
geb., ISBN 978-3-8296-0424-6

–, *Philadelphia.* Hrsg. von der Galerie der Stadt Tuttlingen. Mit Texten von Anna-Maria Ehrmann-Schindlbeck, Mari Shaw, Richard Torchia.
Dt. von Celia Brown, engl. von Klaus Schindlbeck. 2010.
Dt./engl. Ausg.
24,5 x 23,6 cm, 48 S., 13 Abb.,
brosch., ISBN 978-3-8296-0440-6

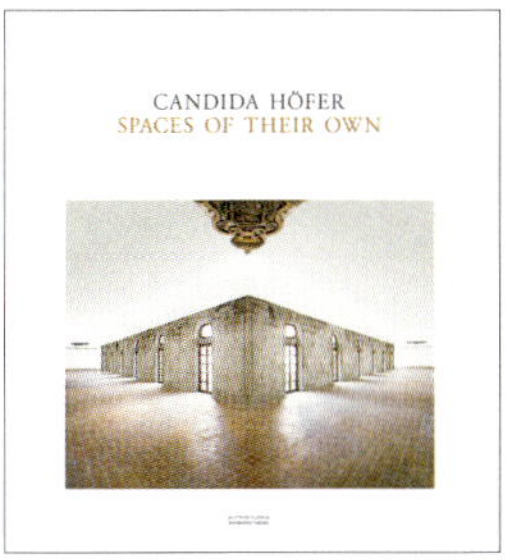

–, *Spaces of their own.* Mit Texten von Herbert Burkert, Luisa Castro und Enrique Vila-Matas. Engl. von Fernando Pazó und Josephine Watson. 2010.
Engl. Ausg.
28,5 x 30 cm, 208 S., 112 Abb.,
geb., ISBN 978-3-8296-0514-4

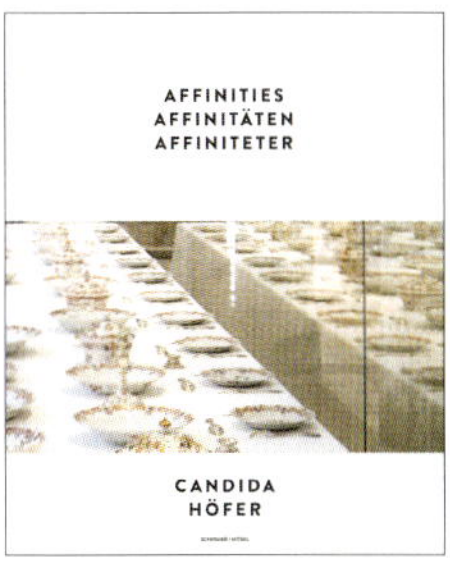

–, *Affinities / Affinitäten / Affiniteter.* Mit Texten von Bo Nilsson und Friedrich Wolfram Heubach. 2012.
Engl./dt./schwed. Ausg.
22 x 26 cm, 164 S., 331 Abb.,
brosch., ISBN 978-3-8296-0612-7

Hoepker, Thomas. *Photographien 1955–2005.* Mit Texten von Ulrich Pohlmann, Christian Schaernack, Diana Schmies und Harald Eggebrecht. 2005.
29,5 x 28 cm, 272 S., 225 Abb.,
geb., ISBN 3-8296-0195-6 /
978-3-8296-0195-5
brosch. 2007: ISBN 3-8296-0219-7 /
978-3-8296-0219-8

Hokusai.
Jocelyn Bouquillard, *Hokusai. 36 Ansichten des Berges Fuji.*
Dt. von Matthias Wolf. 2007.
27 x 21 cm, 120 S., 51 Abb.,
geb., ISBN 978-3-8296-0295-2

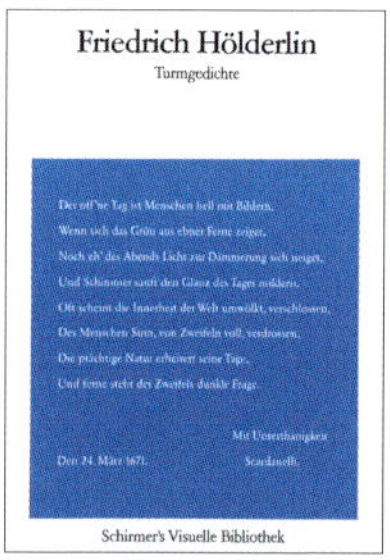

Hölderlin, Friedrich. *Turmgedichte* (SVB). Hrsg. und mit einem Vorwort von D. E. Sattler. 1991.
14,5 x 19 cm, 96 S.,
brosch., ISBN 3-88814-410-8

Hoffmann, Dezo *siehe* **Lennon, John**

Hopper, Edward.
Gail Levin, *Edward Hopper. Gemälde und Zeichnungen 1882–1967.* Dt. von Karin Stempel. 1981.
28 x 21,5 cm, 304 S., 542 Abb.,
brosch., ISBN 3-88814-171-0
NA 1983: 073-0

–, *Die Druckgraphik 1882–1967.*
Dt. von Michael Bischoff. 1986.
27 x 22 cm, 140 S., 162 Abb.,
brosch., ISBN 3-88814-170-2

–, *Vierzig Meisterwerke* (SVB). Mit einem
Text von Heinz Liesbrock. 1988/2004.
14,5 x 19 cm, 120 S., 40 Abb.,
brosch., ISBN 3-88814-276-8 /
978-3-88814-276-5
engl. Ausg. 1988/2004: 396-9 /
978-3-88814-396-0
frz. Ausg. 1988: 516-3
geb. 2000 (Meister der Kunst):
3-88814-933-9 / 978-3-88814-933-7
engl. Ausg., geb. 2000:
3-88814-993-2 / 978-3-88814-993-1

–, *A Catalogue Raisonné. Vol. I – IV.*
1995.
Engl. Originalausg.
25 x 28,5 cm, 994 S., 1616 Abb.,
geb., ISBN 3-88814-768-9

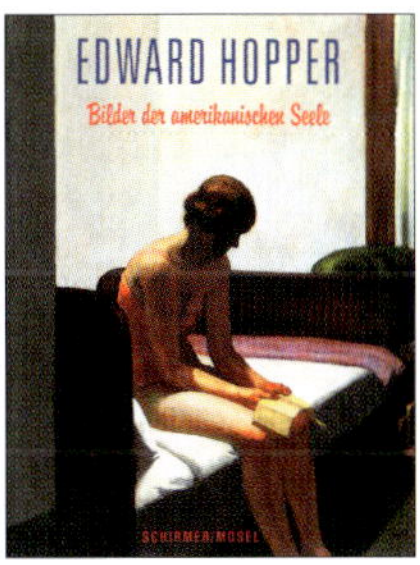

–, Deborah Lyons / Adam D. Weinberg,
Edward Hopper. Bilder der
amerikanischen Seele. Ein Lesebuch.
Mit Texten von Paul Auster, Ann Beattie,
Thom Gunn u. a. 1995.
19 x 24 cm, 228 S., 70 Abb.,
geb., ISBN 3-88814-766-2
brosch. 1998: 497-3

Hopper, Edward.
Gemälde und Ledger Book-Zeichnungen. Mit Texten von Deborah Lyons und Brian O'Doherty.
Dt. von Bernadette Ott. 2012.
19 x 30 cm, 152 S., 125 Abb.,
geb., ISBN 978-3-8296-0580-9
engl. Ausg. 2013: 0602-8
NA, brosch. 2020: *Ausgewählte Gemälde. Mit Skizzen und Aufzeichnungen aus den Werkstattbüchern des Malers,*
ISBN 978-3-8296-0580-9
NA, engl. Ausg., brosch. 2020: 0602-8

–, *Amerika – Licht und Schatten eines Mythos.* Mit einem Text von Didier Ottinger. Dt. von Barbara Heber-Schärer und Claudia Steinitz. 2013.
14,5 x 20,5 cm, 128 S., 100 Abb.,
brosch., ISBN 978-3-8296-0634-9

–, *New York.*
Hrsg. vom Whitney Museum of American Art, New York. Mit einem Vowort von Adam D. Weinberg und Texten von Kim Conaty, Kirsty Bell, Darby English u. a. Dt. von Marion Kagerer, Saskia Bontjes van Beek und Ursula Wulfekamp. 2024.
25 x 29 cm, 256 S., 313 Abb.,
geb., ISBN 978-3-8296-0989-0

Hopper, Edward *siehe auch* ***Schirmer's Zwölf. No. 3*** *und* **Strand, Mark**

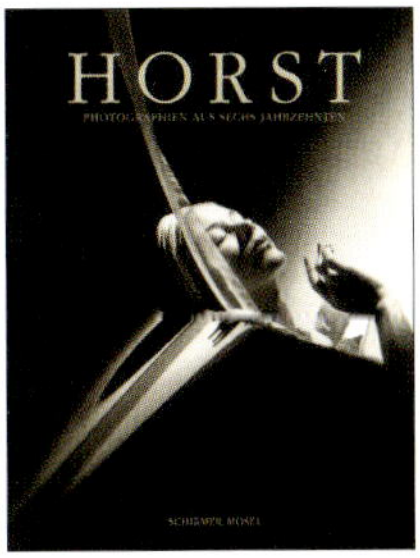

Horst, Horst P. *Photographien aus sechs Jahrzehnten.* Mit einem Text von Martin Kazmaier. 1991.
23,5 x 29,5 cm, 280 S., 230 Abb.,
geb., ISBN 3-88814-374-8
brosch. 1995: 748-4
frz. Ausg. 1991: 568-6
engl. Ausg., brosch. 1995: 812-X

Hortus Eystettensis. *Zur Geschichte eines Gartens und eines Buches.* Mit Texten von Brun Appel, Werner Dressendörfer, Hans-Otto Keunecke und Konrad Wickert. 1989.
15,5 x 22 cm, 176 S., 32 Abb.,
geb. u. brosch., ISBN 3-88814-331-4

–, *Die Pflanzenwelt des Hortus Eystettensis. Ein Buch lebt.* Mit Texten von Brun Appel, Werner Dressendörfer, Egfried Hanfstaengl, Hans-Otto Keunecke und Bernd Ringholz. 1998.
15 x 21 cm, 160 S., 24 Abb.,
brosch., ISBN 3-88814-444-2

Hortus Eystettensis *siehe auch* **Besler, Basilius**

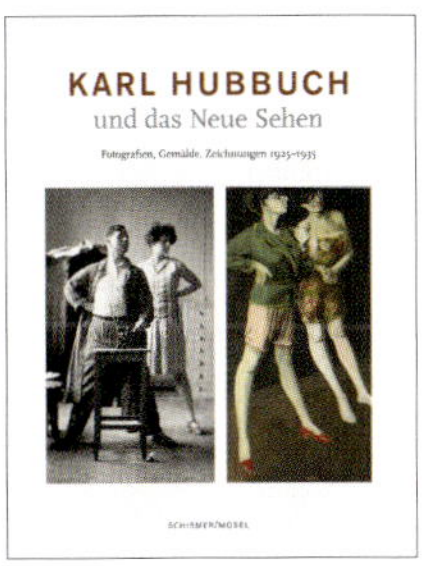

Hubbuch, Karl. *Karl Hubbuch und das Neue Sehen. Fotografien, Gemälde, Zeichnungen 1925–1935.* Hrsg. von Ulrich Pohlmann und Karin Koschkar. Mit Texten von Sylvia Bieber, Rudolf Scheutle und den Herausgebern. 2011.
24 x 30 cm, 212 S., 196 Abb.,
geb., ISBN 978-3-8296-0560-1

Hurrell, George. *The Book of Stars. Photographien 1927–1990.* 1991.
26,5 x 35,5 cm, 200 S., 140 Abb.
geb., ISBN 3-88814-375-6
engl. Ausg. 1991: 434-5
frz. Ausg. 1991: 569-4

–, *Hollywood Glamour Portraits.*
Mit einem Interview von John Kobal mit George Hurrell.
Dt. von Walter Ahlers. 1993.
24 x 30 cm, 120 S., 61 Abb.,
brosch., ISBN 3-88814-705-0
engl. Ausg. 1993: 275-X
frz. Ausg. 1996: 632-1

AXEL HÜTTE

Hütte, Axel. *Italien.* Hrsg. und mit einem Text von Uwe M. Schneede. 1993.
30 x 26 cm, 84 S., 86 Abb.,
geb., ISBN 3-88814-677-1

–, *London. Photographien 1982–1984.*
Hrsg. und mit einem Text von
Gerda Breuer. 1993.
34,5 x 27 cm, 108 S., 50 Abb.,
geb., ISBN 3-88814-684-4

–, *Landschaft.* Hrsg. von Klaus Honnef.
Mit Texten von Klaus Honnef und
Veit Loers. 1995.
30,5 x 26,5 cm, 96 S., 52 Abb.,
geb. u. brosch., ISBN 3-88814-785-9 /
978-3-88814-785-2

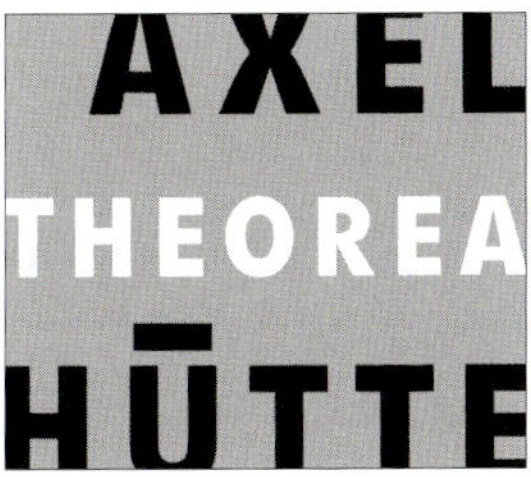

–, *Theorea.* Mit Texten von Hans Irrek
und Urs Stahel. 1996.
Dt./frz. Ausg.
30 x 25 cm, 84 S., 36 Abb.,
geb., ISBN 3-88814-863-4 /
978-3-88814-863-7

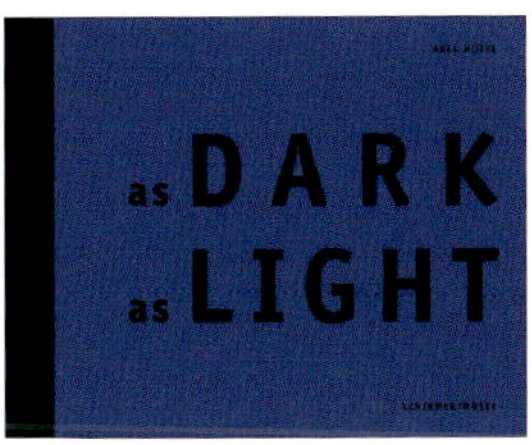

–, *As Dark as Light.* Mit Texten von
Els Barents und Rudolf Schmitz. 2001.
Dt./engl. Ausg.
31,5 x 24,5 cm, 52 S., 16 Abb.,
geb., ISBN 3-88814-929-0 /
978-3-88814-929-0

Hütte, Axel. *Terra Incognita. Photographien 1982–2003.* Mit Texten von Julio Llamazares und Rosa Olivares. Dt. von Barbara Reitz, engl. von Polisemia S.L. 2004.
Dt./engl. Ausg.
34,5 x 27,5 cm, 176 S., 84 Abb., geb., ISBN 3-8296-0117-4 / 978-3-8296-0117-7

–, *After Midnight.* Mit einem Text von Martin Filler. Dt. von Manfred Allié. 2006.
Dt./engl. Ausg.
34,5 x 27,5 cm, 56 S., 21 Abb., geb., ISBN 3-8296-0261-8 / 978-3-8296-0261-7

–, *North – South.* Mit einem Text von Hanne Holm-Johnsen. Dt. von Marion Kagerer, engl. von Palmyre Pierroux. 2006.
Dt./engl. Ausg.
34,5 x 27,5 cm, 84 S., 39 Abb., geb., ISBN 3-8296-0231-6 / 978-3-8296-0231-0

–, *Towards the Wood.* 2010.
34,4 x 27,5 cm, 84 S., 37 Abb., geb., ISBN 978-3-8296-0515-1

Hütte, Axel / Cees Nooteboom.
Kontinente – Fotografien und Texte.
Mit Texten von Cees Nooteboom. 2000.
34 x 28 cm, 156 S., 34 Abb.,
geb., ISBN 3-88814-619-4 /
978-3-88814-619-0

I J

VON ISSERMANN BIS JUDD

Icons of Rock. Die besten Photographien. Ausgewählt von Graham Nash. Mit Texten von Graham Nash und Jasen Emmons. Dt. von Walter Ahlers und Marion Kagerer. 2010.
22,5 x 30,5 cm, 160 S., 99 Abb.,
geb., ISBN 978-3-8296-0461-1

Industriedenkmäler des 19. Jahrhunderts im Königreich Bayern. Hrsg. und mit Texten von Klaus-Jürgen Sembach und Volker Hütsch. 1990.
25,5 x 27 cm, 176 S., 118 Abb.,
geb., ISBN 3-88814-338-1

Israel, Marvin *siehe* **Presley, Elvis**

Issermann, Dominique. *Anne Rohart.* 1987.
27 x 35 cm, 62 S., 29 Abb.,
geb., ISBN 3-88814-215-6
frz. Ausg. 1987: 510-4

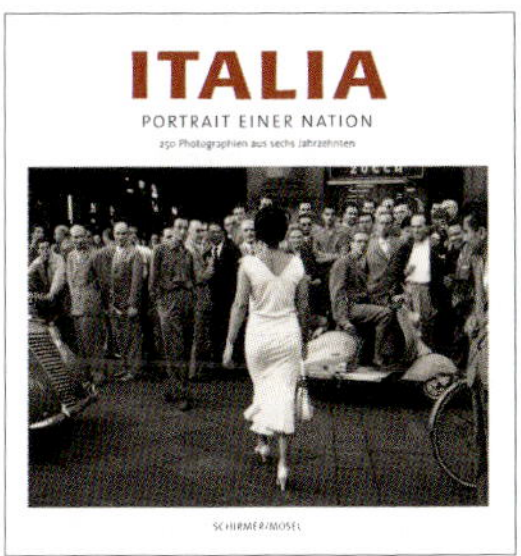

Italia. *Portrait einer Nation. 250 Photographien aus sechs Jahrzehnten.* Hrsg. von Giovanna Calvenzi. Mit Texten von Carlo Bertelli, Cesare Colombo, Christian Caujolle, Roberta Valtorta, Aldo Colonetti und Paolo Pietroni, Guido Furbesco und der Herausgeberin. Dt. von Michael von Killisch-Horn, Ulrike Stopfel und Sabine Herting. 2003.
25 x 25 cm, 352 S., 250 Abb.,
geb., ISBN 3-8296-0096-8 / 978-3-8296-0096-5

Jagger, Mick. *Das Fotobuch.*
Mit einem Vorwort von François Hébel. Dt. von Claudia Steinitz. 2011.
19 x 26 cm, 140 S., 72 Abb.,
geb., 978-3-8296-0525-0

Jahn, Helmut. *Buildings 1975–2015. Photographs Rainer Viertlböck,*
Hrsg. von Nicola Borgmann. Mit Texten von Nicola Borgmann und Aaron Betsky. Dt. von Matthias Wolf und Marion Kagerer. Engl. von Patricia Szobar. 2015. Dt./engl. Ausg.
29 x 30 cm, 232 S., 184 Abb.,
geb., 978-3-8296-0723-0

James, Edward. *Schwäne spiegeln Elefanten. Mein Leben als reiches Kind, meine vier Jahre mit Tilly Losch und das Ende meiner Jugend.* Hrsg. von George Melly. Mit einem Nachwort von Hubertus Gaßner.
Dt. von Ursula Wulfekamp. 2012.
12,5 x 20,4 cm, 380 S.,
geb., ISBN 978-3-8296-0597-7

Jamis, Rauda *siehe* **Freund, Gisèle**

Jeffrey, Ian. *Photographie. Sehen, Betrachten, Deuten. Eine Bildgeschichte der Photographie von ihrer Erfindung bis heute.* Mit einem Vorwort von Max Kozloff. 2009
17 x 24 cm, 384 S., 379 Abb.,
geb., ISBN 978-3-8296-0408-6

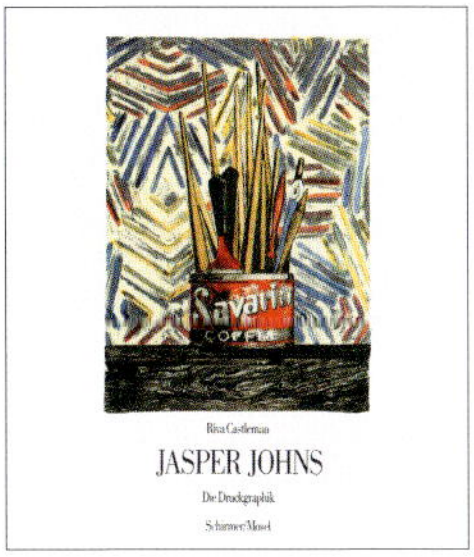

Johns, Jasper.
Riva Castleman, *Jasper Johns. Die Druckgraphik.*
Dt. von Angela Meermann. 1986.
25 x 28 cm, 148 S., 106 Abb.,
geb., ISBN 3-88814-208-3
frz. Ausg. 1986: 507-4

Jonas, Sir Peter *siehe* ***Wenn Musik der Liebe Nahrung ist, spielt weiter …***

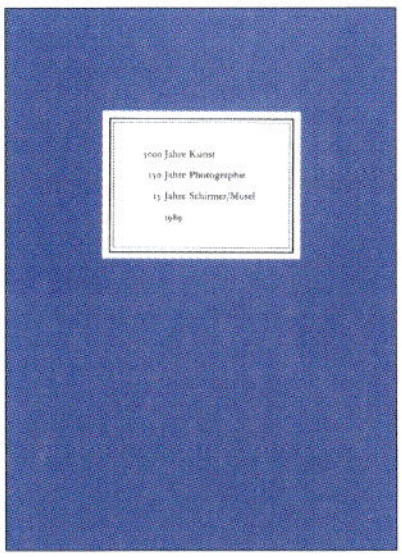

Jubiläums-Portfolio.
15 Jahre Schirmer/Mosel. 1989.
28,5 x 38 cm, 15 Drucke,
brosch., ISBN 3-88814-318-7

–, *25 Jahre Schirmer/Mosel.* 1999.
34 x 45 cm, 15 Drucke,
brosch., ISBN 3-88814-938-X

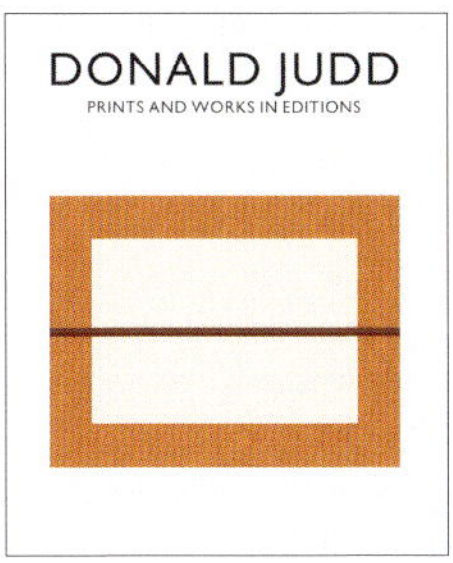

Judd, Donald. *Prints and Works in Edition.*
Hrsg. von Jörg Schellmann und Mariette Josephus Jitta. 1993.
Engl. Ausg.
23 x 27,5 cm, 152 S., 33 Abb.,
geb. u. brosch., ISBN 3-88814-710-7
erw. NA, dt./engl. Ausg., geb. 1996:
710-7 / 978-3-88814-710-4

K

VON KAHLO BIS KUROSAWA

FRIDA KAHLO

Kahlo, Frida. *Meisterwerke* (SVB).
Mit einem Text von Keto von Waberer.
1992.
14,5 x 19 cm, 112 S., 43 Abb.,
brosch., ISBN 3-88814-382-9 /
978-3-88814-382-3
frz. Ausg. 1992: 575-9
engl. Ausg. 1994: 700-X /
978-3-88814-700-5

–, Hayden Herrera, *Frida Kahlo. Die Gemälde.* Dt. von Manfred Ohl und Hans Sartorius. 1992.
24,5 x 27,5 cm, 272 S., 217 Abb.,
geb., ISBN 3-88814-469-8 /
978-3-88814-469-1
brosch. 1995: 782-4

–, Helga Prignitz-Poda, *Frida Kahlo. Die Malerin und ihr Werk.* 2003.
28 x 33 cm, 264 S., 175 Abb.,
geb., ISBN 3-8296-0067-4 /
978-3-8296-0067-5
engl. Ausg. 2003: ISBN 3-8296-0118-2 / 978-3-8296-0118-4
verkl. NA, brosch. 2010: 0457-4
verkl. NA, geb. 2021: 0915-9

–, *Jetzt, wo Du mich verläßt, liebe ich Dich mehr denn je.* Briefe und andere Schriften. Hrsg. und mit einem Vorwort von Raquel Tibol. Dt. von Lisa Grüneisen und Jochen Staebel. 2004.
12,5 x 20,4 cm, 368 S.,
geb., ISBN 978-3-86555-039-2
brosch. 2007: 978-3-86555-048-4
NA, geb. 2018: 978-3-86555-002-6

Kahlo, Frida. *Katalog Tate Modern, London.* Hrsg. von Emma Dexter und Tanya Barson. Mit Texten von Gannit Ankori, Oriana Baddeley, Christina Burrus und Raquel Tibol. Dt. von Ursula Wulfekamp, Lisa Grüneisen, Jochen Staebel und Marion Kagerer. 2005.
24,5 x 29 cm, 232 S., 208 Abb., brosch., ISBN 3-8296-0196-4 / 978-3-8296-0196-2

–, *Dir sende ich mein ganzes Herz. Liebesbriefe.* Mit einem Vorwort von Raquel Tibol. Dt. von Lisa Grüneisen und Jochen Staebel. 2007.
11,5 x 19 cm, 180 S.,17 Abb., geb., ISBN 978-3-86555-036-1

–, *Fridas Kleider – Aus dem Museo Frida Kahlo in Mexico City.* Mit Texten von Carlos Phillips Olmedo, Denise und Magdalena Rosenzweig, Teresa del Conde und Marta Turok. Photographien von Graciela Iturbide und Pablo Aguinaco. Dt. von Claudia Arlinghaus und Martina Tichy. 2009.
24 x 30 cm, 192 S., 167 Abb., geb., ISBN 978-3-8296-0409-3
erw. NA (mit einem Vorwort von Elke Heidenreich), geb. 2021: 0932-6

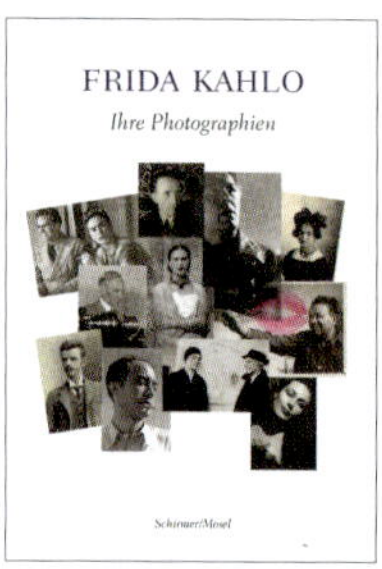

–, *Ihre Photographien.* Mit Texten von Carlos Phillips, Hilda Trujillo Soto, Gaby Franger, Rainer Huhle, Masayo Nonaka u.a. Hrsg. von Pablo Ortiz Monasterio. Dt. von Silke Kleemann und Martina Tichy. 2010.
16,5 x 23 cm, 520 S., 400 Abb., geb., ISBN 978-3-8296-0425-3

–, Christina Burrus, *»Ich male meine Wirklichkeit«*. Dt. von Michaela Angermair. 2021.
14,5 x 20,5 cm, 144 S., 120 Abb., brosch., ISBN 978-3-8296-0933-3

–, Marc Petitjean, *Das Herz – Frida Kahlo. Eine Liebesaffäre in Paris, Frühling 1939*. Dt. von Michaela Angermair. 2021.
12,7 x 20,5 cm, 240 S., 23 Abb., geb., ISBN 978-3-8296-0914-2

Kahlo, Frida / Nickolas Muray.
Ich werde Dich nie vergessen … Frida Kahlo und Nickolas Muray. Unveröffentlichte Photographien und Briefe. Hrsg. und mit einem Essay von Salomon Grimberg. 2004.
23 x 31,5 cm, 120 S., 179 Abb., geb., ISBN 3-8296-0120-4 / 978-3-8296-0120-7
engl. Ausg. 2004: 3-8296-0121-2 / 978-3-8296-0121-4
brosch. 2006: 3-8296-0220-0 / 978-3-8296-0220-4

Kahlo, Guillermo.
Gaby Franger / Rainer Huhle, *Fridas Vater. Der Fotograf Guillermo Kahlo*. 2005.
23,5 x 27,5 cm, 248 S., 179 Abb., geb., ISBN 3-8296-0197-2 / 978-3-8296-0197-9

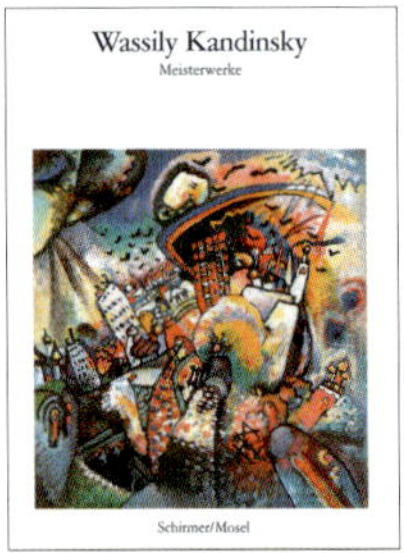

Kandinsky, Wassily. *Meisterwerke* (SVB).
Mit einem Text von Angelika Weißbach. 2015.
14,5 x 19 cm, 112 S., 37 Abb.,
brosch., ISBN 978-3-8296-0742-1

Kassel 1850 bis heute. *Fotografie in Kassel – Kassel in Fotografien.*
Hrsg. und mit Texten von Wolfgang Kemp und Floris Neusüss. 1981.
19 x 24 cm, 240 S., 202 Abb.,
brosch., ISBN 3-88814-079-X

Keaton, Buster. *Schallendes Gelächter. Eine Autobiographie.* Unter Mitarbeit von Charles Samuels.
Dt. von Ursula von Wiese. 1986.
16,5 x 23,5 cm, 288 S., 40 Abb.,
brosch., ISBN 3-88814-200-8

Kellein, Thomas *siehe* **De Maria, Walter**

Kelly, Ellsworth. *Plant Drawings / Pflanzenzeichnungen.* Mit Texten von Michael Semff und Marla Prather.
Dt. von Rudolf Hermstein. 2011.
25,3 x 31,5 cm, 240 S., 122 Abb.,
geb., ISBN 978-3-8296-0561-8
engl. Ausg. 2011: 0575-5

–, *Austin. Die Künstlerkapelle in Austin, Texas.* Mit einem Text von Carter E. Foster. Dt. von Matthias Wolf. 2019. Engl. Originalausg. mit dt. Textbeilage, 25,8 x 36 cm, 180 S., 110 Abb., geb., ISBN 978-3-8296-0878-7

Kelly, Grace. *Film Stills aus ihren elf Kinofilmen 1951–1956.* Mit einem Text von Thilo Wydra. Engl. von Daniel Mufson. 2014. 21,5 x 24 cm, 144 S., 87 Abb., geb., ISBN 978-3-8296-0667-7
engl. Ausg. 2014: 0668-4

Kelly, Grace / Howell Conant. *Grace. Ein Hollywoodstar wird Prinzessin. Die unveröffentlichten Photographien von Howell Conant.* Mit einem Text von Kay und Digby Diehl. Dt. von Ursula Wulfekamp und Matthias Wolf. 2008. 21,5 x 28 cm, 160 S., 218 Abb., geb., ISBN 978-3-8296-0324-9

Kemp, Wolfgang. *Foto-Essays zur Geschichte und Theorie der Fotografie.* 1978.
12,5 x 19 cm, 144 S., 40 Abb., brosch., ISBN 3-88814-022-6
erw. u. vergrößerte NA, brosch. 2006: 3-8296-0240-5 / 978-3-8296-0240-2

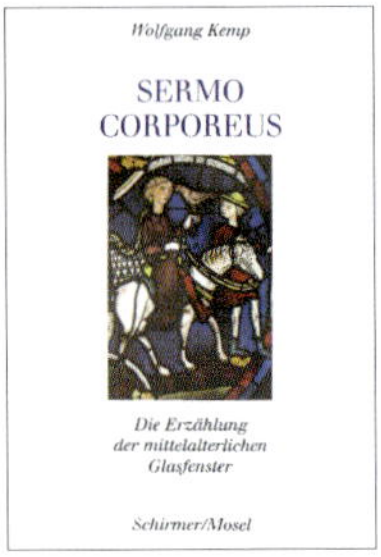

Kemp, Wolfgang. *Sermo Corporeus. Die Erzählung der mittelalterlichen Glasfenster.* 1987.
16,5 x 23,5 cm, 328 S., 126 Abb.,
geb., ISBN 3-88814-239-3

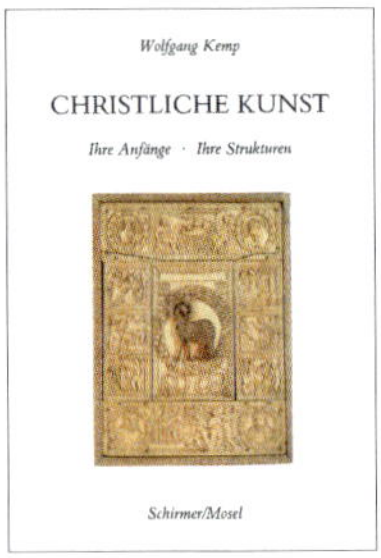

–, *Christliche Kunst. Ihre Anfänge – Ihre Strukturen.* 1994.
16,5 x 23,5 cm, 324 S., 76 Abb.,
geb., ISBN 3-88814-737-9

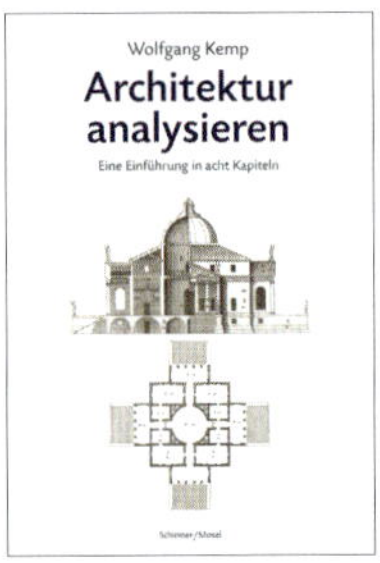

–, *Architektur analysieren. Eine Einführung in acht Kapiteln.* 2009.
16,5 x 23,5 cm, 416 S., 304 Abb.,
geb., ISBN 978-3-8296-0262-4

Kemp, Wolfgang *siehe auch* **Aguado, Olympe; Evans, Walker; Sander, August** *und* ***Theorie der Fotografie***

Kennedy, John Fitzgerald.
Jacques Lowe, *Kennedy – Ein Lebenslauf. Photographien 1917–1963.*
Mit Texten von John F. Kennedy und Jacques Lowe. Dt. von Reinhard Kaiser und Udo Rennert. 1983.
22 x 27 cm, 200 S., 243 Abb.,
brosch., ISBN 3-88814-131-1

Kennedy, J. F. *siehe auch* **Avedon, Richard**

Kenzo (Magier der Mode).
Mit einem Text von Ginette Sainderichin.
Dt. von Sabine Herting. 1999.
15,5 x 21,5 cm, 80 S., 49 Abb.,
geb., ISBN 3-88814-981-9

Kertész, André. *André Kertész in Paris. Photographien 1925–1936.* Hrsg. vom Frz. Kulturministerium. Mit Texten von Pierre Bonhomme, Michel Frizot, Isabelle Jammes, Jean-Claude Lemagny und Sandra Phillips. Dt. von Monika Buchgeister und Michael Niehaus. 1992.
24,5 x 30,5 cm, 192 S., 166 Abb.,
geb., ISBN 3-88814-473-6
brosch. 1995: 783-2

ANSELM KIEFER

Kiefer, Anselm. *Dein und mein Alter und das Alter der Welt / Your age and mine and the age of the world.* Hrsg. und mit einem Text von Heiner Bastian.
Dt. von David Britt. 1998.
Dt./engl. Ausg.
24,4 x 31,4 cm, 64 S., 62 Abb.,
geb., ISBN 3-88814-691-7

Kiefer, Anselm. *Über euren Städten wird Gras wachsen.* Hrsg. von Heiner Bastian. 1999.
24,5 x 32 cm, 56 S., 37 Abb.,
geb., ISBN 3-88814-168-0 /
978-3-88814-168-3

–, *Ich halte alle Indien in meiner Hand.* Hrsg. von Heiner Bastian. 2000.
24,5 x 32 cm, 72 S., 39 Abb.,
geb., ISBN 3-88814-970-3 /
978-3-88814-970-2

–, Daniel Arasse, *Anselm Kiefer. Die große Monographie.*
Dt. von Reinold Werner. 2001.
24,5 x 31 cm, 344 S., 355 Abb.,
geb., ISBN 3-8296-0014-3 /
978-3-8296-0014-9
brosch. 2007: 978-3-8296-0275-4
verkl. NA, brosch. 2015: 0703-2

–, *The Secret Life of Plants.*
Hrsg. von Heiner Bastian.2003.
24,5 x 32 cm, 64 S., 36 Abb.,
geb., ISBN 3-8296-0065-8 /
978-3-8296-0065-1

–, *Heroische Sinnbilder / Heroic Symbols.*
Hrsg. von Heiner Bastian. Mit einem Text von Heiner Bastian. Engl. von Daniel Mufson. 2008.
Dt./engl. Ausg.
22,8 x 30 cm, 72 S., 28 Abb.,
geb., ISBN 978-3-8296-0361-4

–, *Aperiatur Terra.*
Hrsg. von Heiner Bastian. 2008.
24,5 x 32 cm, 56 S., 31 Abb.,
geb., ISBN 978-3-8296-0371-3

–, *Das Balder-Lied.*
Hrsg. von Heiner Bastian. 2008.
24,5 x 32 cm, 56 S., 31 Abb.,
geb., ISBN 978-3-8296-0370-6

–, *Bücher.* Hrsg. von Heiner Bastian. Mit einem Vorwort von Heiner Bastian und einem Text von Anselm Kiefer. 2008.
23,2 x 30 cm, 88 S., 86 Abb.,
geb., ISBN 978-3-8296-0402-4

Kiefer, Anselm.
Maria durch ein Dornwald ging.
Hrsg. von der Galerie Thaddaeus Ropac.
Mit einem Gespräch zwischen Anselm Kiefer und Klaus Dermutz. 2008.
Dt./engl. Ausg.
23,6 x 31 cm, 136 S., 70 Abb.,
geb., ISBN 978-3-8296-0401-7

–, *Europa.* Hrsg. von Heiner Bastian.
Mit Texten von Heiner Bastian und Anselm Kiefer. 2010.
23 x 30 cm, 56 S., 43 Abb.
geb., ISBN 978-3-8296-0521-2

–, *Himmelspaläste / Heavenly Palaces.*
Hrsg. und mit einem Vorwort von Heiner Bastian. 2010.
Dt./engl. Ausg.
21 x 30 cm, 88 S., 86 Abb.,
geb., ISBN 978-3-8296-0459-8

–, *The Shape of Ancient Thought.*
Hrsg. von Heiner Bastian. 2013.
24,5 x 32 cm, 56 S., 29 Abb.,
geb., ISBN 978-3-8296-0636-3

–, Danièle Cohn, *Ateliers.*
Dt. von Saskia Bontjes van Beek. 2013.
24,5 x 31 cm, 304 S., 300 Abb.,
geb., ISBN 978-3-8296-0635-6

–, *Kühlstaub.*
Hrsg. von Heiner Bastian. 2014.
24,5 x 32 cm, 52 S., 27 Abb.,
geb., ISBN 978-3-8296-0662-2

–, *Posters Exhibitions.*
Hrsg. von Lisa Sandner. Mit einem Text von Aeneas Bastian. 2014.
Dt./engl. Ausg.
23 x 30 cm, 100 S., 119 Abb.,
geb., ISBN 978-3-8296-0684-4

–, *Morgenthau.*
Hrsg. von Heiner Bastian. 2015.
24,5 x 32 cm, 48 S., 27 Abb.,
geb., ISBN 978-3-8296-0729-2

Kiefer, Anselm. *Die Welt – ein Buch.*
Hrsg. von Heiner Bastian. 2016.
23 x 30 cm, 100 S., 100 Abb.,
geb., ISBN 978-3-8296-0755-1

–, *Bilder / Paintings.* Hrsg. und mit einem Text von Heiner Bastian. 2018.
Dt./engl. Ausg.
26,5 x 30,5 cm, 248 S., 110 Abb.,
geb., ISBN 978-3-8296-0832-9

–, *Opus Magnum.* Hrsg. von der Franz Marc Museumsgesellschaft durch Cathrin Klingsöhr-Leroy. Mit Texten von Cathrin Klingsöhr-Leroy, Essays von Jean-Michel Bouhours und Franziska Frei Gerlach sowie fünfzehn zeitgenössischen Schriftstellern. 2020.
23,5 x 32 cm, 172 S., 78 Abb.,
geb., ISBN 978-3-8296-0898-5

–, *Die Kunst geht knapp nicht unter. Vorlesungen am Collège de France.*
Hrsg. von Heiner Bastian. 2021.
22,5 x 30 cm, 136 S., 137 Abb.,
geb., ISBN 978-3-8296-0913-5

–, *The fire that consumes all before it.* Hrsg. von Heiner Bastian. 2021. 24,5 x 32 cm, 44 S., 21 Abb., geb., ISBN 978-3-8296-0941-8

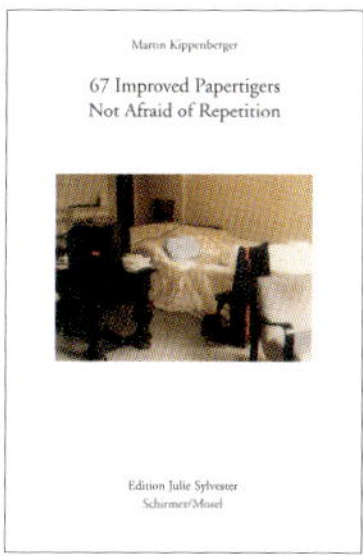

Kippenberger, Martin. *67 Improved Papertigers Not Afraid of Repetition / 67 Verbesserte Papiertiger ohne Angst vor Wiederholung.* Edition Julie Sylvester. Dt. von Werner Büttner. 2012. Dt./engl. Ausg. 17,5 x 26 cm, 48 S., brosch., ISBN 978-3-8296-0350-8

Kirchner, Ernst Ludwig. *Gemälde 1908–1920* (SVB). Mit einem Text von Carla Schulz-Hoffmann. 1991. 14,5 x 19 cm, 120 S., 40 Abb., brosch., ISBN 3-88814-380-2 / 978-3-8296-0492-5
frz. Ausg. 1991: 573-2

Kirkland, Douglas *siehe* **Monroe, Marilyn**

Kitaj, R. B. *Bekenntnisse eines alten jüdischen Malers.* Hrsg. und mit einem Nachwort von Eckhart J. Gillen. Mit einem Vorwort von David Hockney. Dt. von Hannes Meyer. 2017. 15,2 x 22,7 cm, 400 S., 212 Abb., geb., ISBN 978-3-8296-0770-4
engl. Ausg., geb. 2017: ISBN 978-3-8296-0813-8

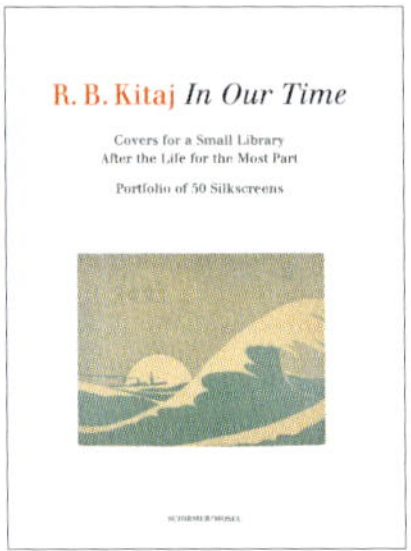

Kitaj, R. B. *In Our Time. Covers for a Small Library After the Life for the Most Part. Portfolio of 50 Silkscreens.*
Mit einem Text von Eckhart Gillen. 2020.
Engl./dt./frz. Ausg.
23,7 x 31 cm, 144 S., 52 Abb., geb., ISBN 978-3-8296-0864-0

Klapheck, Konrad. *Porträtzeichnungen.*
Mit Texten von Konrad Klapheck, einem Nachwort von Christoph Danelzik-Brüggemann und 16 Zeichnungen von Wanda Richter-Forgách. 2002.
24 x 30,5 cm, 232 S., 268 Abb., geb., ISBN 3-8296-0063-1 / 978-3-8296-0063-7

Klee, Paul. *Meisterwerke* (SVB).
Mit einem Text von Johann Konrad Eberlein. 1994.
14,5 x 19 cm, 104 S., 40 Abb., brosch., ISBN 3-88814-702-6 / 978-3-8296-0493-2

Klein, Yves.
Pierre Restany, *Yves Klein.*
Dt. von Rudolf Kimmig. 1982.
28 x 30 cm, 300 S., 255 Abb., geb., ISBN 3-88814-071-4

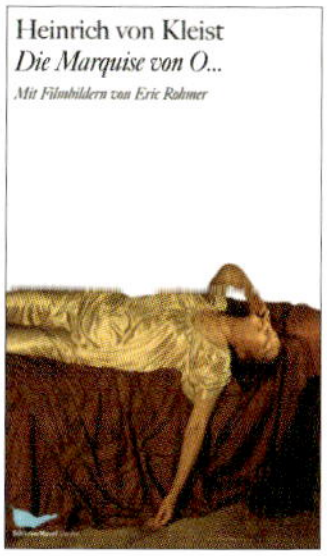

Kleist, Heinrich von. *Die Marquise von O...* Mit Filmbildern von Eric Rohmer. 2011.
12,5 x 20,4 cm, 152 S., 64 Abb., geb., ISBN 978-3-8296-0571-7

Klemm, Barbara. *Zeiten Bilder.* 212 Photographien aus den Jahren 1969 bis 2019. Mit einem Vorwort von Norbert Lammert und einem Text von Barbara Catoir. Engl. von Daniel Mufson und Ehren Fordyce. 2019.
Dt. Ausg. mit engl. Textbeilage, 24 x 28,5 cm, 288 S., 215 Abb., geb., ISBN 978-3-8296-0877-0

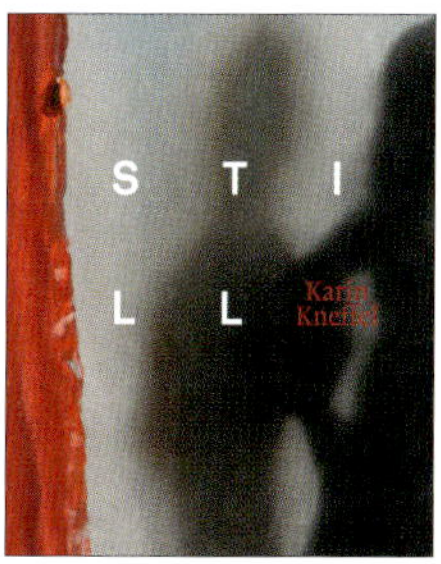

Kneffel, Karin. *Still.* Hrsg. von Kunsthalle Bremen – Der Kunstverein in Bremen und der Stiftung Frieder Burda. Mit Texten von Marion Poschmann, Julia Voss und Eefke Kleimann. Engl. von Daniel Mufson und Ehren Fordyce. 2019.
23,7 x 29 cm, 224 S., 255 Abb., geb., ISBN 978-3-8296-0873-2
engl. Ausg., 978-3-8296-0883-1

–, *Im Bild / In the Picture.* Hrsg. von Cathrin Klingsöhr-Leroy. Mit Texten von Burcu Dogramaci, Cathrin Klingsöhr-Leroy und Christiane Lange.
Engl. von Daniel Mufson. 2022.
Dt./engl. Ausg.
24 x 28,2 cm, 104 S., 58 Abb., geb., ISBN 978-3-8296-0955-5

Klophaus, Ute *siehe* **Beuys, Joseph**

Knight, Nick. *Nicknight.*
Hrsg. von Marc Ascoli. Mit einem Text von Satoko Nakahara. 1994.
Engl. Ausg.
26,5 x 34 cm, 162 S., 118 Abb.,
geb., ISBN 3-88814-661-5 / 978-3-88814-661-9

–, *Flora.*
Mit Texten von Sandra Knapp.
Dt. von Hartmut Ross. 1997.
24,4 x 37,2 cm, 80 S., 46 Abb.,
geb., ISBN 3-88814-824-3 / 978-3-88814-824-8
engl. Ausg. 1997: 238-5
brosch. 2000: ISBN 3-88814-914-2 / 978-3-88814-914-6
engl. Ausg., brosch. 2000: ISBN 3-88814-910-X / 978-3-88814-910-8
NA, geb. 2014: 978-3-8296-0676-9
NA, engl. Ausg., geb. 2014: 677-6

–, *Photographien 1994–2009.*
Mit einem Text von Charlotte Cotton.
Dt. von Bernadette Ott. 2009.
Engl. Ausg. mit dt. Textbeilage,
26,1 x 31,6 cm, 264 S., 429 Abb.,
geb., ISBN 978-3-8296-0426-0

Köln *– in frühen Photographien 1847–1914.* Hrsg. und mit einem Text von Uta Grefe. 1988.
23 x 27 cm, 200 S., 164 Abb.,
geb. u. brosch., ISBN 3-88814-294-6

Kollwitz, Käthe.
Uwe M. Schneede, *Käthe Kollwitz. Das zeichnerische Werk.* 1981.
22 x 27,5 cm, 192 S., 208 Abb., geb., ISBN 3-88814-082-X

–, *Handzeichnungen, Druckgraphik, Skulpturen.* Hrsg. von Elizabeth Prelinger. Mit Texten von Hildegard Bachert, J. Carter-Brown, Alessandra Comini und Elizabeth Prelinger. Dt. von Martina Tichy. 1993.
21,5 x 23,5 cm, 208 S., 183 Abb., geb., ISBN 3-88814-492-2
brosch. 1996: 808-1

–, *Meisterwerke* (SVB).
Mit einem Text von Werner Timm. 1993.
14,5 x 19 cm, 112 S., 58 Abb., brosch., ISBN 3-88814-412-4

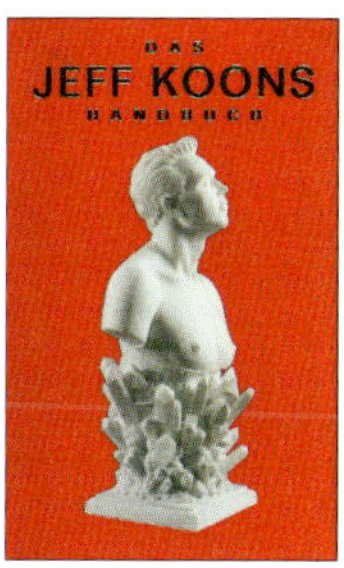

Koons, Jeff. *Das Jeff Koons Handbuch.*
Hrsg. von der Anthony d'Offay Gallery London. Mit einem Text von Robert Rosenblum. Dt. von Manfred Ohl und Hans Sartorius. 1992.
12,6 x 19,8 cm, 176 S., 50 Abb., brosch., ISBN 3-88814-663-1

Kopp-Schmidt, Gabriele *siehe* **Bonnet, Anne-Marie**

Koren, Edward. *Bist Du glücklich? Und was Verliebte sonst so fragen.* 1979.
21 x 15 cm, 50 S., 46 Abb.,
geb., ISBN 3-88814-037-4

–, *Möchtest Du darüber sprechen?* 1980.
21 x 17,5 cm, 62 S., 54 Abb.,
geb., ISBN 3-88814-056-0

–, *Na, da haben wir ja Ihr Problem!* 1981.
21 x 17,5 cm, 60 S., 58 Abb.,
geb., ISBN 3-88814-075-7

Kotzsch, August. *August Kotzsch 1836–1910. Photograph in Loschwitz bei Dresden.*
Mit Texten von Matthias Griebel, Volkmar Herre, Ernst Hirsch. 1986.
23,5 x 27,5 cm, 356 S., 330 Abb.,
geb., ISBN 3-88814-216-4

Koudelka, Joseph. *Invasion Prag 68.*
Mit Texten von Jaroslav Cuhra, Jirí Hoppe, Jirí Suk, Irena Sorfová u.a. Dt. von Sophia Marzolff. 2008.
24,5 x 32 cm, 296 S., 249 Abb., brosch., ISBN 978-3-8296-0359-1

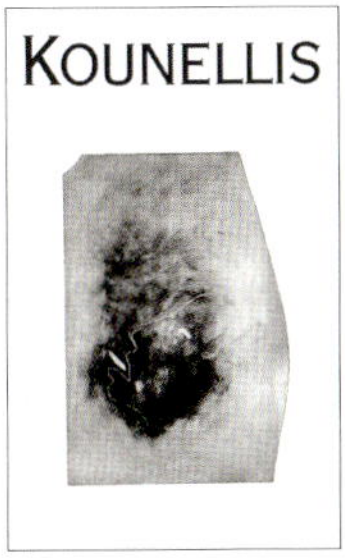

Kounellis, Jannis. *Editions 1972–1990.*
Hrsg. von Jörg Schellmann. Mit einem Text von Rudi Fuchs. 1991.
Engl. Ausg.
19 x 29,8 cm, 56 S., 27 Abb., brosch., ISBN 3-88814-472-8

Krüger, Michael. *Über Gemälde von Giovanni Segantini.* 2022.
16,5 x 23,5 cm, 208 S., 47 Abb., geb., ISBN 978-3-8296-0951-7

Krüger, Michael / Isolde Ohlbaum.
Männer, die Rosen schneiden und andere Literaturgeschichten zu Fotografien. 2023.
16,5 x 23,5 cm, 256 S., 140 Abb., geb., ISBN 978-3-8296-0984-5

Krüger, Michael *siehe auch* **Twombly, Cy**

Krull, Germaine.

Kim Sichel, *Avantgarde als Abenteuer. Leben und Werk der Photographin Germaine Krull.*
Dt. von Jörg Trobitius. 1999.
24 x 30,8 cm, 368 S., 191 Abb.,
geb., ISBN 3-88814-934-7 / 978-3-88814-934-4

Kurosawa, Akira.

So etwas wie eine Autobiographie.
Dt. von Michael Bischoff. 1986.
17 x 23,5 cm, 256 S., 18 Abb.,
brosch., ISBN 3-88814-201-6

L

VON LACOMBE BIS LYNCH

Lacombe, Brigitte. *Cinema / Theater Portraits.* Mit einer Einleitung von David Mamet und einem Essay von Adam Gopnik. Dt. von Sabine Herting. 2001.
26,3 x 35,5 cm, 292 S., 254 Abb., geb., ISBN 3-88814-939-8 / 978-3-88814-939-9
engl. Ausg., geb. 2001: ISBN 3-88814-949-5 / 978-3-88814-949-8
frz. Ausg., geb. 2001: ISBN 3-8296-0038-0 / 978-3-8296-0038-5
engl. Ausg., brosch. 2006: ISBN 3-8296-0180-8 / 978-3-8296-0180-1

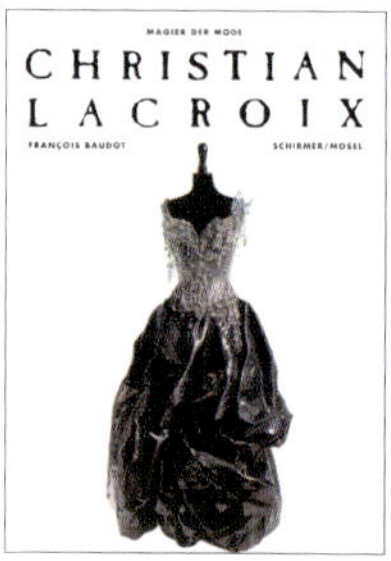

Lacroix. *Christian Lacroix* (Magier der Mode). Mit einem Text von François Baudot. Dt. von Anja Lazarowicz. 1996.
16,4 x 22,2 cm, 80 S., 48 Abb., geb., ISBN 3-88814-820-0

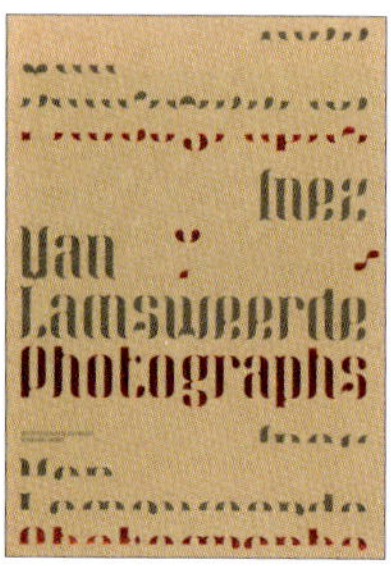

Lamsweerde, Inez van. *Photographs. Katalog Deichtorhallen Hamburg.*
Mit einem Text von Zdenek Felix und einem Interview von Yvette Brackmann mit Inez van Lamsweerde.
Dt. von Cristina Bachmann. 1999.
24 x 30 cm, 48 S., 24 Abb., brosch., ISBN 3-88814-571-6 / 978-3-88814-571-1

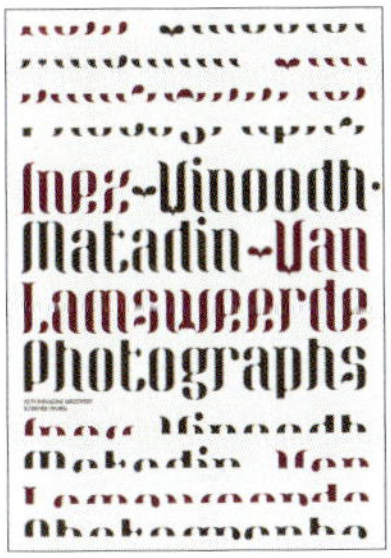

Lamsweerde, Inez van / Vinoodh Matadin. *Photographs. Katalog Florenz.* Mit einem Vorwort von Francesco Bonami und einem Text von Michelle Nicol. 2001.
Dt./engl. Ausg.
23,8 x 32 cm, 50 S., 32 Abb.,
brosch., ISBN 3-8296-0034-8 / 978-3-8296-0034-7

Lancrenon, Sylvie *siehe* **Béart, Emmanuelle**

Landshoff, Hermann. *Portrait, Mode, Architektur. Retrospektive 1930–1970.* Hrsg. von Ulrich Pohlmann und Andreas Landshoff. Mit Texten von Martin Elste, Ivo Kranzfelder, Esther Ruelfs und den Herausgebern. 2013.
Dt./engl. Ausg.
26 x 30,5 cm, 280 S., 317 Abb.,
geb., ISBN 978-3-8296-0652-3

Lang, Horst. *... als der Pott noch kochte. Photographien aus dem Ruhrgebiet.* Mit einem Text von Andreas Rossmann. 2000.
24 x 28 cm, 160 S., 91 Abb.,
geb., ISBN 3-88814-554-6 / 978-3-88814-554-4
NA, geb., 2002: ISBN 3-8296-0082-8 / 978-3-8296-0082-8
brosch. 2009: 978-3-8296-0082-8

Lange, Susanne *siehe* **Becher, Bernd und Hilla; Sander, August** *und* ***Vergleichende Konzeptionen***

Lanvin (Magier der Mode). Mit einem Text von Elisabeth Barillé. Dt. von Marietta Klattenhoff. 1997. 15,5 x 21 cm, 80 S., 52 Abb., geb., ISBN 3-88814-894-4

Larsson, Bernard. *Berlin / Berlin. Die ganze Stadt zur Zeit des Mauerbaus 1961–1964.* Mit Texten von Marline Otte, Bernard Larsson, Wolf Biermann und Cees Nooteboom. 2019. 21 x 30 cm, 268 S., 168 Abb., geb., ISBN 978-3-8296-0849-7

Lartigue, Jacques Henri. *Lartigue. Das Leben ist bunt.* Hrsg von Martine d'Astier und Martine Ravache. Dt. von Michaela Angermair. 2016. 15 x 19,5 cm, 168 S., 100 Abb., geb., ISBN 978-3-8296-0749-0

–, *Das schöne Leben.* Dt. von Michaela Angermair. 2021. 22 x 24 cm, 128 S., 97 Abb., brosch., ISBN 978-3-8296-0894-7

Lawler, Louise. *Louise Lawler and / or Gerhard Richter. Photographs and Works.* Hrsg von Dietmar Elger. Mit einem Text von Tim Griffin. Dt. von Matthias Wolf, engl. von Roger W. Benner. 2012.
Dt./engl. Ausg.
24 x 27,5 cm, 80 S., 29 Abb.,
geb., ISBN 978-3-8296-0581-6

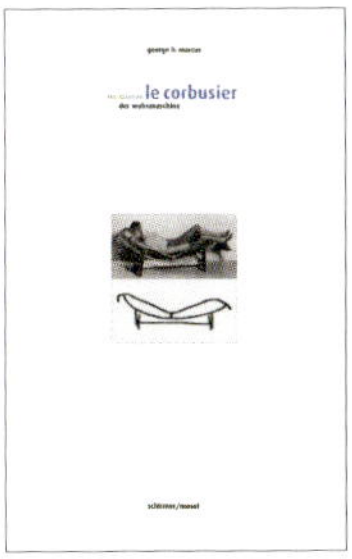

Le Corbusier.
George H. Marcus, *Im Inneren der Wohnmaschine. Möbel und Interieurs.*
Hrsg. von George H. Marcus.
Dt. von Gabriel Hochfels. 2000.
20,2 x 30,2 cm, 184 S., 210 Abb.,
geb., ISBN 3-88814-957-6 / 978-3-88814-957-3

–, Lucien Hervé, *Kontakte.*
Mit Texten von Michel Richard, Quentin Bajac, Béatrice Andrieux und Jacques Sbriglio.
Dt. von Beate Susanne Hanen. 2011.
35 x 25 cm, 296 S., 223 Abb.,
geb., ISBN 978-3-8296-0546-5

Leeman, Richard *siehe* **Twombly, Cy**

Le Gray, Gustave. *Seestücke.* Mit einem Text von Hubertus von Amelunxen. Frz. von Jean Torrent, engl. von Daniel Mufson. 2015.
Dt. Ausg. mit frz./engl. Textbeilage,
31 x 24,5 cm, 104 S., 42 Abb.,
geb., ISBN 978-3-8296-0727-8

Leibovitz, Annie. *Photographien 1970–1990.* Mit einem Text von Ingrid Sischy. Dt. von Dirk van Gunsteren. 1991.
28 x 33 cm, 232 S., 242 Abb.,
brosch., ISBN 3-88814-342-X
geb. 1991: 438-8
frz. Ausg. 1992: 624-0

–, *American Music.*
Mit Texten von Rosanne Cash, Patti Smith, Lou Reed, Beck, Mos Def u.a. Dt. von Ursula Wulfekamp, Matthias Wolf und Marion Kagerer. 2003.
Engl. Originalausg. mit dt. Textbeilage,
24,4 x 31 cm, 256 S., 100 Abb.,
geb., ISBN 3-8296-0100-X /
978-3-8296-0100-9

–, *A Photographer's Life. 1990–2005.*
Dt. von Ursula Wulfekamp. 2006.
Dt./engl. Ausg.,
25,5 x 34,2 cm, 472 S., 343 Abb.,
geb., ISBN 3-8296-0263-4 /
978-3-8296-0263-1

–, *At Work.*
Dt. von Ursula Wulfekamp und Tanja Handels. 2008.
18,3 x 24 cm, 240 S., 119 Abb.,
geb., ISBN 978-3-8296-0382-9

–, *Pilgrimage. Pilgerreisen zu Kultorten.* Mit einem Vorwort von Doris Kearns Goodwin. Dt. von Ursula Wulfekamp. 2011.
22 x 29 cm, 246 S., 128 Abb.,
geb., ISBN 978-3-8296-0552-6

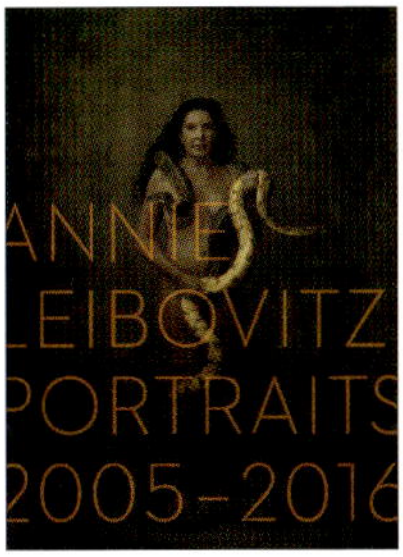

–, *Portraits 2005–2016.* Mit einem Text von Alexandra Fuller. Dt. von Martina Tichy, Matthias Wolf und Ursula Wulfekamp. 2017.
26,7 x 36 cm, 316 S., 150 Abb.,
geb., ISBN 978-3-8296-0815-2

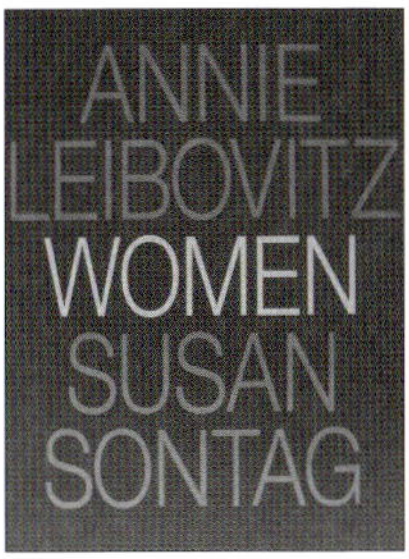

Leibovitz, Annie / Susan Sontag. *Women.* Mit einem Essay von Susan Sontag. Dt. von Jörg Trobitius. 1999.
24,5 x 31,7 cm, 248 S., 150 Abb.,
geb., ISBN 3-88814-541-4 / 978-3-88814-541-4
brosch. 2001: ISBN 3-88814-977-0 / 978-3-88814-977-1

Leibovitz, Annie *siehe auch* **Pirelli**

Lektüre. Bilder vom Lesen – Vom Lesen der Bilder. Hrsg. von der Franz Marc Museumsgesellschaft. Mit einer Einführung von Cathrin Klingsöhr-Leroy und Texten von Marcel Proust, Rainer Maria Rilke, Jean-Paul Sartre, Kurt Tucholsky, Umberto Eco u.a. 2018.
21 x 28 cm, 172 S., 81 Abb.,
geb., ISBN 978-3-8296-0833-6

[Das] Lenbachhaus-Buch / The Lenbachhaus Book.
Hrsg. von Helmut Friedel und Matthias Mühling. Mit Texten von Helmut Friedel, Ken Powell, Annegret Hoberg, Matthias Mühling, Hubertus von Amelunxen. 2013.
Dt./engl. Ausg.
24,5 x 30 cm, 240 S., 200 Abb.,
geb., ISBN 978-3-8296-0645-5

Lennon, John / Dezo Hoffmann.
John Lennon. Photographien von Dezo Hoffmann. Mit einem Text von Norman Jopling. Dt. von Oliver Stephan. 1986.
22 x 27 cm, 160 S., 149 Abb.,
brosch., ISBN 3-88814-218-0

Le Nôtre, André. *Der Gartenarchitekt Ludwigs XIV.* Mit einem Text von Jean-Pierre Babelon und Photographien von Jean-Baptiste Leroux.
Dt. von Beate Susanne Hanen. 2013.
25,7 x 30 cm, 180 S., 144 Abb.,
geb., ISBN 978-3-8296-0646-2

LEONARDO DA VINCI

Leonardo da Vinci. *Die Gewandstudien.* Mit Texten von André Chastel, Carlo Pedretti und Françoise Viatte. Dt. von Anne-Marie Bonnet und Roland Burs. 1990.
23,5 x 33 cm, 128 S., 51 Abb., geb., ISBN 3-88814-367-5

–, *Sämtliche Gemälde und die Schriften zur Malerei.* Hrsg. und kommentiert von André Chastel.
Dt. von Marianne Schneider. 1990.
18 x 25 cm, 400 S., 119 Abb., geb., ISBN 3-88814-286-5 / 978-3-88814-286-4
NA, geb. 2011: *Schriften zur Malerei und sämtliche Gemälde,* ISBN 978-3-8296-0572-4

–, *Das Wasserbuch. Schriften und Zeichnungen.* Hrsg. und übersetzt von Marianne Schneider. 1996/1999.
27 x 32,6 cm, 168 S., 76 Abb., geb., ISBN 3-88814-807-3
verkl. NA, geb. 2012: ISBN 978-3-8296-0592-2

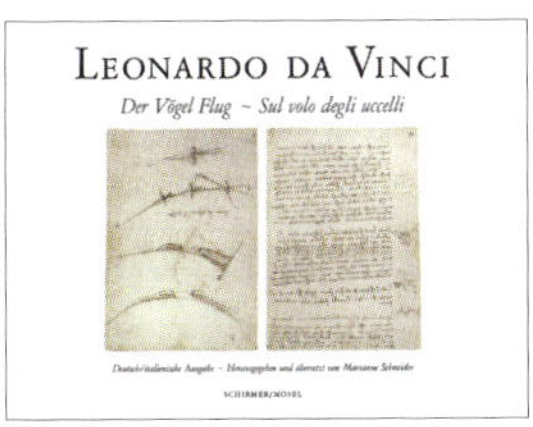

–, *Der Vögel Flug – Sul volo degli uccelli.* Hrsg. und aus dem Italienischen übersetzt von Marianne Schneider. 2000.
Dt./ital. Ausg.

32 x 24 cm, 112 S., 45 Abb.,
geb., ISBN 3-88814-955-X /
978-3-88814-955-9

Leonardo da Vinci. Pietro C. Marani, *Leonardo – Das Werk des Malers.* Dt. von Erdmuthe Brand, Uta Grabowski und Bettina Gronenberg. 2001.
28 x 33 cm, 384 S., 293 Abb.,
geb., ISBN 3-8296-0015-1 /
978-3-8296-0015-6
verkl. NA, brosch. 2005:
3-8296-0209-X / 978-3-8296-0209-9

–, *Eine Biographie in Zeugnissen, Selbstzeugnissen, Dokumenten und Bildern.* Hrsg. und kommentiert von Marianne Schneider. 2002.
16,8 x 23,8 cm, 320 S., 115 Abb.,
geb., ISBN 3-8296-0012-7 /
978-3-8296-0012-5
NA, geb. 2019: *Das große Leonardo-Buch*, ISBN 978-3-8296-0859-6

–, *Die Aphorismen – Rätsel und Prophezeiungen.* Ausgewählt und übersetzt von Marianne Schneider. 2003.
11,7 x 19 cm, 144 S.,
geb., ISBN 3-8296-0097-6

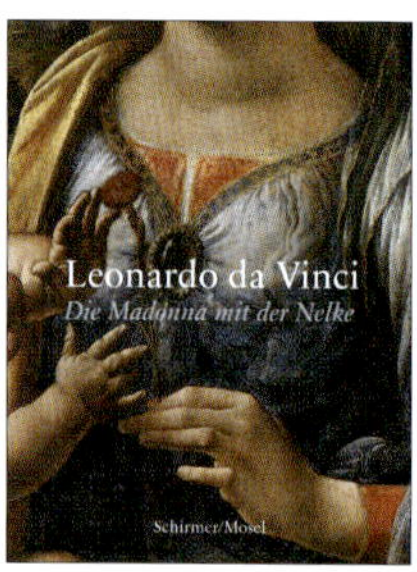

–, *Die Madonna mit der Nelke.*
Hrsg. von Cornelia Syre, Jan Schmidt und Heike Stege. 2006.
21 x 26,5 cm, 296 S., 139 Abb.,
geb., ISBN 3-8296-0272-3 /
978-3-8296-0272-3

–, *Im Herzen der Mona Lisa. Dekodierung eines Meisterwerks. Eine wissenschaftliche Expedition in die Werkstatt des Leonardo da Vinci.* Hrsg. von Jean-Pierre Mohan, Michel Menu und Bruno Mottin. Dt. von Claudia Steinitz, Barbara Heber-Schärer, Matthias Wolf und Ulla Varchmin. 2006.
30 x 45 cm, 128 S., 280 Abb.,
geb., ISBN 3-8296-0233-2 / 978-3-8296-0233-4

–, *Jede Erkenntnis beginnt mit den Sinnen. Aphorismen, Rätsel, Prophezeiungen.* Ausgewählt und aus dem Italienischen übersetzt von Marianne Schneider. 2006.
11,5 x 19 cm, 144 S.,
geb., ISBN 978-3-8296-0593-9

–, *Unterwegs zu Leonardo. Texte von Luca Pacioli bis Karl Jaspers.* Hrsg. von Marianne Schneider. Eine Anthologie mit Texten von Johann Wolfgang von Goethe, Stendhal, Jacob Burckhardt, Paul Valéry, Rainer Maria Rilke, Karl Jaspers, Maurice Merleau-Ponty u.a. 2006.
15,4 x 23 cm, 192 S., 25 Abb.,
geb., ISBN 3-8296-0273-1 / 978-3-8296-0273-0
NA, geb. 2019: *Die großen Schriftsteller unterwegs zu Leonardo*, 0273-0

Leonardo da Vinci *siehe auch* **Pallanti, Giuseppe**

Lesy, Michael. *Dreamland. Amerikas Aufbruch ins zwanzigste Jahrhundert.* Mit Photographien von William Henry Jackson u.a. Dt. von Ursula Wulfekamp. 1998.
31 x 25 cm, 240 S., 183 Abb.,
geb., ISBN 3-88814-266-0

Licht und Schatten. *Die großen Stumm- und Tonfilme der Weimarer Republik. 335 Filmbilder von »Mutter Krause« bis »Dr. Mabuse«.* Hrsg. und mit Texten von Hans Helmut Prinzler. Vorwort von Rainer Rother und Werner Sudendorf. 2012.
25 x 30,5 cm, 308 S., 443 Abb.,
geb., ISBN 978-3-8296-0588-5

Lichtenstein, Roy.
Pop-Paintings 1961–1969 (SVB).
Mit einem Text von Ernst A. Busche.
1989.
14,5 x 19 cm, 108 S., 41 Abb.,
brosch., ISBN 3-88814-315-2 / 978-3-88814-315-1
engl. Ausg. 1989: 728-X
frz. Ausg. 1989: 534-1

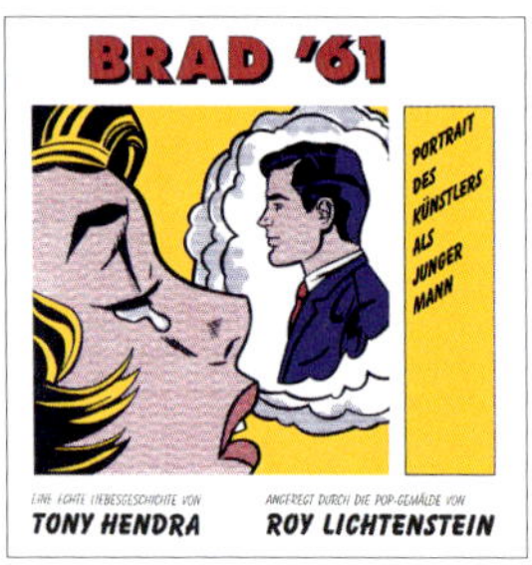

Lichtenstein, Roy / Tony Hendra.
Brad '61. Portrait des Künstlers als junger Mann. Eine echte Liebesgeschichte von Tony Hendra, angeregt durch die Pop-Gemälde von Roy Lichtenstein. 1994.
23,5 x 23,5 cm, 96 S., 93 Abb.,
geb., ISBN 3-88814-711-5

LIFE. *Die großen LIFE Photographen. Die Photo-Enzyklopädie des 20. Jahrhunderts.* Mit einer Einführung von John Loengard und einem Rückblick von Gordon Parks. Dt. von Ursula Wulfekamp. 2004.
20 x 25,4 cm, 608 S., 695 Abb., geb., ISBN 3-8296-0156-5 / 978-3-8296-0156-6

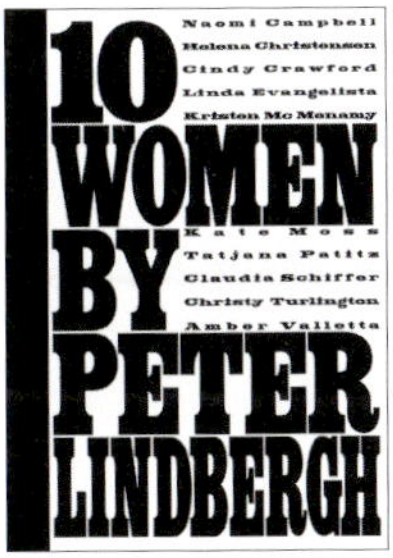

Lindbergh, Peter. *10 Women.*
Mit einem Text von Karl Lagerfeld. 1996.
22,5 x 29,5 cm, 120 S., 92 Abb., geb., ISBN 3-88814-791-3
frz. Ausg. 1996: 644-5
engl. Ausg. 1996: 843-X
Bonsai dt. 1998: 654-3
Bonsai engl. 1998: 656-9
engl. Ausg. mit dt. Textbeilage, brosch. 2004: ISBN 3-8296-0137-9 / 978-3-8296-0137-5

–, *Images of Women.*
Mit einem Text von Martin Harrison. Dt. von Walter Ahlers. 1997.
26,5 x 39 cm, 312 S., 188 Abb., geb., ISBN 3-88814-861-8
engl. Ausg. 1997: 866-9
brosch. 2000: ISBN 3-88814-967-3 / 978-3-88814-967-2
engl. Ausg., brosch. 2000: ISBN 3-88814-969-X / 978-3-88814-969-6
dt./engl. Ausg., brosch. 2004: ISBN 3-8296-0143-3 / 978-3-8296-0143-6
verkl. NA, geb., engl. Ausg. mit dt. Textbeilage 2013/2018: 0637-0

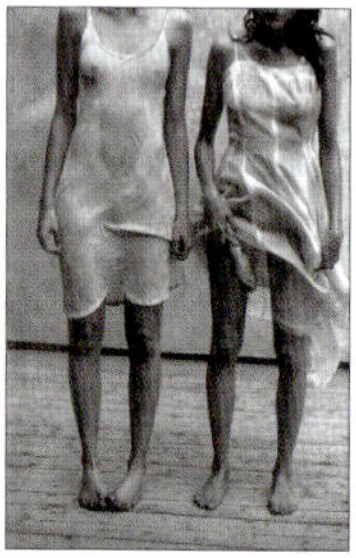

Lindbergh, Peter. *Photographien.*
Mit einem Text von Martin Harrison.
Dt. von Walter Ahlers. 1999.
26 x 38,5 cm, 96 S., 52 Abb.,
brosch., ISBN 3-88814-960-6
engl. Ausg. 1999: 117-6

–, *Untitled 116.*
Mit Texten von Peter Handke,
Federico Fellini, Marguerite Duras,
Charles Baudelaire u.a. 2006.
31,5 x 31,5 cm, 356 S., 207 Abb.,
geb., ISBN 3-8296-0179-4 /
978-3-8296-0179-5

–, *On Street.*
Hrsg. von Felix Hoffmann für
C/O Berlin. Mit einem Text von
Klaus Honnef. Engl. von Roger W.
Benner. Frz. von Jean Torrent. 2010.
Dt./engl./frz. Ausg.
19 x 21 cm, 216 S., 89 Abb.,
geb., ISBN 978-3-8296-0506-9

–, *The Unknown. The Chinese Episode.*
Hrsg. von Jerôme Sans. 2011.
25 x 32 cm, 216 S., 89 Abb.,
geb., ISBN 978-3-8296-0544-1

–, *Images of Women II. 2005–2014*
Mit Texten von Peter Handke, Werner Spies und Wim Wenders. Frz. von Jean Torrent. Engl. von Daniel Mufson. 2014.
Engl. Ausg., mit dt./frz. Textbeilage,
26 x 38,5 cm, 296 S., 327 Abb.,
geb., ISBN 978-3-8296-0685-1
verkl. NA, geb. 2020:
ISBN 978-3-8296-0902-9

Lindbergh, Peter *siehe auch* **Pirelli**

Lisciandro, Frank *siehe* **Morrison, Jim**

Lissitzky, El.
Margarita Tupitsyn, *El Lissitzky. Jenseits der Abstraktion.* Mit Texten von Matthew Drutt, Ulrich Pohlmann und Margarita Tupitsyn. Dt. von Christel Liesenfeld-Steinberg und Matthias Wolf. 1999.
25 x 31 cm, 240 S., 251 Abb.,
geb., ISBN 3-88814-917-7

List, Herbert. *Photographien 1930–1970.*
Mit einem Text von Günter Metken. 1976.
28,5 x 23,5 cm, 160 S., 80 Abb.,
geb., ISBN 3-88814-007-2
brosch. 1976: 007-2

–, *Fotografia Metafisica.*
Hrsg. von Max Scheler. Mit Texten von Wolfgang Hildesheimer, Herbert List, Günter Metken und Stephen Spender. 1980.
23 x 27 cm, 184 S., 92 Abb.,
geb., ISBN 3-88814-054-4

List, Herbert. *Photographies 1930–1960.*
Hrsg. vom Musée d'Art Moderne de la Ville de Paris. Mit Texten von Françoise Marquet, Günter Metken und Michel Tournier. Frz. von Eliane Kaufholz. 1983.
Frz. Ausg.
27 x 23 cm, 176 S., 89 Abb.,
geb., ISBN 3-88814-128-1

–, *Hellas.*
Hrsg. von Max Scheler. Mit Texten von Hugo von Hofmannsthal und Max Scheler. Engl. von Michael Robertson. 1993.
27 x 35,5 cm, 160 S., 106 Abb.,
geb., ISBN 3-88814-670-4
engl. Ausg. 1993: 653-4 / 549-X
brosch. 2003: ISBN 3-8296-0088-7 / 978-3-8296-0088-0

–, *Italien.* Hrsg. von Max Scheler. Mit Texten von Luigi Malerba und Max Scheler. Dt. von Marianne Schneider. 1995.
29,5 x 29 cm, 144 S., 118 Abb.,
geb., ISBN 3-88814-747-6

–, *Memento 1945. Münchner Ruinen.*
Mit Texten von Ludger Derenthal, Volker Duvigneau und Ulrich Pohlmann. 1995.
24,5 x 26,5 cm, 128 S., 93 Abb.,
geb., ISBN 3-88814-763-8

–, *Die Monographie.*
Hrsg. von Max Scheler mit Matthias Harder. Mit Texten von Herbert List, Bruce Weber, Günter Metken, Ulrich Pohlmann, Edmund White und Wilfried Wiegand und den Herausgebern.
Dt. von Walter Ahlers. Engl. von David Higgins und Christopher Jenkin-Jones.
2000.
26,5 x 31 cm, 328 S., 420 Abb.,
geb., ISBN 3-88814-533-3 /
978-3-88814-533-9
engl. Ausg., geb., 2000: 928-2 /
978-3-88814-928-3
brosch., 2002: ISBN 3-8296-0036-4
engl. Ausg., brosch., 2002:
ISBN 3-8296-0037-2
verkl. NA, brosch. 2007: *Das Gesamtwerk. Photographien 1930–1972,*
ISBN 978-3-8296-0348-5
verkl. NA, brosch., engl. Ausg. 2007:
ISBN 978-3-8296-0349-2

Löcherer, Alois.
Photographien 1845–1855.
Hrsg. von Ulrich Pohlmann. Mit Texten von Dirk Halfbrodt, Helmut Heß, Brigitte Huber u.a. 1998.
25 x 30,5 cm, 208 S., 198 Abb.,
geb., ISBN 3-88814-915-0

Löffel, Leo.
Fabelhafte Frösche. Die schönsten Blechspielzeuge mit Reimen von Leo Löffel.
Photographien von Ulrich Gambke.
2004.
12,5 x 18 cm, 96 S., 45 Abb.,
geb., ISBN 3-8296-0163-8 /
978-3-8296-0163-4

Loengard, John *siehe* **O'Keeffe, Georgia**

Longo, Robert. *Eine Monographie.*
Mit einem Text von Carter Ratcliff. Dt. von Reinhard Kaiser. 1985.
22 x 27 cm, 112 S., 65 Abb., brosch., ISBN 3-88814-148-6
engl. Ausg. 1985: 601-1

–, *Men in the Cities. Photographs 1976–1982.* Mit Texten von Cindy Sherman und Richard Price. 2009.
Dt./engl. Ausg.
22 x 28 cm, 128 S., 94 Abb., geb., ISBN 978-3-8296-0411-6
NA, geb. 2015: 0735-3

Loren, Sophia.
Photographien von Tazio Secchiaroli. Hrsg. und mit einem Text von Giovanna Bertelli, einem Interview mit Sophia Loren und einem Vorwort von David Secchiaroli. Dt. von Susanne Vogel. 2003.
25 x 30 cm, 168 S., 142 Abb., geb., ISBN 3-8296-0101-8 / 978-3-8296-0101-6

Lorrain, Claude.
Werner Schade, *Claude Lorrain. Gemälde und Zeichnungen.* Engl. von Christopher Jenkin-Jones. 1996.
27,5 x 33 cm, 164 S., 83 Abb., geb., ISBN 3-88814-769-7
engl. Ausg. 1998: 468-X

Lowe, Jacques *siehe* **Kennedy, J. F.**

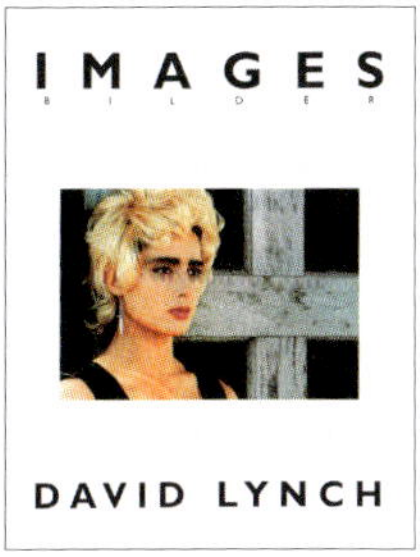

Lynch, David. *Images / Bilder.*
Mit Texten von David Lynch.
Dt. von Jörg Trobitius. 1994.
20 x 26 cm, 200 S., 275 Abb.,
geb., ISBN 3-88814-746-8

M

VON MACKE BIS MURNAU

Macke, August. *Aquarelle* (SVB).
Mit einem Text von Ina Ewers-Schultz. 2015.
14,5 x 19 cm, 112 S., 40 Abb.,
brosch., ISBN 978-3-8296-0712-4

Mac Lean, Alex. *Over. Der American Way of Life oder das Ende der Landschaft.*
Luftaufnahmen mit Texten des Fotografen und einer Einführung von Bill McKibben. Dt. von Christian Quatmann und Sophia Marzolff. 2008.
22,2 x 33 cm, 336 S., 242 Abb.,
geb., ISBN 978-3-8296-0383-6

–, *Las Vegas – Venedig. Fragile Mythen. Flugbilder von Alex MacLean.*
Mit einem Text von Wolfgang Kemp. 2010.
29 x 25 cm, 192 S., 153 Abb.,
geb., ISBN 978-3-8296-0504-5

–, *Über den Dächern von New York. Die verborgenen Oasen der Stadt.*
Mit einem Vorwort von Robert Campbell und Texten des Fotografen. Dt. von Martina Tichy. 2012.
23 x 30,4 cm, 240 S., 191 Abb.,
geb., ISBN 978-3-8296-0582-3

Madonna. *Madonna Superstar* (SVB).
Mit einem Text von Karl Lagerfeld.
1988.
14,5 x 19 cm, 96 S., 60 Abb.,
brosch., ISBN 3-88814-278-4
engl. Ausg. 1991: 397-7
frz. Ausg. 1991: 519-8

–, *The Girlie Show.*
Hrsg. von Andrea Danese.
Mit einem Text von Glenn O'Brien.
Dt. von Carla Blesgen. 1994.
27 x 35 cm, 64 S., 34 Abb.,
geb., ISBN 3-88814-726-3

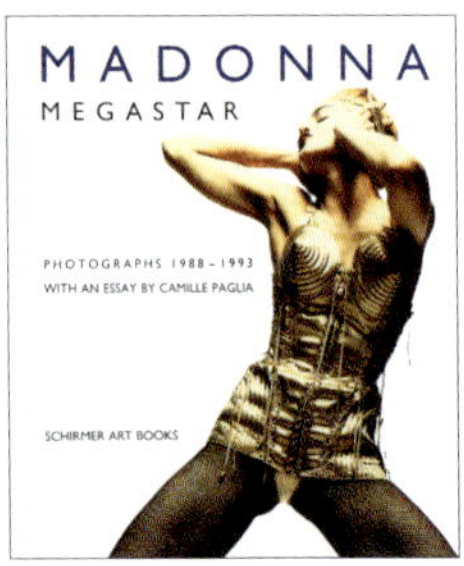

–, *Megastar. Photographien 1988–1993.*
Mit einem Text von Camille Paglia.
1994.
23,5 x 27,5 cm, 136 S., 80 Abb.,
geb., ISBN 3-88814-498-1
frz. Ausg. 1994: 617-8
engl. Ausg. 1994: 194-X

Magnum Cinema. *Ein halbes Jahrhundert Kino in Magnum-Photographien.* Hrsg. und mit einem Text von Alain Bergala. Dt. von Hinrich Schmidt-Henkel. 1994.
24 x 29 cm, 360 S., 454 Abb.,
geb., ISBN 3-88814-744-1
brosch. 1994: 799-9

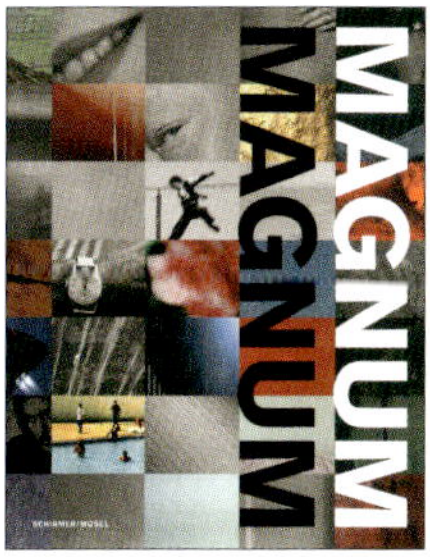

Magnum Magnum. *60 Jahre Reportagefotografie.* Hrsg. von Brigitte Lardinois. Mit einem Vorwort von Stuart Franklin, Kurzbiographien und Texten der Photographen. Dt. von Rudolf Hermstein und Matthias Fienbork. 2007.
31,7 x 39 cm, 568 S., 413 Abb.,
geb., ISBN 978-3-8296-0323-2
verkl. NA, geb. 2008:
ISBN 978-3-8296-0390-4
verkl. NA, brosch. 2009:
ISBN 978-3-8296-0431-4

Magnum am Set. *Von Chaplin bis Malkovich / Von Alamo bis Zabriskie Point.* Hrsg. von Isabel Siben und Andréa Holzherr. Mit Texten von Hans Helmut Prinzler. 2010.
23 x 28 cm, 140 S., 128 Abb.,
geb., ISBN 978-3-8296-0470-3

Magnum. Contact Sheets. Kontaktbögen. *139 Kontaktbögen von 69 Fotografen der Agentur Magnum Photos sowie ausgewählte Detailvergrößerungen und ergänzendes Bildmaterial.* Hrsg. von Kristen Lubben. Dt. von Martina Tichy. 2011.
28 x 34 cm, 508 S., 438 Abb.,
geb., ISBN 978-3-8296-0550-2
verkl. NA, geb. 2014: 0679-0

Magnum Manifesto. Hrsg. von Clément Chéroux und Clara Bouveresse. Dt. von Saskia Bontjes van Beek. 2017.
24,5 x 29,5 cm, 416 S., ca. 400 Abb.,
geb., ISBN 978-3-8296-0789-6

Magnum China.
Hrsg. von Colin Pantall und Zheng Ziyu. Mit weiteren Texten von Jonathan Fenby.
Dt. von Saskia Bontjes van Beek. 2018.
24,5 x 29,5 cm, 376 S., 364 Abb.,
geb., ISBN 978-3-8296-0850-3

Magnum *siehe auch* ***Zeitblende. Fünf Jahrzehnte Magnum-Photographie.***

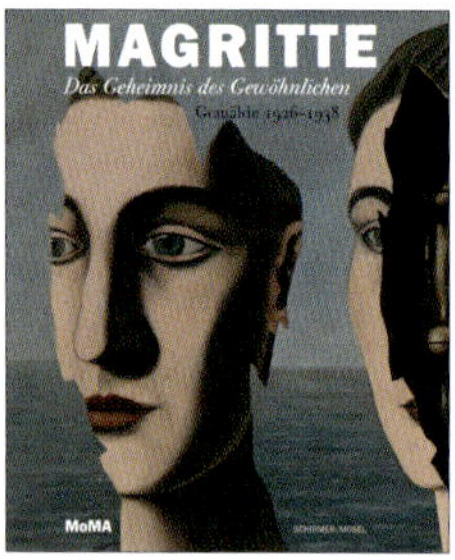

Magritte, René. *Das Geheimnis des Gewöhnlichen. Gemälde 1926–1938.*
Hrsg. von Anne Umland. Mit Texten von Stephanie D'Alessandro, Michel Draguet/Claude Goormans, Josef Helfenstein/Claire Elliott und Anne Umland. Dt. von Martina Tichy und Ursula Wulfekamp. 2013.
22,5 x 26,5 cm, 256 S., 240 Abb.,
geb., ISBN 978-3-8296-0653-0

Maier, Vivian. *Street Photographer.*
Hrsg. von John Maloof. Mit einem Text von Geoff Dyer.
Dt. von Rudolf Hermstein. 2011.
25 x 28 cm, 136 S., 110 Abb.,
geb., ISBN 978-3-8296-0563-2

–, *Das Meisterwerk der unbekannten Photographin.* 1926–2009. Hrsg. von John Maloof und Howard Greenberg. Mit Texten von Marvin Heiferman und einem Vorwort von Laura Lippman.
Dt. von Ursula Wulfekamp. 2014.
26 x 32 cm, 288 S., 238 Abb.,
geb., ISBN 978-3-8296-0686-8

–, *Die Farbphotographien.* Mit Texten von Joel Meyerowitz und Colin Westerbeck. Dt. von Ursula Wulfekamp . 2018.
26 x 32 cm, 240 S., 153 Abb.,
geb., ISBN 978-3-8296-0862-6

Malewitsch, Kasimir.
Larissa A. Shadowa, *Kasimir Malewitsch und sein Kreis – Suche und Experiment.* Dt. von Helmut Barth. 1982.
24,5 x 27,5 cm, 372 S., 416 Abb.,
geb., ISBN 3-88814-100-1

–, *Kazimir Malevich 1878–1935.* Hrsg. vom Stedelijk Museum Amsterdam. Mit Texten von N.A. Barabanova, Wim Beeren, E.A. Ivanova, S.M. Ivanitsky, Joop M. Joosten, Yu. K. Korolev, Kazimir Malevich, E.N. Petrova, Dimitrii Sarabianov u.a. 1989. Russ./engl. Ausg.
22,5 x 28,5 cm, 280 S., 196 Abb.,
brosch., ISBN 3-88814-327-6

Mallarmé, Stéphane *siehe* **Nijinskij, Waslaw**

Man, Felix H.
Photographien aus 70 Jahren.
Mit einem Text des Photographen. 1983.
22 x 27 cm, 280 S., 280 Abb.,
brosch., ISBN 3-88814-122-2

Mangold, Guido.
Fotografien. 1958 bis heute.
Mit Texten von Ulrich Pohlmann und Christiane Breustedt. 2010.
22 x 27 cm, 160 S., 90 Abb.,
brosch., ISBN 978-3-8296-0466-6

Man Ray. *Photographien Paris 1920–1934.*
Mit Texten von André Breton, Marcel Duchamp, Paul Eluard, Andreas Haus, Man Ray und Tristan Tzara.
Dt. von Günter Metken und Ulrike von Puttkamer. 1980.
19 x 24 cm, 114 S., 118 Abb.,
brosch., ISBN 3-88814-051-X
vergrößerte NA, brosch. 1984: 051-X

–, Jean-Hubert Martin,
Man Ray – Photograph. Mit Texten von Janus, Man Ray, Jean-Hubert Martin, Herbert Molderings u.a.
Dt. von Bettina Aldor. 1982.
21,5 x 31 cm, 256 S., 347 Abb.,
geb., ISBN 3-88814-092-7
brosch. 1982: 187-7

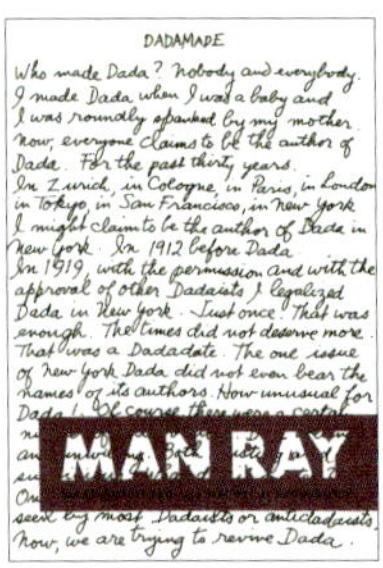

–, *Selbstportrait. Eine illustrierte Autobiographie.*
Dt. von Reinhard Kaiser. 1983.
17 x 23,5 cm, 368 S., 86 Abb.,
brosch., ISBN 3-88814-114-1
NA, geb. 1998: 149-4

–, *Man Ray in Harper's Bazaar 1934–1942.* Hrsg. von John Esten. Mit einem Text von Willis Hartshorn. 1989.
23 x 30,5 cm, 112 S., 74 Abb.,
brosch., ISBN 3-88814-291-1

–, *Photographien, Gemälde, Objekte* (SVB). Mit einem Text von Janus. Dt. von Bettina Aldor. 1991.
14,5 x 19 cm, 120 S., 47 Abb.,
brosch., ISBN 3-88814-350-0
frz. Ausg. 1991: 551-1

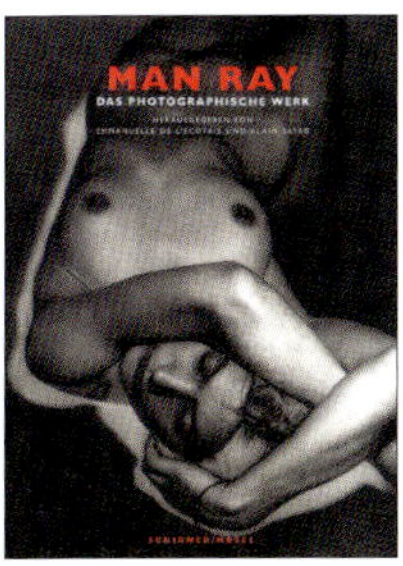

–, *Das photographische Werk.* Hrsg. von Emmanuelle de l'Ecotais und Alain Sayag. Mit Texten von Jean-Jacques Aillagon, Serge Bramly u.a. Dt. von Sabine Herting, Reinold Werner u.a. 1998.
24,5 x 31,5 cm, 260 S., 280 Abb.,
geb., ISBN 3-88814-916-9
brosch. 1999: 985-1

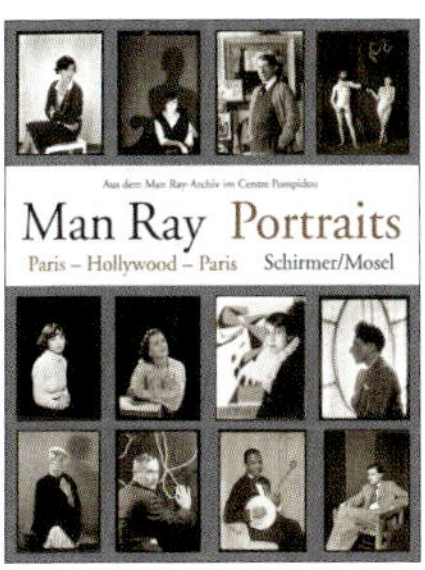

–, *Portraits. Paris – Hollywood – Paris.* Aus dem Man Ray-Archiv des Centre Pompidou Paris. Hrsg. von Clément Chéroux. Mit Texten von Man Ray, Quentin Bajac, Clément Chéroux u.a. Dt. von Matthias Wolf. Engl. von Roger W. Benner. 2011.
24 x 30 cm, 320 S., 517 Abb.,
geb., ISBN 978-3-8296-0503-8
engl. Ausg. 2011: 0540-3

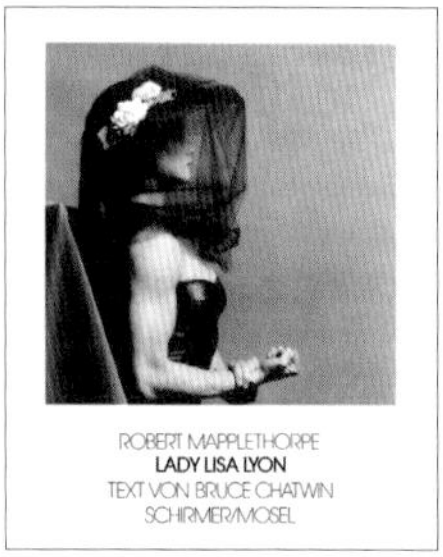

Mapplethorpe, Robert. *Lady Lisa Lyon.*
Mit Texten von Bruce Chatwin und Samuel Wagstaff.
Dt. von Reinhard Kaiser. 1983.
23 x 28 cm, 128 S., 108 Abb.,
geb., ISBN 3-88814-113-3
brosch. 1983: 113-3
NA, brosch. 1985: 169-9

–, *The Black Book.* Mit einem Text von Ntozake Shange. Dt. von Karin Graf. 1986.
29 x 29 cm, 108 S., 96 Abb.,
geb., ISBN 3-88814-214-8 / 978-3-88814-214-7
brosch. 1986: 302-0
frz. Ausg. 1986: 506-6
NA, dt./engl. Ausg., geb. 2010/2022:
ISBN 978-3-8296-0460-4

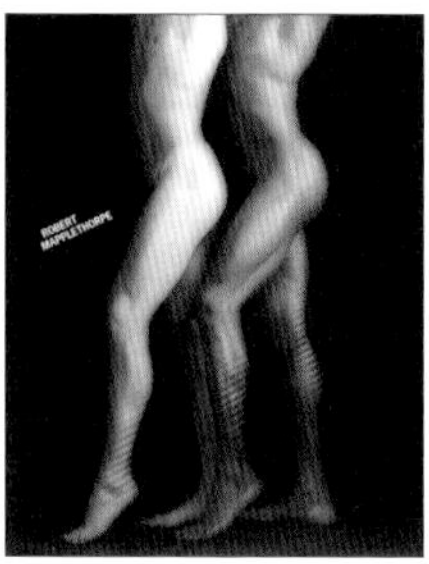

–, *Photographien 1984–1986.*
Mit einem Text von Germano Celant.
Dt. von Marianne Schneider. 1987.
22,5 x 28 cm, 64 S., 49 Abb.,
brosch., ISBN 3-88814-234-2

–, *Katalog Whitney Museum.*
Hrsg. von Richard Marshall.
Mit Texten von Richard Howard, Richard Marshall und Ingrid Sischy. 1988.
Engl. Originalausg.
23,5 x 30 cm, 216 S., 100 Abb.,
brosch., ISBN 3-88814-293-8

–, *Ten by Ten.*
Mit einem Text von Els Barents. Dt. von Bram Opstelten und Eric Wulfert. 1988.
Dt./engl. Ausg.
23 x 27 cm, 152 S., 70 Abb.,
brosch., ISBN 3-88814-272-5 /
978-3-88814-272-7

–, *Some Women.*
Mit einem Text von Joan Didion.
Dt. von Susanne Vogel. 1989.
25,5 x 30,5 cm, 120 S., 86 Abb.,
geb., ISBN 3-88814-306-3
brosch., 1992: 306-3

–, *Flowers.*
Mit einem Text von Patti Smith.
Dt. von Karin Graf. 1990.
25,5 x 30,5 cm, 108 S., 50 Abb.
geb., ISBN 3-88814-365-9
brosch. 1993: 687-9
NA, geb. 2001: ISBN 3-8296-0027-5 /
978-3-8296-0027-9
NA, dt./engl. Ausg., geb. 2014/2019:
0678-3

–, *Mapplethorpe. Die große Monographie.*
Hrsg. von Mark Holborn. Mit einem Text von Arthur C. Danto. Dt. von Manfred Ohl und Hans Sartorius. 1992.
29,5 x 31,5 cm, 384 S., 287 Abb.,
geb., ISBN 3-88814-489-2
frz. Ausg. 1998: 614-3

Mapplethorpe, Robert. *Altars.*
Mit einem Text von Edmund White.
Dt. von Jörg Trobitius. 1995.
30 x 31,5 cm, 128 S., 107 Abb.,
geb., ISBN 3-88814-774-3
engl. Ausg. 1995: 394-2

–, *Die Photographien 1969–1989.*
Hrsg. von Paul Martineau und Britt Salvesen. Mit Essays von Philip Gefter, Jonathan D. Katz, Ryan Linkof, Richard Meyer and Carol Squiers. Dt. von Ursula Wulfekamp, Sven Scheer, Jochen Schwarzer und Matthias Wolf. 2016.
24 x 30,5 cm, 340 S., 255 Abb.,
geb., ISBN 978-3-8296-0747-6

Marani, Pietro C. *siehe* **Leonardo da Vinci**

Marc, Franz. *Aquarelle* (SVB).
Mit einem Text von Claus Pese. 1990.
14,5 x 19 cm, 104 S., 40 Abb.,
brosch., ISBN 3-88814-361-6
frz. Ausg. 1990: 555-4
NA, brosch. 2015: *Tier-Aquarelle*,
ISBN 978-3-8296-0494-9

–, *Franz Marc und Joseph Beuys. Im Einklang mit der Natur.*
Hrsg. von Cathrin Klingsöhr-Leroy und Andrea Firmenich. 2011.
20 x 26 cm, 208 S., 135 Abb.,
geb., ISBN 978-3-8296-0557-1

Marden, Brice. *Cold Mountain Studies.*
Hrsg. und mit einem Text von Heiner Bastian. Dt. von Joanna Southwell.
1991.
Dt./engl. Ausg.
29 x 31,5 cm, 84 S., 35 Abb.,
geb., ISBN 3-88814-457-4 /
978-3-88814-457-8

Marley, Bob / Bruce W. Talamon.
Bob Marley. Spirit Dancer.
Photographien von Bruce W. Talamon.
Mit Texten von Roger Steffens und Timothy White. Dt. von Carla Blesgen.
1995.
26,5 x 28,5 cm, 128 S., 105 Abb.,
geb., ISBN 3-88814-781-6

Marx, Erich. *Eine Sammlung für die Nationalgalerie. Festschrift Erich Marx.*
Hrsg. von der Stiftung Preussischer Kulturbesitz und dem Verein der Freunde der Nationalgalerie. 2001.
18 x 25,5 cm, 104 S., 32 Abb.,
geb., ISBN 3-8296-0001-1 /
978-3-8296-0001-9

Marx, Erich *siehe* ***Sammlung Marx***

Mataré, Ewald.
Anna Klapheck, *Ewald Mataré. Aquarelle 1920–1956. Werkverzeichnis.*
1983.
25 x 28 cm, 160 S., 284 Abb.,
geb., ISBN 3-88814-119-2
brosch. 1983: 243-1

Matisse, Henri. *Scherenschnitte* (SVB).
Mit einem Text von Ralf Schiebler.
1994.
14,5 x 19 cm, 120 S., 46 Abb.,
brosch., ISBN 3-88814-359-4 /
978-3-88814-359-5

Maywald, Willy. *Die Splitter des Spiegels. Eine illustrierte Autobiographie*. 1985.
17 x 23,5 cm, 296 S., 106 Abb.,
brosch., ISBN 3-88814-165-6

Max, Gabriel von.
Von ekstatischen Frauen und Affen im Salon. Gemälde zwischen Wahn und Wissenschaft. Mit einem Text von Karin Althaus. 2018.
24 x 26 cm, 120 S., 54 Abb.,
geb., ISBN 978-3-8296-0824-4

McCartney, Linda. *Die 60er Jahre. Portrait einer Ära.* Hrsg. von Sian Facer. Mit Texten von David Bailey, Linda und Paul McCartney. Dt. von Carla Blesgen. 1993.
29,2 x 29,2 cm, 176 S., 253 Abb.,
geb., ISBN 3-88814-665-8
brosch. 1993: 706-9

McEvilley, Thomas.
Kunst und Unbehagen. Theorie am Ende des 20. Jahrhunderts.
Dt. von Jörg Trobitius. 1993.
16,8 x 23,8 cm, 152 S.,
geb., ISBN 3-88814-475 2 / 978-3-88814-475-2

McGinley, Ryan. *Whistle for the Wind.*
Mit Texten von John Kelsey, Gus van Sant und Chris Kraus. Dt. von Ursula Wulfekamp. 2012.
27 x 30,5 cm, 240 S., 166 Abb.,
geb., ISBN 978-3-8296-0605-9

McLuhan, Teri C. *Bilder für den weißen Mann. Eisenbahntourismus und der amerikanische Indianer 1890–1930.*
Dt. von Inge Leipold. 1985.
25 x 30 cm, 208 S., 197 Abb.,
geb., ISBN 3-88814-186-9

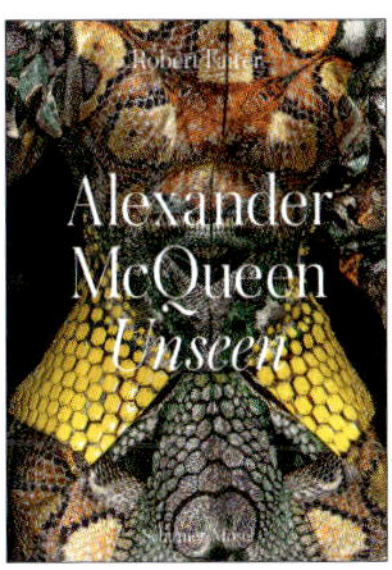

McQueen, Alexander.
Robert Fairer. *Alexander McQueen. Unseen.* Mit einem Vorwort von Sally Singer und einer Einführung und Texten von Claire Wilcox. Dt. von Marion Kagerer und Sven Scheer. 2016.
24 x 31,8 cm, 352 S., 376 Abb.,
geb., ISBN 978-3-8296-0774-2

McQueen, Steve.
Fotografien von John Dominis. Mit einem Vorwort von Neile McQueen Toffel. 2010.
21,5 x 28 cm, 128 S., 81 Abb., geb., ISBN 978-3-8296-0412-3

Meene, Hellen van. *Portraits.*
Mit einem Text von Kate Bush. Dt. von Melanie Walz. 2004.
20,3 x 22,2 cm, 96 S., 55 Abb., geb., ISBN 3-8296-0158-1 / 978-3-8296-0158-0

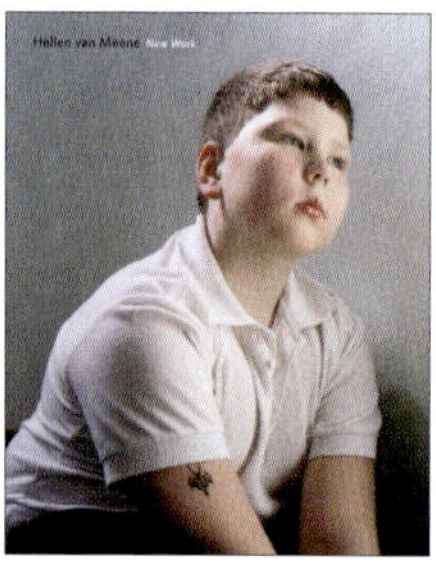

–, *New Work.*
Mit einem Text von Els Barents. Dt. von Helga Marx. Engl. von Beth O'Brien. 2006.
Dt./engl. Ausg.
20,5 x 25,5 cm, 80 S., 41 Abb., geb., ISBN 3-8296-0264-2 / 978-3-8296-0264-8

–, *Tout va disparaître.*
Mit einem Text von Jörg M. Colberg. Dt. von Matthias Wolf. 2009.
Dt./engl. Ausg.
29 x 29 cm, 88 S., 40 Abb., geb., ISBN 978-3-8296-0417-8

–, *Die Jahre werden wie Hasen laufen / The Years Shall run Like Rabbits.* Mit einem Text von Martin Barnes. Dt. von Ursula Wulfekamp. 2015. Dt./engl. Ausg.
22,5 x 28 cm, 272 S., 205 Abb., geb., ISBN 978-3-8296-0717-9

Mehta, Zubin *siehe* ***Wenn Musik der Liebe Nahrung ist, spielt weiter ...***

Menschen vor Flusslandschaft. *August Sander und die Fotografie der Gegenwart. Aus der Sammlung Lothar Schirmer.* Mit einem Text von Inka Graeve Ingelmann und einem Gespräch mit Lothar Schirmer. 2014.
24 x 28 cm, 128 S., 78 Abb., brosch., ISBN 978-3-8296-0672-1

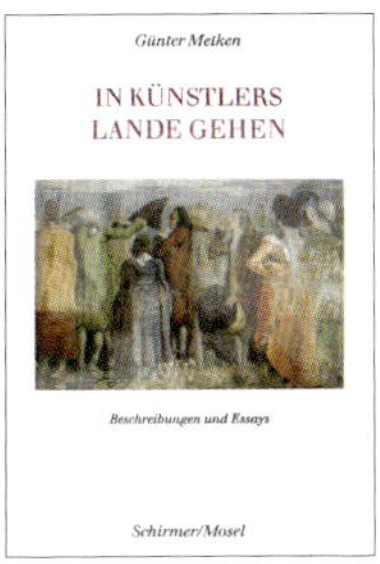

Metken, Günter. *In Künstlers Lande gehen. Beschreibungen und Essays.* 1988.
18 x 24 cm, 368 S., 81 Abb., geb., ISBN 3-88814-269-5

Metken, Günter *siehe auch* **List, Herbert**

Meyer, Adolphe de *siehe* **Nijinskij, Waslaw**

Michals, Duane. *Eine Werkübersicht.*
Mit einem Text von Marco Livingstone.
Dt. von Marion Kagerer. 1997.
25,7 x 28,7 cm, 232 S., 265 Abb.,
geb., ISBN 3-88814-884-7

Miller, Sandro *siehe* **Sandro**

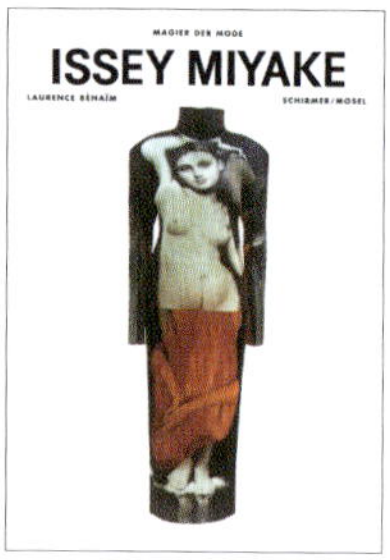

Miyake. *Issey Miyake* (Magier der Mode).
Mit einem Text von Laurence Bénaïm.
Dt. von Marietta Piekenbrock. 1997.
15,5 x 21 cm, 80 S., 51 Abb.,
geb., ISBN 3-88814-893-6

Miyake, Issey *siehe auch* **Penn, Irving**

[Die] Mode im 20. Jahrhundert *siehe* **Baudot, François**

Modersohn-Becker, Paula. *Gemälde* (SVB). Mit einem Text von Brigitte Uhde-Stahl. 1991.
14,5 x 19 cm, 112 S., 44 Abb.,
brosch, ISBN 3-88814-413-2
frz. Ausg. 1992: 592-9
NA, brosch. 2007/2018:
978-3-88814-413-4

Moholy-Nagy, László.
Andreas Haus, *Moholy-Nagy. Fotos und Fotogramme.* 1978.
23 x 28 cm, 264 S., 232 Abb.,
geb., ISBN 3-88814-016-1

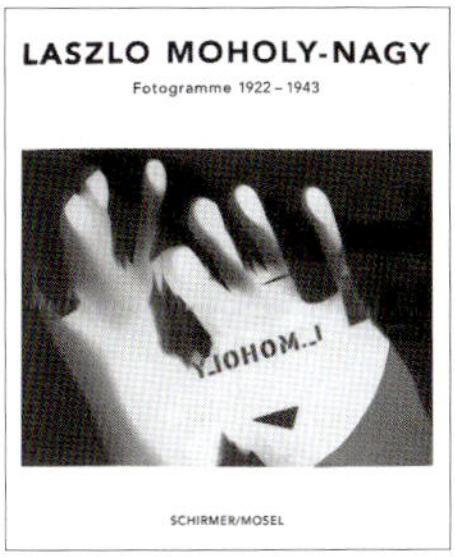

–, *Fotogramme 1922–1943.*
Hrsg. vom Museum Folkwang Essen. Mit Texten von Ute Eskildsen, Renate Heyne, Herbert Molderings und Floris M. Neusüss. 1996.
24,5 x 29 cm, 208 S., 261 Abb., geb., ISBN 3-88814-806-5

Molinier, Pierre.
Der Schamane und seine Geschöpfe.
Mit einem Text von Roland Villeneuve. Dt. von Anja Lazarowicz. 1995.
24,5 x 31 cm, 96 S., 74 Abb., brosch., ISBN 3-88814-775-1

MoMA Highlights.
375 Werke aus dem Museum of Modern Art, New York. Einzeln kommentiert und chronologisch geordnet von 1867 bis 2017. 2019.
12,7 x 20,3 cm, 408 S., 375 Abb., brosch., ISBN 978-3-8296-0875-6

Mondino, Jean-Baptiste.
Mondino. Déjà vu. 1999.
24 x 31,5 cm, 368 S., 327 Abb., geb., ISBN 3-88814-778-6
brosch. 1999: ISBN 3-8296-0019-4 / 978-3-8296-0019-4

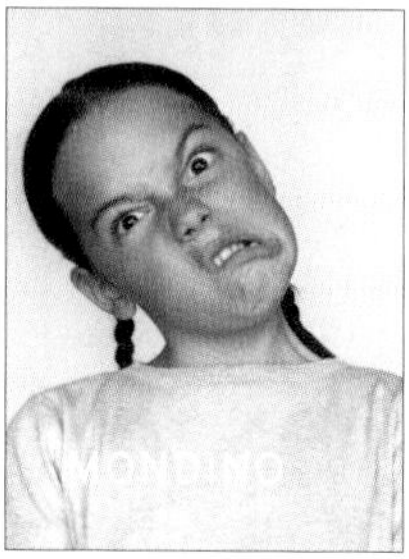

Mondino, Jean-Baptiste.
Two Much. New Photographs. 2003.
24 x 31,5 cm, 312 S., 267 Abb.,
geb., ISBN 3-8296-0033-X /
978-3-8296-0033-0
Collector's Edition (limit. Ausg.,
Buchumschlag mit aufgezogenem
Stereobild): Titel-Nr. 813017

–, *Guitar Eros.* 2006.
Dt./engl. Ausg.
24 x 31,5 cm, 180 S., 137 Abb.,
geb., ISBN 3-8296-0234-0 /
978-3-8296-0234-1

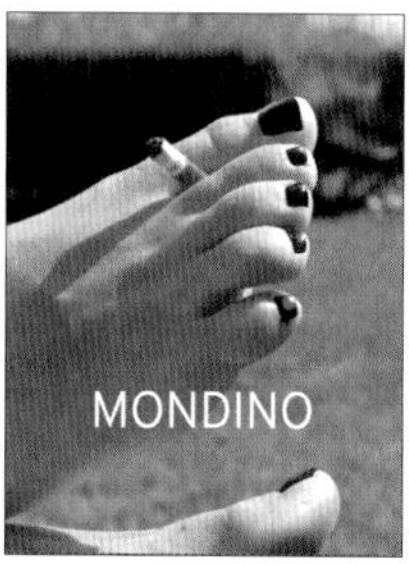

–, *Three at Last. New Photographs.* 2014.
24 x 31,5 cm, 304 S., 243 Abb.,
geb., ISBN 978-3-8296-0669-1

MARILYN MONROE

Monroe, Marilyn. *Marilyn Monroe und die Kamera.* Mit einem Interview von Georges Belmont mit Marilyn Monroe und einem Vorwort von Jane Russell. Engl. von Paul Kremmel. Frz. von Martine Passelaigue. 1989.
23 x 32,5 cm, 248 S., 142 Abb., geb., ISBN 3-88814-334-9
brosch. 1992: 477-9 / 978-3-88814-477-6
engl. Ausg. 1989: 481-7
frz. Ausg. 1989: 538-4
frz. Ausg., brosch. 1992: 596-1
NA, geb. 2007: 978-3-8296-0311-9
engl. Ausg., geb. 2007: 0312-6
verkl. NA, dt./engl. Ausg., geb. 2022: 978-3-8296-0952-4

–, *Photographien 1945–1962* (SVB). Mit einem Text von Truman Capote. Dt. von Gisela Stege. 1991.
14,5 x 19 cm, 120 S., 48 Abb., brosch., ISBN 3-88814-385-3 / 978-3-88814-385-4
engl. Ausg. 1994: 440-X / 978-3-88814-440-0
frz. Ausg. 1991: 577-5
vergrößerte NA, geb. 2001: *Ein wunderschönes Kind*, ISBN 3-88814-963-0 / 978-3-88814-963-4
vergrößerte NA, engl. Ausg., geb. 2001: ISBN 3-88814-989-4 / 978-3-88814-989-4

Monroe, Marilyn.
Metamorphosen – Verwandlungen. Hrsg. von David Wills und Stephen Schmidt. Dt. von Martina Tichy und Marion Kagerer. 2011.
23 x 29 cm, 290 S., 233 Abb.,
geb., ISBN: 978-3-8296-0551-9

–, Colin Clark, *Meine Woche mit Marilyn. Eine wahre Geschichte.*
Dt. von Bernadette Ott. 2012.
12,5 x 20,4 cm, 224 S.,
geb., ISBN 978-3-8296-0599-1

Monroe, Marilyn / Eve Arnold. *Marilyn Monroe. Eine Hommage von Eve Arnold.* Mit einem Vorwort von Beeban Kidron und mit Texten der Photographin. Dt. von Cornelia Holfelder-von der Tann. 2005.
28 x 28 cm, 160 S., 99 Abb.,
geb., ISBN 3-8296-0184-0 / 978-3-8296-0184-9

Monroe, Marilyn / André de Dienes.
Marilyn mon amour. 1986.
25 x 31 cm, 158 S., 120 Abb.,
brosch., ISBN 3-88814-189-3

Monroe, Marilyn / Ed Feingersh.
Marilyn in New York. Photographien von Ed Feingersh. Hrsg. und mit einem Text von Lothar Schirmer. 1991.
21,5 x 30 cm, 144 S., 74 Abb.,
geb., ISBN 3-88814-445-0
brosch. 2008: 978-3-8206-0352-2
engl. Ausg. brosch. 2008: 0353-9

Monroe, Marilyn / Milton H. Greene.
Milton's Marilyn. Die Photographien von Milton H. Greene.
Hrsg. von Joshua Greene. Mit einem Text von James Kotsilibas-Davis.
Dt. von Walter Ahlers. 1994.
24 x 29 cm, 220 S., 214 Abb.,
geb., ISBN 3-88814-738-7 /
978-3-88814-738-8
frz. Ausg. 1994: 610-0
engl. Ausg. 1995: 826-X /
978-3-88814-826-2
Bonsai dt. 1998: 655-0
Bonsai engl. 1998: 657-7
verkl. NA, dt. Ausg., brosch. 2012:
978-3-8296-0613-4
verkl. NA, engl. Ausg., brosch. 2012:
978-3-8296-0614-1

Monroe, Marilyn / Douglas Kirkland.
Eine Nacht mit Marilyn.
Mit einem Text des Photographen.
Dt. von Marion Kagerer. 2001.
24 x 34 cm, 126 S., 64 Abb.,
geb.: ISBN 3-8296-0035-6 /
978-3-8296-0035-4

Monroe, Marilyn / Bert Stern.
Marilyn's Last Sitting. Mit Photographien und einem Text von Bert Stern. 1982.
22 x 27 cm, 192 S., 117 Abb., brosch., ISBN 3-88814-104-4
NA, geb. 1993: *The Last Sitting.* Mit einem Text von Daniel Dreier, 701-8
engl. Ausg. 1993: 261-X
frz. Ausg. 1993: 631-3
NA, dt./engl. Ausg. 1996: 813-8

–, *Marilyn Monroe. The Complete Last Sitting.* Mit Photographien und einem Text von Bert Stern. Dt. von Reinhard Kaiser. 1982.
27,5 x 32 cm, 464 S., 2.571 Abb., geb., ISBN 3-88814-103-6
NA, geb. 1992: 196-6
engl. Ausg. 1992: 191-5 / 978-3-88814-191-1

Moon, Sarah.
Zufällige Begegnungen. Photographien. Mit Texten von Sarah Moon und Robert Delpire, Ilona Suschitsky und Claude Eveno. 2001.
29 x 28,3 cm, 288 S., 173 Abb., geb., ISBN 3-8296-0017-8 / 978-3-8296-0017-0

Morath, Inge. *Hommage.*
Hrsg. von Isabel Siben und Anna Patricia Kahn. Mit einem Vorwort von Rebecca Miller und einem Text von Inge Morath. Dt. von Marion Kagerer. 2022.
Dt./engl. Ausg.
24 x 31 cm, 296 S., 212 Abb., geb., ISBN 978-3-8296-0972-2

Moravia, Alberto. *Claudia Cardinale. Ein etwas ungewöhnliches Gespräch.* Dt. von Sophia Marzolff. 2010.
11,5 x 19 cm, 86 S.,
geb., ISBN 978-3-8296-0517-5

Morrison, Jim. *Wildnis. Die verlorenen Schriften* (SVB). Hrsg. von B. Columbus und Pearl Marie Courson. Mit einem Text von Arman Sahihi. Dt. von Karin Graf. 1989.
Engl./dt. Ausg.,
14 x 19 cm, 240 S., 13 Abb.,
brosch., ISBN 3-88814-337-3 / 978-3-88814-337-3

–, Danny Sugerman, *Jim Morrison & The Doors. Eine Bildgeschichte.* Hrsg. von Benjamin Edmonds. Mit Texten von Jerry Hopkins und Danny Sugerman. Dt. von Carl Ludwig Reichert und Eva Dempew. 1991.
23,5 x 30,5 cm, 248 S., 307 Abb.,
geb., ISBN 3-88814-432-9 / 978-3-88814-432-5

–, *Jim Morrison & The Doors. Die Songtexte der Studio-LPs* (SVB). Hrsg. von Danny Sugerman. Dt. von Heinz Gerstenmeyer. 1992.
Dt./engl. Ausg.
14,5 x 19 cm, 160 S.,
brosch., ISBN 3-88814-448-5

Morrison, Jim.
Jim Morrison & The Doors.
Die kompletten Songtexte.
Hrsg. von Danny Sugerman.
Dt. von Heinz Gerstenmeyer und
Carl Ludwig Reichert. 1992.
Dt./engl. Ausg.
16,5 x 24 cm, 336 S., 92 Abb.,
brosch., ISBN 3-88814-467-1 /
978-3-88814-467-7

–, Jerry Hopkins, *Jim Morrison. Der König der Eidechsen. Die endgültige Biographie.*
Mit Texten von John Carpenter, Richard Goldstein, John Tobler u.a. Dt. von Manfred Ohl, Hans Sartorius u.a. 1993.
16,5 x 24 cm, 256 S., 54 Abb.,
brosch., ISBN 3-88814-673-9 /
978-3-88814-673-2
erw. NA, brosch. 2021:
ISBN 978-3-8296-0934-0

–, *The Scream of the Butterfly.*
Hrsg. von Daniel Dreier. Mit Texten von Jim Morrison und Arman Sahihi.
Dt. von Karin Graf. 1996.
23 x 27 cm, 136 S., 56 Abb.,
geb., ISBN 3-88814-795-6
engl. Ausg. 1996: 839-1
frz. Ausg. 1996: 650-X
brosch. 2003: ISBN 3-8296-0113-1 /
978-3-8296-0113-9

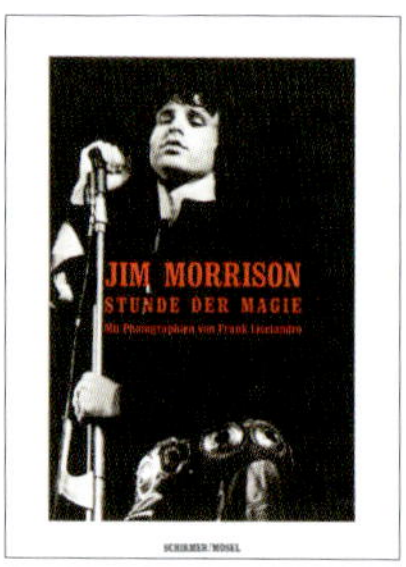

Morrison, Jim / Frank Lisciandro.
Jim Morrison. Stunde der Magie.
Mit Photographien und Texten von Frank Lisciandro.
Dt. von Roberto Giusti. 1994.
21 x 27,5 cm, 160 S., 136 Abb.,
brosch., ISBN 3-88814-715-8

Morton, Margaret. *Der Tunnel. Die Obdachlosen im Untergrund von New York.* Mit einem Text von Alan Trachtenberg.
Dt. von Walter Hartmann. 1996.
24,5 x 25 cm, 160 S., 59 Abb., geb., ISBN 3-88814-802-2

Moses, Stefan.
Die Monographie. Fotografien1947 bis heute. Hrsg. von Ulrich Pohlmann und Matthias Harder. Mit Texten von Marion Ackermann, Ilse Aichinger, Hubertus von Amelunxen, 2002.
27 x 31,5 cm, 336 S., 445 Abb., geb., ISBN 3-8296-0062-3 / 978-3-8296-0062-0

Moses, Stefan *siehe auch* **Enzensberger, Hans Magnus**

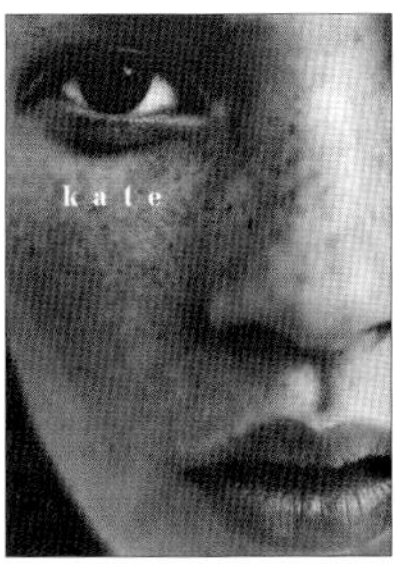

Moss, Kate. *Kate.*
Mit einem Vorwort von Liz Tilberis. 1995.
21,5 x 28,5 cm, 144 S., 183 Abb., geb., ISBN 3-88814-780-8
verkl. NA, geb. 1997: 849-9

–, *Kate. Das Kate Moss Buch.*
Hrsg. von Fabien Baron mit Jess Hallett und Jefferson Hack. Mit einem Vorwort von Kate Moss und einem Gespräch zwischen Kate Moss und Jess Hallett.
Dt. von Martina Tichy. 2012.
26 x 35,5 cm, 448 S., 295 Abb., geb., ISBN 978-3-8296-0615-8

Muggenthaler, Johannes.
Der Liebe Pilgerfahrt. Photographische Schautafeln zur Seelenforschung. 1992.
21,5 x 29 cm, 160 S., 106 Abb.,
brosch., ISBN 3-88814-495-7

Mugler. *Thierry Mugler* (Magier der Mode).
Mit einem Text von François Baudot.
Dt. von Caroline Gutberlet. 1998.
15,5 x 21,5 cm, 80 S., 67 Abb.,
geb., ISBN 3-88814-371-3

Munch, Edvard.
Die frühen Meisterwerke (SVB).
Mit einem Text von Uwe M. Schneede.
1988.
14,5 x 19 cm, 104 S., 34 Abb.,
brosch., ISBN 3-88814-277-6
engl. Ausg. 1988: 608-9
frz. Ausg. 1988: 517-1
geb. 2000 (Meister der Kunst):
ISBN 3-88814-992-4 /
978-3-88814-992-4
engl. Ausg. 2000: ISBN 3-88814-991-6
/ 978-3-88814-991-7
NA, brosch. 2005/2018:
ISBN 3-88814-277-6 /
978-3-88814-277-2
NA, engl. Ausg., brosch. 2005/2018:
ISBN 3-88814-608-9 /
978-3-88814-608-4

–, Iris Müller-Westermann,
Edvard Munch. Die Selbstbildnisse. 2005.
24 x 26 cm, 208 S., 227 Abb.,
geb., ISBN 3-8296-0198-0
ISBN 978-3-8296-0198-6

München. *Photographische Ansichten 1885–1915.* Mit Texten von Winfried Ranke, Klaus-Jürgen Sembach und Gabriele Sterner. 1977.
20 x 22 cm, 102 S., 65 Abb.,
geb., ISBN 3-88814-019-6

München im 19. Jahrhundert.
Frühe Photographien 1850–1914.
Hrsg. von Elisabeth Angermair und dem Stadtarchiv München. Mit Texten von Michael Stephan und Elisabeth Angermair. 2013.
24 x 28 cm, 320 S., 278 Abb.,
geb., ISBN 978-3-8296-0654-7

München. *Photographien 2009–2015.*
Photographien von Rainer Viertlböck.
Hrsg. von Nicola Borgmann. Mit Texten von Christian Ude, Ulrich Pohlmann und Elisabeth und Michaela Angermair. 2015.
29 x 30 cm, 272 S., 141 Abb.,
geb., ISBN 978-3-8296-0721-6

München. Schau her! *Das Bildarchiv der Bayerischen Staatsbibliothek. Fotografien 1839–1979.* Hrsg. von der Bayerischen Staatsbibliothek.
Mit Texten von Cornelia Jahn. 2020.
25 x 32 cm, 304 S., 272 Abb.,
geb., ISBN 978-3-8296-0872-5

München *siehe auch* **Valentin, Karl** *und* **Thomas, Christopher**

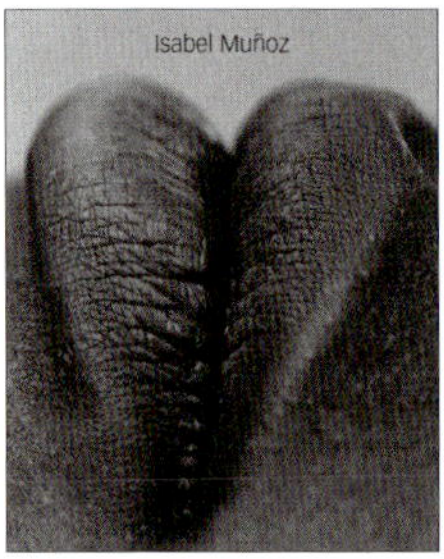

Muñoz, Isabel. *Choreographie des Begehrens. Photographien.* Mit Texten von Christian Caujolle und Alfonso Armada. Dt. von Elisabeth Müller und Matthias Wolf. 2005.
26,7 x 31,5 cm, 160 S., 79 Abb.,
geb., ISBN 3-8296-0159-X / 978-3-8296-0159-7

Münter, Gabriele. *Die Reise nach Amerika. Photographien 1899–1900.*
Hrsg. von Helmut Friedel. Mit Texten von Annegret Hoberg, Isabelle Jansen, Daniel Oggenfuss und Ulrich Pohlmann. 2006.
24 x 29 cm, 224 S., 226 Abb.,
geb., ISBN 3-8296-0265-0 / 978-3-8296-0265-5

–, *Die Jahre mit Kandinsky. Photographien 1902–1914.* Hrsg. von Helmut Friedel. Mit Texten von Annegret Hoberg, Isabelle Jansen und Helmut Friedel. 2007.
24 x 29 cm, 288 S., 330 Abb.,
geb. ISBN 978-3-8296-0288-4

Muray, Nickolas *siehe* **Kahlo, Frida**

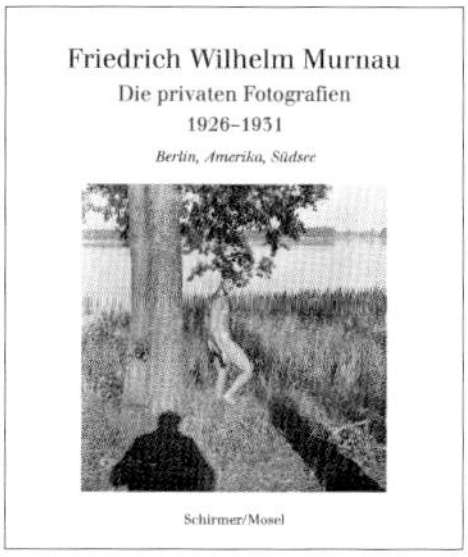

Murnau, Friedrich Wilhelm.
Die privaten Fotografien 1926–1931. Berlin, Amerika, Südsee.
Hrsg. von Guido Altendorf, Werner Sudendorf und Wolfgang Theis. Mit Texten von Ruth Landshoff-Yorck, Berthold Viertel und den Herausgebern.
2013.
22 x 24 cm, 120 S., 84 Abb.,
geb., ISBN 978-3-8296-0655-4

N

VON NADAR BIS NOTHHELFER

Nadar.
Nigel Gosling. *Nadar – Photograph berühmter Zeitgenossen.*
Dt. von Chr. Röthlingshöfer-Spiel u. a. 1977.
23 x 30,5 cm, 300 S., 350 Abb.,
geb., ISBN 3-88814-012-9

–, Maria Morris Hambourg / Françoise Heilbrun / Philippe Néagu. *Nadar.*
Mit Texten von Sylvie Aubenas, Françoise Heilbrun, André Jammes, Ulrich Keller, Maria Morris Hambourg und Philippe Néagu. Dt. von W. Ahlers, H.-H. Henschen, J. Trobitius u. a. 1995.
24 x 31,5 cm, 284 S., 203 Abb.,
geb., ISBN 3-88814-727-1
brosch. 1998: 401-9

Nagler, Anatoli *siehe* **Parzinger, Helmut**

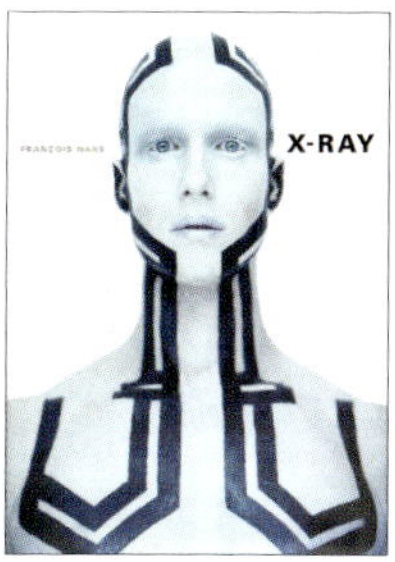

Nars, François. *X-Ray.*
Mit einem Text von André Leon Talley.
Dt. von Marion Kagerer. 1999.
27,5 x 38 cm, 256 S., 241 Abb.,
geb., ISBN 3-88814-951-7 / 978-3-88814-951-1

Nègre, Charles.
Françoise Heilbrun, *Charles Nègre 1820–1880. Das photographische Werk.*
Dt. von Rudolf Kimmig. 1988.
23,5 x 29,5 cm, 232 S., 181 Abb.,
geb., ISBN 3-88814-144-3

Neue Sachlichkeit *siehe* **Sander, August**

Neurath, Eva. *Was ich meinen Enkeln noch erzählen wollte. Kindheit und Jugend in Berlin. Emigrantin in London. Das Lebenswerk: Thames & Hudson. Erinnerungen 1908–1999.* Mit einem Nachwort von Stephan Feuchtwang. Dt. von Ursula Wulfekamp. 2017.
11,5 x 19 cm, 120 S., 41 Abb.,
geb., ISBN 978-3-8296-0819-0

Newhall, Beaumont. *Geschichte der Photographie.* Dt. von Reinhard Kaiser. 1984.
22 x 27 cm, 328 S., 299 Abb.,
geb., ISBN 3-88814-121-4
brosch. 1989: 319-5 /
978-3-88814-319-9
NA, brosch. 1998: 978-3-88814-319-9

HELMUT NEWTON

Newton, Helmut. *Sleepless Nights.* Mit einem Text von Edward Behr. 1978.
20 x 27 cm, 152 S., 71 Abb.,
geb., ISBN 3-88814-031-5
NA, geb. 1991: 421-3
engl. Ausg. 1991: 429-9
frz. Ausg. 1991: 582-1

–, *Helmut Newton.*
Mit einem Text von Karl Lagerfeld.
1982.
23 x 30,5 cm, 80 S., 48 Abb.,
geb. u. brosch., ISBN 3-88814-094-3
NA, brosch. 1985: 167-2

–, *Welt ohne Männer.*
Mit einem Text von Helmut Newton.
1984.
24,5 x 33,5 cm, 192 S., 170 Abb.,
geb. u. brosch., ISBN 3-88814-130-3
engl. Ausg. 1993: 518-X

–, *Helmut Newton's Illustrated No. 1: Sex and Power.* 1987.
30 x 38,5 cm, 32 S., 34 Abb.,
brosch., ISBN 3-88814-246-6

–, *Helmut Newton's Illustrated No. 2: Pictures from an Exhibition.* 1987.
30 x 38,5 cm, 32 S., 32 Abb.,
brosch., ISBN 3-88814-248-2

Newton, Helmut. *Portraits. Bilder aus Europa und Amerika.* Mit einem Text von Klaus Honnef. 1987.
23 x 29 cm, 248 S., 206 Abb.,
brosch., ISBN 3-88814-231-8
NA brosch. 1990: 363-2
engl. Ausg. 1993: 504-X
NA, geb. 2004: 3-8296-0146-8 / 978-3-8296-0146-7
NA, engl. Ausg., geb. 2004: 3-8296-0131-X / 978-3-8296-0131-3
NA, engl. Ausg. mit dt. Textbeilage, geb. 2016: 978-3-8296-0131-3

–, *Private Property* (SVB).
Mit einem Text von Marshall Blonsky. 1989.
14,5 x 19 cm, 112 S., 45 Abb.,
brosch., ISBN 3-88814-340-3 / 978-3-88814-340-3
frz. Ausg. 1989: 542-2
engl. Ausg. 1990: 391-8 / 978-3-88814-391-5
NA, dt./engl. Ausg. 2020: 978-3-8296-0911-1

–, *Big Nudes.*
Mit einem Text von Karl Lagerfeld. 1990.
23 x 31 cm, 88 S., 52 Abb.,
geb., ISBN 3-88814-355-1
engl. Ausg. 1990: 399-3
NA, dt./engl. Ausg., geb. 2004: 3-8296-0139-5 / 978-3-8296-0139-9

–, *Helmut Newton's Illustrated No. 3: I was there.* 1991.
30 x 38,5 cm, 32 S., 32 Abb.,
brosch., ISBN 3-88814-405-1

–, *Pola Woman.* 1992.
23,5 x 31 cm, 152 S., 175 Abb.,
geb., ISBN 3-88814-442-6
engl. Ausg. 1992: 455-8
frz. Ausg. 1992: 590-2
NA, dt./engl. Ausg., brosch. 1995:
749-2 / 978-3-88814-749-4
NA, engl./dt./frz. Ausg., geb. 2020:
978-3-8296-0887-9

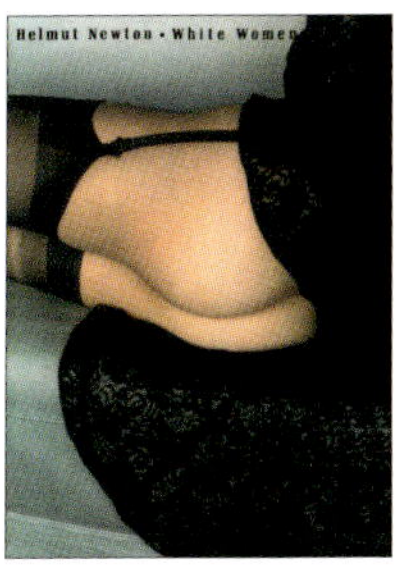

–, *White Women.*
Mit Texten von Philippe Garner und Helmut Newton [1976]. 1992.
23,5 x 31,5 cm, 110 S., 79 Abb.,
geb., ISBN 3-88814-281-4
frz. Ausg., brosch. 1988: 526-0
NA, engl. Ausg., geb. 2000:
3-88814-869-3 / 978-3-88814-869-9
NA, engl. Ausg. mit dt./frz. Textbeilage,
geb. 2010: 978-3-8296-0442-0

–, *Archives de nuit.*
Mit einem Text von José Alvarez. 1993.
24 x 30 cm, 80 S., 58 Abb.,
brosch., ISBN 3-88814-686-0 /
978-3-88814-686-2
engl. Ausg. 1993: 664-X /
978-3-88814-664-0
frz. Ausg. 1993: 623-2

Newton, Helmut. *Aus dem photographischen Werk.* Hrsg. von Zdenek Felix. Mit Texten von Noemi Smolik und Urs Stahel. 1993.
22 x 27 cm, 160 S., 105 Abb.,
brosch., ISBN 3-88814-636-4
engl. Ausg., ISBN 3-88814-636-4
NA, brosch. 1993: *The Best of Helmut Newton,* ISBN 3-88814-709-3 / 978-3-88814-709-8
NA, engl. Ausg. 1993: 635-6 / 978-3-88814-635-0

–, *Helmut Newton's Illustrated No. 4.: Dr. Phantasme.* 1995.
30 x 38,5 cm, 32 S., 28 Abb.,
brosch., ISBN 3-88814-784-0

–, *Helmut Newton's Illustrated No. 1 – No. 4. Complete Edition.* 2000.
Engl. Ausg.
21 x 26,5 cm, 136 S., 134 Abb.,
brosch., ISBN 3-88814-613-5 / 978-3-88814-613-8

–, *Playboy.* Mit einem Vorwort von Hugh M. Hefner und Texten von Walter Abish und Gary Cole. Dt. von Marion Kagerer. 2005.
22,8 x 30,4 cm, 160 S., 161 Abb.,
geb., ISBN 3-8296-0185-9 / 978-3-8296-0185-6

Newton, Helmut *siehe auch* ***Schirmer's Zwölf. No. 6***

[The] New York Times Magazine. *Photographien 1978 bis heute.* Hrsg. von Kathy Ryan. Mit Texten von Gerald Marzorati und den Photographen. Dt. von Ursula Wulfekamp und Rudolf Hermstein. 2011.
24 x 29 cm, 448 S., 666 Abb.,
geb., ISBN 978-3-8296-0553-3
brosch. 2016: 978-3-8296-0757-5

Niedecken, Wolfgang *siehe* **Wenders, Wim**

Nieweg, Simone. *Landschaften und Gartenstücke. Photographien.* Mit Texten von Els Barents, Saskia Asser und Andrea Domesle. Engl. von Jane Bemont und Ishbel Flett, dt. von Rosi Wiegmann. 2002.
Dt./engl. Ausg.
32 x 24,5 cm, 144 S., 71 Abb.,
geb., ISBN 3-8296-0040-2 / 978-3-8296-0040-8

–, *Natur der Menschen. Photographien.* Mit einem Text von Heinz Liesbrock. Engl. von Roger W. Benner. 2012.
Dt./engl. Ausg.
30,5 x 25,5 cm, 168 S., 98 Abb.,
geb., ISBN 978-3-8296-0583-0

–, *Der Wald, die Bäume, das Licht.* Mit einem Gedicht von Heinrich Heine und einem Vorwort von Lothar Schirmer. Engl. von Ehren Fordyce, frz. von Jean Torrent. 2016.
Dt. Ausg. mit engl./frz. Textbeilage,
32,5 x 28 cm, 112 S., 90 Abb.,
geb., ISBN 978-3-8296-0750-6

Nieweg, Simone. *Pflanzungen, Schuppen, Ackerland. Von der Arbeit in der Natur / Plants, Sheds, Arable Land. Working in Nature.* Mit einem Gedankenaustausch zwischen Gabriele Conrath-Scholl und Simone Nieweg. Engl. von Jennifer Taylor. 2023.
Dt./engl. Ausg.
26 x 23 cm, 72 S., 50 Abb.,
geb., ISBN 978-3-8296-0996-8

Niggl Radloff, Barbara. *Vertrauliche Distanz. Fotografien 1958–2004.* Hrsg. von Ulrich Pohlmann und Maximilian Westphal. 2021.
24 x 28 cm, 160 S., 160 Abb.,
brosch., ISBN 978-3-8296-0923-4

Nijinskij, Waslaw. *Der Clown Gottes. Ein Tagebuch.* Mit Texten von Joachim Bodamer und Serge Lifar. Dt. von Leonore Schlaich. 1985.
17 x 23,5 cm, 192 S.,
brosch., ISBN 3-88814-176-1

Nijinskij, Waslaw / Claude Debussy / Stéphane Mallarmé / Adolphe de Meyer. *Nachmittag eines Fauns. Dokumentation einer legendären Choreographie.* Mit Texten von Ann Hutchinson Guest, Claudia Jeschke, Philippe Néagu, Jean-Michel Nectoux. Dt. von Michaela Angermair, Eva Bauer u. a. 1989.
27 x 36 cm, 144 S., 95 Abb.,
geb., ISBN 3-88814-336-5

Nolde, Emil. *Anatomie aus Licht und Wasser / Anatomy of Light and Water.* Hrsg. von Aeneas Bastian. Mit Texten von Christian Ring, Anselm Kiefer und Heiner Bastian. Engl. von Ehren Fordyce. 2022.
Dt./engl. Ausg.
24 x 29 cm, 64 S., 48 Abb.,
geb., ISBN 978-3-8296-0956-2

CEES NOOTEBOOM

Nooteboom, Cees. *Die Kunst des Reisens.* Mit Fotografien von Eddy Posthuma de Boer. Dt. von Helga van Beuningen u. a. 2004.
20 x 22 cm, 152 S., 76 Abb.,
geb., ISBN 3-8296-0167-0 /
978-3-8296-0167-2

–, *Tumbas. Gräber von Dichtern und Denkern.* Photographien von Simone Sassen. Dt. von Andreas Ecke. 2006.
22 x 28 cm, 256 S., 135 Abb.,
geb., ISBN 3-8296-0266-9 /
978-3-8296-0266-2
verkl. NA, geb. 2016:
ISBN 978-3-8296-0771-1

Nooteboom, Cees. *Das Rätsel des Lichts. Kunststücke.* Mit einer Einleitung von Susanne Schaber. Dt. von Helga van Beuningen und Ard Posthuma. 2009. 26 x 30,5 cm, 192 S., 74 Abb., geb., ISBN 978-3-8296-0428-4

–, *Zurbarán. Ausgewählte Gemälde 1625–1664.* Mit einem Text von Cees Nooteboom.
Dt. von Helga van Beuningen. 2011.
26 x 30,5 cm, 132 S., 77 Abb.,
geb., ISBN 978-3-8296-0510-6
engl. Ausg. 2011: 0545-8
verkl. NA, brosch. 2015: 0737-7
engl. Ausg., brosch. 2015: 0738-4

–, *Saigoku. Auf Japans Pilgerweg der 33 Tempel.* Mit Photographien von Simone Sassen.
Dt. von Helga van Beuningen. 2013.
22 x 27 cm, 200 S., 159 Abb.,
geb., ISBN 978-3-8296-0643-1

–, *Reisen zu Hieronymus Bosch. Eine düstere Vorahnung.*
Dt. von Helga van Beuningen. 2016.
19,5 x 23,5 cm, 80 S., 67 Abb.,
geb., ISBN 978-3-8296-0746-9
engl. Ausg., geb. 2016: 0767-4

–, *Karl Blossfeldt und das Auge Allahs.*
Dt. von Helga van Beuningen. 2017.
11,5 x 19 cm, 80 S., 26 Abb.,
geb., ISBN 978-3-8296-0818-3

–, *Über das japanische Kloster Kozan-ji und die Zeichnungen der „Lustigen Tiere“.*
Mit 16 Photographien von Simone Sassen und 18 farbigen Zeichnungen.
Dt. von Helga van Beuningen und Ard Posthuma. 2020.
11,5 x 19 cm, 88 S., 34 Abb.,
geb., ISBN 978-3-8296-0892-3

–, *Endlose Kreise. Reisen in Japan.*
Mit Fotografien von Simone Sassen.
Dt. von Helga van Beuningen. 2021.
12,2 x 20,4 cm, 256 S., 20 Abb.,
geb., ISBN 978-3-8296-0916-6

Nooteboom, Cees / Simone Sassen.
Ultima Thule. Eine Reise nach Spitzbergen.
Dt. von Helga van Beuningen,
engl. von Liedewy Hawke. 2008.
20 x 22 cm, 128 S., 101 Abb.,
geb., ISBN 978-3-8296-0384-3
engl. Ausg. 2008: 978-3-8296-0393-5

Nooteboom, Cees *siehe auch* **Hütte, Axel; Ohlbaum, Isolde** *und* **Wolf, Reinhart**

Nordman, Maria. *De Sculptura. Works in the City. Some ongoing questions.* 1986.
23 x 30,5 cm, 112 S., 58 Abb.,
geb., ISBN 3-88814-205-9

Normant, Serge. *Metamorphosis.*
Mit Texten von Julia Roberts,
Isabella Rossellini und Veruschka.
Dt. von Marion Kagerer. 2004.
25 x 33 cm, 192 S., 150 Abb.,
geb., ISBN 3-8296-0130-1 /
978-3-8296-0130-6

Nothhelfer, Gabriele und Helmut.
Momente und Jahre.1970–2008. Hrsg. von der Photographischen Sammlung / SK Stiftung Kultur, Köln. Mit Texten von Gabriele Conrath-Scholl und Claudia Schubert, Volker Scherliess, Gabriele und Helmut Nothhelfer.
Engl. von Rebecca van Dyck. 2009.
Dt./engl. Ausg.
23 x 29 cm, 320 S., 128 Abb.,
geb., ISBN 978-3-8296-0429-1

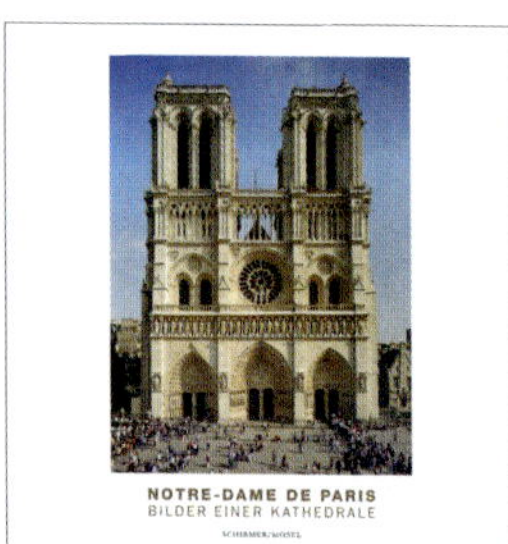

Notre-Dame de Paris.
Bilder einer Kathedrale 1763–2019.
Hrsg. und mit einem Vorwort von Lothar Schirmer. Mit einem Text von Danny Smith. Wissenschaftliche Mitarbeit Barbara Schock-Werner. 2020.
24 x 29 cm, 176 S., 99 Abb.,
geb., ISBN 978-3-8296-0871-8
geb., dt. Ausg. mit engl. Textbeilage:
ISBN 978-3-8296-0906-7

Nürnberg 1865–1909.

Photographien von Ferdinand Schmidt.
Hrsg. vom Centrum Industriekultur Nürnberg. Mit Texten von Rudolf Käs, Klaus-Jürgen Sembach, Jutta Tschoeke.
1987.
24 x 27,5 cm, 220 S., 163 Abb.,
geb., ISBN 3-88814-256-3
NA, geb. 1999: 903-7

O

VON OHLBAUM BIS OUTERBRIDGE

Ohlbaum, Isolde.
Bilder des literarischen Lebens. Photographien aus vier Jahrzehnten. Mit einem Text von Cees Nooteboom. Dt. von Helga van Beuningen. 2008.
24,5 x 30 cm, 360 S., 352 Abb., geb., ISBN 978-3-8296-0385-0

–, *Der Mensch möchte Fisch sein und Vogel. Haus Tier Mensch. Photographien.* Mit einem Text von Joseph von Westphalen. 2011.
20,5 x 28 cm, 152 S., 124 Abb., geb., ISBN 978-3-8296-0530-4

Ohlbaum, Isolde *siehe auch* **Krüger, Michael**

O'Keeffe, Georgia. *Gemälde* (SVB). Mit einem Text von Jula Dech. 1995.
14,5 x 19 cm, 128 S., 39 Abb., brosch., ISBN 3-88814-414-0 / 978-3-88814-414-1

O'Keeffe, Georgia / John Loengard.
Georgia O'Keeffe auf Ghost Ranch. Ein Photo-Essay. Mit Texten von John Loengard und Georgia O'Keeffe. Dt. von Susanne Vogel. 1994.
24 x 30 cm, 80 S., 48 Abb., geb., ISBN 3-88814-722-0
engl. Ausg. 1994: 745-X
Bonsai dt. 1998: 450-7
Bonsai engl. 1998: 180-X

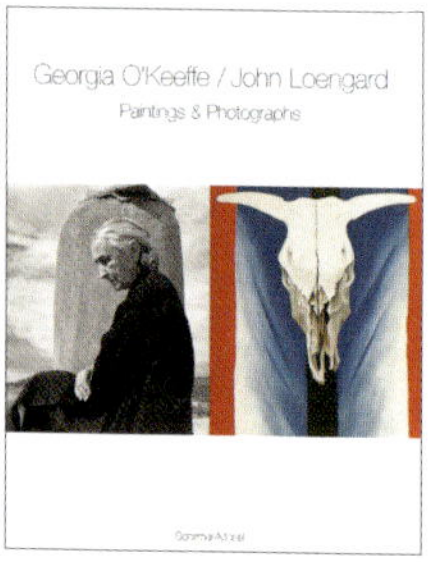

O'Keeffe, Georgia / John Loengard. *Gemälde & Photographien. Ein Besuch in Abiquiu und auf Ghost Ranch.* Hrsg. von Lothar Schirmer. Mit Texten von John Loengard und Georgia O'Keeffe. Dt. von Susanne Vogel. 2006.
24 x 30 cm, 80 S., 65 Abb.,
geb., ISBN 3-8296-0102-6 / 978-3-8296-0102-3
engl. Ausg. 2006: 3-8296-0103-4 / 978-3-8296-0103-0
verkl. NA, engl. Ausg. mit dt. Textbeilage 2016: 0786-5

Oldenburg, Claes. *The Sixties.* Hrsg. von Achim Hochdörfer mit Barbara Schröder. Mit Texten von H. D. Buchloh, A. Hochdörfer, Branden W. Joseph, Maartje Oldenburg, Gregor Stemmrich und Ann Temkin. 2012.
25,5 x 26 cm, 320 S., 350 Abb.,
geb., ISBN 978-3-8296-0584-7

Ortiz-Echagüe, José. *Spanien – Landschaften und Portraits 1903–1964.* Mit Texten von José Ortiz-Echagüe und Gerardo Vielba. 1979.
26,5 x 29 cm, 128 S., 54 Abb.,
geb., ISBN 3-88814-036-6

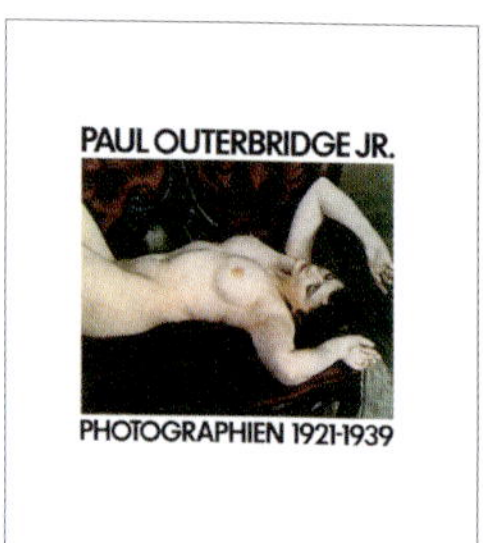

Outerbridge Jr., Paul. *Photographien 1921–1939.* Mit Texten von Graham Howe und Jacqueline Markham. 1980.
26 x 28,5 cm, 160 S., 131 Abb.,
geb., ISBN 3-88814-069-2

–, *Photographien.* Mit einem Text von Jeannine Fiedler. 1993.
24 x 30 cm, 96 S., 50 Abb., brosch., ISBN 3-88814-499-X
engl. Ausg. 1993: 289-X
frz. Ausg. 1993: 633-X
dt./engl. Ausg. 1996: 811-1

P

VON PALERMO BIS PUCCI

Palermo, Blinky. *Blinky Palermo 1964–1976.* Hrsg. vom Galerie-Verein München e.V. Mit Texten von Walter Bareiss, Laszlo Glozer, Fred Jahn u.a. 1980.
21 x 27 cm, 160 S., 127 Abb., brosch., ISBN 3-88814-074-9

–, *Werke 1963–1977.*
Hrsg. von Bernhard Bürgi. Mit Texten von Joseph Beuys, Erich Franz, Laszlo Glozer u.a. 1984.
22 x 27 cm, 156 S., 96 Abb., brosch., ISBN 3-88814-154-0

Pallanti, Giuseppe. *Wer war Mona Lisa?* Dt. von Marianne Schneider. 2008.
11,6 x 19 cm, 168 S., 6 Abb., geb., ISBN 978-3-8296-0297-6

Papan. *Ein bißchen plötzlich!* 1985.
14,5 x 21 cm, 96 S., 71 Abb., brosch., ISBN 3-88814-185-0

Pare, Richard. *Verlorene Avantgarde. Russische Revolutionsarchitektur 1922–1932*. Mit einem Vorwort von Phyllis Lambert und einer Einführung von Jean-Louis Cohen. Dt. von Anke und Eberhard Kreutzer. 2007. 29 x 26 cm, 348 S., 375 Abb., geb., ISBN 978-3-8296-0299-0

Parr, Martin. *Life's a Beach*. Dt. von Marion Kagerer. 2013. 21 x 15,2 cm, 124 S., 98 Abb., geb., ISBN 978-3-8296-0638-7

–, *We Love Britain!* Mit einem Text von Inka Schube. Engl. von Roger W. Benner. 2014. Dt./engl. Ausg. 21 x 27 cm, 128 S., 71 Abb., brosch., ISBN 978-3-8296-0687-5

Parzinger, Helmut / Konstantin V. Cugunov / Anatoli Nagler. *Der Goldschatz von Aržan*. 2006. 23 x 32,5 cm, 144 S., 120 Abb., geb., ISBN 3-8296-0260-X / 978-3-8296-0260-0

Pasricha, Amit. *Indien Monumental.*
Mit einem Text von Aman Nath.
Dt. von Martina Tichy. 2008.
45,5 x 30,5 cm, 224 S., 131 Abb.
geb., ISBN 978-3-8296 0358-4

Paszkowska, Alexandra. *Butô-Tanz. Ushio Amagatsu und die Sankai Juku Gruppe.*
Photographien und Texte von
Alexandra Paszkowska. 1983.
22 x 27 cm, 112 S., 48 Abb.,
brosch., ISBN 3-88814-124-9

Penck, A. R. *siehe* **Baumgarten, Lothar**

Penn, Irving. *Passage. Ein Lebenswerk.*
Hrsg. von Alexandra Arrowsmith und
Nicola Majocchi. Mit einem Text von
Alexander Liberman.
Dt. von Johannes Kiebranz. 1991.
28 x 32 cm, 300 S., 468 Abb.,
geb., ISBN 3-88814-430-2

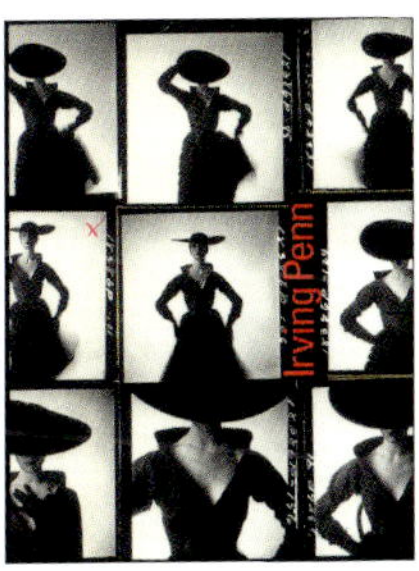

–, *Eine Retrospektive.*
Hrsg. von Colin Westerbeck.
Mit Texten von Rosamond Bernier,
Edmund Carpenter, Colin Eisler, Martin
Harrison u. a. Dt. von Marion Kagerer,
Jörg Trobitius u. a. 1997.
24 x 30,5 cm, 192 S., 193 Abb.,
geb., 3-88814-883-9 /
978-3-88814-883-5
brosch. 1997: ISBN 3-88814-190-7 /
978-3-88814-190-4
NA, brosch. 1999: 978-3-88814-883-5

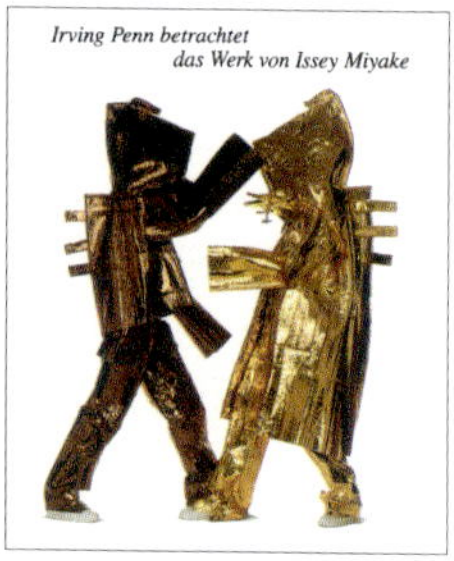

Penn, Irving. *Irving Penn betrachtet das Werk von Issey Miyake. Photographien 1975–1998.* Hrsg. und mit einem Text von Mark Holborn. Dt. von Matthias Wolf. 1999.
27 x 31,5 cm, 160 S., 134 Abb.,
geb., ISBN 3-88814-628-3 /
978-3-88814-628-2

–, *Still Life.* Mit einer Einleitung von John Szarkowski. 2001.
Engl. Originalausg.
26,3 x 28 cm, 144 S., 98 Abb.,
geb., ISBN 3-8296-0000-3

–, *Centennial.*
Hrsg. von Maria Morris Hambourg und Jeff L. Rosenheim. Mit Texten von Alexandra Dennett, Philippe Garner, Adam Kirsch, Harald E. L. Prins, Vasilios Zatse. Dt. von Sven Scheer, Ursula Wulfekamp, Matthias Wolf, Rudolf Hermstein, Julia A. Schell. 2017.
27 x 31,5 cm, 372 S., 365 Abb.,
geb., ISBN 978-3-8296-0800-8

Petersen, Anders. *Café Lehmitz.*
Mit einem Text von Roger Anderson. Engl. von Christopher Jenkin-Jones, frz. von Florence Petel. 1978.
21,5 x 24 cm, 116 S., 88 Abb.,
brosch., ISBN 3-88814-028-5
dt./engl. Ausg., geb. 2004:
3-8296-0072-0 / 978-3-8296-0072-9
NA, dt./engl./frz. Ausg., geb. 2013/2017:
ISBN 978-3-8296-0659-2
erw. NA (mit einem Vorwort von Tom Waits), geb. 2022: 0959-3

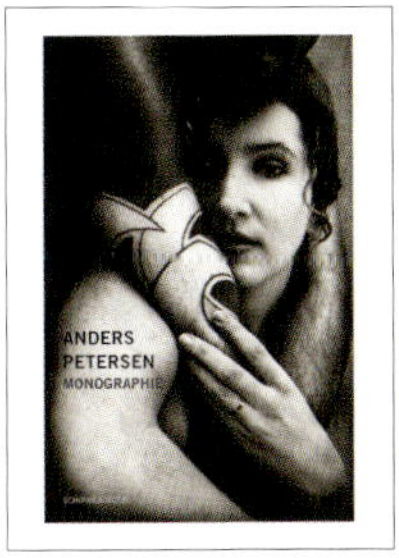

–, *Monographie*. Hrsg. von Patric Leo. Mit Texten von Urs Stahel und Hasse Persson. Dt. von Ursel Allenstein. 2013. 22,3 x 29,5 cm, 384 S., 284 Abb., geb., ISBN 978-3-8296-0639-4

Petitjean, Marc *siehe* **Kahlo, Frida**

Petrenko, Kirill *siehe* **Brech, Christoph**

Petri, Ray. *Buffalo.* Hrsg. von Mitzi Lorenz. Mit Texten von Paul Rambali, Nick Logan, Dylan Jones, Mitzi Lorenz und Jamie Morgan. Dt. von Matthias Wolf und Ursula Wulfekamp. 2000. 25 x 32,2 cm, 184 S., 150 Abb., geb., ISBN 3-88814-952-5 / 978-3-88814-952-8

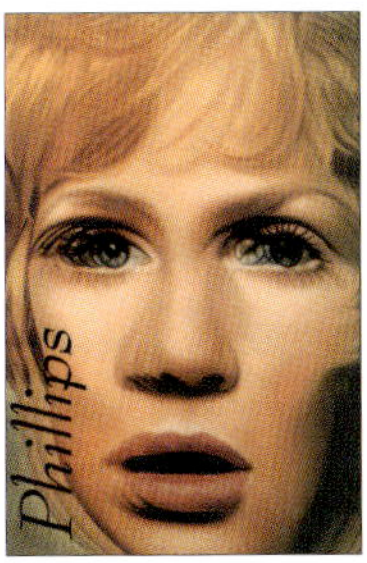

Phillips, Richard. *Gemälde.* Mit Texten von Bernhard Bürgi und Ronald Jones. 2000. Dt./engl. Ausg. 23 x 33, 72 S., 31 Abb., geb., ISBN 3-88814-973-8 / 978-3-88814-973-3

Phoenix, River. Brian J. Robb, *River Phoenix. Ein kurzes Leben.* Dt. von Marion Kagerer. 1995. 22 x 27 cm, 152 S., 83 Abb., brosch., ISBN 3-88814-753-0

Picasso, Pablo.
Meisterwerke der Blauen Periode (SVB).
Mit einem Text von Laszlo Glozer. 1988.
14,5 x 19 cm, 104 S., 40 Abb.,
brosch., ISBN 3-88814-297-0
frz. Ausg. 1988: 523-6
engl. Ausg. 1992: 485-X

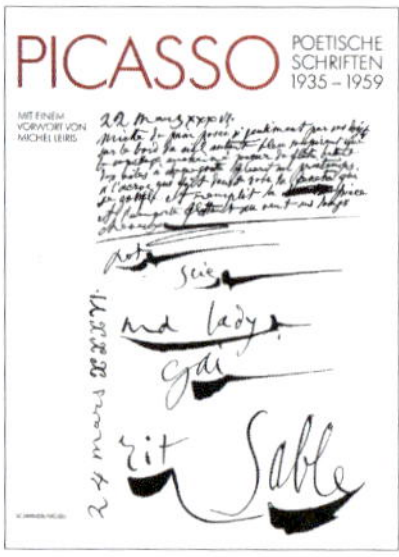

–, *Die poetischen Schriften 1935–1959.*
Hrsg. von Marie-Laure Bernadac und
Christine Piot. Mit span./frz. Original-
texten und einem Vorwort von Michel
Leiris. Dt. von Joseph Vogl. 1989.
23,5 x 32,5 cm, 496 S., 184 Abb.,
geb., ISBN 3-88814-296-2

–, *Meisterwerke der Rosa Periode* (SVB).
Mit einem Text von Hélène Seckel.
Dt. von Hans-Horst Henschen. 1992.
14,5 x 19 cm, 120 S., 50 Abb.,
brosch., ISBN 3-88814-449-3
frz. Ausg. 1998: 626-7

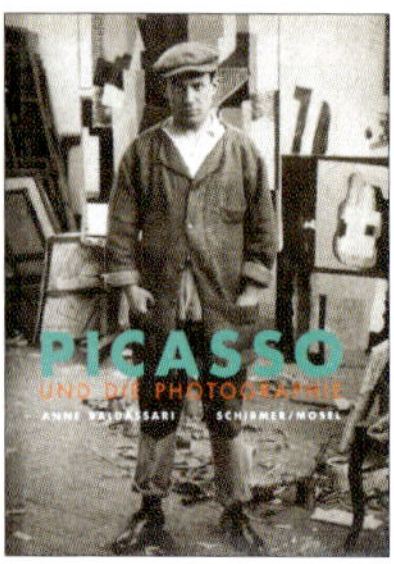

–, Anne Baldassari, *Picasso und die Photographie. Der schwarze Spiegel.*
Dt. von Thomas Wollermann. 1997.
23 x 31,2 cm, 264 S., 272 Abb.,
geb., ISBN 3-88814-876-6
brosch. 1997: 207-5

–, *Die Freiheit der späten Werke / The Freedom in the Late Works.*
Hrsg. von Heiner Bastian. Mit Texten von Heiner und Aeneas Bastian.
Engl. von Daniel Mufson. 2011.
Dt./engl. Ausg.
22,5 x 30 cm, 80 S., 26 Abb.,
geb., ISBN 978-3-8296-0531-1

–, *Pablo Picasso. 1881–1973.*
Mit einem Text von Brigitte Leal.
Dt. von Bernadette Ott. 2013.
19 x 23 cm, 136 S., 54 Abb.,
brosch., ISBN 978-3-8296-0640-0

–, Pascal Bonafoux, *Picasso malt Picasso. Selbstportraits 1894 bis 1972.*
Dt. von Michaela Angermair und Sibylle Nottebohm. 2023.
19 x 25,5 cm, 224 S. 170 Abb.,
geb., ISBN 978-3-8296-0961-6

Pino, Guiseppe. *Jazz My Love.*
Mit Texten von Clint Eastwood, Bill Crow, Philippe Carles und Guiseppe Pino. Dt. von Suzanne Fischer und Ursula Wulfekamp. 2002.
30 x 30 cm, 252 S., 206 Abb.,
geb., ISBN 3-8296-0066-6 / 978-3-8296-0066-8

Pinocchio *siehe* **Collodi, Carlo**

Pirelli. *Das große Pirelli-Kalender Album. Sämtliche Kalenderbilder 1964–1997.* Mit Texten von Guido Vergani und Italo Zannier. Dt. von Jürgen Achenbach. 1997.
28 x 28 cm, 408 S., 500 Abb.,
geb., ISBN 3-88814-852-9

–, *Die neuen Pirelli-Kalender 1994–1999: Richard Avedon, Bruce Weber, Peter Lindbergh, Herb Ritts.* Mit Texten von Roberto Mutti und Guido Vergani. Dt. von Jürgen Achenbach und Ulrich H.J. Meyn. 1999.
28 x 28 cm, 120 S., 62 Abb.,
geb., ISBN 3-88814-950-9 / 978-3-88814-950-4

–, *Pirelli-Kalender. Die schönsten Bilder von 1964 bis heute. Mit dem Kalender 2000 von Annie Leibovitz.* Mit Texten von Laura Laurenzi. Dt. von Jürgen Achenbach und Reinhard Renger. 2000.
28 x 28 cm, 144 S., 150 Abb.,
geb., ISBN 3-88814-948-7 / 978-3-88814-948-1

–, *Alle Pirelli-Kalender. Die kompletten Bilder von 1964 bis heute.* 2001.
14,2 x 17,5 cm, 224 S., 392 Abb.,
geb., ISBN 3-8296-0016-X / 978-3-8296-0016-3

–, *Die kompletten Pirelli-Kalender – 40 Jahre in einem Band. 1964–2004.* Mit einem Vorwort von Marco Tronchetti Provera und einer Einführung von Francesco Negri Arnoldi. Dt. von Susanne Vogel. 2004. 28 x 28 cm, 520 S., 540 Abb., geb., ISBN 3-8296-0160-3 / 978-3-8296-0160-3

–, *Alle Pirelli-Kalender 1964–2007.* Mit Texten von Edmondo Berselli und Francesco Negri Arnoldi. Dt. von Suzanne Fischer. 2007. 29 x 30,5 cm, 640 S., 731 Abb., geb., ISBN 978-3-8296-0328-7

Platon. *Power Platon.* Photographs by Platon. Mit einem Text von David Remnick. Dt. von Walter Ahlers. 2011. 19,2 x 26,7 cm, 200 S., 111 Abb., geb., ISBN 978-3-8296-0532-8

Platt Lynes, George. *Photographien aus der Sammlung des Kinsey Institute.* Mit Texten von James Crump und Bruce Weber. Dt. von Jörg Trobitius. 1993. 24,5 x 30,5 cm, 160 S., 103 Abb., geb., ISBN 3-88814-694-1

Playboy. *The Celebrities.*
Mit Texten von Hugh Hefner und Gary Cole. Dt. von Marion Kagerer. 2006.
23 x 30,5 cm, 176 S., 153 Abb., geb., ISBN 3-8296-0267-7 / 978-3-8296-0267-9

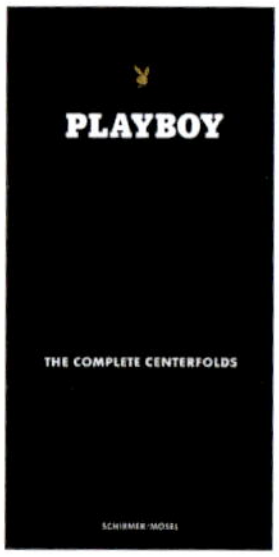

–, *The Complete Centerfolds. Alle Playmates von 1953 bis heute.* Mit einem Vorwort von Hugh M. Hefner, einer Einleitung von Dave Hickey und Texten von Robert Coover, Paul Theroux, Robert Stone, Jay McInerney, Daphne Merkin und Maureen Gibbon. Dt. von Nikolaus G. Schneider und Matthias Wolf. 2007. Engl. Ausg.
15 x 31,7 cm, 720 S., 625 Abb., geb., ISBN 978-3-8296-0330-0
Deluxe-Edition im Koffer, geb., 2007: 28 x 60 cm, ISBN 978-3-8296-0331-7
erw. NA 2008: 978-3-8296-0365-2

Pohlmann, Ulrich. *Eine neue Kunst? Eine andere Natur! Fotografie und Malerei im 19. Jahrhundert.*
Hrsg. von Ulrich Pohlmann und Johann Georg Prinz von Hohenzollern. Mit Texten von Ulrich Pohlmann, Milan Chlumsky, Bodo von Dewitz, Dorothea Peters, Dietmar Schenk und J.A. Schmoll gen. Eisenwerth. 2004.
23,8 x 27,9 cm, 368 S., 328 Abb., brosch., ISBN 3-8296-0069-0 / 978-3-8296-0069-9

–, *Fotografie sammeln. Dem Leiter der Sammlung Fotografie im Münchner Stadtmuseum 1991–2022. Eine Festschrift.* Hrsg. von Frauke von der Haar und Lothar Schirmer. Mit 77 von Ulrich Pohlmann für die Sammlung erworbenen Fotografien und 42 Texten von Freunden und Weggefährten. 2023.
16,5 x 23,5 cm, 216 S., 159 Abb., geb., ISBN 978-3-8296-0966-1

Pohlmann, Ulrich / Rudolf Scheutle. *Lehrjahre – Lichtjahre. Die Münchner Fotoschule 1900–2000.* Hrsg. und mit Texten von Ulrich Pohlmann und Rudolf Scheutle. 2000.
24 x 30 cm, 284 S., 294 Abb., geb., ISBN 3-88814-943-6 / 978-3-88814-943-6

Pohlmann, Ulrich *siehe auch* ***Deutschland in frühen Photographien*****; Gloeden, Wilhelm von** *und* **List, Herbert**

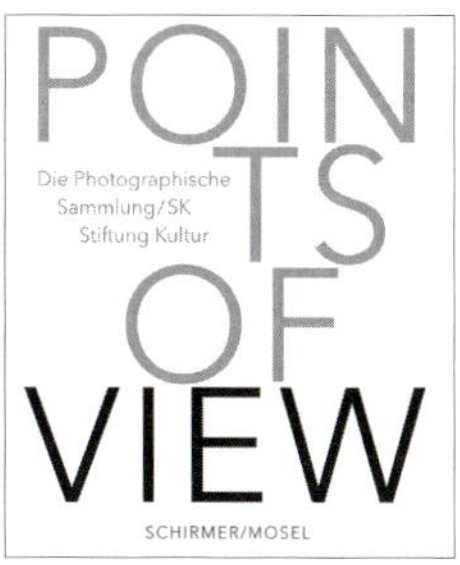

Points of View. Konzepte und Sequenzen / Concepts and Sequences. Hrsg. von Die Photographische Sammlung/SK Stiftung Kultur. Mit einem Vorwort von Ulrich Voigt und Texten von Gabriele Conrath-Scholl und Claudia Schubert. 2023.
Dt./engl. Ausg.
21 x 24,5 cm, 440 S., ca. 500 Abb., geb., ISBN 978-3-8296-0978-4

Polke, Sigmar. *Katalog San Francisco Museum of Modern Art.* Hrsg. von Fronia Simpson. Mit Texten von John Baldessari, John Caldwell, Michael Oppitz, Peter Schjeldahl, Katharina Schmidt und Reiner Speck. 1991.
Engl. Originalausg.
22,5 x 30,5 cm, 152 S., 107 Abb., brosch., ISBN 3-88814-415-9

Polke, Sigmar. *Photographische Arbeiten aus der Sammlung Garnatz.* Hrsg. von der Photographischen Sammlung / SK Stiftung Kultur, Köln und der Städtischen Galerie Karlsruhe. Mit Texten von Eberhard Garnatz, Brigitte Baumstark, Gabriele Conrath-Scholl und Jochen Poetter. 2008.
24 x 28,5 cm, 88 S., 194 Abb,
geb., ISBN 978-3-8296-0362-1

–, *Alchemie und Arabeske.*
Hrsg. von Helmut Friedel für die Stiftung Frieder Burda. Mit Texten von Helmut Friedel und Barbara Vinken sowie einem Gespräch zwischen Bice Curiger und Sigmar Polke. 2017
22 x 27 cm, 200 S., 260 Abb,
geb., ISBN 978-3-8296-0801-5

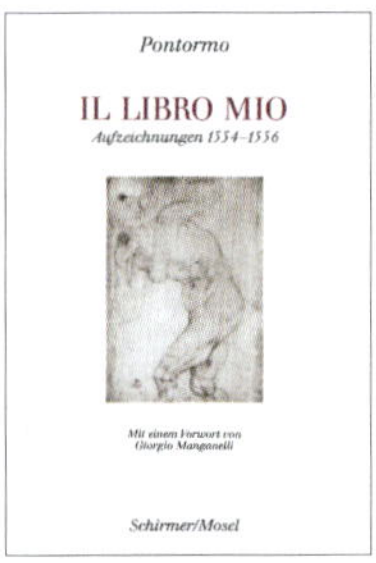

Pontormo. *Il libro mio. Aufzeichnungen 1554–1556.*
Hrsg. von Salvatore S. Nigro. Mit einem Vorwort von Giorgio Manganelli.
Dt. von Marianne Schneider. 1988.
17,5 x 24 cm, 128 S., 28 Abb.,
geb., ISBN 3-88814-270-9

–, *Zeichnungen.*
Hrsg. von Salvatore S. Nigro.
Mit Texten von Salvatore S. Nigro und Carlo Guarrera.
Dt. von Marianne Schneider, frz. von René de Ceccatty und Valérie Blondel. 1991.
23,5 x 33 cm, 160 S., 77 Abb.,
geb., ISBN 3-88814-409-4
frz. Ausg. 1992: 591-0

–, *Fresken und Gemälde.* Hrsg. und mit einem Text von Salvatore S. Nigro. Dt. von Marianne Schneider. 1993. 23,5 x 33 cm, 160 S., 76 Abb., geb., ISBN 3-88814-494-9

–, *Il libro mio – Zeichnungen – Fresken – Gemälde* (Gesamtausgabe). Hrsg. von Salvatore S. Nigro. Mit Texten von Giorgio Manganelli, Salvatore S. Nigro und Pontormo. Dt. von Marianne Schneider. 1996. 23,5 x 33 cm, 408 S., 150 Abb., geb., ISBN 3-88814-838-3

Pop Book Number One *siehe* **Gullick, Steve**

Prager, Alex. *Silver Lake Drive. Das Buch der Bilder.* Mit einer Einleitung von Michael Govan, Texten von Clare Grafik und Michael Mansfield und einem Interview mit Alex Prager von Nathalie Herschdorfer. Dt. von Ursula Wulfekamp und Matthias Wolf. 2018. 24,5 x 30,5 cm, 224 S., 291 Abb., geb., ISBN 978-3-8296-0841-1

Presley, Elvis. *Tutti Frutti* (SVB). Mit einem Text von Lester Bangs. 1990. 14,5 x 19 cm, 120 S., 64 Abb., brosch., ISBN 3-88814-358-6
frz. Ausg. 1990: 553-8
NA, brosch. 2017: *Wo waren Sie, als Elvis starb?* ISBN 978-3-8296-0827-5

Presley, Elvis / Marvin Israel.
Elvis Presley 1956. Photographien von Marvin Israel. Hrsg. und mit einem Text von Martin Harrison. Dt. von Thomas Wollermann. 1998.
20,5 x 25 cm, 94 S., 58 Abb.,
geb., ISBN 3-88814-906-1

Prignitz-Poda, Helga *siehe* **Kahlo, Frida**

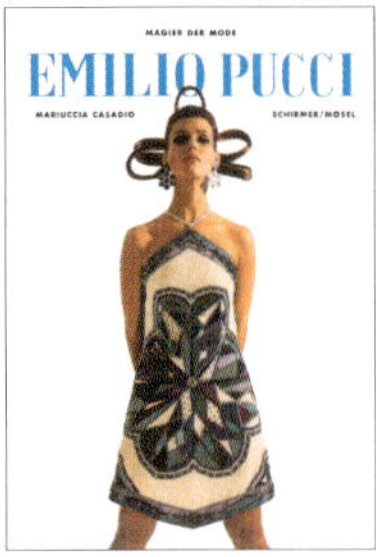

Pucci, Emilio (Magier der Mode).
Mit einem Text von Mariuccia Casadio. Dt. von Sigrid Vagt. 1999.
15,5 x 21,5 cm, 80 S., 45 Abb.,
geb., ISBN 3-88814-980-0

Q

…

R

VON RABANNE BIS RUNGE

Rabanne, Paco. *Paco Rabanne* (Magier der Mode). Mit einem Text von Lydia Kamitsis. Dt. von Anja Lazarowicz.
1998.
15,5 x 21,5 cm, 80 S., 49 Abb.,
geb., ISBN 3-88814-362-4

Rainbird, Sean *siehe* **Beuys, Joseph**

Rakete, Jim. *Photographien 1970–1997.* Mit einem Vorwort von Peter Lindbergh.
1997.
24,5 x 30,6, 216 S., 184 Abb.,
geb., ISBN 3-88814-886-3
brosch. 2000: ISBN 3-88814-968-1 / 978-3-88814-968-9
brosch. 2007: ISBN 978-3-8296-0284-6

–, *1/8 sec. Vertraute Fremde.* Mit einem Vorwort von Jim Rakete.
2008.
Dt./engl. Ausg.
24,5 x 31 cm, 272 S., 191 Abb.,
geb., ISBN 978-3-8296-0296-9

–, *Stand der Dinge. 100 Portraits für das Deutsche Filmmuseum.* Mit Texten von Freddy Langer und Dominik Graf.
2011.
24 x 31,5 cm, 208 S., 101 Abb.,
geb., ISBN 978-3-8296-0533-5

Rampling, Charlotte.
With Compliments. Mit Texten von Mareike Boom, Dirk Bogarde und Nagisa Oshima. Dt. von Susanne Vogel und Siegfried Scharschmidt. 1986.
21 x 27 cm, 140 S., 155 Abb.,
brosch., ISBN 3-88814-220-2

Ranke, Winfried *siehe* **Weller, Peter**

Rauschenberg, Robert.
Photographien 1949–1962. Hrsg. von Susan Davidson und David White. Mit einem Text von Nicholas Cullinan. Dt. von Walter Ahlers. 2011.
24 x 28 cm, 232 S., 167 Abb.,
geb., ISBN 978-3-8296-0512-0

Reitz, Edgar. *Die andere Heimat 1843/44. Chronik einer Sehnsucht. Das Buch der Bilder.* Mit einem Vorwort von Michael Krüger und Texten von Edgar Reitz. 2013.
26 x 30,5 cm, 240 S., 174 Abb.,
geb., ISBN 978-3-8296-0661-5

Rembrandt. *Der Meister und seine Werkstatt. Band 1: Gemälde.* Hrsg. von Christopher Brown. Mit Texten von Jeroen Boomgaard, Josua Bruyn, A. Th. van Deursen, S. A. C. Dudok van Heel, Robert W. Scheller und Ernst van de Wetering. Dt. von Gisela Bloch, Irene Lochschmidt, Maria-Magdalena Müller-Haas und Heinz W. Schultz. 1991.
25 x 29 cm, 396 S., 434 Abb.,
geb. ISBN 3-88814-458-2
brosch. 1991: 435-3

–, *Der Meister und seine Werkstatt. Band 2: Zeichnungen und Radierungen.* Hrsg. von Holm Bevers, Peter Schatborn und Barbara Welzel. Mit Texten von Holm Bevers und Peter Schatborn. Dt. von M.-M. Müller-Haas und Volker Ritter. 1991.
25 x 29 cm, 288 S., 416 Abb.,
geb., ISBN 3-88814-459-0
brosch. 1991: 436-1

–, Pascal Bonafoux, *Rembrandt. Die Selbstbildnisse.* Dt. von Matthias Wolf. 2019.
16,5 x 20 cm, 160 S., 111 Abb.,
geb., ISBN 978-3-8296-0869-5

Renaissance *siehe* **Bonnet, Anne-Marie**

Renger-Patzsch, Albert. *Meisterwerke.* Hrsg. von Ann und Jürgen Wilde. Mit Texten von Thomas Janzen, Albert Renger-Patzsch und Jürgen Wilde. 1997.
24,5 x 31,6 cm, 176 S., 132 Abb.,
geb., ISBN 3-88814-862-6

Renger-Patzsch, Albert *siehe auch* ***Vergleichende Konzeptionen***

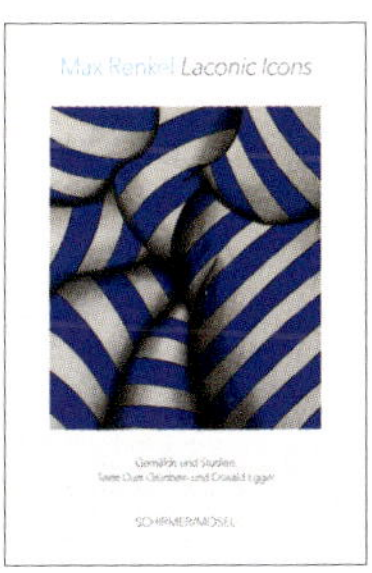

Renkel, Max. *Laconic Icons. Gemälde und Studien.* Mit Texten von Durs Grünbein und Oswald Egger. 2024.
18,5 x 26 cm, 112 S., 154 Abb.,
geb., ISBN 978-3-8296-0922-7

Rheims, Bettina. *Female Trouble.*
Hrsg. von Gina Kehayoff. Mit einem Text von Catherine Deneuve. Engl. von Paul Kremmel. 1989.
23,5 x 29,5 cm, 152 S., 102 Abb., geb., ISBN 3-88814-305-5
brosch. 1989: 328-4
NA, brosch. 1991: 452-3
frz. Ausg., geb. 1989: 537-6
engl. Ausg., geb. 1991: 897-9
engl. Ausg., brosch. 1991: 418-3
frz. Ausg., brosch. 1991: 587-2
dt./engl. Ausg., geb. 2001: ISBN 3-8296-0022-4 / 978-3-8296-0022-4

–, *More Trouble.* 2004.
Dt./engl./frz. Ausg.
25 x 31,4 cm, 240 S., 217 Abb., geb., ISBN 3-8296-0106-9 / 978-3-8296-0106-1

–, *Retrospective.* Mit Texten von Serge Bramly, Jean-Christophe Ammann, Berndt Arell und Kim Levin. Dt. von Matthias Wolf, engl. von Jeremy Gaines und Laura Shuttleworth. 2004.
Dt./engl. Ausg.
24 x 30 cm, 208 S., 133 Abb., brosch., ISBN 3-8296-0061-5 / 978-3-8296-0061-3
frz./engl. Ausg., brosch. 2005: ISBN 3-8296-0213-8 / 978-3-8296-0213-6

–, *Heroïnes.* Mit einem Text von Catherine Millet. Dt. von Claudia Steinitz, engl. von Charles Penwarden. 2007.
Dt./engl./frz. Ausg.,
29 x 36 cm, 134 S., 53 Abb.,
geb., ISBN 978-3-8296-0298-3

–, *Can You Find Happiness.*
Mit einem Text von Philippe Dagen. Dt. von Claudia Steinitz, engl. von Charles Penwarden. 2008.
22 x 27 cm, 136 S., 113 Abb.,
geb., ISBN 978-3-8296-0351-5
engl. Ausg. 2008: 0364-5

Rheims, Bettina / Serge Bramly.
Chambre Close. Eine Fiktion.
Dt. von Claudia Steinitz. 2007.
23,5 x 29 cm, 152 S., 85 Abb.,
geb., ISBN 978-3-8296-0315-7
engl. Ausg. 2007: 0316-4

Richter, Gerhard. Armin Zweite,
Das Denken ist beim Malen das Malen. Gerhard Richter – Leben und Werk. 2019.
24 x 36,5 cm, 480 S., 413 Abb.,
geb., ISBN 978-3-8296-0758-2

Richter, Gerhard. *Photographs.*
Mit einem Text von Dieter Schwarz.
2024.
Dt./engl. Ausg.
21 x 26,5 cm, 96 S., 38 Abb.,
brosch., ISBN 978-3-8296-1011-7

Richter, Gerhard *siehe auch* **Lawler, Louise**

Ritts, Herb. *Pictures.*
Hrsg. von Jack Woody. 1988.
28,5 x 36,5 cm, 146 S., 90 Abb.,
geb., ISBN 3-88814-290-3
frz. Ausg. 1988: 525-2

–, *Notorious.* 1992.
Engl. Originalausg.
30,5 x 39 cm, 158 S., 121 Abb.,
geb., ISBN 3-88814-490-6

–, *Retrospektive.*
Hrsg. von der Fondation Cartier.
Mit einem Text von Patrick Roegiers und einem Interview von François Quintin mit Herb Ritts. Dt. von Matthias Wolf.
2000.
22 x 28 cm, 182 S., 94 Abb.,
geb., ISBN 3-88814-834-0 /
978-3-88814-834-7

–, *L.A. Style.*
Mit Texten von Paul Martineau und James Crump. Dt. von Saskia Bontjes van Beek und Ursula Wulfekamp. 2012.
24 x 30,5 cm, 208 S., 191 Abb.,
geb., ISBN 978-3-8296-0570-0

Ritts, Herb *siehe auch* **Pirelli**

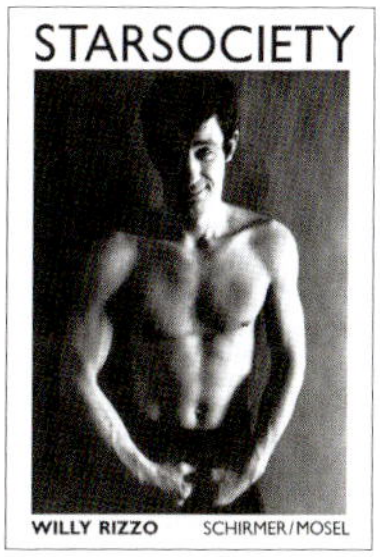

Rizzo, Willy. *Starsociety.* Hrsg. und mit einem Text von Jean-Pierre de Lucovich. Dt. von Monika Buchgeister. 1994.
23,5 x 33 cm, 96 S., 63 Abb.,
geb., ISBN 3-88814-720-4
frz. Ausg. 1998: 638-0

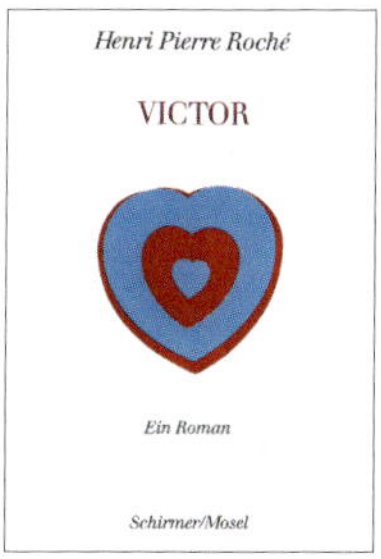

Roché, Henri Pierre. *Victor. Ein Roman.*
Mit einem Vorwort von Jean Clair.
Dt. von Simon Werle. 1986.
16,8 x 23,5 cm, 126 S.,
brosch., ISBN 3-88814-211-3

Rock, Mick. *Stardust. Photographien der 70er Jahre.* Mit Texten von Andrew Loog Oldham, Lou Reed und Mick Rock.
Dt. von Marion Kagerer. 1995.
25 x 31 cm, 136 S., 132 Abb.,
geb., ISBN 3-88814-779-4

Rodin, Auguste.
Die erotischen Zeichnungen, Aquarelle und Collagen. Hrsg. und mit Texten von Alain Kirili und Philippe Sollers. Dt. von Johannes Hauck. 1987.
28 x 32 cm, 120 S., 76 Abb.,
geb., ISBN 3-88814-236-9
brosch. 1991: 426-4

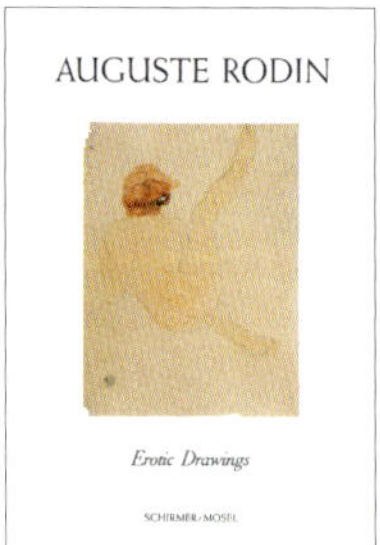

–, *Erotische Aquarelle.* Mit einem Text von Anne-Marie Bonnet. 1995.
23 x 32,5 cm, 160 S., 116 Abb.,
geb., ISBN 3-88814-721-2
brosch. 1998: 721-2
engl. Ausg. 1998: 678-X
verkl. NA, dt. Ausg., geb. 2001: *Bilder des Begehrens. Die erotischen Aquarelle und Scherenschnitte,* 3-88814-990-8 / 978-3-88814-990-0
engl. Ausg., geb. 2001: 3-88814-940-1 / 978-3-88814-940-5
dt. Ausg., brosch. 2005: 3-8296-0188-3 / 978-3-8296-0188-7
engl. Ausg., brosch. 2005: 3-8296-0189-1 / 978-3-8296-0189-4
verkl. NA, dt./engl./frz. Ausg., geb. 2017: ISBN 978-3-8296-0812-1

Rodtschenko, Alexander.
Hubertus Gassner, *Rodčenko Fotografien.* Mit einem Vorwort von Alexander Lavrentjev. 1982.
23,5 x 27,5 cm, 280 S., 273 Abb.,
geb., ISBN 3-88814-067-6

–, Margarita Tupitsyn, *Alexander Rodtschenko. Das neue Moskau.* Dt. von Christel Liesenfeld-Steinberg. 1998.
25 x 31,5 cm, 120 S., 95 Abb.,
geb., ISBN 3-88814-918-5
engl. Ausg. 1998: 602-X

Rolling Stone. *Die Photographien aus dem legendären Magazin 1967–1988.* Hrsg. von Laurie Kratochvil. Mit Texten von Jann Wenner und Tom Wolfe. Dt. von Jörg Trobitius. 1989.
31 x 36 cm, 192 S., 125 Abb.,
geb., ISBN 3-88814-335-7
frz. Ausg. 1989: 539-2
brosch. 1992: 195-8
frz. Ausg. 1992: 625-9

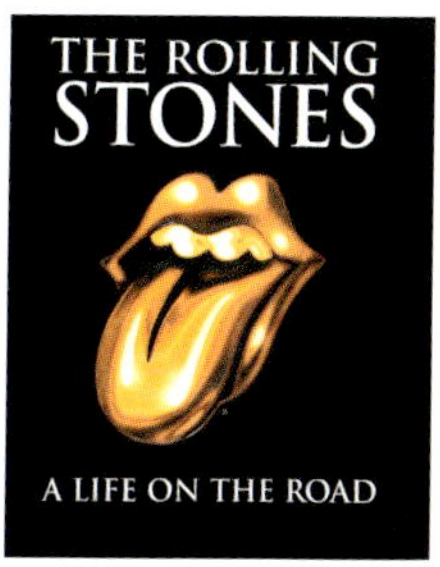

[The] Rolling Stones. *A Life on the Road.* Hrsg. und mit Texten von Jools Holland, Dora Loewenstein u.a. 1998.
Engl. Originalausg.
26,5 x 31,5 cm, 288 S., ca. 300 Abb.,
geb., ISBN 3-88814-922-3

Rolston, Matthew. *Big Pictures. A Book of Photographs.* Mit einem Text von Tim Burton. 1991.
Engl. Originalausg.
26 x 33,5 cm, 144 S., 71 Abb.,
geb., ISBN 3-88814-439-6

Rom *– in frühen Photographien 1846–1878.* Mit Texten von Piero Becchetti, Henrik Pers, Carlo Pietrangeli u. a. Bearb. und übers. von Gesine Asmus. 1978.
19 x 24 cm, 240 S., 144 Abb., brosch., ISBN 3-88814-025-0
NA, geb. 1988: 282-2

[Meisterwerke der] Romantik in der Dresdener Galerie.
Hrsg. von Gerd Spitzer. Mit Texten von Gerd Spitzer und einem Beitrag von Ulrich Bischoff. 2012.
27,5 x 34,5 cm, 184 S., 154 Abb., geb., ISBN 978-3-8296-0616-5

Rosenblum, Robert.
Die moderne Malerei und die Tradition der Romantik. Von C. D. Friedrich zu Mark Rothko. Dt. von Reinhard Kaiser. 1981.
17,5 x 24 cm, 256 S., 314 Abb., geb., ISBN 3-88814-089-7

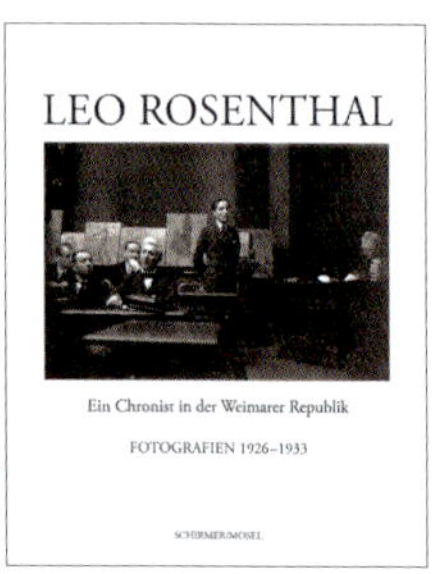

Rosenthal, Leo.
Ein Chronist in der Weimarer Republik. Fotografien 1926–1933. Hrsg. vom Landesarchiv Berlin und der Rechtsanwaltskammer Berlin. Mit Texten von Bianca Welzing-Bräutigam, Janos Frecot und Bernd Weise. Engl. von Charlotte Hughes-Kreutzmüller. 2011.
Dt./engl. Ausg.
21 x 26 cm, 160 S., 123 Abb., geb., ISBN 978-3-8296-0564-9

Ross, Judith Joy. *Photographien seit 1982 / Photographs since 1982.* Hrsg. von der Photographischen Sammlung / SK Stiftung Kultur, Köln. Mit einem Text von Gabriele Conrath-Scholl und Claudia Schubert. Engl. von Rebecca van Dyck. 2011.
Dt./engl. Ausg.
24 x 28 cm, 144 S., 92 Abb.,
geb., ISBN 978-3-8296-0565-6

Rossellini, Isabella. *Some of Me.*
Dt. von Marion Kagerer. 1997.
20,2 x 23,2 cm, 192 S., 84 Abb.,
geb., ISBN 3-88814-898-7 /
978-3-88814-898-9
verkl. NA, geb. 2016:
978-3-8296-0772-8

–, *Looking at Me. Über Bilder und Photographen.* Mit Texten von Isabella Rossellini. Dt. von Marion Kagerer. 2002.
19 x 23,5 cm, 144 S., 81 Abb.,
geb., ISBN 3-88814-609-7 /
978-3-88814-609-1
engl. Ausg. 2002: 3-8296-0057-7 /
978-3-8296-0057-6

–, *In the Name of the Father, the Daughter and the Holy Spirits. Remembering Roberto Rossellini.* Mit Texten von Ingrid Bergman, Roberto Rossellini, Federico Fellini, Isabella Rossellini u. a. 2006.
17,8 x 20,5 cm, 144 S., 140 Abb.,
engl. Ausg., geb., mit DVD, ISBN
3-8296-0242-1 / 978-3-8296-0242-6
dt. Ausg., geb. 2006:
ISBN 978-3-86555-024-8

Rossellini, Isabella. *Green Porno. Ein Bilderbuch und 18 Kurzfilme auf DVD.* 2009.
17,8 x 23 cm, 176 S., 104 Abb., geb., mit DVD,
ISBN 978-3-8296-0441-3

–, *Meine Hühner und ich.* Mit Zeichnungen von Isabella Rossellini und Photographien von Patrice Casanova. Dt. von Marion Kagerer. 2017
18 x 23 cm, 112 S., 124 Abb., geb., ISBN 978-3-8296-0793-3
verkl. und erw. NA, geb. 2020: ISBN 978-3-8296-0904-3

Rossellini, Isabella *siehe auch* **Bergman, Ingrid**

Rosswog, Martin. *Ländliche Innenräume. Photographien.* Mit Texten von Josef Mangold und Brigitte Schlüter. 1996.
24,5 x 29,7 cm, 144 S., 92 Abb., geb., ISBN 3-88814-804-9

–, *Schultenhöfe.* Mit einem Text von Jan Carstensen. 2005.
Dt./engl. Ausg.
31,5 x 24,5 cm, 72 S., 45 Abb., geb., ISBN 3-8296-0206-5 / 978-3-8296-0206-8

–, *Heritage. Interieur – Portrait – Landschaft.* Mit Texten von Klaus Honnef und Kurt Dröge. 2005.
Dt./engl. Ausg.
24 x 29 cm, 240 S., 143 Abb.,
geb., ISBN 3 8296-0205-7 /
978-3-8296-0205-1

–, *Milton. South Uist. Scotland.* Hrsg. von der Photographischen Sammlung / SK Stiftung Kultur. Mit Texten von Claudia Schubert und Fr Michael J. MacDonald. Dt. von Ursula Wulfekamp, engl. von Jennifer Taylor. 2015.
Dt./engl. Ausg.
22 x 27 cm, 156 S., 77 Abb.,
geb., ISBN 978-3-8296-0711-7

Rousseau, Henri.
Cornelia Stabenow, *Henri Rousseau. Die Dschungelbilder.* 1984.
26,5 x 22 cm, 80 S., 44 Abb.,
brosch., ISBN 3-88814-141-9

–, *Das kleine Dschungelbuch. Die Urwaldbilder von Henri Rousseau.* Mit einem Text von Harald Eggebrecht. 2004.
10,5 x 15,2 cm, 96 S., 37 Abb.,
geb., ISBN 3-8296-0136-0 /
978-3-8296-0136-8

Ruetz, Michael. *Wales. Photographien zu Gedichten von Dylan Thomas.*
Dt. von Erich Fried. 1990.
30 x 37,5 cm, 118 S., 49 Abb.,
geb., ISBN 3-88814-263-6
engl. Ausg. 1990: 393-4
frz. Ausg. 1990: 563-5

Ruff, Thomas. *Nudes.* Mit einer Short Story von Michel Houellebecq. Dt. von Uli Wittmann, engl. von Frank Wynne. 2003/2012.
Dt./engl./frz. Ausg.
22 x 29 cm, 168 S., 99 Abb.,
geb., ISBN 3-8296-0041-0 / 978-3-8296-0041-5

–, *Works 1979–2011.* Mit Texten von Okwui Enwezor, Thomas Weski und Valeria Liebermann. Dt. von Matthias Wolf, engl. von Jeremy Gaines. 2012.
Dt./engl. Ausg.
28,5 x 30 cm, 272 S., 210 Abb.,
geb., ISBN 978-3-8296-0585-4

Runge, Philipp Otto.
Cornelia Richter, *Philipp Otto Runge. Ich weiß eine schöne Blume. Werkverzeichnis der Scherenschnitte.* 1981.
28,5 x 33,5 cm, 144 S., 292 Abb.,
geb., ISBN 3-88814-065-X

–, *Scherenschnitte.* Mit einem Text von Harald Eggebrecht. 2010.
17,2 x 24 cm, 120 S., 50 Abb.,
brosch., ISBN 978-3-8296-0509-0

S

VON SAGA BIS STRUTH

Saga, Teiji. *Schwäne.* Mit einem Text von Janet Kear. Dt. von Matthias Wolf. 1990.
27,5 x 29,5 cm, 120 S., 79 Abb., geb., ISBN 3-88814-349-7
engl. Ausg. 1990: 389-6

Sagnes, François.
Die Osterinsel. Mit einem Text von Hans-Jürgen Heinrichs. 1990.
28 x 32,5 cm, 108 S., 79 Abb., geb., ISBN 3-88814-369-1

Saint Laurent, Yves.
YSL und die Modephotographie.
Mit einem Text von Marguerite Duras. Dt. von Simon Werle. 1988.
23,5 x 33,5 cm, 232 S., 135 Abb., geb., ISBN 3-88814-273-3
brosch. 1992: 476-0
engl. Ausg. 1992: 479-5
frz. Ausg. 1992: 598-8
Bonsai dt. 1998: 279-2
Bonsai engl. 1998: 101-X
NA, brosch. engl. Ausg. mit dt./frz. Textbeilage 2010: 978-3-8296-0471-0
verkl. NA, engl. Ausg. mit dt./frz. Textbeilage, brosch. 2014: *Icons of Fashion Design. Icons of Photography,* ISBN 978-3-8296-0471-0
verkl. NA, engl. Ausg. mit dt./frz. Textbeilage, geb. 2018: *Icons of Fashion Design. Icons of Photography,* ISBN 978-3-8296-0471-0

Saint Laurent, Yves (Magier der Mode).
Mit einem Text von Pierre Bergé.
Dt. von Marietta Piekenbrock. 1997.
15,5 x 21,5 cm, 80 S., 51 Abb.,
geb., ISBN 3-88814-818-9

–, *Form und Fashion.*
Mit einem Vorwort von Madison Cox und Texten von Elsa Janssen, Cécile Bargues, Serena Bucalo-Mussely und Julien Fronsacq. 2023.
22 x 28 cm, 176 S., 140 Abb.,
geb., ISBN 978-3-8296-0985-2

Salomon, Erich. *Berühmte Zeitgenossen in unbewachten Augenblicken.*
Mit einem Text des Photographen. 1978.
19 x 24 cm, 144 S., 104 Abb.,
brosch., ISBN 3-88814-024-2

–, *Dr. Erich Salomon 1886–1944. Aus dem Leben eines Fotografen.*
Mit Texten von Els Barents und W. H. Roobol. Dt. von Anne Olyhrook-Stolz. 1981.
22,5 x 27 cm, 80 S., 107 Abb.,
brosch., ISBN 3-88814-085-4
niederl. Ausg. 1981: 080-3

–, *Leica Fotografie 1930–1939.* Mit Texten von Janos Frecot, Helmut Geisert und Bernd Wiese. 1986. 19 x 24 cm, 116 S., 108 Abb., brosch., ISBN 3-88814-217-2

–, *»Mit Frack und Linse durch Politik und Gesellschaft«. Photographien 1928–1938.* Hrsg. von Janos Frecot für die Berlinische Galerie. Mit Texten von Hellmuth F. Braun, Wolfgang Brückle, Ulrich Domröse, Janos Frecot, Susanne Lange u. a. 2004. 23 x 27 cm, 272 S., 199 Abb., geb., ISBN 3-8296-0032-1 / 978-3-8296-0032-3

Sammlung Marx. *Bilder und Skulpturen I.* Hrsg. von Heiner Bastian. Mit Werken von Joseph Beuys, Anselm Kiefer, Robert Rauschenberg, Thomas Struth, Cy Twombly u. a. Mit Texten von Heiner Bastian, Wolf-Dieter Dube, Erich Marx u. a. 1996. 23,2 x 30 cm, 292 S., 132 Abb., geb., ISBN 3-88814-831-6

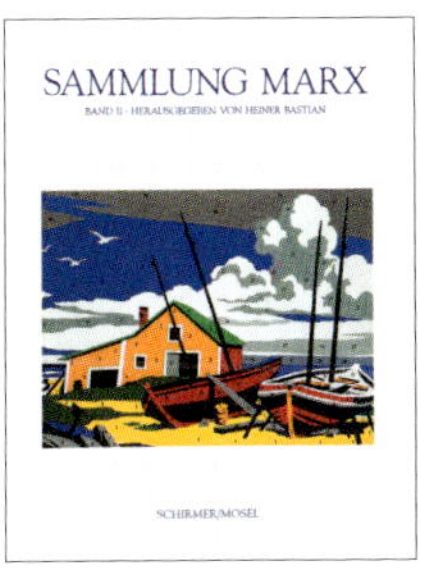

–, *Bilder und Skulpturen II.* Hrsg. von Heiner Bastian. Mit Werken von Andy Warhol, Dan Flavin, Roy Lichtenstein, Bruce Nauman, Cindy Sherman u. a. Mit Texten von Heiner Bastian, Eugen Blume, Erich Marx, Britta Schmitz u. a. 1996. 23,2 x 30 cm, 284 S., 104 Abb., geb., ISBN 3-88814-832-4

Sammlung Marx *siehe auch* **Warhol, Andy; Marx, Erich**

AUGUST SANDER

Sander, August. *Rheinlandschaften. Photographien 1929–1946.* Mit einem Text von Wolfgang Kemp. 1975.
27 x 32 cm, 140 S., 61 Abb.,
geb., ISBN 3-88814-000-5
Vorzugsausg. mit Originalphoto: 001-3
verkl. NA, brosch. 1981: 078-1
NA mit einem neuen Text von Wolfgang Kemp, geb. 2014: 978-3-8296-0671-4

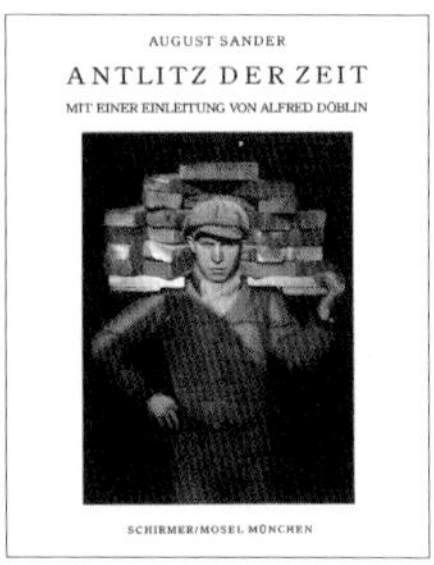

–, *Antlitz der Zeit.*
Mit einem Text von Alfred Döblin.
Frz. von Léa Marcou. 1976.
22 x 29 cm, 140 S., 60 Abb.,
brosch., ISBN 3-88814-011-0
NA 1983: 125-7
frz. Ausg. 1984: 500-7

–, *Menschen ohne Maske. Photographien 1906–1952.* Hrsg. und mit einem Text von Gunther Sander. 1976.
22 x 29,5 cm, 274 S., 261 Abb.,
brosch., ISBN 3-88814-008-0

–, *Menschen des 20. Jahrhunderts. Portraitphotographien 1892–1952.* Hrsg. von Gunther Sander. Mit einem Text von Ulrich Keller. 1980.
23 x 29 cm, 560 S., 431 Abb.,
geb., ISBN 3-88814-042-0
brosch. 1994: 723-9

–, *Die Zerstörung Kölns. Photographien 1945–46.* Mit Texten von Heinrich Böll, Winfried Ranke und August Sander. 1985.
25 x 27,5 cm, 80 S., 36 Abb.,
geb., ISBN 3-88814-164-8

–, *Antlitz der Zeit* (SVB). Mit einem Text von Alfred Döblin. Engl. von Michael Robertson, frz. von Léa Marcou. 1990.
14,5 x 19 cm, 144 S., 60 Abb.,
brosch., ISBN 3-88814-357-8 / 978-3-88814-357-1
frz. Ausg. 1990: 547-3
engl. Ausg. 1994: 292-X / 978-3-88814-292-5

–, *Landschaften.* Hrsg. von der Photographischen Sammlung / SK Stiftung Kultur, Köln. Mit einem Text von Olivier Lugon. Dt. von Klaus Roth. 1999.
22 x 29 cm, 240 S., 147 Abb.,
geb., ISBN 3-88814-797-2

Sander, August.
Menschen des 20. Jahrhunderts. Studienband. Hrsg. von der Photographischen Sammlung / SK Stiftung Kultur, Köln. 2001.
21,5 x 28,5 cm, 208 S., 695 Abb., brosch., ISBN 3-8296-0024-0 / 978-3-8296-0024-8

–, *Menschen des 20. Jahrhunderts. Die Gesamtausgabe in 7 Bänden.* Hrsg. von der Photographischen Sammlung / SK Stiftung Kultur, Köln. Bearb. und neu zusammengestellt von Susanne Lange, Gabriele Conrath-Scholl und Gerd Sander. 2002.
Dt./engl./frz. Ausg.
21,5 x 28,5 cm, 1436 S., 619 Abb., geb., ISBN 3-8296-0006-2 / 978-3-8296-0006-4

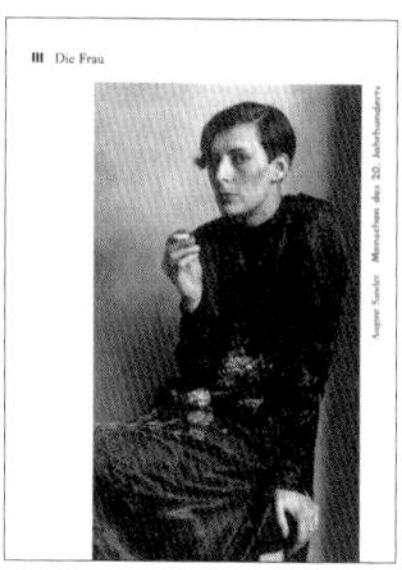

–, *Linzer Jahre. 1901–1909.* Mit Texten von Gabriele Conrath-Scholl, Martin Hochleitner und Susanne Lange. 2005. 21,4 x 28,4 cm, 224 S., 239 Abb., geb., ISBN 3-8296-0217-0 / 978-3-8296-0217-4

–, *Sardinien – Sardegna. Photographien einer Italienreise – Fotografie di un viaggio in Italia 1927.* Herausgegeben von der Photographischen Sammlung / SK Stiftung Kultur, Köln. Mit Texten von Gabriele Conrath-Scholl, Rajka Knipper, Giorgio Pellegrini, Albertus Mathar und Ludwig Mathar. 2009.
Dt./ital. Ausg.
24 x 28,5 cm, 288 S., 485 Abb., geb., ISBN 978-3-8296-0433-8

–, *Sehen, Beobachten und Denken. Photographien.* Hrsg. von der Photographischen Sammlung / SK Stiftung Kultur, Köln und der Fondation Henri Cartier-Bresson. Mit Texten von August Sander und Gabriele Conrath-Scholl und einem Vorwort von Agnès Sire. Engl. von Daniel Mufson, frz. von Jean Torrent. 2009.
19,7 x 24 cm, 176 S., 105 Abb., geb., ISBN 978-3-8296-0434-5
frz. Ausg. 2009: 978-3-8296-0452-9
engl. Ausg. 2009: 978-3-8296-0443-7

Sander, August.
Menschen des 20. Jahrhunderts. Ein Kulturwerk in Lichtbildern eingeteilt in sieben Gruppen. Hrsg. von der Photographischen Sammlung / SK Stiftung Kultur, Köln. Mit Texten von Gabriele Conrath-Scholl und Susanne Lange. 2010.
22,8 x 29 cm, 808 S., 619 Abb.,
geb., ISBN 978-3-8296-0500-7
engl. Ausg. 2013: 0644-8

–, *Meisterwerke.* Hrsg. von der Photographischen Sammlung / SK Stiftung Kultur, Köln. Mit einem Text von Gabriele Conrath-Scholl. Engl. von Ehren Fordyce. 2018.
24 x 31 cm, 304 S., 153 Abb.,
geb., ISBN 978-3-8296-0673-8
engl. Ausg. 2018: 0845-9

–, *Antlitz der Zeit. 60 Fotos deutscher Menschen.* Hrsg. von der Photographischen Sammlung / SK Stiftung Kultur, Köln. Mit Texten von Gabriele Conrath-Scholl und Claudia Schubert, einem Essay von Alfred Doeblin und Rezensionen von 1929 bis 1933. Ausgabe im Originalformat. 2019.
21 x 28,5 cm, 200 S., 64 Abb.,
geb., ISBN 978-3-8296-0865-7

–, *Neue Sachlichkeit. Deutschland – 1920er Jahre – August Sander.* Hrsg. von Angela Lampe. Mit Texten von Angela Lampe, Florian Ebner u. a. Dt. von Saskia Bontjes van Beek, Michaela Angermair und Ursula Wulfekamp. 2022.
22,5 x 30 cm, 320 S., 340 Abb.,
geb., ISBN 978-3-8296-0944-9

Sander, August *siehe auch* ***Vergleichende Konzeptionen, Menschen vor Flusslandschaft***

Sandro. *American Bikers.*
Mit einem Text von Prosper Keating.
Dt. von Marion Kagerer. 1998.
24,5 x 31,5 cm, 88 S., 71 Abb.,
geb., ISBN 3-88814-464-7
engl. Ausg. 1998: 356-X /
978-3-88814-356-4

Sasse, Jörg. *40 Photographien 1984–1991.*
Mit Texten von Gerda Breuer und
Thomas Lange. 1992.
geb., ISBN 3-88814-465-5
brosch., ISBN 3-88814-465-5

–, *Arbeiten am Bild. Photographien von 1981 bis 2001.* Hrsg. von Andreas Kreul.
Mit Texten von Jörg Sasse, Andreas Kreul und Detlef Bernhard Linke. 2001.
26 x 30 cm, 144 S., 60 Abb.,
geb., ISBN 3-8296-0031-3 /
978-3-8296-0031-6

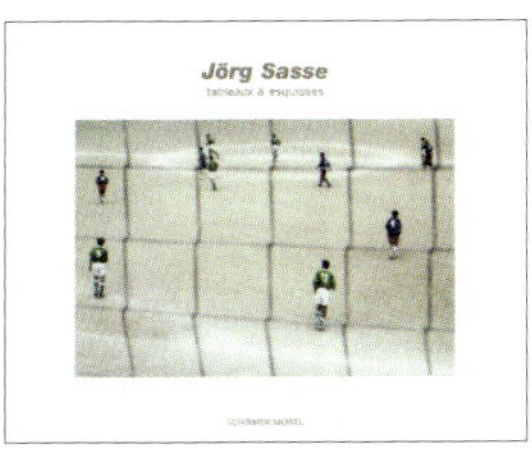

–, *Tableaux & Esquisses.* Mit einem Text von Guy Tosatto. Dt. von Matthias Wolf, engl. von Simon Pleasance und Fronza Woods. 2004.
Dt./engl./frz. Ausg.
28 x 22 cm, 120 S., 102 Abb.,
geb., ISBN 3-8296-0172-7 /
978-3-8296-0172-6

Sasse, Jörg.
Tableaus und Skizzen 2004/2005.
Mit Texten von Stefan Gronert, Stephan Berg und Martin Engler. 2005.
28 x 22 cm, 160 S., 512 Abb.,
geb., ISBN 3-8296-0216-2 / 978-3-8296-0216-7

–, *Skizzen – Der Grenoble Block.*
Mit einem Vorwort von Jörg Sasse und einem Text von Guy Tosatto. Dt. von Claudia Steinitz, engl. von Laura und Michael Shuttleworth. 2006.
Dt./engl./frz. Ausg.
28 x 22 cm, 208 S., 190 Abb.,
geb., ISBN 3-8296-0268-5 / 978-3-8296-0268-6

Sassen, Simone *siehe* **Nooteboom, Cees**

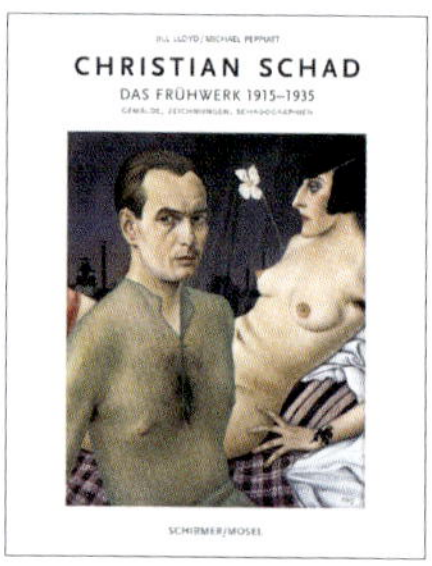

Schad, Christian.
Das Frühwerk 1915–1935. Gemälde, Zeichnungen, Schadographien. Hrsg. von Jill Lloyd und Michael Peppiatt.
Mit Texten von Dina Vierny, Jill Lloyd, Michael Peppiatt und Nikolaus Schad.
Dt. von Matthias Wolf. 2002.
23 x 28,5 cm, 200 S., 205 Abb.,
geb., ISBN 3-8296-0060-7 / 978-3-8296-0060-6

Schatt, Roy *siehe* **Dean, James**

Scheler, Max.
Fotografien. Von Konrad A. bis Jackie O.
Mit Texten von Ulrich Pohlmann, Matthias Harder und Peer-Olaf Richter. 2009.
22 x 27 cm, 168 S., 157 Abb.,
brosch., ISBN 978-3-8296-0435-2

Schenkenberg, Marcus. *New Rules.*
Mit Texten von William Norwich, Marcus Schenkenberg, Yvonne Schenkenberg, Gianni Versace u. a. Dt. von Matthias Wolf. 1997.
21,6 x 28 cm, 144 S., 200 Abb., brosch., ISBN 3-88814-881-2

Scheutle, Rudolf *siehe* **Pohlmann, Ulrich**

Schiaparelli (Magier der Mode).
Mit einem Text von François Baudot. Dt. von Anja Lazarowicz. 1997.
15,5 x 21,5 cm, 80 S., 55 Abb., geb., ISBN 3-88814-858-8

Schinkel, Karl Friedrich *siehe* **Engel, Gerrit**

Schirmer, Lothar. *Von Beuys bis Cindy Sherman. Sammlung Lothar Schirmer.* Mit einem Essay von Wolfgang Kemp und einem Gespräch von Wulf Herzogenrath mit Lothar Schirmer. 1999.
22 x 28 cm, 352 S., 370 Abb., brosch., ISBN 3-88814-870-7 / 978-3-88814-870-5

–, *Frauen sehen Frauen. Eine Bildgeschichte der Frauen-Photographie von Julia Margaret Cameron bis Inez van Lamsweerde.* Hrsg. von Lothar Schirmer. Mit einem einleitenden Essay von Elisabeth Bronfen. 2001.
23 x 32,5, 248 S., 159 Abb., geb., ISBN 3-88814-932-0 / 978-3-88814-932-0
engl. Ausg. 2002: ISBN 3-8296-0081-X / 978-3-8296-0081-1

dt. Ausg., brosch. 2006: ISBN 3-8296-0276-6 / 978-3-8296-0276-1
engl. Ausg., brosch. 2006: ISBN 3-8296-0277-4 / 978-3-8296-0277-8
verkl. NA, dt./engl. Ausg., brosch. 2020: ISBN 978-3-8296-0900-5

Schirmer, Lothar. *Tambourine Man. Pop Lyrics der 60er Jahre. 51 originale Songtexte [engl./dt.] und 37 Photographien.* Hrsg. von Lothar Schirmer. Mit einer Einleitung von Elke Heidenreich und Photographien von David Gahr, Elliott Landy, Baron Wolman u. a. Dt. von Carina von Enzenberg, Melanie Walz u. a. 2003.
14 x 22 cm, 160 S., 37 Abb., geb., ISBN 3-8296-0105-0 / 978-3-8296-0105-4

–, *Das Wunder in Bildern. Bern 1954. Deutschland – Ungarn 3:2.*
73 Reportagephotos vom Endspiel. Zusammengestellt und eingeleitet von Lothar Schirmer. 2004.
10,5 x 15,2 cm, 128 S., 73 Abb., brosch., ISBN 3-8296-0164-6 / 978-3-8296-0164-1

–, *Die Düsseldorfer Schule. Photographien aus der Sammlung Lothar Schirmer.* Mit einer Einleitung von Winfried Nerdinger und Texten von Lothar Schirmer und Ulrich Pohlmann. 2009.
24,5 x 23,7 cm, 72 S., 117 Abb., brosch., ISBN 978-3-8296-0455-0

–, *Über meine Künstler. Reden, Vorträge, Texte. Ein Verlagsalmanach zum 75. Geburtstag von Lothar Schirmer.* 2020.
11,5 x 19 cm, 248 S., 70 Abb.,
geb., ISBN 978-3-8296-0901 2

–, *Gemalte Tiere. 61 Meisterwerke aus sieben Jahrhunderten. Mit literarischen Texten von heute.* Hrsg. von Lothar Schirmer. Mit einer Einleitung von Kirsten Claudia Voigt und literarischen Texten von 52 zeitgenössischen Autoren von Giorgio Agamben bis Armin Zweite. 2021.
26,5 x 32 cm, 160 S., 74 Abb.,
geb., ISBN 978-3-8296-0921-0

–, *Glamour Collection Lothar Schirmer.* 79 ikonische Bilder von 1926 bis heute von 45 Meisterfotografen. Mit literarischen Miniaturen zu den Tafeln von 50 zeitgenössischen Autoren. Mit Vorworten von Isabella Rossellini und Lothar Schirmer. 2023.
21 x 28 cm, 224 S., 178 Abb.,
geb., ISBN 978-3-8296-0970-8
engl. Ausg. 2023: 978-3-8296-0983-8

Schirmer, Lothar / Marianne Schneider. *O Stern und Blume, Geist und Kleid. Blumenbilder und Gedichte. Von Leonardo da Vinci bis Ernst Jandl.* Hrsg. von Marianne Schneider und Lothar Schirmer. 2001.
19 x 28,5 cm, 184 S., 75 Abb.,
geb., ISBN 3-8296-0025-9 / 978-3-8296-0025-5
verkl. NA, geb. 2023:
ISBN 978-3-8296-0993-7

Schirmer, Lothar / Marianne Schneider. *O Stern und Blume, Geist und Kleid ... Blumenbilder und Gedichte. Eine Auswahl.* Hrsg. von Marianne Schneider und Lothar Schirmer. 2004.
10,5 x 15,2 cm 96 S., 45 Abb.,
geb., ISBN 3-8296-0134-4 /
978-3-8296-0134-4

Schirmer, Lothar *siehe auch* **Beuys, Joseph; *Menschen vor Flusslandschaft*** *und* ***Notre-Dame de Paris***

Schirmer/Mosel. *Katalog der erschienenen Bücher 1974–1999.* 1999.
15 x 20,5 cm, 136 S., 27 Abb.,
brosch., ISBN 3-88814-228-8 /
978-3-88814-228-4

–, *40 Jahre Schirmer/Mosel 1974–2014. Die Bibliographie aller erschienenen Titel.* 2014.
14,7 x 20,5 cm, 176 S.,
brosch., ISBN 978-3-8296-0700-1

Schirmer's Zwölf. *No. 1.* 1990.
12 Postkarten, ISBN 3-88814-964-9
frz. Ausg. 1990: 561-9

–, *No. 2: Film Stills.* 1990.
12 Postkarten, ISBN 3-88814-372-1
engl. Ausg. 1990: 395-0
frz. Ausg. 1990: 565-1

–, *No. 3: Edward Hopper.* 1991.
12 Postkarten, ISBN 3-88814-419-1
engl. Ausg. 1991: 427-9
frz. Ausg. 1991: 586-4

–, *Nr. 4: Tanzphotographien.* 1991.
12 Postkarten, ISBN 3-88814-451-5
engl. Ausg. 1991: 362-0
frz. Ausg. 1991: 589-9

–, *No. 5: Grace Kelly in Hitchcock-Filmen.* 1993.
12 Postkarten, ISBN 3-88814-132-X

Schirmer's Zwölf. *No. 6: Helmut Newton. Monte Carlo Ballett.* 1993.
12 Postkarten, ISBN 3-88814-146-X

Schmölz, Karl Hugo.
Köln – Architekturfotografien der fünfziger Jahre. Hrsg. von Franz van der Grinten und Thomas Linden. Mit Texten von Ulf Erdmann Ziegler und Thomas Linden. 2012.
26 x 30,5 cm, 176 S., 127 Abb.,
geb., ISBN 978-3-8296-0539-7

Schneider, Marianne *siehe* **Collodi, Carlo; Leonardo da Vinci; Pontormo; Schirmer, Lothar** *und* **Visconti, Luchino**

Schneider, Romy.
Renate Seydel, *Romy Schneider. Bilder ihres Lebens.* 1987.
25 x 27,5 cm, 352 S., 700 Abb.,
geb., ISBN 3-88814-224-5
brosch. 1990: 370-5
frz. Ausg., geb. 1988: 522-8
frz. Ausg., brosch. 1988: 599-6

–, *Portraits 1954–1981* (SVB). Mit einem Text von Hanna Schygulla. 1988.
14,5 x 19 cm, 192 S., 97 Abb.,
brosch., ISBN 3-88814-299-7
frz. Ausg. 1988: 524-4

–, *Portraits und Filmstills 1954–1981* (Megastars). Mit einem Text von Hanna Schygulla. 1998.
15,5 x 21,5 cm, 128 S., 66 Abb., geb., ISBN 3-88814-645-3

–, *Adieu Romy. Photographische Erinnerungen an Romy Schneider.* Mit einem Text von Klaus-Jürgen Sembach. 2002.
23 x 27 cm, 180 S., 115 Abb., geb., ISBN 3-8296-0044-5 / 978-3-8296-0044-6

–, *Romy. Die unveröffentlichten Bilder aus »Inferno / L'Enfer« von Henri-Georges Clouzot.* Hrsg. und mit Texten von Serge Bromberg. Dt. von Claudia Steinitz. 2010.
25 x 27 cm, 160 S., 198 Abb., geb., ISBN 978-3-8296-0462-8

–, Isabelle Giordano, *Romy Schneider. Film für Film.* Dt. von Michaela Angermair. 2017.
24,5 x 28,5 cm, 256 S., 206 Abb., geb., ISBN 978-3-8296-0817-6

Schneider, Romy. *Adieu Romy. Portraits und Filmbilder* (SVB). Mit Texten von Klaus-Jürgen Sembach, Hanna Schygulla und Michel Piccoli. 2018.
14,5 x 19 cm, 192 S., 115 Abb., brosch., ISBN 978-3-8296-0857-2

–, Hans-Jürgen Syberberg, *Romy in Kitzbühel 1966.* Mit Texten von Hans-Jürgen Syberberg und Thilo Wydra, dem Transkript des Filminterviews zwischen Romy Schneider und Hans-Jürgen Syberberg sowie Bildern aus der vom Regisseur autorisierten Fassung des Films *Romy. Portrait eines Gesichts*. 2018.
12,4 x 20,4 cm, 128 S., 82 Abb., geb., ISBN 978-3-8296-0855-8

Schneider, Romy / Giancarlo Botti. *Romy – C'est la vie. Bilder aus den Pariser Jahren.* Mit Texten von Jean-François Josselin und Michel Piccoli.
Dt. von Rudolf Kimmig. 1992.
23,5 x 27,5 cm, 152 S., 95 Abb., geb., ISBN 3-88814-478-7
brosch. 1992: 724-7
frz. Ausg. 1992: 607-0
NA, dt. Ausg., geb. 2008: 978-3-88814-724-1

Schneider, Romy / Eva Sereny. *Romy in Rom. Zärtliche Blicke. Photographien von Eva Sereny* (Megastars). Mit einem Text von Eva Sereny.
Dt. von Marion Kagerer. 1998.
15,5 x 21,5 cm, 112 S., 88 Abb., geb., ISBN 3-88814-923-1
frz. Ausg. 1998: 387-X

Schneiders, Toni.
Photographien 1946–1980. Hrsg. von Ulrich Pohlmann. Mit Texten von Ulrich Pohlmann und J.A. Schmoll gen. Eisenwerth. 1999.
22 x 29 cm, 120 S., 159 Abb., brosch. u. geb., ISBN 3-88814-529-5 / 978-3-88814-529-2

Schöne Aussichten. Der Blaue Reiter und der Impressionismus. Mit Texten von Cathrin Klingsöhr-Leroy, Angela Lampe, Marlene Bielefeld und Isabelle Jansen. 2015.
24,5 x 22,5 cm, 200 S., 100 Abb., geb., ISBN 978-3-8296-0707-0

Schönheit. Eine Kulturgeschichte des 20. Jahrhunderts. Mit einer Einführung von Dorothy Schefer Faux und Texten von Nathalie Chahine, Catherine Jazdzewski, Marie-Pierre Lannelongue, Françoise Mohrt, Fabienne Rousso und Francine Vormese. Dt. von Dorothee Asendorf, Holger Fock, Sabine Herting, Barbara Kleiner und Sabine Müller. 2000.
15 x 21 cm, 400 S., 300 Abb., geb., ISBN 3-88814-946-0 / 978-3-88814-946-7

Schroeter, Werner.
Oskar Panizza, *Liebeskonzil Filmbuch. Ein Film von Werner Schroeter, nach der Tragödie von Oskar Panizza.* Hrsg. von Peter Berling. Mit Texten von Dietrich Kuhlbrodt und Werner Schroeter. 1982.
16,5 x 21 cm, 160 S., 84 Abb., brosch., ISBN 3-88814-093-5

Schumann, Charles. *Hommage an einen Chef. Ein literarisches Gästebuch.* Zusammengestellt von Anna Wichmann und eingeleitet von Lothar Schirmer. Mit Texten von Hans Magnus Enzensberger, Axel Hacke, Elke Heidenreich, Wolf Wondratschek u.a. Mit Photographien von Guido Mangold u.a. Mit Illustrationen von Dirk Schmidt. 2011.
20,5 x 28 cm, 176 S., 91 Abb.
geb., ISBN 978-3-8296-0566-3

Schygulla, Hanna. *Bilder aus Filmen von Rainer Werner Fassbinder.* Mit Texten von Rainer Werner Fassbinder und Hanna Schygulla. 1981.
17 x 23 cm, 190 S., 131 Abb.,
brosch., ISBN 3-88814-083-8

–, *»Du ... Augen wie Sterne«. Das Hanna Schygulla Album.* Portraits, Texte, Filmstills und Interviews. Hrsg. von Lothar Schirmer. 2004.
22 x 27 cm, 216 S., 212 Abb.,
brosch., ISBN 3-8296-0124-7 / 978-3-8296-0124-5

–, *Wach auf und träume. Die Autobiographie.* 2013.
12,5 x 20,5 cm, 200 S., 63 Abb.,
geb., ISBN 978-3-8296-0658-5

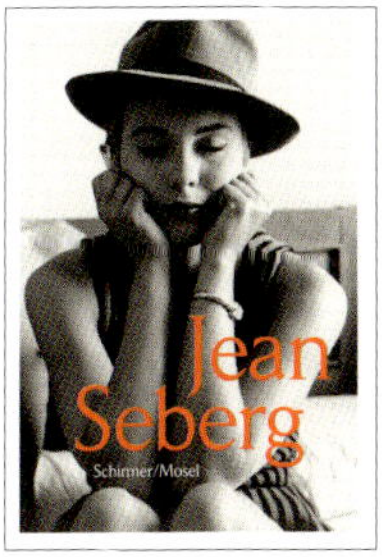

Seberg, Jean. *Photographien und Dokumente aus dem Familienarchiv.* Mit einem Text von Antoine de Baecque. Dt. von Sophia Marzolff. 2014. 20 x 28 cm, 200 S., 245 Abb., geb., ISBN 978-3-8296-0674-5

Segantini, Giovanni *siehe* **Krüger, Michael**

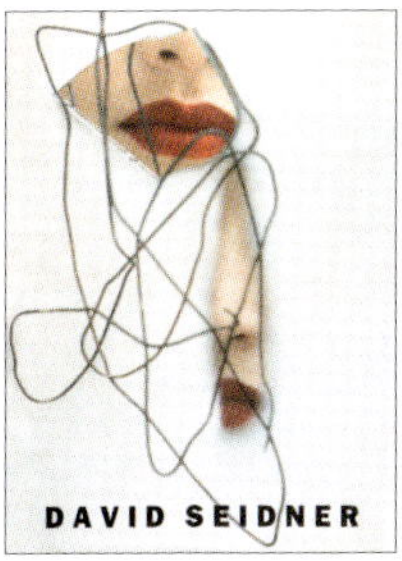

Seidner, David. *David Seidner.* Mit einem Text von Patrick Mauriès. Dt. von Joseph Vogl. 1989. 24 x 31,5 cm, 128 S., 70 Abb., geb., ISBN 3-88814-274-1 frz. Ausg. 1989: 540-6

Seidner, David *siehe auch* **Fonssagrives, Lisa**

Sereny, Eva *siehe* **Schneider, Romy**

Sher-Gil, Amrita. *Eine indische Künstlerfamilie im 20. Jahrhundert.* Mit Texten von Deepak Ananth, Rajeev Lochan, Chris Dercon und Heiko Sievers. 2006. 23 x 31,5 cm, 160 S., 106 Abb., geb., ISBN 3-8296-0269-3 / 978-3-8296-0269-3 engl. Ausg., brosch. 2007: 0270-2

CINDY SHERMAN

Sherman, Cindy. *Cindy Sherman.* Mit einem Text von Els Barents. 1982. Erste Aufl., niederl./dt./engl. Ausg., 22 x 27 cm, 176 S., 77 Abb., brosch., ISBN 3-88814-112-5

–, *Cindy Sherman.* Mit Texten von Els Barents und Peter Schjeldahl. Dt. von Loeki und Gary Schwartz und Reinhard Kaiser. 1984. Zweite erw. Aufl., dt. Ausg., 22 x 27 cm, 200 S., 89 Abb., brosch., ISBN 3-88814-139-7 frz. Ausg. 1984: 501-5

–, *Cindy Sherman.* Mit Texten von Els Barents und Peter Schjeldahl. Dt. von Loeki und Gary Schwartz und Reinhard Kaiser. 1987. Dritte erw. Aufl., dt. Ausg., 22 x 27 cm, 280 S., 129 Abb., brosch., ISBN 3-88814-240-7

–, *Untitled Film Stills.* Mit einem Text von Arthur C. Danto. Dt. von Karin Graf und Angelika Hartmann. 1990.
27 x 34,5 cm, 120 S., 40 Abb.,
geb., ISBN 3-88814-353-5
frz. Ausg. 1990: 557-0 / 572-X
engl. Ausg., brosch. 1998: 620-8

–, *History Portraits.* Mit einem Text von Arthur C. Danto. 1991.
27,5 x 34 cm, 64 S., 38 Abb.,
geb., ISBN 3-88814-378-0
engl. Ausg. 1991: 461-2
frz. Ausg. 1993: 572-4

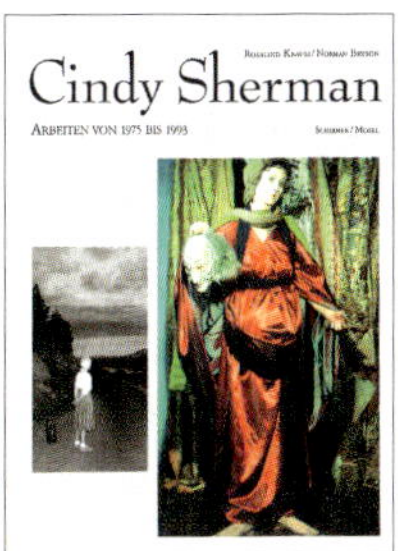

–, *Arbeiten 1975–1993.* Mit Texten von Norman Bryson und Rosalind Krauss. Dt. von Jörg Trobitius. 1993.
24 x 31,5 cm, 240 S., 190 Abb.,
geb., ISBN 3-88814-693-3

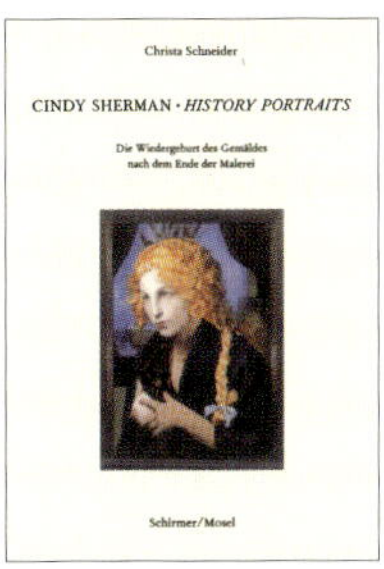

–, Christa Döttinger [Schneider], *Cindy Sherman – History Portraits. Die Wiedergeburt des Gemäldes nach dem Ende der Malerei.* 1995.
17,5 x 24 cm, 72 S., 99 Abb.,
geb., ISBN 3-88814-770-0 / 978-3-88814-770-8
NA 2012: 978-3-8296-0595-3
engl. Ausg. 2012: 0600-4

Sherman, Cindy.
Photoarbeiten 1975–1995. Hrsg. von Zdenek Felix und Martin Schwander. Mit Texten von Elisabeth Bronfen und Ulf Erdmann Ziegler. 1995.
24 x 30 cm, 172 S., 119 Abb., brosch., ISBN 3-88814-752-2 / 978-3-88814-752-4
engl. Ausg. 1995: 809-X

–, *The Complete Untitled Film Stills.* Mit einem Text von Cindy Sherman. Dt. von Marion Kagerer. 2003.
24 x 27 cm, 164 S., 76 Abb., geb., ISBN 3-8296-0116-6 / 978-3-8296-0116-0

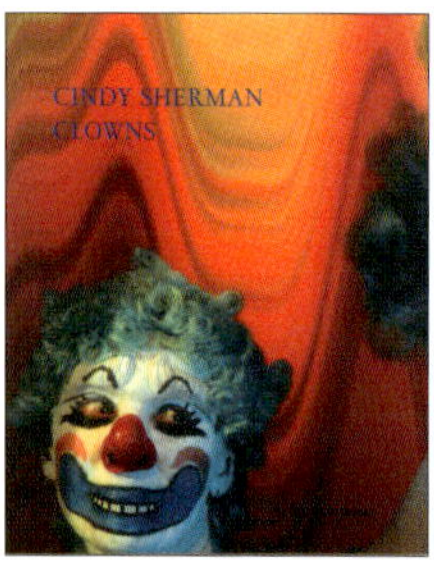

–, *Clowns.* Mit einem Text von Maik Schlüter und einem Interview von Isabelle Graw mit Cindy Sherman. Engl. von Jeremy Gaines und Brian Currid. 2004.
Dt./engl. Ausg.
23 x 28 cm, 64 S., 19 Abb., geb., ISBN 3-8296-0186-9 / 978-3-8296-0186-3

–, Eva Respini, *Cindy Sherman.* Katalog Museum of Modern Art, New York. Mit Beiträgen von Johanna Burton und John Waters. Dt. von Matthias Wolf, Saskia Bontjes van Beek und Ursula Wulfekamp. 2012.
24 x 30,5 cm, 264 S., 255 Abb., geb., ISBN 978-3-8296-0567-0

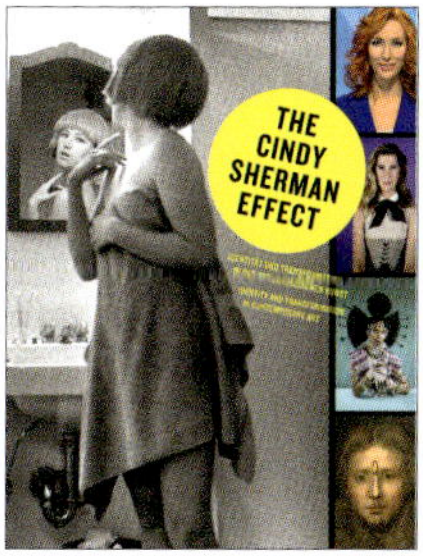

–, *The Cindy Sherman Effect. Identität und Transformation in der zeitgenössischen Kunst. Identity and Transformation in Contemporary Art.* Hrsg. von Ingried Brugger und Bettina M. Busse. Mit Texten von Ingried Brugger, Bettina M. Busse, Paul Clinton und Maren Lübke-Tidow. 2020.
Dt./engl. Ausg.
22,5 x 28,5 cm, 172 S., 100 Abb.,
geb., ISBN 978-3-8296-0890-9

Shinoyama, Kishin. *Auf den Traumpfaden des Königs. Ludwig II. von Bayern und seine Schlösser.* Mit einem Essay von Harald Eggebrecht und Erläuterungen von Saskia Bähren. 2003.
23 x 32,5 cm, 190 S., 106 Abb.,
geb., ISBN 3-8296-0098-4 / 978-3-8296-0098-9

–, *Nude by Kishin.* Mit einem Essay von Jean-Philippe Toussaint. Dt. von Sophia Marzolff. 2009.
22,5 x 30 cm, 440 S., 294 Abb.,
geb., ISBN 978-3-8296-0415-4

Shinoyama, Kishin *siehe auch* **Balthus**

Shore, Stephen. *Fotografien 1973–1993.* Hrsg. von Heinz Liesbrock. Mit Texten von Bernd und Hilla Becher, James L. Enyeart, Thomas Weski u. a. Dt. von Walter Ahlers, engl. von Michael Robertson. 1995.
28,5 x 23,6 cm, 132 S., 69 Abb.,
geb., ISBN 3-88814-751-4
engl. Ausg. 1995: 647-X

Shore, Stephen. *American Surfaces 1972.*
Hrsg. von der Photographischen Sammlung / SK Stiftung Kultur, Köln. 1999.
32 x 24 cm, 48 S., 77 Abb., brosch., ISBN 3-88814-423-X / 978-3-88814-423-3

–, *Uncommon Places. Amerika. Das Gesamtwerk.* Mit einem Text von Stephan Schmidt-Wulffen und einem Gespräch mit Lynne Tillman.
Dt. von Matthias Wolf. 2004.
32,5 x 26 cm, 188 S., 140 Abb., geb., ISBN 3-8296-0129-8 / 978-3-8296-0129-0

Sichel, Kim *siehe* **Krull, Germaine**

Sieff, Jeanloup. *Photographien.*
Mit Texten des Photographen.
Dt. von Rudolf Kimmig. 1983.
24,5 x 31 cm, 200 S., 160 Abb., geb., ISBN 3-88814-109-5

–, *Torsi – Torses Nus.* Mit Photographien und Texten von Jeanloup Sieff.
Dt. von Sibylle Nottebohm. 1986.
30,5 x 32,5 cm, 104 S., 48 Abb., geb., ISBN 3-88814-198-2
brosch. 1995: 750-6

Sokurov, Alexander. *Japanische Reisen.*
Mit einem Nachwort von Hans-Joachim Schlegel. Dt. von Hans-Joachim Schlegel. 2012.
17,8 x 20,5 cm, 160 S.,
geb., ISBN 978-3-8296 0620-2

Spitzer, Gerd *siehe* ***[Meisterwerke der] Romantik***

Springs, Alice. *Portraits.*
Mit einem Text von Klaus Honnef.
Frz. von Evelyne Marty-Jäckle. 1991.
23 x 32,5 cm, 208 S., 151 Abb.,
geb., ISBN 3-88814-443-4
engl. Ausg. 1991: 456-6
frz. Ausg. 1991: 588-0

Steingräber, Stephan. *Etruskische Wandmalereien. Von der geometrischen Periode bis zum Hellenismus.* 2006.
26,5 x 32,3, 328 S., 288 Abb.,
geb., ISBN 3-8296-0228-6 /
978-3-8296-0228-0

Stern, Bert *siehe* **Monroe, Marilyn**

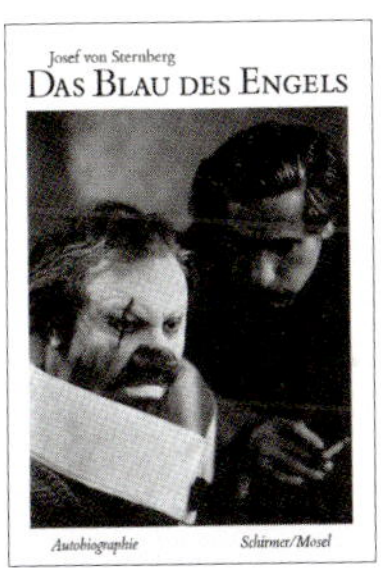

Sternberg, Josef von. *Das Blau des Engels. Eine Autobiographie.* Dt. von Manfred Ohl und Hans Sartorius. 1991.
24,5 x 18 cm, 440 S., 77 Abb.,
geb., ISBN 3-88814-301-2

Sternfeld, Joel. *Tatorte. Bilder gegen das Vergessen.* Hrsg. von Armin Harris. Mit Texten von Joel Sternfeld. Dt. von Walter Hartmann. 1996. 30,5 x 25,4 cm, 112 S., 52 Abb., brosch., ISBN 3-88814-668-2

Stevens, Wallace. *Der Mann mit der blauen Gitarre. The Man with the Blue Guitar.* Dt. von Hans Magnus Enzensberger und Karin Graf. 1995. Dt./engl. Ausg. 17 x 23,3 cm, 108 S., brosch., ISBN 3-88814-760-3 / 978-3-88814-760-2

Stierlin, Henri. *Die großen Monumente des Altertums. Unsere Geschichte in Flugbildern: Band I.* Dt. von Matthias Wolf. 2005. 26 x 19,7 cm, ausklappbar, 186 S., 90 Abb., geb., ISBN 3-8296-0207-3 / 978-3-8296-0207-5

–, *Die großen Zitadellen und Festungen. Unsere Geschichte in Flugbildern: Band II.* Dt. von Matthias Wolf. 2006. 26 x 19,7 cm, ausklappbar, 186 S., 90 Abb., geb., ISBN 3-8296-0237-5 / 978-3-8296-0237-2

–, *Heilige Stätten der Menschheit. Kathedralen, Tempel und Moscheen. Unsere Geschichte in Flugbildern: Band III.* Dt. von Matthias Wolf. 2006. 26 x 19,7 cm, ausklappbar, 186 S., 90 Abb., geb., ISBN 3-8296-0271-5 / 978-3-8296-0271-6

–, *Schlösser, Villen und Paläste. Unsere Geschichte in Flugbildern: Band IV.* Dt. von Matthias Wolf. 2007. 26 x 19,7 cm, ausklappbar, 186 S., 90 Abb., geb., ISBN 978-3-8296-0329-4

–, *Wunder der Technik im 20. Jahrhundert. Unsere Geschichte in Flugbildern: Band V.* Dt. von Matthias Wolf. 2008. 26 x 19,7 cm, ausklappbar, 186 S., 90 Abb., geb., ISBN 978-3-8296-0379-9

Stock, Dennis *siehe* **Dean, James**

Stone, Sharon. *Sharon Stone* (Megastars). Mit einem Text von Tom Kummer. 1998. 15,5 x 21,5 cm, 96 S., 44 Abb., geb., ISBN 3-88814-879-0 engl. Ausg. 1997: 872-3 / 978-3-88814-872-9

Storz, Oliver. *Die Freibadclique.* Roman. 2008.
11,5 x 19 cm, 256 S.,
geb., ISBN 978-3-86555-057-6

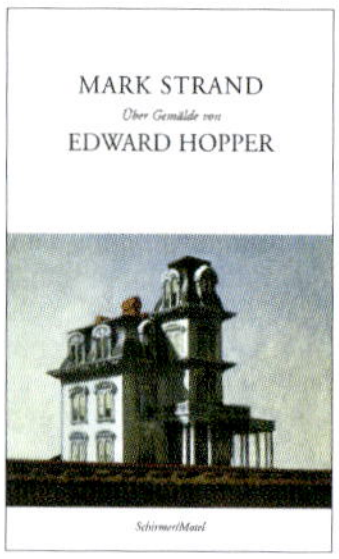

Strand, Mark. *Über Gemälde von Edward Hopper.* Dt. von Wiebke Meier. 2004.
11,5 x 19 cm, 104 S., 30 Abb.,
geb., ISBN 3-8296-0155-7 / 978-3-8296-0155-9

Strasberg, Lee. *Ein Traum der Leidenschaft. Die Entwicklung der »Methode«. Eine Theorie der Schauspielkunst.* Mit einem Vorwort von George Tabori. Dt. von Reinhard Kaiser. 1988/1993.
17,5 x 24 cm, 248 S., 36 Abb.,
geb., ISBN 3-88814-300-4 / 978-3-88814-300-7

Stroheim, Erich von. Maurice Bessy, *Erich von Stroheim. Eine Bildmonographie.* Mit Texten von Jean Renoir und Erich von Stroheim. Dt. von Simon Werle. 1985.
21,5 x 27,5 cm, 212 S., 378 Abb.,
geb., ISBN 3-88814-166-4

THOMAS STRUTH

Struth, Thomas. *Museum Photographs.* Mit einem Text von Hans Belting. Engl. von Michael Robertson. 1993. 34,5 x 30,5 cm, 68 S., 25 Abb., geb., ISBN 3-88814-496-5 engl. Ausg. 1998: 641-0

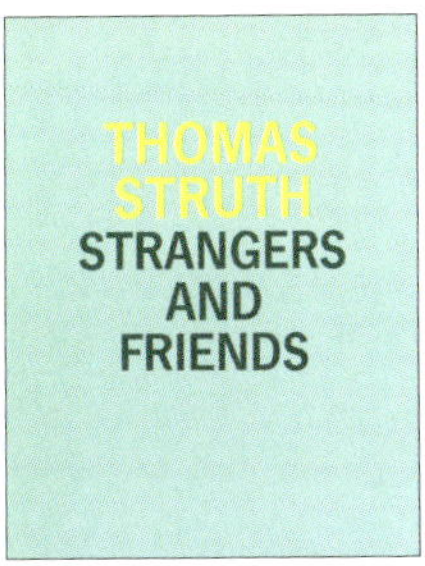

–, *Strangers and Friends. Photographs 1980–1992.* Mit einem Text von Richard Sennett. 1994. Engl. Ausg. 26 x 32,5 cm, 108 S., 57 Abb., geb., ISBN 3-88814-716-6

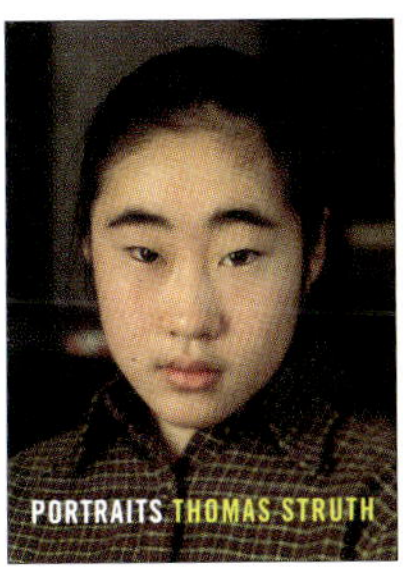

–, *Portraits.* Hrsg. von der Stiftung Niedersachsen. Mit Texten von Norman Bryson, Benjamin Buchloh, Thomas Weski. Engl. von John M. King. 1997. 23 x 30,5 cm, 192 S., 88 Abb., geb., ISBN 3-88814-262-8 engl. Ausg. 1998: 096-X

Struth, Thomas. *Still.* Hrsg. und mit Texten von Régis Durand, Guy Tosatto, Hripsimé Visser u.a. Engl. von Charles Penwarden, dt. von Matthias Wolf. 1998.
Frz./engl. Ausg.
23 x 29 cm, 144 S., 52 Abb.,
geb., ISBN 3-88814-204-0
NA, dt. Ausg., geb., 2001: ISBN 3-88814-978-9 / 978-3-88814-978-8
NA, engl. Ausg. 2001: ISBN 3-88814-902-0 / 978-3-88814-902-3

–, *Katalog Galerie Max Hetzler Berlin.* Mit Texten von Thomas Struth und Julian Heynen. 2001.
32,5 x 41 cm, 20 S., 7 Abb.,
brosch., ISBN 3-88814-941-X / 978-3-88814-941-2

–, *Löwenzahnzimmer.* Mit einem Text von Dieter Schwarz. Engl. von Jeremy Gaines. 2001.
21,5 x 28,7 cm, 184 S., 216 Abb.
geb., ISBN 3-88814-714-X / 978-3-88814-714-2
engl. Ausg. 2001: 3-88814-972-X / 978-3-88814-972-6

–, *New Pictures from Paradise.* Mit Texten von Ingo Hartmann und Hans Rudolf Reust. Engl. von Jeremy Gaines. 2002.
Dt./engl. Ausg.
41 x 32,5 cm, 56 S., 25 Abb.,
geb., ISBN 3-8296-0046-1 / 978-3-8296-0046-0

–, *Photographien 1977–2002.*
Mit Texten von Charles Wylie, Maria Morris Hambourg, Douglas Eklund und Ann Goldstein. Dt. von Matthias Wolf. 2002.
31,5 x 29,7 cm, 190 S., 101 Abb., geb., ISBN 3-8296-0045-3 / 978-3-8296-0045-3

–, *Pergamon Museum.*
Mit Texten von Wolf-Dieter Heilmeyer und Annette Philp. Engl. von Ian Pepper. 2004.
Dt./engl. Ausg.,
41 x 32,5 cm, 32 S., 64 Abb., brosch., ISBN 3-8296-0142-5 / 978-3-8296-0142-9

–, *Museum Photographs.* Mit Texten von Hans Belting, Walter Grasskamp und Claudia Seidel. 2005.
Zweite erw. Aufl.
31,5 x 29,7 cm, 144 S., 63 Abb.
geb, ISBN 3-8296-0107-7 / 978-3-8296-0107-8
engl. Ausg., geb. 2005: ISBN 3-8296-0183-2 / 978-3-8296-0183-2

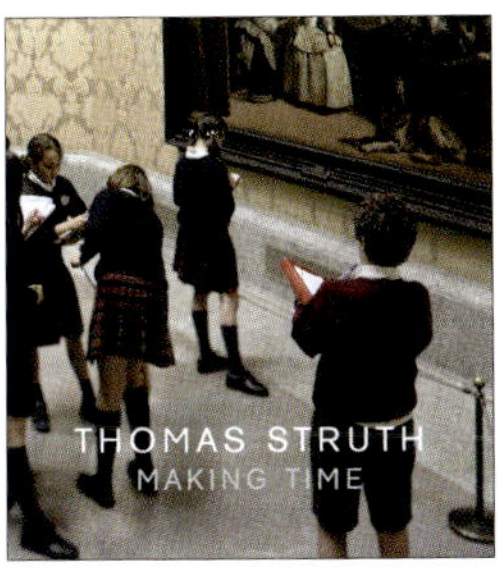

–, *Making Time. Das Prado Projekt.*
Mit einem Essay von Estrella de Diego. Dt. von Andreas Curtius. 2007.
28 x 30 cm, 116 S., 51 Abb., brosch., ISBN 978-3-8296-0300-3

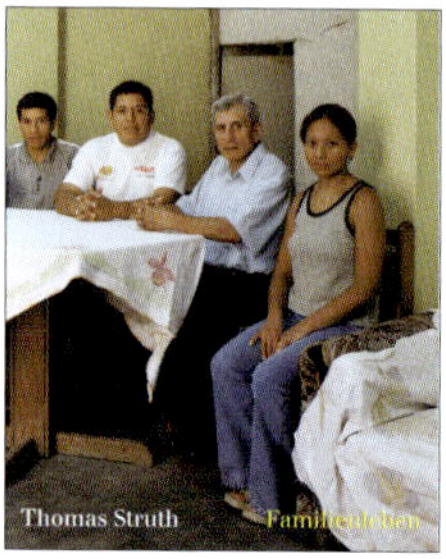

Struth, Thomas.

Familienleben / Family Life. Mit einem Essay von Eric Konigsberg und Texten von Gabriele Conrath-Scholl und Thomas Struth. Dt. von Matthias Wolf, engl. von Jeremy Gaines. 2008.
Dt./engl. Ausg.
27 x 32 cm, 92 S., 30 Abb.,
brosch., ISBN 978-3-8296-0355-3

–, *Museum of Cycladic Art Athens.* Mit einem Text von Konstantinos Papageorgiou. Dt. von Walter Ahlers. 2009.
Dt./engl. Ausg.
24,5 x 23,6 cm, 56 S., 29 Abb.,
brosch., ISBN 978-3-8296-0444-4

–, *Texte zum Werk von Thomas Struth.* Hrsg. von Hans Rudolf Reust und James Lingwood. 2009.
15,5 x 22 cm, 270 S., 24 Abb.,
geb., ISBN 978-3-8296-0386-7

–, *Fotografien 1978–2010.* Hrsg. von Anette Kruszynski, Tobia Bezzola und James Lingwood. Mit Texten von Armin Zweite, Anette Kruszynski, James Lingwood, Ruth HaCohen, Yaron Ezrahi und Tobia Bezzola. 2010.
28,5 x 30 cm, 248 S., 330 Abb.,
geb., ISBN 978-3-8296-0463-5
engl. Ausg., geb. 2010: 0465-9
engl. Ausg., brosch. 2011: 0574-8

–, *Works 2007–2010.* Mit einem Text von Benjamin H. D. Buchloh. Hrsg. von der Marian Goodman Gallery. 2010.
25 x 28,5 cm, 48 S., 17 Abb.,
geb., ISBN 978-3-8296-0498-7

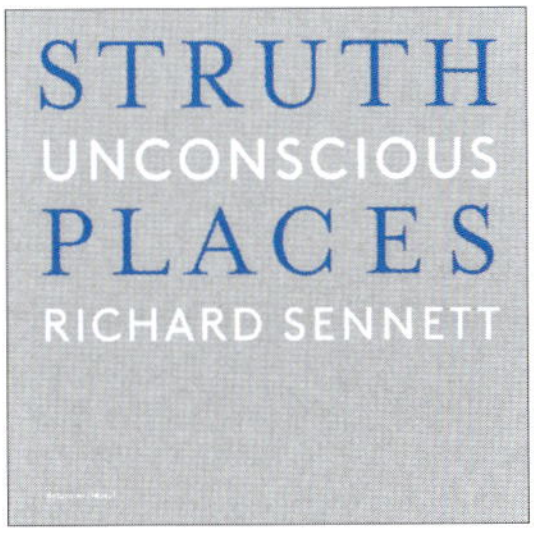

–, *Unconscious Places.*
Mit einem Essay von Richard Sennett. Dt. von Michael Bischoff. 2012.
Engl. Ausg. mit dt. Textbeilage,
30 x 28,5 cm, 264 S., 228 Abb.,
geb., ISBN 978-3-8296-0618-9
verkl. NA, geb. 2020:
ISBN 978-3-8296-0880-0

–, *New Pictures from Paradise.*
Expanded Reissue. Mit Texten von Hans Rudolf Reust, Nigel Pitman und Jana-Maria Hartmann. Engl. von Ehren Fordyce, Tara Bray Smith, dt. von Matthias Wolf. 2017.
Zweite erw. Aufl., dt./engl. Ausg.
24 x 32 cm, 96 S., 36 Abb.,
geb., ISBN 978-3-8296-0759-9

–, *Thomas Struth – Figure Ground.*
Katalog Haus der Kunst München. Hrsg. von Thomas Weski und Ulrich Wilmes. Mit Texten von Thomas Weski, Jana-Maria Hartmann, Ulrich Wilmes und einem Gespräch von Thomas Struth mit Okwui Enwezor. 2017.
Engl. Ausg.
24,8 x 32 cm, 320 S., 420 Abb.,
geb., ISBN 978-3-8296-0810-7
dt. Ausg., brosch. 2017: 0798-8
span. Ausg., geb. 2019: 0884-8

Struth, Thomas. *Composition '19.* Thomas Struth in der Hilti Art Foundation. Mit Texten von Uwe Wieczorek und Michael Hilti. 2019.
Dt./engl. Ausg.
22,3 x 30 cm, 130 S., 59 Abb.,
geb., ISBN 978-3-8296-0874-9

T

VON TARKOVSKIJ BIS TWOMBLY

Talamon, Bruce *siehe* **Marley, Bob**

Tambourine Man *siehe* **Schirmer, Lothar**

Tarkovskij, Andrej. *Hoffmanniana. Szenario für einen nicht realisierten Film.* Dt. von Gertraude Krueger, frz. von Andrej Markowicz. 1987.
17 x 23,5 cm, 64 S.,
brosch., ISBN 3-88814-252-0
frz. Ausg. 1988: 515-5

–, *Opfer – Filmbuch.* Mit Filmbildern von Sven Nykvist. Dt. von Rosemarie Tietze. 1987.
17 x 23,5 cm, 192 S., 126 Abb.,
brosch., ISBN 3-88814-233-4
frz. Ausg. 1987: 512-0

–, *Lichtbilder. Die Polaroids.* Hrsg. von Giovanni Chiaramonte und Andrej Tarkovskij. Mit einer Einleitung von Tonino Guerra. Dt. von Ulrike Stopfel. 2004.
15,5 x 21,5 cm, 136 S., 69 Abb.,
geb., ISBN 3-8296-0132-8 /
978-3-8296-0132-0

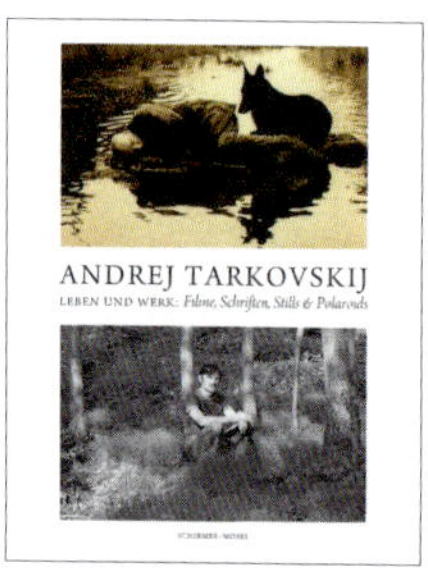

–, *Leben und Werk. Filme, Schriften, Stills & Polaroids.* Hrsg. von Andrej Tarkovskij jun., Hans-Joachim Schlegel und Lothar Schirmer. Mit einem Essay von Hans-Joachim Schlegel und Texten von Andrej Tarkovskij, Jean-Paul Sartre, Sven Nykvist, Erland Josephson, Ingmar Bergman, Tschingis Ajtmatov und Alexander Sokurov. Engl. von David H. Wilson und Christine Barnard. 2012.

24,5 x 30,5 cm, 320 S., 350 Abb.,
geb., ISBN 978-3-8296-0587-8
engl. Ausg. 2012: 0627-1
verkl. NA, geb. 2018: 0842-8
verkl. NA, engl. Ausg., geb. 2018:
0811-4

Taylor, Liz. *Photographien.*
Mit einem Text von John Russell Taylor.
Dt. von Jörg Trobitius. 1991.
20,5 x 29,5 cm, 220 S., 130 Abb.,
geb., ISBN 3-88814-377-2
frz. Ausg. 1991: 570-8
brosch. 1995: 377-2

Tenwiggenhorn, Nic. *Fotografien 1951–2012.* Mit Texten von Kay Heymer,
Anne Rodler, Beat Wismer. 2016.
24 x 30 cm, 288 S., 230 Abb.,
brosch≠., ISBN 978-3-8296-0779-7

Theorie der Fotografie II 1912–1945.
Eine Anthologie hrsg. und eingeleitet
von Wolfgang Kemp. Mit Texten von
Rudolf Arnheim, Hermann Beenken,
Walter Benjamin u.a. 1979.
16,5 x 23,5 cm, 272 S., 11 Abb.,
geb., ISBN 3-88814-041-2

Theorie der Fotografie I 1839–1912. Eine Anthologie hrsg. und eingeleitet von Wolfgang Kemp. Mit Texten von A. J. Anderson, D. F. Arago, Ch. Baudelaire u.a. 1980.
16,5 x 23,5 cm, 280 S.,
geb., ISBN 3-88814-058-7

Theorie der Fotografie III 1945–1980. Eine Anthologie hrsg. und eingeleitet von Wolfgang Kemp. Mit Texten von Ansel Adams, Günther Anders, Rudolf Arnheim u.a. 1983.
16,5 x 23,5 cm, 310 S., 12 Abb.,
geb., ISBN 3-88814-059-5

Theorie der Fotografie IV 1980–1995. Eine Anthologie hrsg. und eingeleitet von Hubertus von Amelunxen. Mit Texten von Jean Baudrillard, Jacques Derrida, Vilém Flusser, Paul Virilio, Georges Didi-Huberman u.a. 2000.
16,5 x 23,2 cm, 416 S., 27 Abb.,
geb., ISBN 3-88814-729-8 /
978-3-88814-729-6

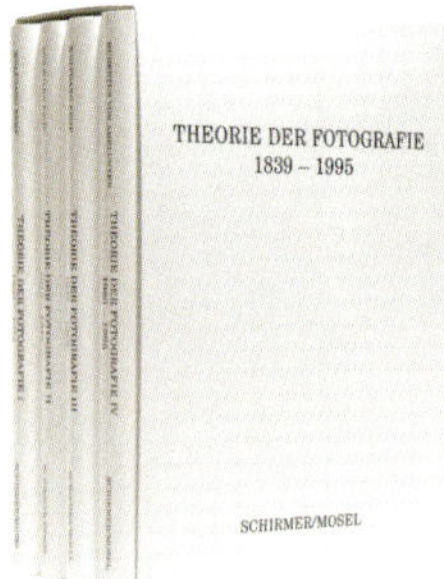

***Theorie der Fotografie I–IV** im Schuber.* 2000.
16,5 x 23,5 cm, 1158 S., 62 Abb.,
geb., ISBN 3-88814-202-4 /
978-3-88814-202-4

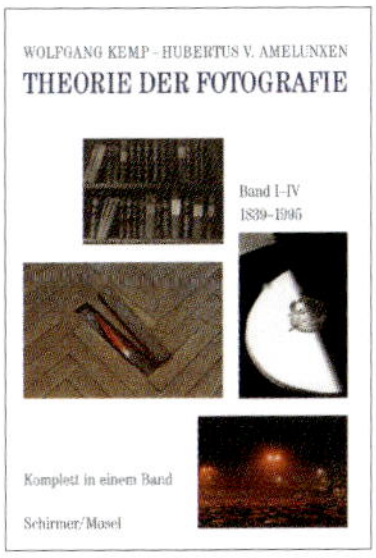

Theorie der Fotografie. Band I–IV: *1839–1995: Komplett in einem Band.* 2006.
16,5 x 23,5 cm, 1296 S., 49 Abb., geb., ISBN 3-8296-0239-1 / 978-3-8296-0239-6

Theorie der Fotografie V 1995–2022. Eine Anthologie hrsg. und eingeleitet von Peter Geimer. Mit Texten von Svetlana Alpers, Lara Baladi, Geoffrey Batchen u. a. 2023.
16,5 x 23,5 cm, 456 S., 29 Abb., geb., ISBN 978-3-8296-0925-8

Thomas, Christopher. *Münchner Elegien. Photographien 1999–2005.* Mit Texten von Christian Ude und Herbert Riehl-Heyse. 2005.
31,4 x 29,7 cm, 144 S., 69 Abb., geb., ISBN 3-8296-0199-9 / 978-3-8296-0199-3

Thomas, Dylan *siehe* **Ruetz, Michael**

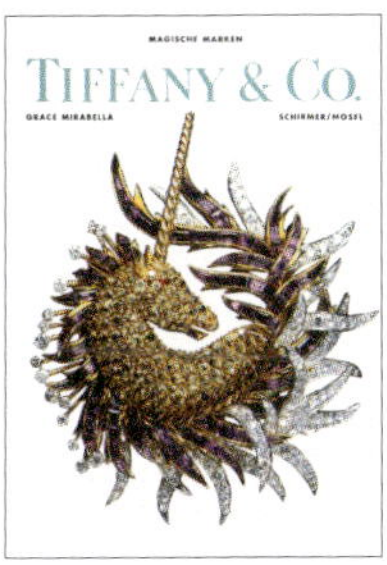

Tiffany & Co. (Magische Marken). Mit einem Text von Grace Mirabella. Dt. von Sabine Herting. 1998.
15,5 x 21,5 cm, 80 S., 48 Abb., geb., ISBN 3-88814-322-5

Tisdall, Caroline *siehe* **Beuys, Joseph**

Toast. Hundstage in den Hamptons. Mit Photographien von Daniel Ballesteros und Texten von Katie Sturino. 2016.
20 x 15 cm, 80 S., 92 Abb.,
geb., ISBN 978-3-8296-0748-3

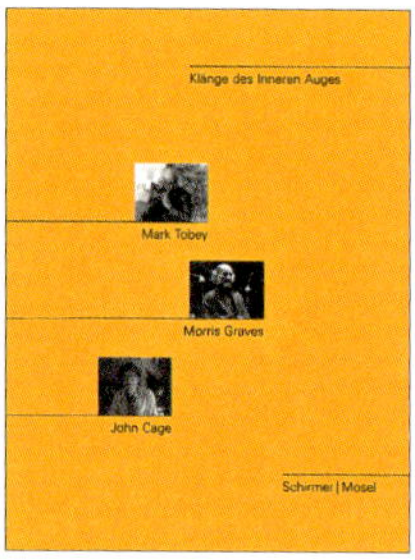

Tobey, Mark / Morris Graves / John Cage. *Klänge des Inneren Auges.* Hrsg. von Wulf Herzogenrath und Andreas Kreul. Mit Texten von John Cage, Morris Graves, Wulf Herzogenrath, Ray Kass, Andreas Kreul, Mark Tobey und Wesley Wehr. Dt. von Regine Karstedt und Andreas Kreul. 2002. Dt./engl. Ausg.
21,5 x 28 cm, 280 S., 336 Abb.,
brosch., ISBN 3-8296-0013-5 / 978-3-8296-0013-2

Tournier, Michel. *Die Schlüssel und das Schloß. Texte zu Bildern.* Dt. von Hellmut Waller. 1980.
14 x 19,5 cm, 200 S., 50 Abb.,
geb., ISBN 3-88814-061-7

[Die] Tradition von morgen. Die Architektur in München seit 1980. Ausgewählt von Uwe Kiessler. Fotografien von Gerrit Engel. Hrsg. von der Technischen Universität München und der Bayerischen Akademie der Schönen Künste. Mit Texten von Dietrich Fink, Winfried Nerdinger, Gottfried Knapp, Niklas Maak, Elisabeth Merk, Jürgen Habermas, Donata Valentien, Christoph Conrad, Michael Weinhold, Klaus Willnow und Kurt Mühlhäuser. 2012.

21,5 x 24,5 cm, 176 S., 112 Abb.,
brosch., ISBN 978-3-8296-0607-3

Traeger, Ronald.
New Angles. Photographien. Hrsg. und mit Texten von Martin Harrison und Tessa Traeger. 1999.
Engl. Ausg.
24,5 x 30,5 cm, 144 S., 121 Abb.,
geb. u. brosch., ISBN 3-88814-384-5 / 978-3-88814-384-7

Traxler, Hans. *GmbH & Kohl KG.*
1984.
12 x 17,5 cm, 76 S., 30 Abb.,
brosch., ISBN 3-88814-155-9

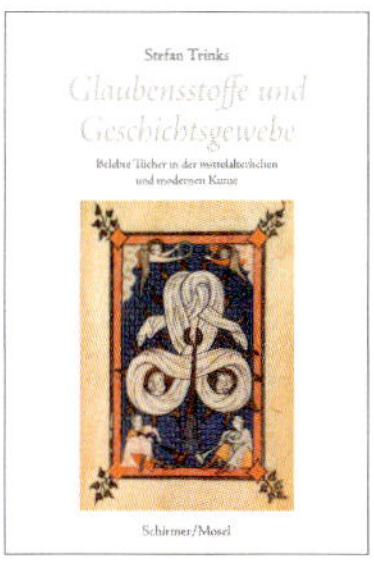

Trinks, Stefan. *Glaubensstoffe und Geschichtsgewebe. Belebte Tücher in der mittelalterlichen und modernen Kunst.*
2024.
16,5 x 23,5 cm, 232 S., 110 Abb.,
geb., ISBN 978-3-8296-0991-3

Tronvoll, Mette. *Photographs.*
Mit Texten von Stephanie von Spreter, David Elliott und Vibece Salthe.
Engl. von Arlyne Moi, dt. von Andreas Brunstermann und Matthias Wolf.
2009.
Dt./engl Ausg. mit norweg. Textbeilage,
24 x 28 cm, 128 S., 48 Abb.,
geb., ISBN 978-3-8296-0436-9

CY TWOMBLY

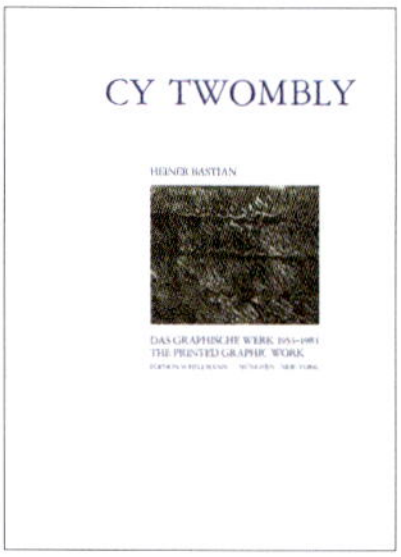

Twombly, Cy. *Das graphische Werk 1953–1984 / A Catalogue Raisonné of the Printed Graphic Work.*
Hrsg. von Heiner Bastian. [1984] 1987.
Dt./engl. Ausg.
28 x 21 cm, 108 S., 77 Abb.,
brosch., ISBN 3-88814-245-8

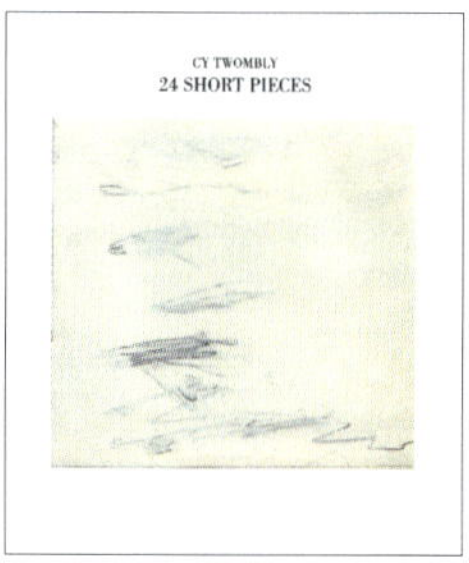

–, *24 Short Pieces.* Hrsg. und mit einem Text von Heiner Bastian. Engl. von Melanie Flemming. 1989.
Dt./engl. Ausg.,
28 x 24,5 cm, 62 S., 24 Abb.,
geb., ISBN 3-88814-330-6 / 978-3-88814-330-4

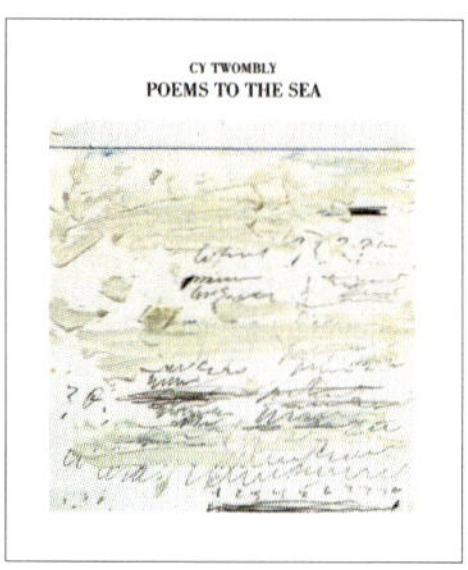

–, *Poems to the Sea.*
Hrsg. und mit einem Text von Heiner Bastian. Engl. von Joanna Southwell. 1990.
Engl. Ausg.
28 x 24,5 cm, 60 S., 24 Abb.,
geb., ISBN 3-88814-368-3

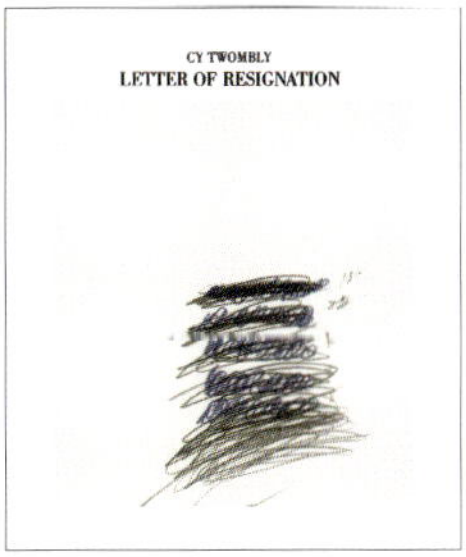

–, *Letter of Resignation.*
Hrsg. und mit einem Text von Heiner Bastian. Engl. von Joanna Southwell. 1991.
Dt./engl. Ausg.
28 x 24,5 cm, 86 S., 38 Abb.,
geb., ISBN 3-88814-425-6 / 978-3-88814-425-7

–, *Catalogue Raisonné of the Paintings. Volume I: 1948–1960.* Hrsg. und mit einem Text von Heiner Bastian. 1992.
Dt./engl. Ausg.
26,5 x 30,5 cm, 312 S., 187 Abb.,
geb., ISBN 3-88814-463-9

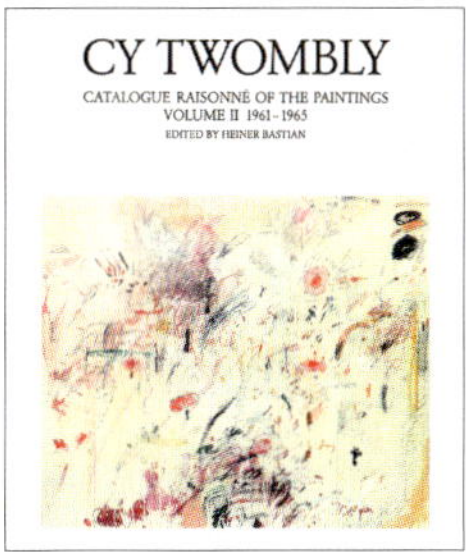

–, *Catalogue Raisonné of the Paintings. Volume II: 1961–1965.* Hrsg. und mit einem Text von Heiner Bastian. 1993.
Dt./engl. Ausg.
26,5 x 30,5 cm, 312 S., 178 Abb.,
geb., ISBN 3-88814-690-9

–, *Catalogue Raisonné of the Paintings. Volume III: 1966–1971.* Hrsg. und mit einem Text von Heiner Bastian. 1994.
Dt./engl. Ausg.
26,5 x 30,5 cm, 344 S., 159 Abb.,
geb., ISBN 3-88814-740-9 / 978-3-88814-740-1

Twombly, Cy. Kirk Varnedoe, *Cy Twombly. Eine Retrospektive.* Dt. von Jörg Trobitius. 1994.
25 x 29 cm, 188 S., 174 Abb.,
geb., ISBN 3-88814-739-5

–, *Catalogue Raisonné of the Paintings. Volume IV: 1972–1995.* Hrsg. und mit einem Text von Heiner Bastian. 1995.
Dt./engl. Ausg.
26,5 x 30,5 cm, 242 S., 74 Abb.,
geb., ISBN 3-88814-765-4

–, *Catalogue Raisonné of Sculpture. Volume I 1946–1997.* Hrsg. von Nicola Del Roscio. Mit einem Text von Arthur C. Danto. 1997.
Engl. Ausg.
35 x 25,5 cm, 352 S., 147 Abb.,
geb., ISBN 3-88814-875-8 /
978-3-88814-875-0

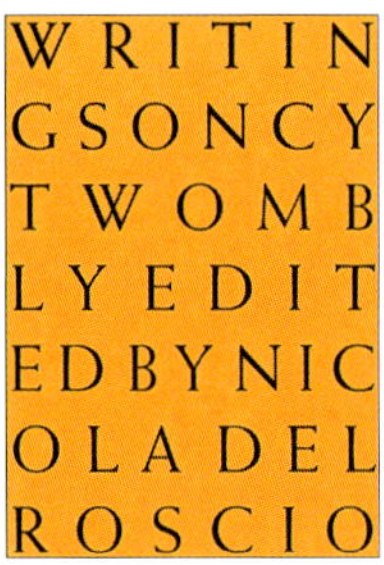

–, *Writings on Cy Twombly.*
Hrsg. von Nicola Del Roscio. 2002.
Engl. Ausg.
24,5 x 34 cm, 320 S., 28 Abb.
geb., ISBN 3-88814-954-1 /
978-3-88814-954-2

–, *Catalogue Raisonné of the Paintings. Vol. I–IV im Leinenschuber.* 2002.
Dt./engl. Ausg.
27,5 x 32,5 x 15 cm, 1.210 S.,
580 Abb.,
geb., ISBN 3-88814-662 3 /
978-3-88814-662-6

–, *Photographs 1951–1999.*
Hrsg. von Nicola Del Roscio.
Mit einem Text von Vincent Katz. 2003.
Engl. Ausg.
24 x 32 cm, 128 S., 70 Abb.,
geb., ISBN 3-8296-0078-X /
978-3-8296-0078-1

–, *Cy Twombly in der Eremitage. Fünfzig Jahre Arbeiten auf Papier.* Hrsg. von Julie Sylvester. Mit einem Essay von Simon Schama. Dt. von Bettina Blumenberg. 2003.
Dt./engl. Ausg.
24,5 x 34 cm, 154 S., 84 Abb.,
geb., ISBN 3-8296-0108-5 /
978-3-8296-0108-5
NA, engl. Ausg., geb. 2005: ISBN 3-8296-0181-6 / 978-3-8296-0181-8
erw. NA, engl. Ausg. (mit Essays von Simon Schama und Roland Barthes), brosch. 2017: *Fifty Years of Works on Paper*, ISBN 978-3-8296-0787-2

–, Richard Leeman, *Cy Twombly. Malen, Zeichnen, Schreiben. Die große Monographie.* Dt. von Matthias Wolf. 2005.
24,5 x 31 cm, 324 S., 304 Abb.,
geb., ISBN 3-8296-0161-1 /
978-3-8296-0161-0

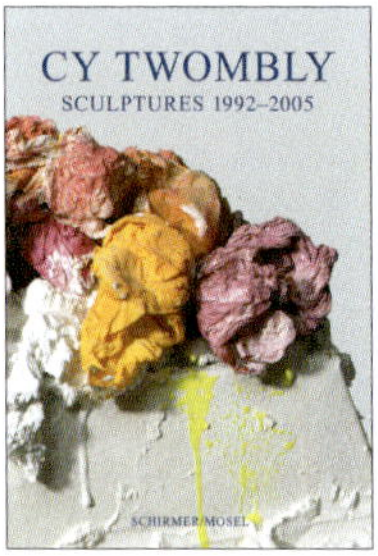

Twombly, Cy. *In der Alten Pinakothek. Skulpturen 1992–2005.* Mit Texten von Giorgio Agamben, Edward Albee, Reinhold Baumstark und Carla Schulz-Hoffmann. Dt. von Marion Kagerer und Marianne Schneider, engl. von Jeremy Gaines und Sarah Moore. 2006.
24,5 x 34 cm, 144 S., 76 Abb.,
geb., ISBN 3-8296-0235-9 / 978-3-8296-0235-8
engl. Ausg. 2006: ISBN 3-8296-0245-6 / 978-3-8296-0245-7

–, *Photographs 1951–2007.*
Mit einem Essay von Laszlo Glozer. Engl. von Daniel Mufson. 2008.
Dt./engl. Ausg.
24 x 32 cm, 264 S., 209 Abb.,
geb., ISBN 978-3-8296-0345-6
brosch. 2008: 0369-0
engl. Ausg. 2008: 0368-3

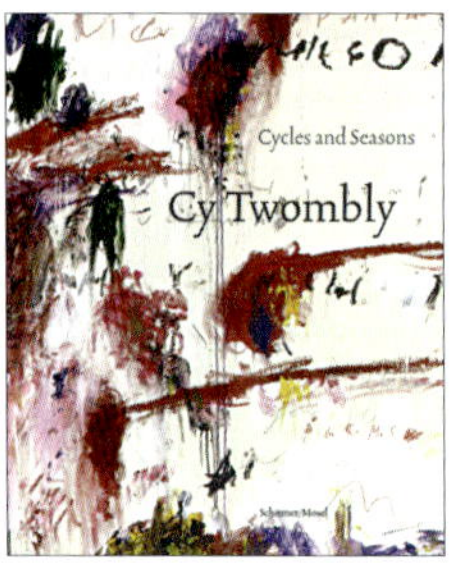

–, *Cycles and Seasons.*
Hrsg. von Nicholas Serota. Mit Texten von Nicholas Serota, Nicholas Cullinan, Tacita Dean, Richard Shiff und einem Interview mit Cy Twombly. 2008.
Engl. Ausg. mit dt. Textbeilage,
24,5 x 29 cm, 272 S., 174 Abb.,
brosch., ISBN 978-3-8296-0373-7

–, *Catalogue Raisonné of the Paintings. Volume V: 1996–2007.* Hrsg. und mit einem Text von Heiner Bastian. 2009.
Dt./engl. Ausg.
26,5 x 30,5 cm, 242 S., 103 Abb.,
geb., ISBN 978-3-8296-0366-9

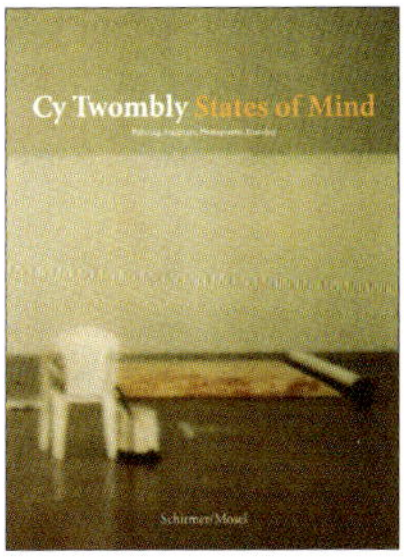

–, *States of Mind. Malerei, Skulptur, Fotografie, Zeichnung.* Hrsg. von Achim Hochdörfer und dem Museum Moderner Kunst Stiftung Ludwig Wien. Mit Texten von Achim Hochdörfer, Gregor Stemmrich, Peter Geimer, Jeff Wall, Franz West und Johanna Burton. Dt. von Thomas Raab, engl. von Greg Bond, Nicholas Grindell und Steven Lindberg. 2009.
23 x 30 cm, 324 S., 278 Abb.,
geb., ISBN 978-3-8296-0437-6
engl. Ausg. 2009: 978-3-8296-0445-1

–, *The Natural World. Ausgewählte Werke 2000–2007.* Hrsg. von The Art Institute of Chicago. Mit einem Text von James Rondeau. Dt. von Christian Quatmann. 2009.
17,8 x 25 cm, 96 S., 60 Abb.,
geb., ISBN 978-3-8296-0416-1

–, *Tulips. Fifteen Photographs.* 2010.
18 x 24 cm, 40 S., 15 Abb.,
brosch., ISBN 978-3-8296-0495-6

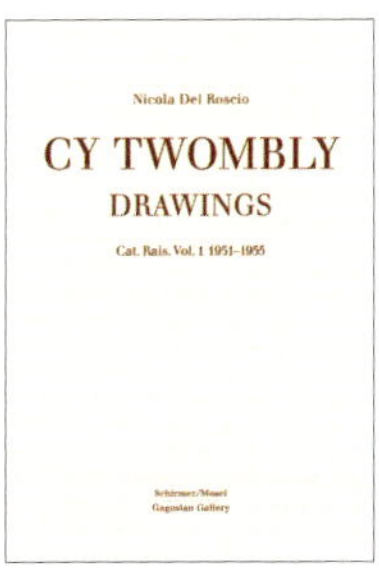

–, *Drawings. Cat. Rais. Vol. 1. 1951–1955.* Hrsg. von Nicola Del Roscio. 2011. Engl. Ausg.
24,5 x 34 cm, 240 S., 262 Abb.,
geb., ISBN 978-3-8265-0485-7

Twombly, Cy. *Photographs III 1951–2010.* Mit einem Essay von Hubertus von Amelunxen. Engl. von Daniel Mufson, frz. von Jean Torrent. 2011.
Dt./engl./frz. Ausg.
24 x 32 cm, 184 S., 104 Abb.,
geb., ISBN 978-3-8296-0537-3

–, *Unpublished Photographs IV 1951–2011.* Mit einer Einleitung von Michael Krüger. Engl. von John Hargraves, frz. von Bernard Lortholary. 2012.
Dt./engl./frz. Ausg.
24 x 32 cm, 184 S., 111 Abb.,
geb., ISBN 978-3-8296-0589-2

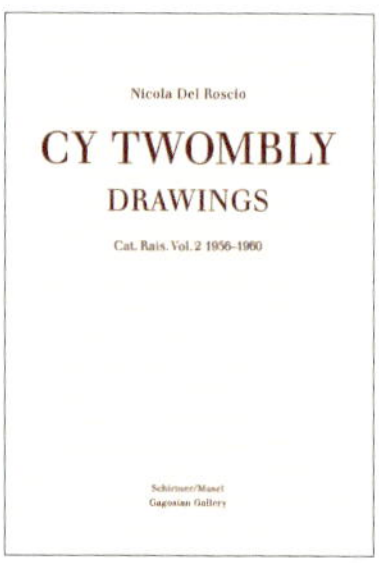

–, *Drawings. Cat. Rais.Vol. 2. 1956–1960.* Hrsg. von Nicola Del Roscio. 2012.
Engl. Ausg.
24,5 x 34 cm, 308 S., 267 Abb.,
geb., ISBN 978-3-8296-0486-4

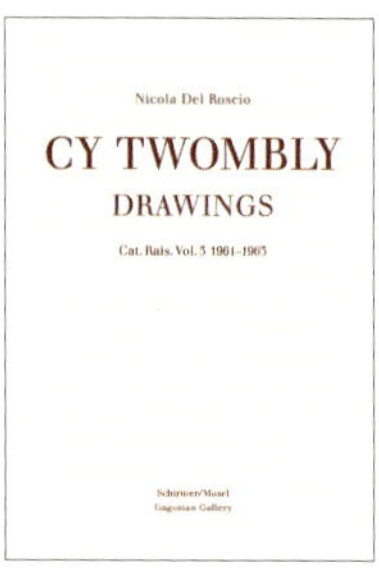

–, *Drawings. Cat. Rais. Vol. 3. 1961–1963.* Hrsg. von Nicola Del Roscio. 2013.
Engl. Ausg.
24,5 x 34 cm, 216 S., 302 Abb.,
geb., ISBN 978-3-8296-0487-1

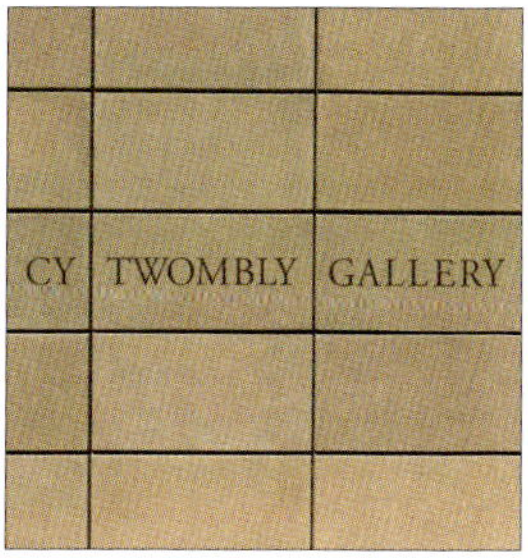

–, *Cy Twombly Gallery. The Menil Collection, Houston.* Hrsg. von Julie Sylvester. Mit einem Vorwort von Josef Helfenstein und Texten von Paul Winkler und Carol Mancusi-Ungaro. Dt. von Ursula Wulfekamp. 2013.
Engl. Ausg. mit dt. Textbeilage,
28 x 28 cm, 220 S., 105 Abb.,
geb., ISBN 978-3-8296-0641-7

–, *Die Werkübersicht.* Hrsg. und mit einem Vorwort von Nicola Del Roscio. Mit Texten von Simon Schama, Kirk Varnedoe, Laszlo Glozer und Thierry Greub. Dt. von Marion Kagerer u.a. 2014.
25 x 29 cm, 240 S., 182 Abb.,
geb., ISBN 978-3-8296-0656-1
NA, geb. 2021: 0930-2

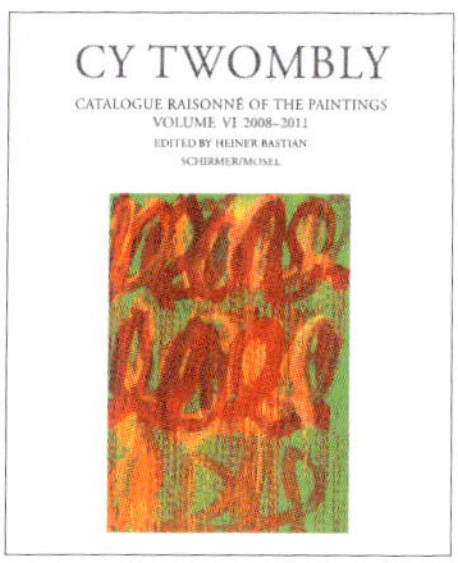

–, *Catalogue Raisonné of the Paintings. Volume VI: 2008–2011.* Hrsg. und mit einem Text von Heiner Bastian. 2014.
Dt./engl. Ausg.
26,5 x 30,5 cm, 184 S., 72 Abb.,
geb., ISBN 978-3-8296-0688-2

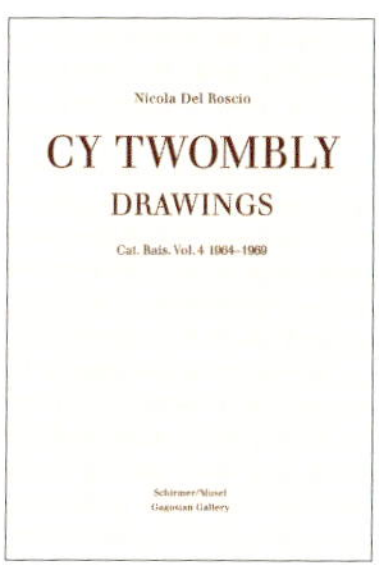

–, *Drawings. Cat. Rais. Vol. 4. 1964–1969.* Hrsg. von Nicola Del Roscio. 2014.
Engl. Ausg.
24,5 x 34 cm, 240 S., 334 Abb.,
geb., ISBN 978-3-8296-0488-8

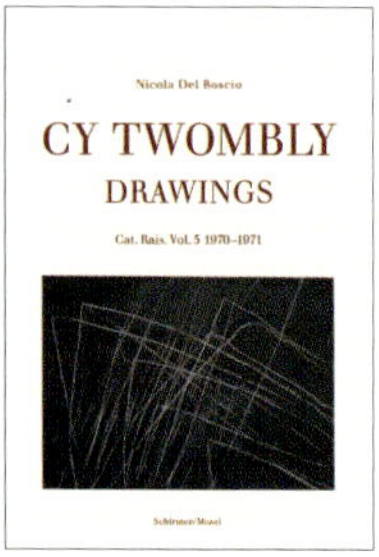

Twombly, Cy. *Drawings. Cat. Rais. Vol. 5. 1970–1971.*
Hrsg. von Nicola Del Roscio. 2015.
Engl. Ausg.
24,5 x 34 cm, 200 S., 215 Abb.,
geb., ISBN 978-3-8296-0489-5

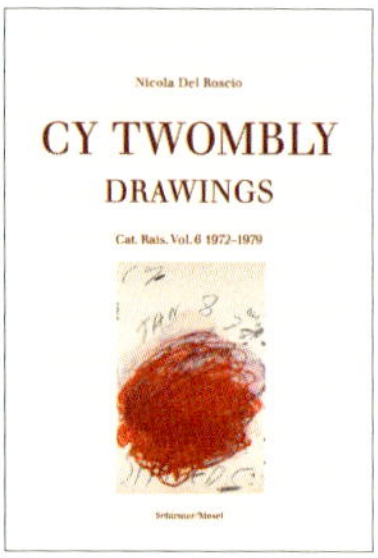

–, *Drawings. Cat. Rais. Vol. 6. 1972–1979.*
Hrsg. von Nicola Del Roscio. 2016.
Engl. Ausg.
24,5 x 34 cm, 288 S., 406 Abb.,
geb., ISBN 978-3-8296-0760-5

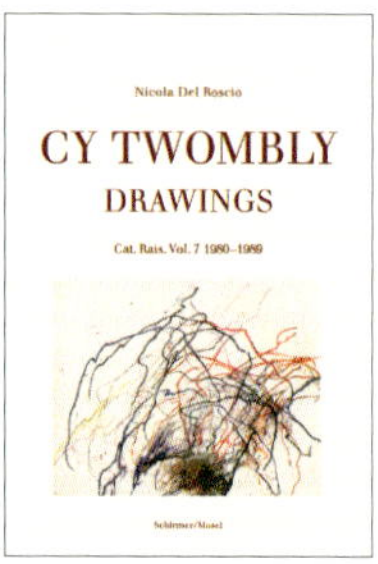

–, *Drawings. Cat. Rais. Vol. 7. 1980–1989.*
Hrsg. von Nicola Del Roscio. 2016.
Engl. Ausg.
24,5 x 34 cm, 280 S., 364 Abb.,
geb., ISBN 978-3-8296-0761-2

–, *Ausgewählte Fotografien. Selected Photographs. 1944–2006.*
Mit einem Text von Helmut Friedel.
Engl. von Roger W. Benner. 2016.
Dt./engl. Ausg.
18 x 24 cm, 72 S., 35 Abb.,
brosch., ISBN 978-3-8296-0784-1

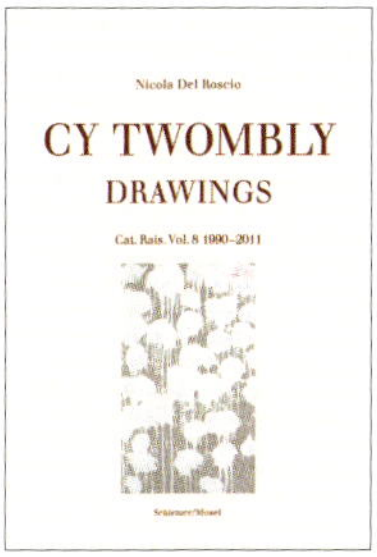

–, *Drawings. Cat. Rais. Vol. 8. 1990–2011.* Hrsg. von Nicola Del Roscio. 2017. Engl. Ausg.
24,5 x 34 cm, 288 S., 411 Abb., geb., ISBN 978-3-8296-0762-9

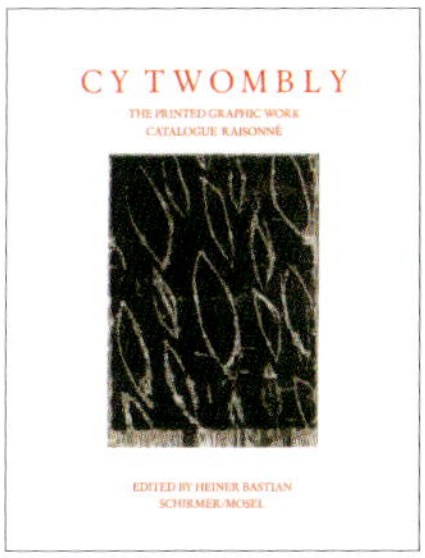

–, *The Printed Graphic Work. Catalogue Raisonné.* Hrsg. und mit einem Text von Heiner Bastian. Engl. von Roger W. Benner. 2017. Dt./engl. Ausg.
24,5 x 30,5 cm, 112 S., 122 Abb., geb., ISBN 978-3-8296-0825-1

–, *Drawings. Cat. Rais. Vol. 1–4 im Schuber.* 2017.
ISBN 978-3-8296-0805-3

–, *Drawings. Cat. Rais. Vol. 5–8 im Schuber.* 2017.
ISBN 978-3-8296-0806-0

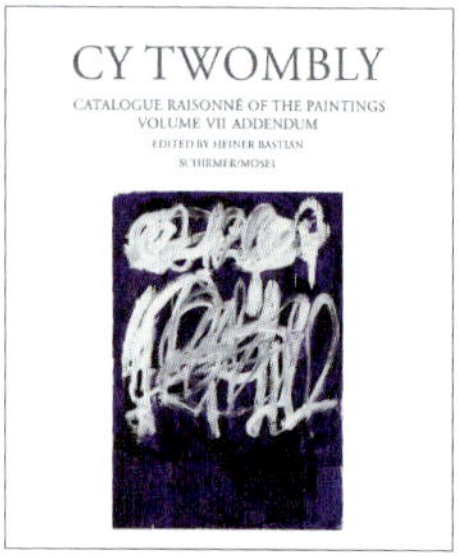

Twombly, Cy. *Catalogue Raisonné of the Paintings. Volume VII. Addendum.* Hrsg. und mit einem Text von Heiner Bastian. Engl. von Roger W. Benner. 2018. Dt./engl. Ausg.
26,5 x 30,5 cm, 160 S., 139 Abb., geb., ISBN 978-3-8296-0781-0

–, *Catalogue Raisonné of Sculpture. Volume II 1998–2019.*
Hrsg. von Nicola Del Roscio. 2019.
24,4 x 34 cm, 368 S., 213 Abb., geb., ISBN 978-3-8296-0866-4

–, *Homes & Studios. Visited by Master Photographers.* Mit Texten von Nicola Del Roscio und Florian Illies. 2019. Dt./engl./frz. Ausg.
26 x 30,5 cm, 264 S., 136 Abb., geb., ISBN 978-3-8296-0791-9
verkl. NA, brosch. 2020: 0908-1

U

VON VON UNWERTH BIS VREELAND

V

U2 siehe **Corbijn, Anton**

Unwerth, Ellen von. *Couples.*
Mit einem Text von Ingrid Sischy.
Dt. von Marion Kagerer. 1998.
15,4 x 21 cm, 340 S., 192 Abb.,
geb., ISBN 3-88814-446-9
engl. Ausg. 1998: 734-4
dt./engl. Ausg. 2000: 974-6
NA, dt./engl. Ausg., brosch. 2006:
3-8296-0251-0 / 978-3-8296-0251-8

–, *Wicked.* 1998.
Dt./engl. Ausg.
24,8 x 34,6 cm, 58 S., 40 Abb.,
brosch., ISBN 3-88814-899-5

Valentin, Karl. *Karl Valentin. Volks-Sänger? DADAist?* Hrsg. von Wolfgang Till.
Mit Texten von Richard Bauer,
Eberhardt v. Berswordt, Franz Blei,
Michael C. Glasmeier, Karl Valentin u.a.
1982.
22,5 x 24 cm, 360 S., 400 Abb.,
geb., ISBN 3-88814-106-0

–, Richard Bauer, *Das alte München. Photographien 1855–1912, gesammelt von Karl Valentin.* 1982.
16,8 x 24 cm, 260 S., 226 Abb.,
geb., ISBN 3-88814-108-7
NA geb. 1999: 907-X

–, *Photographien.* Mit einem Vorwort von Wolfgang Till und einem Essay von Wilhelm Hausenstein. 2018.
23,5 x 27,5 cm, 188 S., 67 Abb.,
geb., ISBN 978-3-8296-0858-9

Valentino (Magier der Mode).
Mit einem Text von Bernadine Morris.
Dt. von Monika Buchgeister. 1996.
15,5 x 21,5 cm, 80 S., 48 Abb.,
geb., ISBN 3-88814-821-9

Van Cleef & Arpels (Magische Marken).
Mit einem Text von Sylvie Raulet.
Dt. von Ingeborg Schmutte. 1998.
15,5 x 21,5 cm, 80 S., 55 Abb.,
geb., ISBN 3-88814-324-1

Vanderbilt, Gloria. *Damals schien all das wichtig zu sein. Die Männer meines Lebens.* Dt. von Andrea Stumpf. 2010.
12,5 x 20,4 cm, 184 S., 17 Abb.,
geb., ISBN 978-3-8296-0516-8

Vanderbilt, Gloria. Wendy Goodman, *Die Welt der Gloria Vanderbilt.* Mit einem Vorwort von Anderson Cooper. Dt. von Ursula Wulfekamp und Matthias Wolf. 2010.
22,6 x 30,5 cm, 224 S., 187 Abb., geb., ISBN 978-3-8296-0507-6

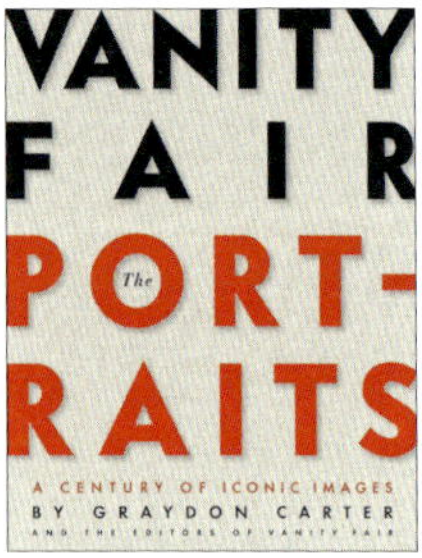

Vanity Fair. *The Portraits. A Century of Iconic Images.* Hrsg. von Graydon Carter und den Herausgebern von *Vanity Fair.* Mit einem Vorwort von Graydon Carter und Texten von Christopher Hitchens, David Friend und Terence Pepper. Dt. von Walter Ahlers und Karin Weidner. 2008.
Engl. Ausg. mit dt. Textbeilage, 26,7 x 34,5 cm, 384 S., über 300 Abb., geb., ISBN 978-3-8296-0400-0

Venus, Albert. *Der letzte Romantiker.* Hrsg. von den Staatlichen Kunstsammlungen Dresden. Mit Texten von Jane Boddy, Petra Kuhlmann-Hodick, Florian Illies und Reinhard Wegner. 2022.
20 x 24 cm, 160 S., 249 Abb., geb., ISBN 978-3-8296-0964-7

Venturi, Rauch & Scott Brown. Hrsg. von Stanislaus von Moos. 1987.
26 x 26 cm, 336 S., 337 Abb., geb., ISBN 3-88814-212-1

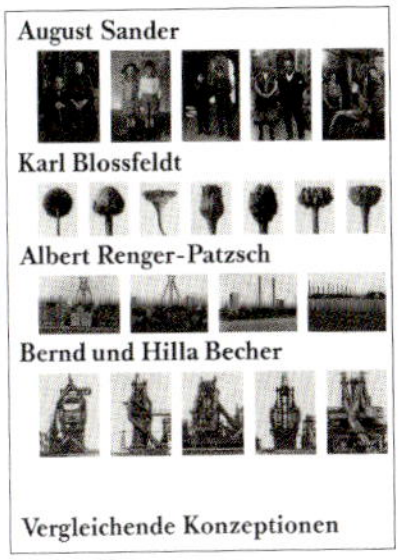

Vergleichende Konzeptionen.
August Sander, Karl Blossfeldt, Albert Renger-Patzsch, Bernd und Hilla Becher.
Hrsg. von der Photographischen Sammlung / SK Stiftung Kultur, Köln.
Mit Texten von Gabriele Conrath-Scholl, Anne Ganteführer, Virginia Heckert, Susanne Lange.
Dt. von Regina Winter, engl. von Jeremy Gaines. 1997.
Dt./engl. Ausg.
22,5 x 29 cm, 160 S., 82 Abb.,
geb. u. brosch., ISBN 3-88814-757-3

Versace (Magier der Mode).
Mit einem Text von Richard Martin.
Dt. von Anja Lazarowicz. 1997.
15,5 x 21,5 cm, 80 S., 49 Abb.,
geb., ISBN 3-88814-856-1

Versace, Gianni.
Damenmode. Die Winterkollektion 94/95.
Photographien von Richard Avedon.
1995.
Engl. Originalausg.
24,5 x 33,5 cm. 192 S., 255 Abb.,
brosch., ISBN 3-88814-761-1

Versace, Gianni / Richard Avedon.
The Naked & The Dressed. 20 Years of Versace by Avedon. 1998.
Engl. Ausg.
24,8 x 33,6 cm, 208 S., 172 Abb.,
geb., ISBN 3-88814-841-3

Vial, Véronique.
Frauen vor 10 Uhr morgens.
Mit einem Vorwort von Sean Penn.
Dt. von Marion Kagerer. 1999.
24,5 x 29 cm, 144 S., 127 Abb.,
geb., ISBN 3-88814-731-X
brosch. 2001: ISBN 3-8296-0030-5 / 978-3-8296-0030-9

–, *Paris Naked.*
Mit einem Vorwort von Mark Levy. 2009.
Dt./engl./frz. Ausg.
23,7 x 28,6 cm, 112 S., 78 Abb.,
geb., ISBN 978-3-8296-0438-3

Viertlböck, Rainer. *Oktoberfest. Photographien 2009–2015.* Hrsg. von Nicola Borgmann. Mit einem Text von Tom Wolfe. Engl. von Jeremy Gaines, dt. von Irma Wehrli. 2016.
Dt./engl. Ausg.
30,5 x 24 cm, 166 S., 153 Abb.,
geb., ISBN 978-3-8296-0765-0

Viertlböck, Rainer *siehe auch* ***München*** *und* **Jahn, Helmut**

Visconti, Luchino. *Schriften, Filme, Stars und Stills.* Hrsg. von Marianne Schneider und Lothar Schirmer. Mit Texten von Luchino Visconti, Caterina D'Amico, Wolfram Schütte und Marianne Schneider. Dt. von Marianne Schneider und Susanne Vogel. 2008.
23,5 x 32,5 cm, 320 S., 191 Abb.,
geb., ISBN 978-3-8296-0236-5

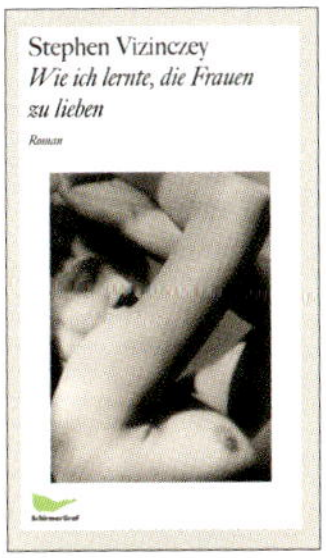

Vizinczey, Stephen. *Wie ich lernte, die Frauen zu lieben. Die amourösen Erinnerungen des András Vajda.* Roman. Dt. von Carina von Enzenberg. 2007.
12,5 x 20,5 cm, 320 S.,
brosch., ISBN 978-3-86555-047-7

Völker, Cornelius. *Malerei.* Mit Texten von Doris Krystof, Stephan Berg und Heinz-Norbert Jocks. 2004.
25 x 30 cm, 136 S., 102 Abb.,
geb., ISBN 3-8296-0084-4 / 978-3-8296-0084-2

–, *Meerschweinchen.* Mit Texten von Magdalena Kröner und Bernd Finkeldey. 2009.
17,5 x 14,2 cm, 144 S., 60 Abb.,
brosch., ISBN 978-3-8296-0456-7

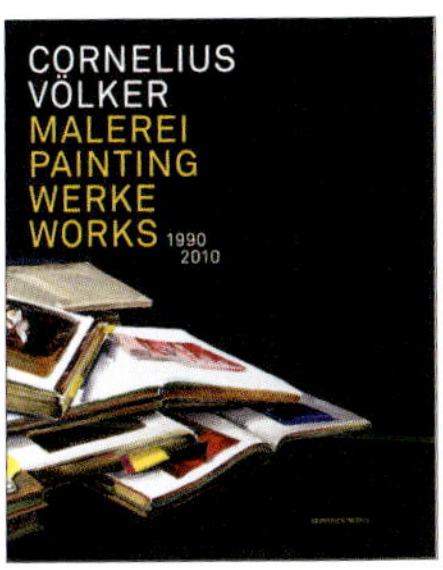

–, *Malerei / Painting. Werke / Works. 1990–2010.* Mit Texten von Stephan Berg, Michael Buhrs, Magdalena Kröner, Bettina Ruhrberg und Reinhard Spieler. Engl. von Michael Scuffil. 2011. Dt./engl. Ausg.
25 x 30 cm, 272 S., 214 Abb.,
geb., ISBN 978-3-8296-0534-2

Völker, Cornelius. *Arbeiten auf Papier / Works on Paper.* Mit Texten von Katharina Henkel und Frank Schmidt. Engl. von Michael Turnbull. 2015.
Dt./engl. Ausg.
25 x 30 cm, 248 S., 192 Abb.,
geb., ISBN 978-3-8296-0706-3

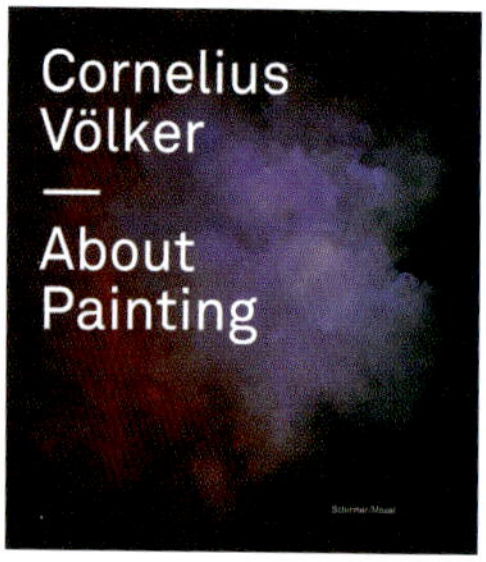

–, *About Painting.*
Mit Texten von Robert Fleck, Gregor Jansen, Gail B. Kirkpatrick, Magdalena Kröner, Hans-Joachim Müller und Anna von Münchhausen. Engl. von Michael Turnbull. 2016.
Dt./engl. Ausg.
28 x 31 cm, 228 S., 141 Abb.,
geb., ISBN 978-3-8296-0782-7

–, *Nur auf dem Papier / On Paper Only.*
Mit Texten von Claudia Blümle, Hans Peter Thurn und Reinhard Spieler. Engl. von Michael Turnbull. 2020.
Dt./engl. Ausg.
23,2 x 26,8 cm, 168 S., 81 Abb.,
geb., ISBN 978-3-8296-0899-2

–, *Verflüchtigungen.*
Hrsg. von Oliver Zybok. Mit Texten von Andrea Wandschneider und Oliver Zybok. 2021.
Dt./engl. Ausg.
22 x 27 cm, 120 S., 73 Abb.,
geb., ISBN 978-3-8296-0940-1

–, *Vom Erscheinen und Verschwinden der Dinge.* Hrsg. und mit Texten von Maite van Dijk und Kay Heymer. 2023. Dt./engl. Ausg.
23,5 x 28,5 cm, 192 S. , 120 Abb.,
geb., ISBN 978-3-8296-0990-6

Voigt, Kirsten Claudia *siehe* **Beuys, Joseph** *und* **Schirmer, Lothar**

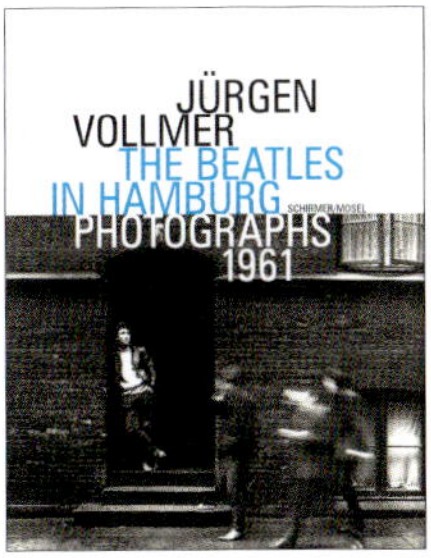

Vollmer, Jürgen. *The Beatles in Hamburg. Photographien / Photographs 1961.* Mit einem Text des Photographen. 2004. Dt./engl. Ausg.
19 x 23,5 cm, 72 S., 27 Abb.,
geb., ISBN 3-8296-0125-5 / 978-3-8296-0125-2

Vreeland, Diana. *Fashion, Style, Allure. Der Roman meines Lebens.* Dt. von Ursula Wulfekamp. 2011.
12,5 x 20,4 cm, 350 S., 15 Abb.,
geb., ISBN 978-3-8296-0536-6

W

VON WAITS BIS WOODSTOCK

W Fashion Stories. Hrsg. von Stefano Tonchi. Mit Texten von Muccia Prada und Stefano Tonchi.
Dt. von Jürgen Schönwälder. 2014.
Engl. Originalausg. mit dt. Textbeilage,
25,4 x 33 cm, 256 S., 166 Abb.,
geb., ISBN 978-3-8296-0689-9

Waits, Tom / Matt Mahurin. *Tom Waits von Matt Mahurin.* Mit einem Gedicht von Tom Waits und Texten von Matt Mahurin. Dt. von Marion Kagerer und Roland Hepp. 2019.
30 x 30 cm, 240 S., 136 Abb.,
geb., ISBN 978-3-8296-0876-3

Waits, Tom *siehe auch* **Corbijn, Anton**

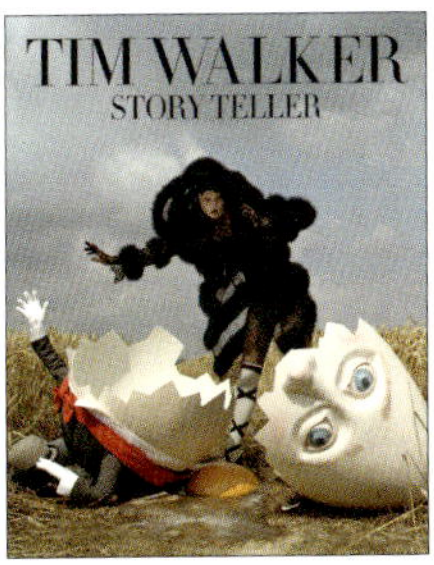

Walker, Tim. *Storyteller.* Art Direction Ruth Ansee. Mit Texten von Kate Bush und Robin Muir. Dt. von Martina Tichy. 2012.
27,5 x 34,3 cm, 256 S., 178 Abb.,
geb., ISBN 978-3-8296-0606-6

–, *Shoot for the Moon.*
Mit einem Vorwort von Sarah Burton und einer Einleitung von Tim Walker.
Buchdesign von Irma Boom.
Dt. von Marion Kagerer. 2019.
25 x 32,5 cm, 340 S., 238 Abb.,
geb., ISBN 978-3-8296-0879-4

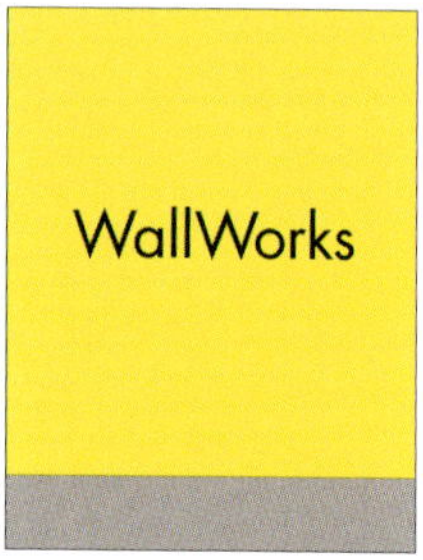

Wall Works. *A group of 38 installations.* Hrsg. von Jörg Schellmann. Werke von Artschwager, Buren, Diamond, Flavin u. a. Mit Texten von David Rimonelli und Uwe M. Schneede. 1999. Dt./engl. Ausg.
25,5 x 32,5 cm, 234 S., über 100 Abb., brosch., ISBN 3-88814-865-0

Wall, Jeff. *Transparencies.* Hrsg. von Els Barents. Mit einem Interview von Els Barents mit Jeff Wall. Dt. von Brunhild und Rolf Seeler. 1986.
22 x 27 cm, 112 S., 46 Abb., brosch., ISBN 3-88814-203-2
engl. Ausg. 1987: 604-6

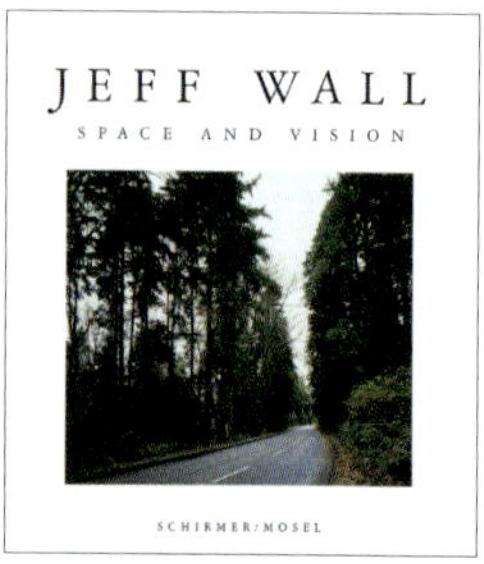

–, *Space and Vision.* Hrsg. von Helmut Friedel. Mit Texten von Jean-François Chévrier und Helmut Friedel. Dt. von Wieland Grommes. 1996.
28,5 x 30,7 cm, 92 S., 30 Abb., geb., ISBN 3-88814-837-5

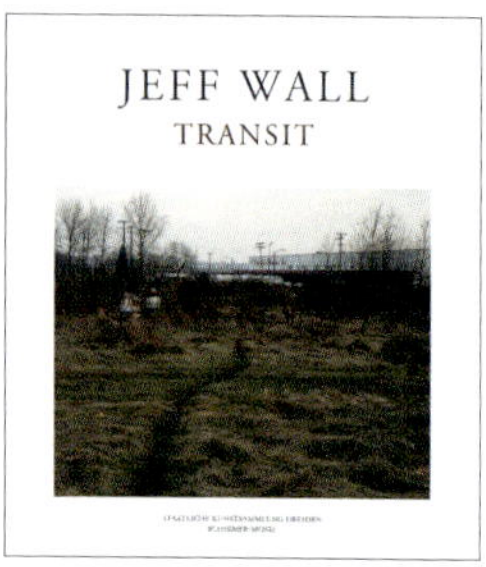

–, *Transit.* Hrsg. von Ulrich Bischoff und Mathias Wagner für die Staatlichen Kunstsammlungen Dresden. Mit Texten von Thomas Weski, Laszlo Glozer, den Herausgebern u. a. 2010. Dt./engl. Ausg.
27 x 30 cm, 136 S., 44 Abb., geb., ISBN 978-3-8296-0478-9

–, *Jeff Wall in München.* Hrsg. von Inka Graeve Ingelmann für die Bayerischen Staatsgemäldesammlungen, Pinakothek der Moderne, München.
Mit Texten von Ulrich Bischoff, Christa Döttinger, Simone Förster, Ingvild Goetz, Inka Graeve Ingelmann, Lothar Schirmer, Rüdiger Schöttle und Gabriele Schor. 2013.
24 x 28 cm, 120 S., 52 Abb.,
geb., ISBN 978-3-8296-0657-8

–, Stefan Gronert, *Jeff Wall. Specific Pictures.* Engl. von Daniel Mufson und Ehren Fordyce. 2016.
24 x 28 cm, 128 S., 42 Abb.,
geb., ISBN 978-3-8296-0705-6
engl. Ausg. 2016:
ISBN 978-3-8296-0780-3

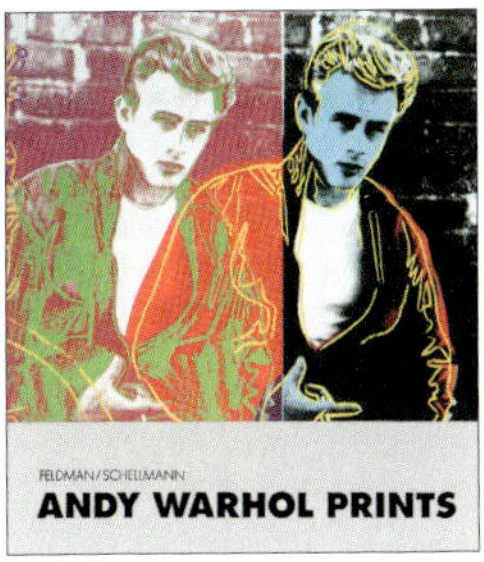

Warhol, Andy.
Prints. Werkverzeichnis Druckgraphik. Hrsg. von Frayda Feldman und Jörg Schellmann. Mit Texten von Robert Bernstein, Henry Geldzahler und Rupert Smith. 1985.
Dt./engl. Ausg.
23,5 x 26 cm, 120 S., 364 Abb.,
brosch., ISBN 3-88814-241-5
erw. NA, geb. 1989: 348-9

–, *Pre-Pop Warhol.*
Hrsg. von Jesse Kornbluth. Mit einem Text von Tina Fredericks. Dt. von Jörg Trobitius, frz. von D. Férault. 1988.
23,5 x 30,5 cm, 192 S., 152 Abb.,
geb., ISBN 3-88814-309-8
frz. Ausg. 1989: 528-7

Warhol, Andy. *Silkscreens from the Sixties* (SVB). Hrsg. von Heiner Bastian. Mit Texten von Jean Baudrillard und John Coplans. 1990. Dt. von Margit Moser, Monika Buchgeister und Matthias Wolf. 1990
14,5 x 19 cm, 128 S., 75 Abb., brosch., ISBN 3-88814-298-9
frz. Ausg. 1990: 580-5
NA, brosch. 2011: *Meisterwerke der Pop Art,* ISBN 978-3-8296-0594-6

–, *Art from Art.*
Hrsg. von Jörg Schellmann. Mit einem Text von Laszlo Glozer. 1994. Dt./engl. Ausg.
21,5 x 27,5 cm, 96 S., 74 Abb., geb., ISBN 3-88814-725-5/ 978-3-88814-725-8

–, *Frühe Zeichnungen.* Aus der Sammlung Marx. Hrsg. und mit einem Text von Heiner Bastian. 1996.
23,2 x 30 cm, 128 S., 81 Abb., geb.: ISBN 3-88814-833-2 / 978-3-88814-833-0

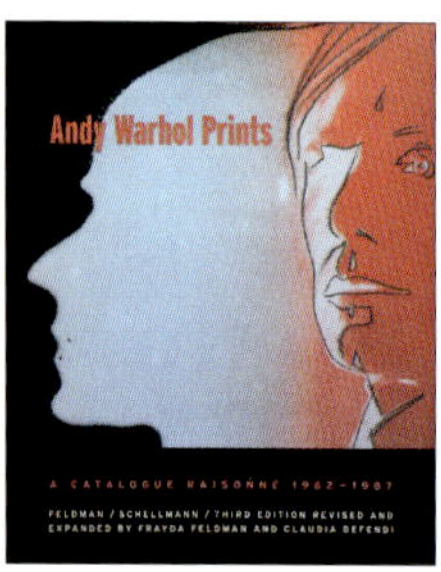

–, *Prints. A Catalogue Raisonné 1962–1987.* Hrsg. von Frayda Feldman und Jörg Schellmann. Mit Texten von Arthur C. Danto, Frayda Feldman, Jörg Schellmann und Donna de Salvo. 1997. Engl. Ausg., 3. erw. Aufl.
25 x 30 cm, 304 S., 1.245 Abb., geb., ISBN 3-88814-877-4

–, *The Warhol Look. Glamour Style Fashion.*
Hrsg. von Mark Francis und Margery King. Mit Texten von Hilton Als, Mark Francis, Judith Goldman u. a. 1997.
Engl. Ausg.
24,6 x 31 cm, 304 S., 1.205 Abb.,
geb., ISBN 3-88814-878-2

–, *Zeichnungen 1942–1987.*
Hrsg. vom Kunstmuseum Basel und dem Andy Warhol Museum Pittsburgh. Mit Texten von Mark Francis und Dieter Koepplin. Dt. von Stephan Wetzel und Marianne Wackernagel, engl. von Jeremy Gaines. 1998.
25 x 32 cm, 320 S., 248 Abb.,
geb., ISBN 3-88814-379-9
engl. Ausg. 1998: 437-X

–, Pat Hackett, *POPism – Meine 60er Jahre.* Dt. von Nikolaus G. Schneider, bearb. von Marion Kagerer. 2008.
12,7 x 20,5 cm, 480 S.,
geb., ISBN 978-3-8296-0387-4

Watson, Albert. *Cyclops.*
Hrsg. von Laurie Kratochvil.
Mit Texten von Jeff Koons und James Truman. Dt. von Pociao. 1994.
Dt./engl. Ausg.
28,5 x 36 cm, 192 S., 250 Abb.,
geb., ISBN 3-88814-741-7
verkl. NA. 1997: 835-9

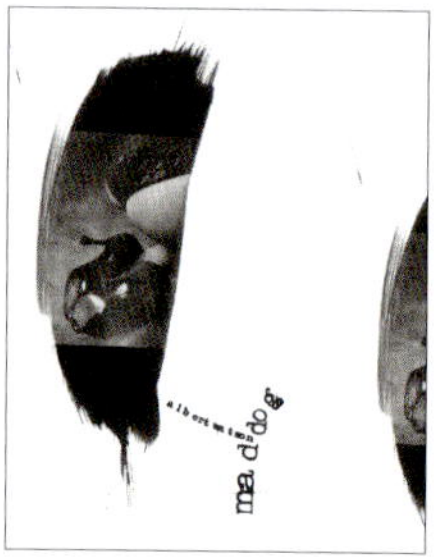

Watson, Albert. *Mad Dog.*
Hrsg. und mit einem Text von Raimund Stecker.
Engl. von Roger W. Benner. 1996.
24 x 30 cm, 128 S., 86 Abb.,
brosch., ISBN 3-88814-836-7
engl. Ausg. 1996: 695-X

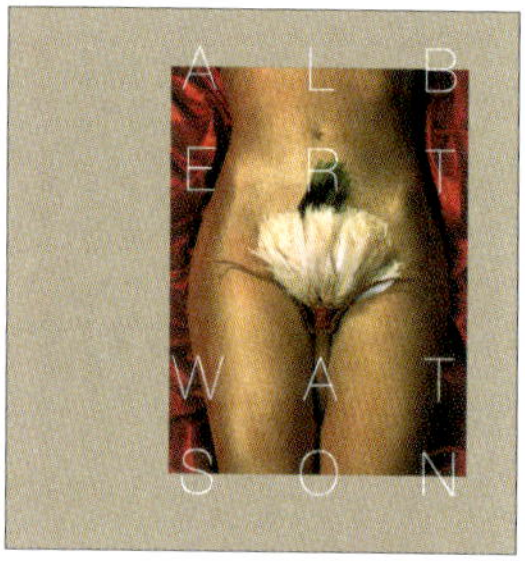

–, *Photographien.*
Mit einem Text von Ulrich Ptak.
Engl. von Michele Schons. 2002.
Dt./engl. Ausg.
29 x 29 cm, 112 S., 51 Abb.,
brosch., ISBN 3-8296-0080-1 /
978-3-8296-0080-4

–, *The Vienna Album. Photographien.*
Mit einem Vorwort von Ingrid Sischy.
2005.
Dt./engl. Ausg.
34,5 x 22,5 cm, 272 S., 142 Abb.,
geb., ISBN 3-8296-0215-4 /
978-3-8296-0215-0

Weber, A. Paul.
Das graphische Werk. Handzeichnungen und Lithographien 1930–1978.
Hrsg. von Georg Reinhardt. 1980.
21 x 27 cm, 344 S., 277 Abb.,
geb., ISBN 3-88814-046-3

Weber, Bruce. *Bruce Weber.*
Hrsg. von John Cheim. 1989.
Engl. Originalausg.
25,5 x 31 cm, 236 S., 140 Abb.,
geb., ISBN 3-88814-320-9

–, *Bear Pond Book.*
Mit einem Text von Reynold Price.
1991.
Engl. Originalausg.
20,5 x 26,5 cm, 202 S., 104 Abb.,
geb., ISBN 3-88814-407-8

Weber, Bruce *siehe auch* **Pirelli**

Weegee.
Täter und Opfer. 85 Photographien.
Mit einem Text von John Coplans.
Dt. von Mark W. Rien. 1978.
19 x 24 cm, 126 S., 99 Abb.,
brosch., ISBN 3-88814-021-8
vergrößerte NA, brosch. 1984: 136-2

–, *Weegee's New York. Photographien 1935–1960.* Mit einem autobiographischen Text. Dt. von Reinhard Kaiser.
1982.
23,5 x 29,5 cm, 388 S., 335 Abb.,
geb., ISBN 3-88814-084-6
engl. Ausg. 1982: 139-1
brosch. 1982: 222-9
NA, geb. 1992: 197-4
NA, brosch. 1996: 801-4 /
978-3-88814-801-9
engl. Ausg., brosch. 1996: 874-X /
978-3-88814-874-3

Weegee. *Naked New York* (Magier der Kamera). Mit einem Text von John Coplans. Dt. von Mark W. Rien. 1997.
15,5 x 21,5 cm, 80 S., 41 Abb.,
geb., ISBN 3-88814-850-2
engl. Ausg. 1997: 868-5

Wegman, William. *Cinderella.*
Hrsg. von William Wegman, Carole Kismaric und Marvin Heifermann. Dt. von Manfred Ohl und Hans Sartorius. 1993.
23,5 x 28,5 cm, 40 S., 36 Abb.,
geb., ISBN 3-88814-675-5

–, *Rotkäppchen.*
Hrsg. von William Wegman, Marvin Heifermann und Carole Kismaric. Dt. von Manfred Ohl und Hans Sartorius. 1994.
23,5 x 28,5 cm, 40 S., 28 Abb.,
geb., ISBN 3-88814-713-1

–, *Puppies.*
Mit einem Text von William Wegman. Dt. von Manfred Ohl und Hans Sartorius. 1998.
22 x 28,5 cm, 96 S., 88 Abb.,
geb., ISBN 3-88814-321-7

–, *Modephotographien.* Mit Texten von William Wegman und Ingrid Sischy. Dt. von Marion Kagerer. 1999.
24,5 x 30,5 cm, 88 S., 78 Abb., brosch., ISBN 3-88814-999-1 / 978-3-88814-999-3

–, *Meine Geschichte mit Fay.* Dt. von Manfred Ohl und Hans Sartorius. 2000.
21,5 x 28 cm, 128 S., 270 Abb., geb., ISBN 3-88814-947-9 / 978-3-88814-947-4

–, *Menschen wie wir.* Mit Texten von William A. Ewing und William Wegman. Dt. von Bernadette Ott. 2017.
14,5 x 21 cm, 348 S., 333 Abb., brosch., ISBN 978-3-8296-0809-1

***Weimar** siehe* **Held, Louis**

Weller, Peter. *Hauberg und Eisen. Landwirtschaft und Industrie im Siegerland um 1900. Photographien.* Mit Texten von Gottfried Korff und Winfried Ranke. 1980.
19 x 24,5 cm, 144 S., 136 Abb., geb., ISBN 3-88814-026-9

WIM WENDERS

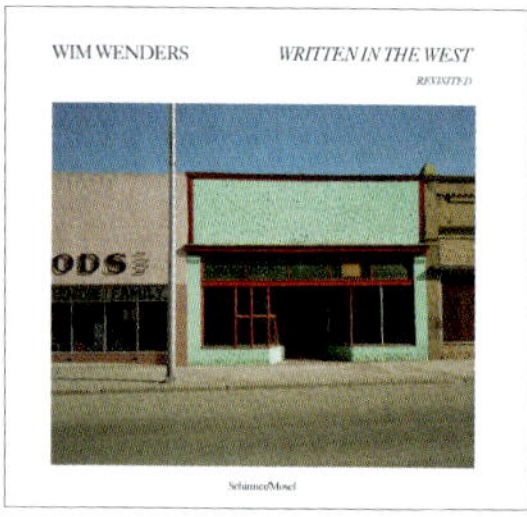

Wenders, Wim. *Written in the West. Photographien aus dem amerikanischen Westen.* Mit einem Interview von Alain Bergala mit Wim Wenders. Dt. von Johannes Hauck. 1987.
27,5 x 26 cm, 100 S., 62 Abb.,
geb., ISBN 3-88814-254-7
brosch. 1987: 354-3
engl. Ausg. 1987: 583-X
frz. Ausg. 1987: 548-1
NA, brosch. 1996: 800-6
erw. NA, dt. Ausg. mit engl. Textbeilage, geb. 2015: *Written in the West. Revisited*,
ISBN 978-3-8296-0709-4

–, *Bilder von der Oberfläche der Erde.* Mit Texten von Peter-Klaus Schuster, Nicole Hartje und Wim Wenders. 2001.
26,5 x 25,5 cm, 124 S., 51 Abb.,
geb., ISBN 3-8296-0010-0 / 978-3-8296-0010-1
engl. Ausg., geb. 2002: 3-8296-0011-9 / 978-3-8296-0011-8
erw. NA, dt. Ausg., geb. 2003: 3-8296-0029-1 / 978-3-8296-0029-3
erw. NA, engl. Ausg., geb. 2003: 3-8296-0051-8 / 978-3-8296-0051-4
verkl. NA, brosch. 2006: 3-8296-0252-9 / 978-3-8296-0252-5
verkl. NA, engl. Ausg., brosch. 2006: 3-8296-0238-3 / 978-3-8296-0238-9

–, *Einmal – Bilder und Geschichten.*
Dt. von Marion Kagerer. 2001.
15 x 20,5 cm, 272 S., 225 Abb.,
brosch., ISBN 3-88814-953-3 /
978-3-88814-953-5
engl. Ausg., brosch. 2001: 900 2 /
978-3-88814-900-9
NA, dt. Ausg., brosch. 2015:
978-3-8296-0710-0
NA, engl. Ausg., brosch. 2015: 0716-2

–, *Journey to Onomichi.* Mit Texten von
Heiner Bastian und Wim Wenders.
2009.
Dt./engl. Ausg.
20,8 x 24 cm, 64 S., 24 Abb.,
geb., ISBN 978-3-8296-0453-6

–, *4 Real & True 2.*
Landschaften. Photographien.
Mit Texten von Beat Wismer, Hubertus
von Amelunxen, Laura Schmidt und
Wim Wenders. 2015.
14,5 x 20 cm, 352 S., 163 Abb.,
brosch., ISBN 978-3-8296-0696-7
engl. Ausg., brosch. 2015: 0697-4

–, *Sofort Bilder.*
403 Polaroids und 36 Geschichten dazu
von Wim Wenders. 2017.
24,5 x 29 cm, 320 S., 435 Abb.,
geb., ISBN 978-3-8296-0816-9
engl. Ausg., geb. 2017: 0829-9
verkl. NA, brosch. 2021: 0903-6

Wenders, Wim und Donata.
Buena Vista Social Club. Das Buch zum Film. Photographien, Filmstills, Texte. Mit einem Vorwort von Wim Wenders und einem Interview mit Ry Cooder. 1999.
26,5 x 25,5 cm, 132 S., 141 Abb., brosch., ISBN 3-88814-611-9 / 978-3-88814-611-4

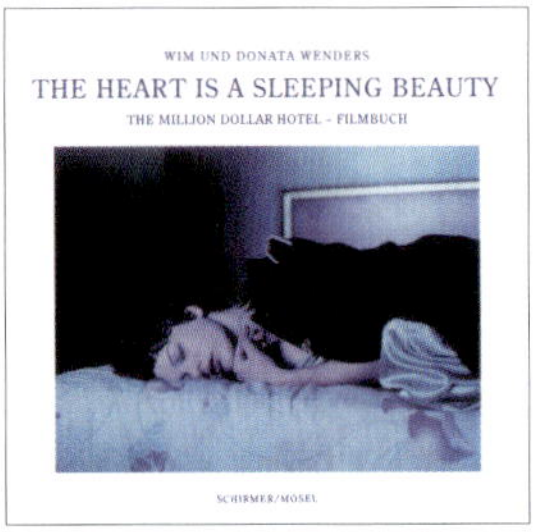

–, *The Heart is a Sleeping Beauty. The Million Dollar Hotel – Filmbuch.* Mit einem Vorwort von Bono, Songtexten von U2 und Texten von Wim Wenders. 2000.
26,5 x 25,5 cm, 152 S., 110 Abb., geb., ISBN 3-88814-253-9 / 978-3-88814-253-6
engl. Ausg. 2000: 3-88814-986-X / 978-3-88814-986-3

–, *Pina. Der Film und die Tänzer.*
Engl. von Roger W. Benner. 2012.
24,5 x 26,5 cm, 264 S., 153 Abb., geb., ISBN 978-3-8296-0590-8
engl. Ausg. 2012: 0623-3

Wenders, Wim / Wolfgang Niedecken / Eusebius Wirdeier. *Viel passiert. Das Buch zum BAP-Film.* Die 168 schönsten Filmstills und Fotografien von Eusebius Wirdeier, Donata Wenders und Mathias Bothor. Mit Texten von Wolfgang Niedecken, Wim Wenders, Oliver Kobold und einem Interview mit Heinrich Böll. 2003.
21 x 23 cm, 128 S., 168 Abb., brosch., ISBN 3-88814-965-7 / 978-3-88814-965-8

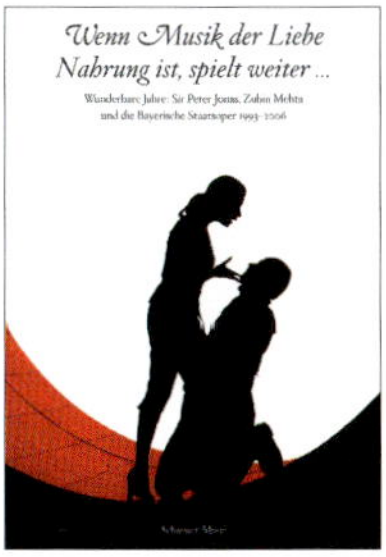

Wenn Musik der Liebe Nahrung ist, spielt weiter … *Wunderbare Jahre: Sir Peter Jonas, Zubin Mehta und die bayerische Staatsoper 1993–2006.* Photographien von Wilfried Hösl. Mit Texten von Donna Leon, Nike Wagner, Daniel Barenboim und Wolfgang Schreiber. 2006.
23 x 32,5 cm, 264 S., 132 Abb., mit Musik-CD,
geb., ISBN 3-8296-0232-4 / 978-3-8296-0232-7
engl. Ausg. 2006: 3-8296-0254-5 / 978-3-8296-0254-9

Wesely, Michael. *Stilleben.*
Mit einem Text von Franz-W. Kaiser. 2007.
Dt./engl. Ausg.
25,5 x 34 cm, 96 S., 42 Abb.,
geb., ISBN 978-3-8296-0305-8

–, *Time Works.*
Mit einem Text von Jürgen Harten. Engl. von Tim Connell. 2010.
Dt./engl. Ausg.
27 x 32 cm, 120 S., 64 Abb.,
geb., ISBN 978-3-8296-0513-7

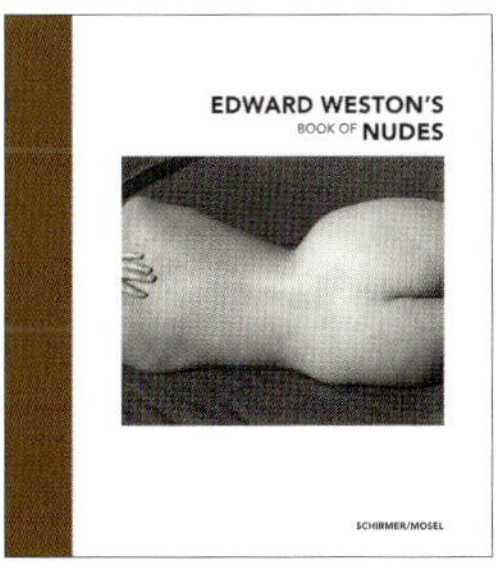

Weston, Edward.
Edward Weston's Book of Nudes.
Hrsg. von Brett Abbott. Mit einem Text von Nancy Newhall. Dt. von Rudolf Hermstein. 2008.
26,5 x 28,5 cm, 88 S., 74 Abb.,
geb., ISBN 978-3-8296-0360-7

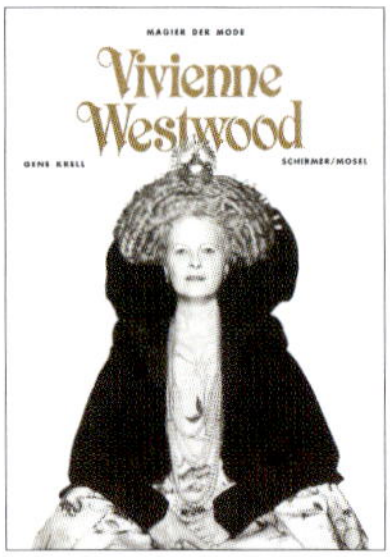

Westwood. *Vivienne Westwood* (Magier der Mode). Mit einem Text von Gene Krell. Dt. von Anja Lazarowicz. 1997.
15,5 x 21,5 cm, 80 S., 51 Abb.,
geb., ISBN 3-88814-855-3

Wilde, Ann und Jürgen. *Mechanismus und Ausdruck. Die Sammlung Ann und Jürgen Wilde. Fotografien aus dem 20. Jahrhundert.* Bearb. von Inka Graeve, hrsg. vom Sprengel Museum Hannover, mit Texten von Inka Graeve und Ann und Jürgen Wilde. 1999.
24 x 30 cm, 288 S., 244 Abb.,
brosch., ISBN 3-88814-926-6

Wilding, Dorothy. *Society Portraits.* Mit einem Text von Terence Pepper. Dt. von Jörg Trobitius und Rosemarie Altmann. 1991.
24 x 30 cm, 120 S., 98 Abb.,
brosch., ISBN 3-88814-441-8

Wirdeier, Eusebius *siehe* **Wenders, Wim**

Witkin, Joel-Peter. *Zögling und Meister.* Mit Texten von Joel-Peter Witkin und Pierre Bohan. Dt. von Gabriel Hochfels. 2000.
29 x 29 cm, 120 S., 53 Abb.,
geb., ISBN 3-88814-945-2 / 978-3-88814-945-0

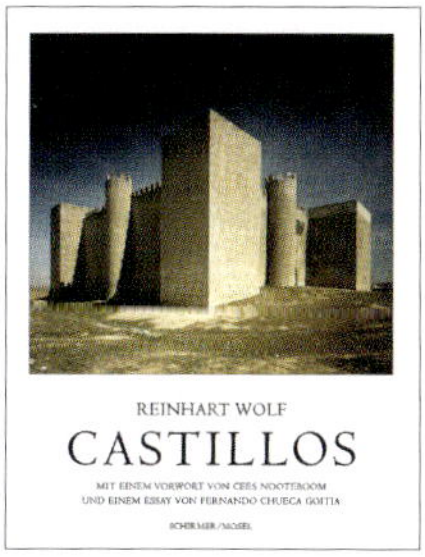

Wolf, Reinhart.
Castillos. Burgen in Spanien.
Mit Texten von Fernando Chueca Goitia und Hermann Schreiber. Dt. von Rainer Chrapkowski. 1983.
30,5 x 38 cm, 112 S., 32 Abb.,
geb., ISBN 3-88814-127-3
brosch. 1983: 188-5
frz. Ausg., brosch. 1986: 505-8
NA, mit einem Vorwort von Cees Nooteboom. Dt. von Helga van Beuningen, geb. 2001: ISBN 3-8296-0026-7 / 978-3-8296-0026-2

–, *Castillos* (SVB).
Mit einem Text von Fernando Chueca Goitia. Dt. von Rainer Chrapkowski. 1990.
14,5 x 19 cm, 112 S., 32 Abb.,
brosch., ISBN 3-88814-360-8
frz. Ausg. 1990: 556-2

Wolman, Baron. *Like a Rolling Stone … Frühe Rock Photographien aus San Francisco.* Mit Texten von Jann Wenner und Baron Wolman. Dt. von Carla Blesgen. 1993.
22,5 x 27,5 cm, 112 S., 82 Abb.,
geb., ISBN 3-88814-674-7
engl. Ausg. 1993: 597-X
frz. Ausg. 1993: 621-6

Wols.
Laszlo Glozer, *Wols Photograph.* 1978.
20,5 x 20,5 cm, 222 S., 305 Abb.,
brosch., ISBN 3-88814-030-7
geb. 1988: 267-9

Wols. *Die Aphorismen.* Mit Photographien, Aquarellen und Gemälden. Hrsg. und mit Texten von Hans-Joachim Petersen. 2010.
15 x 23,5 cm, 192 S., 67 Abb.,
geb., ISBN 978-3-8296-0439-0

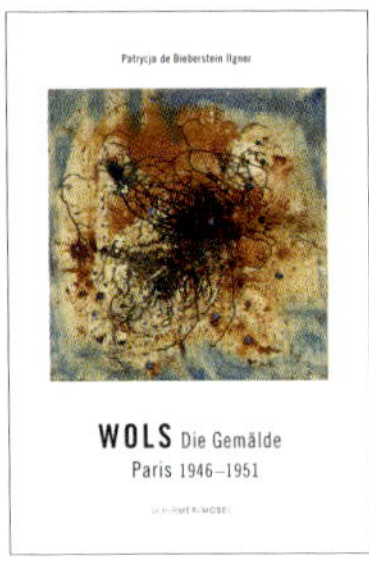

–, Patrycja de Bieberstein Ilgner, *Wols. Die Gemälde. Paris 1946–1951.* 2021.
21 x 30 cm, 280 S., 152 Abb.,
geb., ISBN 978-3-8296-0907-4

–, Patrycja de Bieberstein Ilgner, *Wols. Aquarelle.* 2022.
21 x 30 cm, 176 S., 167 Abb.,
geb., ISBN 978-3-8296-0967-8

Woodstock '69.
Drei Tage des Friedens und der Musik. Hrsg. von Elliott Landy. Mit einem Text von Jerry Garcia. Dt. von Walter Ahlers. 1994.
29,3 x 29,3 cm, 144 S., 190 Abb.,
geb., ISBN 3-88814-742-5

Wydra, Thilo. *Hitchcock's Blondes. Die Erfindung eines Frauentyps.* 2018. 21,5 x 24 cm, 232 S., 83 Abb., geb., ISBN 978-3-8296-0835-0

Wydra Thilo *siehe auch* **Kelly, Grace**

XYZ

VON YAMAMOTO BIS ZWAKMAN

Yamamoto, Yohji. *Yohji Yamamoto* (Magier der Mode). Mit einem Text von François Baudot. Dt. von Anja Lazarowicz. 1997.
15,5 x 21,5 cm, 80 S., 53 Abb., geb., ISBN 3-88814-892-8

Zeitblende. *Fünf Jahrzehnte Magnum-Photographie.* Mit Texten von Jean Lacouture, William Manchester und Fred Ritchin. Dt. von Matthias Wolf, Jörg Trobitius u.a. 1989.
25 x 33,5 cm, 464 S., 405 Abb., geb., ISBN 3-88814-347-0
brosch. 1993: 707-7

Zeppelin *siehe* **Clausberg, Karl**

Zerres, Maria. *Blaue Butter. Bilder und Zeichnungen 1981–2003.* Mit Texten von Franz Dahlem und Adrian Dannatt. 2004.
28 x 33 cm, 120 S., 109 Abb., geb., ISBN 3-8296-0141-7 / 978-3-8296-0141-2

Zhang Huan. *Drawings.* Mit einem Text von Mark Gisbourne. Dt. von Herwig Engelmann. 2007. Dt./engl. Ausg.
23 x 34,5 cm, 110 S., 50 Abb., geb., ISBN 978-3-8296-0308-9

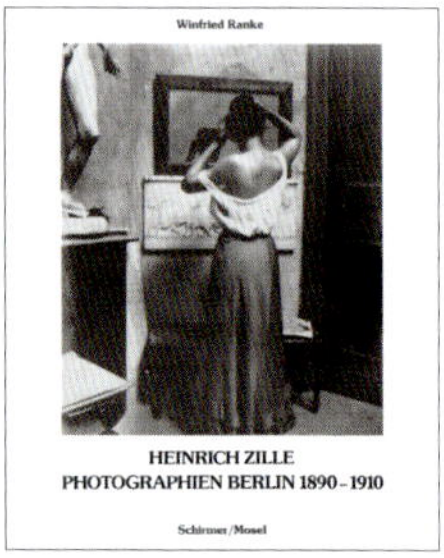

Zille, Heinrich.
Winfried Ranke, *Heinrich Zille. Photographien Berlin 1890–1910.*
1975.
25 x 21,5 cm, 290 S., 208 Abb.,
geb., ISBN 3-88814-003-X
brosch. 1979: 033-1
vergrößerte NA, geb. 1985: 184-2

–, *Hurengespräche*
(limit. Faksimile-Ausg.)
Mit einem Vorwort von Winfried Ranke.
1979.
28,5 x 39,5 cm, 84 S., 35 Abb.,
geb., ISBN 3-88814-045-5

–, *Komm, Karlineken, komm!*
Alte und neue Berliner Kinder-Reime
(limit. Faksimile-Ausg.)
Hrsg. von Alfred Richard Meyer. 1980.
37,5 x 47 cm, 82 S., 35 Abb.,
geb., ISBN 3-88814-063-3

–, *Hurengespräche.*
Mit einem Vorwort von Winfried Ranke.
1981.
23,5 x 27,5 cm, 100 S., 40 Abb.,
geb., ISBN 3-88814-081-1 /
978-3-88814-081-5
verkl. NA, geb., 2000: 081-5

–, *Komm, Karlineken, komm! Alte und neue Berliner Kinder-Reime.* Hrsg. von Alfred Richard Meyer. 1983.
22,5 x 27,5 cm, 86 S., 41 Abb., geb., ISBN 3-88814-126-5

–, *Berlin um die Jahrhundertwende. Photographien* (SVB). Mit einem Text von Matthias Flügge. 1993.
14,5 x 19 cm, 104 S., 71 Abb., brosch., ISBN 3-88814-703-4
NA, brosch. 2004: *Das alte Berlin*, 3-8296-0138-7 / 978-3-8296-0138-2

–, *Photograph der Moderne.* Mit einem Text von Enno Kaufhold. 1995.
25 x 29,5 cm, 268 S., 740 Abb., geb. u. brosch., ISBN 3-88814-743-3

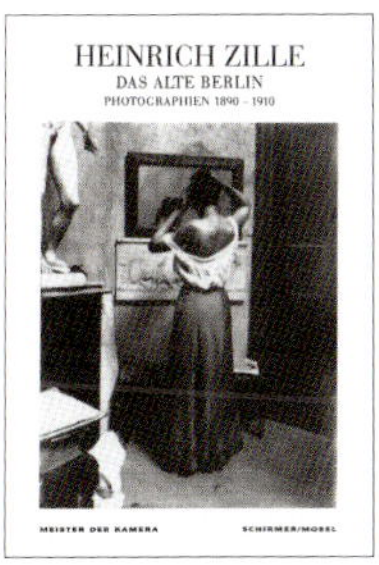

–, *Das alte Berlin. Photographien 1890–1910* (Meister der Kamera). Mit einem Text von Matthias Flügge. 1999.
14,7 x 20,5 cm, 104 S., 71 Abb., geb., ISBN 3-88814-848-0

Zille, Heinrich. *Berliner Leben. Zeichnungen, Photographien und Druckgraphiken 1890–1914.* Hrsg. und mit einem Text von Matthias Flügge. 2008.
19 x 24 cm, 192 S., 181 Abb., brosch., ISBN 978-3-8296-0332-4

–, *Das alte Berlin. Photographien von Heinrich Zille 1890–1914.* Mit Texten von Jeff Wall / Roy Arden und Wolfgang Kemp. 2014.
21 x 30 cm, 208 S., 151 Abb., brosch., ISBN 978-3-8296-0690-5

Zola, Emile. *Emile Zola – Photograph. Eine Autobiographie in 480 Bildern.* Hrsg. und mit Texten von François Emile Zola und Massin.
Dt. von Ulrike Bergweiler. 1979.
27 x 21 cm, 192 S., 480 Abb., geb., ISBN 3-88814-039-0
brosch. 1982: 098-6

Zumdick, Wolfgang *siehe* **Beuys, Joseph**

Zurbarán, Francisco de *siehe* **Nooteboom, Cees**

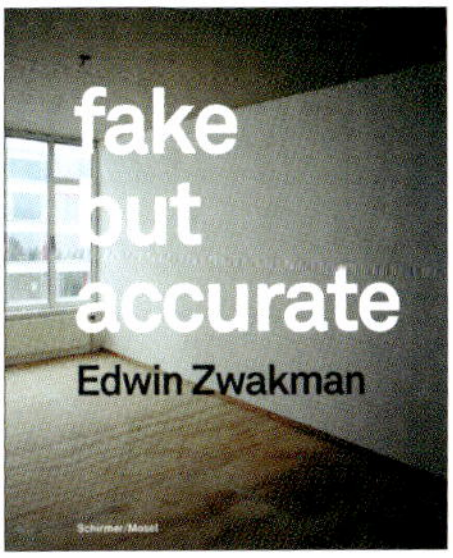

Zwakman, Edwin. *Fake but Accurate.*
Mit Texten von Saskia Asser, Els Barents, Marianne Brouwer und Harald Kunde. Engl. von Beth O' Brien und Jeremy Gaines. 2008.
Engl. Ausg.
23,5 x 27,2 cm, 176 S., 113 Abb., brosch., ISBN 978-3-8296-0388-1

Zwischen Biedermeier und Gründerzeit
siehe **Deutschland**

REGISTER NACH ERSCHEINUNGS-JAHREN

Editorische Notiz

Der Katalog bezieht sich auch auf einige Reihen und Markennamen, die bei Schirmer/Mosel entwickelt wurden.

Bonsai Books: Markenname, unter dem maßstabgetreue Verkleinerungen großer und erfolgreicher Schirmer/Mosel-Bücher erscheinen.

Magier der Mode: Jeweils einem Modeschöpfer gewidmet – von Chanel bis Vivienne Westwood –, sind diese Bücher festgebunden, fadengeheftet, im Format 15,5 x 21,5 cm, mit matt laminiertem Schutzumschlag.

Magische Marken: Als Ergänzung und in der gleichen Aufmachung wie die »Magier der Mode« stellen die »Magischen Marken« vor allem Schmuckmarken wie Cartier und Tiffany, aber auch das Design von Pininfarina für Ferrari vor.

Meister der Kamera: Diese Reihe beschäftigt sich mit jeweils einem der großen Meister in der Geschichte der Photographie – von Eugène Atget bis Weegee. Die Bücher sind festgebunden, fadengeheftet, im Format 14,7 x 20,5 cm, mit matt laminiertem Schutzumschlag.

Meister der Kunst: Wie die »Meister der Kamera« und in der gleichen Aufmachung greift die Reihe der »Meister der Kunst« herausragende Künstler wie Joseph Beuys heraus.

Megastars: Im Mittelpunkt dieser Reihe – ebenfalls in der gleichen Aufmachung wie die Reihe der »Meister der Kamera« – stehen Persönlichkeiten, die zum Symbol und zum Inbegriff ihrer Zeit wurden, wie Marilyn Monroe oder Sharon Stone als erotische Megastars.

SVB (Schirmer's Visuelle Bibliothek): Diese Taschenbuch-Reihe, broschiert und im Format 14 x 19 cm, stellt in kleinen Monographien spezielle Werkbereiche bedeutender Künstler vor.

1972 **Beuys, Joseph.** *Zeichnungen 1947–59 I,* geb., 3-88814-002-1

1975 **Beuys, Joseph.** *Multiplizierte Kunst. Werkverzeichnis,* brosch., 3-88814-018-8

Sander, August. *Rheinlandschaften,* geb., 3-88814-000-5

Sander, August. *Rheinlandschaften,* Vorzugsausg., 3-88814-001-3

Zille, Heinrich. Winfried Ranke, *Photographien Berlin 1890–1910,* geb., 3-88814-003-X

1976 **Beuys, Joseph / Caroline Tisdall.** *Joseph Beuys – Coyote,* brosch., 3-88814-006-4

List, Herbert. *Photographien 1930–1970,* geb. u. brosch, 3-88814-007-2

Sander, August. *Antlitz der Zeit,* brosch., 3-88814-011-0

Sander, August. *Menschen ohne Maske,* brosch., 3-88814-008-0

1977 **Albert, Joseph.** Winfried Ranke, *Hofphotograph der Bayerischen Könige,* geb., 3-88814-009-9

Baier, Wolfgang. *Geschichte der Fotografie,* geb., 3-88814-015-3

Becher, Bernd und Hilla. *Fachwerkhäuser des Siegener Industriegebietes,* geb., 3-88814-005-6

Becher, Bernd und Hilla. *Fachwerkhäuser des Siegener Industriegebietes,* engl. Ausg., 3-88814-013-7

Fotografie der 30er Jahre. *Eine Anthologie,* brosch., 3-88814-014-5

Frankfurt. *Wie Frankfurt fotografiert wurde,* geb. u. brosch, 3-88814-020-X

München. *Photographische Ansichten,* geb., 3-88814-019-6

Nadar. Nigel Gosling, *Photograph berühmter Zeitgenossen,* geb., 3-88814-012-9

1978 **Fulton, Hamish.** *Wege und Pfade,* geb., 3-88814-029-3

Fulton, Hamish. *Wege und Pfade,* engl. Ausg., geb., 3-88814-032-3

Glasherz Nr. 5. brosch., 3-88814-050-1

Kemp, Wolfgang. *Foto-Essays,* brosch., 3-88814-022-6

Moholy-Nagy, László. Andreas Haus, *Fotos und Fotogramme,* geb., 3-88814-016-1

Newton, Helmut. *Sleepless Nights,* geb., 3-88814-031-5

Petersen, Anders. *Café Lehmitz,* brosch., 3-88814-028-5

Rom *– in frühen Photographien 1846–1878,* brosch., 3-88814-025-0

Salomon, Erich. *Berühmte Zeitgenossen,* brosch., 3-88814-024-2

Weegee. *Täter und Opfer,* brosch., 3-88814-021-8

1979 ***Augsburg*** *– in frühen Photographien 1860–1914,* brosch., 3-88814-038-2

Bourke-White, Margaret. *Deutschland, April 1945,* geb., 3-88814-034-X

Bourke-White, Margaret. *Deutschland, April 1945,* brosch., 3-88814-162-1

Brassaï. *Paris de nuit – Nächtliches Paris,* brosch., 3-921375-35-5

Clausberg, Karl. *Zeppelin,* geb., 3-88814-023-4

Glasherz Nr. 6. brosch., 3-88814-043-9

Hannover *– in frühen Photographien 1848–1910,* brosch., 3-88814-044-7

Hausmann, Raoul. Andreas Haus, *Kamerafotografien 1927–1957,* geb. u. brosch., 3-88814-040-4

Koren, Edward. *Bist Du glücklich?,* geb., 3-88814-037-4

Ortiz-Echagüe, José. *Spanien,* geb., 3-88814-036-6

Theorie der Fotografie II. Wolfgang Kemp, geb., 3-88814-041-2

Wols. Laszlo Glozer, *Wols. Photograph,* brosch., 3-88814-030-7

Zille, Heinrich. *Hurengespräche,* geb., 3-88814-045-5

Zille, Heinrich. Winfried Ranke, *Photographien Berlin 1890–1910,* brosch., 3-88814-033-1

Zola, Emile. *Photograph. Autobiographie in Bildern,* geb., 3-88814-039-0

1980 **Baier, Wolfgang.** *Geschichte der Fotografie,* brosch., 3-88814-060-9

Bailey, David. *Mrs. David Bailey. Erotische Photographien,* geb., 3-88814-064-1

Bailey, David. *Mrs. David Bailey. Erotische Photographien,* brosch., 3-88814-181-8

Berlin und Potsdam. *Architekturphotographie 1872–1875,* brosch., 3-88814-062-5

Beuys, Joseph / Caroline Tisdall. *Coyote,* NA, geb., 3-88814-057-9

Doisneau, Robert. *Drei Sekunden Ewigkeit,* geb., 3-88814-053-6

Durin, Bernard. *Käfer und andere Kerbtiere,* geb., 3-88814-048-X

Glasherz Nr. 7. brosch., 3-88814-052-8

Koren, Edward. *Möchtest Du darüber sprechen?,* geb., 3-88814-056-0

List, Herbert. *Fotografia Metafisica,* geb., 3-88814-054-4

Man Ray. *Photographien Paris 1920–1934,* brosch., 3-88814-051-X

Outerbridge Jr., Paul. *Photographien 1921–1939,* geb., 3-88814-069-2

Palermo, Blinky. *Blinky Palermo 1964–1976,* brosch., 3-88814-074-9

Sander, August. Gunther Sander, *Menschen des 20. Jahrhunderts,* geb., 3-88814-042-0

Theorie der Fotografie I. Wolfgang Kemp, geb., 3-88814-058-7

Tournier, Michel. *Die Schlüssel und das Schloß,* geb., 3-88814-061-7

Weber, A. Paul. *Das graphische Werk,* geb., 3-88814-046-3

Weller, Peter. *Hauberg und Eisen,* geb., 3-88814-026-9

Zille, Heinrich. *Komm, Karlineken, komm!,* geb., 3-88814-063-3

1981 **Ballhause, Walter.** *Zwischen Weimar und Hitler. Sozialdokumentarische Fotografie,* brosch., 3-88814-086-2

Beuys, Joseph. *Arbeiten aus Münchener Sammlungen,* brosch., 3-88814-091-9

Bloßfeldt, Karl. *Das fotografische Werk,* geb., 3-88814-072-2

François, André. *The Eggzercise Book,* brosch., 3-88814-060-9

Glasherz Nr. 8. brosch., 3-88814-076-5

Hopper, Edward. *Gemälde und Zeichnungen,* brosch., 3-88814-171-0

Kassel *– 1850 bis heute,* brosch., 3-88814-079-X

Kollwitz, Käthe. Uwe M. Schneede, *Das zeichnerische Werk,* geb., 3-88814-082-X

Koren, Edward. *Na, da haben wir ja Ihr Problem!,* geb., 3-88814-075-7

Rosenblum, Robert. *Die moderne Malerei und die Tradition der Romantik,* geb., 3-88814-089-7

Runge, Philipp Otto. Cornelia Richter, *Werkverzeichnis der Scherenschnitte,* geb., 3-88814-065-X

Salomon, Erich. *Aus dem Leben eines Fotografen,* brosch., 3-88814-085-4

Salomon, Erich. *Aus dem Leben eines Fotografen,* niederl. Ausg., 3-88814-080-3

Sander, August. *Rheinlandschaften,* NA, brosch., 3-88814-078-1

Schygulla, Hanna. *Bilder aus Filmen von R.W. Fassbinder,* brosch., 3-88814-083-8

Zille, Heinrich. *Hurengespräche,* geb., 3-88814-081-1

1982 **Deren Coke, Van.** *Avantgarde-Fotografie in Deutschland 1919–1939,* geb., 3-88814-088-9

Deren Coke, Van. *Avantgarde-Fotografie in Deutschland 1919–1939,* engl. Ausg., 3-88814-102-8

Fassbinder, Rainer Werner. *Querelle,* brosch., 3-88814-107-9

Fassbinder, Rainer Werner. *Querelle,* engl. Ausg., brosch., 3-88814-118-4

Fassbinder, Rainer Werner. *Querelle,* geb., 3-88814-192-3

Fassbinder, Rainer Werner. *Querelle,* engl. Ausg., geb., 3-88814-213-X

Frankfurt. Eberhard Mayer-Wegelin, *Frühe Photographie,* geb. u. brosch., 3-88814-087-0

Hannover. Ludwig Hoerner, *Heute und vor 100 Jahren,* geb., 3-88814-105-2

Herzog, Werner. *Fitzcarraldo,* brosch., 3-88814-090-0

Klein, Yves. Pierre Restany, *Yves Klein,* geb., 3-88814-071-4

Malewitsch, Kasimir. Larissa A. Shadowa, *Kasimir Malewitsch und sein Kreis,* geb., 3-88814-100-1

Man Ray. Jean-Hubert Martin, *Man Ray Photograph,* geb., 3-88814-092-7

Man Ray. Jean-Hubert Martin, *Man Ray Photograph,* brosch., 3-88814-187-7

Monroe, Marilyn / Bert Stern. *Marilyn's Last Sitting,* brosch., 3-88814-104-4

Monroe, Marilyn / Bert Stern. *The Complete Last Sitting,* geb., 3-88814-103-6

Newton, Helmut. *Helmut Newton,* brosch. u. geb., 3-88814-094-3

Rodtschenko, Alexander. Hubertus Gassner, *Rodčenko Fotografien,* geb., 3-88814-067-6

Schroeter, Werner. Oskar Panizza, *Liebeskonzil,* brosch., 3-88814-093-5

Sherman, Cindy. *Cindy Sherman,* brosch., 3-88814-112-5

Valentin, Karl. Richard Bauer, *Das alte München,* geb., 3-88814-108-7

Valentin, Karl. *Volks-Sänger? DADAist?,* geb., 3-88814-106-0

Weegee. *Weegee's New York,* geb., 3-88814-084-6

Weegee. *Weegee's New York,* brosch., 3-88814-222-9

Weegee. *Weegee's New York,* engl. Ausg., geb., 3-88814-139-1

Zola, Emile. *Photograph. Autobiographie in Bildern,* brosch., 3-88814-098-6

1983 **Albert, Joseph.** Winfried Ranke, *Hofphotograph der Bayerischen Könige,* NA, brosch., 3-88814-055-2

Baier, Wolfgang. *Geschichte der Fotografie,* NA, brosch., 3-88814-068-4

Balthus. *Gemälde,* geb., 3-88814-110-9

Bellmer, Hans. *Photographien,* geb., 3-88814-133-8

Bellmer, Hans. *Photographien,* brosch., 3-88814-242-3

Brooks, Louise. *Lulu in Berlin und Hollywood,* brosch., 3-88814-116-8

Colville, Alex. *Gemälde und Zeichnungen,* brosch., 3-88814-120-6

Eisenkonstruktionen des 19. Jh. geb., 3-88814-070-6

Hockney, David. *Photograph,* geb., 3-88814-111-7

Hopper, Edward. *Gemälde und Zeichnungen,* NA, 3-88814-073-0

Kennedy, John F. Jacques Lowe, *Kennedy – Ein Lebenslauf,* brosch., 3-88814-131-1

List, Herbert. *Photographien 1930–1960,* geb., 3-88814-128-1

Man, Felix H. *Photographien aus 70 Jahren,* brosch., 3-88814-122-2

Man Ray. *Selbstportrait,* brosch., 3-88814-114-1

Mapplethorpe, Robert. *Lady Lisa Lyon,* geb. u. brosch., 3-88814-113-3

Mataré, Ewald. Anna Klapheck, *Aquarelle 1920–1956. Werkverzeichnis,* geb., 3-88814-119-2

Mataré, Ewald. Anna Klapheck, *Aquarelle 1920–1956. Werkverzeichnis,* brosch., 3-88814-243-1

Paszkowska, Alexandra. *Butô-Tanz,* brosch., 3-88814-124-9

Sander, August. *Antlitz der Zeit,* NA, brosch., 3-88814-125-7

Sieff, Jeanloup. *Photographien,* geb., 3-88814-109-5

Theorie der Fotografie III. Wolfgang Kemp, geb., 3-88814-059-5

Wolf, Reinhart. *Castillos,* geb., 3-88814-127-3

Wolf, Reinhart. *Castillos,* brosch., 3-88814-188-5

Zille, Heinrich. *Komm, Karlineken, komm/Alte und neue Berliner Kinder-Reime,* geb., 3-88814-126-5

1984 **Arbus, Diane.** Patricia Bosworth, *Eine Biographie,* brosch., 3-88814-150-8

Balthus. Jean Clair, *Balthus – Metamorphosen des Eros,* brosch., 3-88814-138-9

Baumgarten, Lothar/A.R. Penck. *Biennale Venedig,* brosch., 3-88814-152-4

Beckmann, Max. Hildegard Zenser, *Max Beckmann. Selbstbildnisse,* geb., 3-88814-134-6

Berlin *– in frühen Photographien 1857–1913,* geb. u. brosch., 3-88814-123-0

Chaplin, Charlie. Maurice Bessy, *Das große Charlie Chaplin-Buch,* geb., 3-88814-140-0

Dali, Salvador. *Das geheime Leben des Salvador Dali,* brosch., 3-88814-137-0

Dean, James/Roy Schatt. *James Dean – Ein Portrait,* brosch., 3-88814-147-8

Dean, James/Roy Schatt. *James Dean – Ein Portrait,* frz. Ausg., brosch., 3-88814-503-1

Dietrich, Marlene. *Portraits 1926–1960,* geb., 3-88814-135-4

Dietrich, Marlene. *Portraits 1926–1960,* brosch., 3-88814-141-9

[La] Grande Parade. *Höhepunkte der Malerei nach 1940,* brosch., 3-88814-156-7

Gruau, René. *Monographie,* geb., 3-88814-145-1

Gruau, René. *Monographie,* brosch., 3-88814-229-6

Held, Louis. *Weimar um 1900,* geb., 3-88814-143-5

Man, Ray. *Photographien Paris 1920–1934,* NA, brosch., 3-88814-051-X

Newhall, Beaumont. *Geschichte der Photographie,* geb., 3-88814-121-4

Newton, Helmut. *Welt ohne Männer,* geb. u. brosch., 3-88814-130-3

Palermo, Blinky. *Werke 1963–1977,* brosch., 3-88814-154-0

Rousseau, Henri. Cornelia Stabenow, *Die Dschungelbilder,* brosch., 3-88814-141-9

Sander, August. *Antlitz der Zeit,* frz. Ausg., 3-88814-500-7

Sherman, Cindy. *Cindy Sherman,* NA, brosch., 3-88814-139-7

Sherman, Cindy. *Cindy Sherman,* frz. Ausg., brosch., 3-88814-501-5

Traxler, Hans. *GmbH & Kohl KG,* brosch., 3-88814-155-9

Weegee. *Täter und Opfer,* NA, brosch., 3-88814-136-2

1985 **Balthus.** *Gemälde,* brosch., 3-88814-174-5

Baumgarten, Lothar. *Tierra de los perros mudos. Land der stummen Hunde,* brosch., 3-88814-172-9

Becher, Bernd und Hilla. *Fördertürme/Chevalements/Mineheads,* geb., 3-88814-173-7

Cartier-Bresson, Henri. *Photoportraits,* geb., 3-88814-175-3

Cassandre. Henri Mouron, *Cassandre. Plakatmaler, Typograph, Bühnenbildner,* geb., 3-88814-157-5

Dean, James. David Dalton und Ron Cayen, *James Dean – Sein Leben in Bildern,* brosch., 3-88814-179-6

Dietrich, Marlene. *Portraits 1926–1960,* engl. Ausg., geb., 3-88814-600-3

Eisenstaedt, Alfred. *Photographien 1913–1980,* brosch., 3-88814-183-4

Elsheimer, Adam. Keith Andrews, *Werkverzeichnis,* geb., 3-88814-142-7

Freund, Gisèle. *Photographien,* geb., 3-88814-160-5

Garbo, Greta. *Portraits 1920–1951,* geb., 3-88814-178-8

Garbo, Greta. *Portraits 1920–1951,* frz. Ausg., geb., 3-88814-502-3

Garbo, Greta. *Portraits 1920–1951,* engl. Ausg., geb., 3-88814-603-8

Longo, Robert. *Eine Monographie,* brosch., 3-88814-148-6

Longo, Robert. *Eine Monographie,* engl. Ausg., brosch., 3-88814-601-1

Mapplethorpe, Robert. *Lady Lisa Lyon,* NA, brosch., 3-88814-169-9

Maywald, Willy. *Die Splitter des Spiegels. Autobiographie,* brosch., 3-88814-165-6

McLuhan, Teri C. *Bilder für den weißen Mann,* geb., 3-88814-186-9

Newton, Helmut. *Helmut Newton,* NA, brosch., 3-88814-167-2

Nijinskij, Waslaw. *Der Clown Gottes,* brosch., 3-88814-176-1

Papan. *Ein bißchen plötzlich!,* brosch., 3-88814-185-0

Sander, August. *Die Zerstörung Kölns,* geb., 3-88814-164-8

Stroheim, Erich von. Maurice Bessy, *Bildmonographie,* geb., 3-88814-166-4

Warhol, Andy. *Prints. Werkverzeichnis,* brosch., 3-88814-241-5

Zille, Heinrich. Winfried Ranke, *Photographien Berlin 1890–1910,* NA, geb., 3-88814-184-2

1986 **Artaud, Antonin.** Paule Thévenin, *Zeichnungen und Portraits,* geb., 3-88814-240-3

Burri, René. *Die Deutschen. Photographien 1957–1964,* geb., 3-88814-161-3

Dean, James/Dennis Stock. *Revisited,* brosch., 3-88814-219-9

Drtikol, Frantisek. Anna Farovà, *Frantisek Drtikol. Photograph des Art Deco,* geb., 3-88814-159-1

Drtikol, Frantisek. Anna Farovà, *Frantisek Drtikol. Photograph des Art Deco,* frz. Ausg., geb., 3-88814-509-0

Durin, Bernard. *Durin's Käfer,* NA, brosch., 3-88814-225-3

Gilbert & George. *The Complete Pictures 1971–1985,* geb., 3-88814-223-7

Gilbert & George. *The Complete Pictures 1971–1985,* brosch., 3-88814-209-1

Hopper, Edward. Gail Levin, *Die Druckgraphik,* brosch., 3-88814-170-2

Johns, Jasper. Riva Castleman, *Die Druckgraphik,* geb., 3-88814-208-3

Johns, Jasper. Riva Castleman, *Die Druckgraphik,* frz. Ausg., 3-88814-507-4

Keaton, Buster. *Autobiographie,* brosch., 3-88814-200-8

Kotzsch, August. *Photograph,* geb., 3-88814-216-4

Kurosawa, Akira. *So etwas wie eine Autobiographie,* brosch., 3-88814-201-6

Lennon, John / Dezo Hoffmann. *John Lennon,* brosch., 3-88814-218-0

Mapplethorpe, Robert. *The Black Book,* geb., 3-88814-214-8

Mapplethorpe, Robert. *The Black Book,* brosch., 3-88814-302-0

Mapplethorpe, Robert. *The Black Book,* frz. Ausg., 3-88814-506-6

Monroe, Marilyn / André de Dienes. *Marilyn mon amour,* brosch., 3-88814-189-3

Nordman, Maria. *De Sculptura,* geb., 3-88814-205-9

Rampling, Charlotte. *With Compliments,* brosch., 3-88814-220-2

Roché, Henri Pierre. *Victor,* brosch., 3-88814-211-3

Salomon, Erich. *Leica Fotografie 1930–1939,* brosch., 3-88814-217-2

Sieff, Jeanloup. *Torsi–Torses Nus,* geb., 3-88814-198-2

Wall, Jeff. *Transparencies,* brosch., 3-88814-203-2

Wolf, Reinhart. *Castillos,* frz. Ausg., brosch., 3-88814-505-8

1987 **Beckmann, Max.** Hildegard Zenser, *Max Beckmann. Selbstbildnisse,* brosch., 3-88814-257-1

Darboven, Hanne. *R.M. Rilke. Das Stundenbuch,* geb., 3-88814-237-7

Dietrich, Marlene. *Portraits 1926–1960,* NA, brosch., 3-88814-259-8

Dior. Françoise Giroud, *Christian Dior 1905–1957,* geb., 3-88814-247-4

Duchamp, Marcel. *Etant Donné,* geb., 3-88814-260-1

Durin, Bernard. *Käfer und andere Kerbtiere,* frz. Ausg., brosch., 3-88814-513-9

Fassbinder, Rainer Werner. *Die Kinofilme 1,* brosch., 3-88814-182-6

Issermann, Dominique. *Anne Rohart,* geb., 3-88814-215-6

Issermann, Dominique. *Anne Rohart,* frz. Ausg., 3-88814-510-4

Kemp, Wolfgang. *Sermo Corporeus,* geb., 3-88814-239-3

Mapplethorpe, Robert. *Photographien 1984–1986,* brosch., 3-88814-234-2

Newton, Helmut. *Illustrated No. 1. Sex and Power,* brosch., 3-88814-246-6

Newton, Helmut. *Illustrated No. 2. Pictures,* brosch., 3-88814-248-2

Newton, Helmut. *Portraits,* brosch., 3-88814-231-8

Nürnberg 1865–1909. geb., 3-88814-256-3

Rodin, Auguste. *Die erotischen Zeichnungen,* geb., 3-88814-236-9

Schneider, Romy. Renate Seydel, *Bilder ihres Lebens,* geb., 3-88814-224-5

Sherman, Cindy. *Cindy Sherman,* NA, brosch., 3-88814-240-7

Tarkovskij, Andrej. *Hoffmanniana,* brosch., 3-88814-252-0

Tarkovskij, Andrej. *Opfer,* brosch., 3-88814-233-4

Tarkovskij, Andrej. *Opfer,* frz. Ausg., 3-88814-512-0

Twombly, Cy. *Das graphische Werk,* brosch., 3-88814-245-8

Venturi, Rauch & Scott Brown. geb., 3-88814-212-1

Wall, Jeff. *Transparencies,* engl. Ausg., 3-88814-604-6

Wenders, Wim. *Written in the West,* geb., 3-88814-254-7

Wenders, Wim. *Written in the West,* brosch., 3-88814-354-3

Wenders, Wim. *Written in the West,* frz. Ausg., 3-88814-548-1

Wenders, Wim. *Written in the West,* engl. Ausg., 3-88814-583-X

1988 ***Augsburg*** *– in frühen Photographien 1860–1914,* NA, geb., 3-88814-283-0

Becher, Bernd und Hilla. *Wassertürme,* geb., 3-88814-255-5

Becher, Bernd und Hilla. *Wassertürme,* frz. Ausg., 3-88814-520-1

Besler, Basilius. *Der Garten von Eichstätt,* geb., 3-88814-285-7

Beuys, Joseph. *Skulpturen und Objekte,* geb., 3-88814-264-4

Beuys, Joseph. *Skulpturen und Objekte,* brosch., 3-88814-279-2

Beuys, Joseph. *The secret block for a secret person in Ireland,* geb., 3-88814-265-2

Beuys, Joseph. *The secret block for a secret person in Ireland,* brosch., 3-88814-280-6

Beuys, Joseph / Caroline Tisdall. *Coyote,* NA, geb., 3-88814-268-7

Bonnard, Pierre. Françoise Heilbrun und Philippe Néagu, *Pierre Bonnard,* geb., 3-88814-271-7

Christo. *Druckgraphik und Objekte 1963–87,* brosch., 3-88814-249-0

Frankfurt. Dieter Bartezko. *In frühen Photographien,* geb. u. brosch., 3-88814-284-9

Hopper, Edward. *Vierzig Meisterwerke,* SVB, 3-88814-276-8

Hopper, Edward. *Vierzig Meisterwerke,* SVB, engl. Ausg., 3-88814-396-9

Hopper, Edward. *Vierzig Meisterwerke,* SVB, frz. Ausg., 3-88814-516-3

Köln – *in frühen Photographien,* geb.u. brosch., 3-88814-294-6

Madonna. *Superstar,* SVB, 3-88814-278-4

Mapplethorpe, Robert. *Katalog Whitney Museum,* brosch., 3-88814-293-8

Mapplethorpe, Robert. *Ten by ten,* brosch., 3-88814-272-5

Metken, Günter. *In Künstlers Lande gehen,* geb., 3-88814-269-5

Munch, Edvard. *Die frühen Meisterwerke,* SVB, 3-88814-277-6

Munch, Edvard. *Die frühen Meisterwerke,* SVB, frz. Ausg., 3-88814-517-1

Munch, Edvard. *Die frühen Meisterwerke,* SVB, engl. Ausg., 3-88814-608-9

Nègre, Charles. Françoise Heilbrun, *Charles Nègre 1820–1880,* geb., 3-88814-144-3

Newton, Helmut. *White Women,* frz. Ausg., 3-88814-526-0

Picasso, Pablo. *Meisterwerke der Blauen Periode,* SVB, 3-88814-297-0

Picasso, Pablo. *Meisterwerke der Blauen Periode,* SVB, frz. Ausg., 3-88814-523-6

Pontormo. *Il libro mio,* geb., 3-88814-270-9

Ritts, Herb. *Pictures,* geb., 3-88814-290-3

Ritts, Herb. *Pictures,* frz. Ausg., 3-88814-525-2

Rom – *in frühen Photographien,* NA, geb., 3-88814-282-2

Saint Laurent, Yves. *YSL und die Modephotographie,* geb., 3-88814-273-3

Schneider, Romy. *Portraits 1954–1981,* SVB, 3-88814-299-7

Schneider, Romy. *Portraits 1954–1981,* SVB, frz. Ausg., 3-88814-524-4

Schneider, Romy. Renate Seydel, *Bilder ihres Lebens,* frz. Ausg., geb., 3-88814-522-8

Schneider, Romy. Renate Seydel, *Bilder ihres Lebens,* frz. Ausg., brosch., 3-88814-599-6

Strasberg, Lee. *Ein Traum der Leidenschaft,* geb., 3-88814-300-4

Tarkovskij, Andrej. *Hoffmanniana,* frz. Ausg., 3-88814-515-5

Warhol, Andy. *Pre-Pop,* geb., 3-88814-309-8

Wols. Laszlo Glozer, *Wols Photograph,* NA, geb., 3-88814-267-9

1989 **Agee, James / Walker Evans.** *Preisen will ich die großen Männer,* geb., 3-88814-287-3

Beuys, Joseph. *Frühe Aquarelle,* SVB, 3-88814-316-0

Beuys, Joseph. *Frühe Aquarelle,* SVB, frz. Ausg., 3-88814-536-8

Bull, Clarence Sinclair. *Starphotograph bei MGM,* geb., 3-88814-312-8

Bull, Clarence Sinclair. *Starphotograph bei MGM,* frz. Ausg., 3-88814-532-5

Cartier-Bresson, Henri. *Zeichnungen,* geb., 3-88814-307-1

Consemüller, Erich. *Fotografien Bauhaus-Dessau,* geb., 3-88814-310-1

Corbijn, Anton. *Famouz,* geb., 3-88814-313-6

Dali, Salvador. *Meisterwerke der dreißiger Jahre,* SVB, 3-88814-341-1

Dean, James. *Photographien,* SVB, 3-88814-343-8

Dean, James. *Photographien,* SVB, frz. Ausg., 3-88814-545-7

Duchamp, Marcel. Ecke Bonk, *Die große Schachtel,* geb., 3-88814-235-0

Evans, Walker. *Havanna 1933,* geb., 3-88814-329-2

Freund, Gisèle. *Portraits,* SVB, 3-88814-345-4

Freund, Gisèle. *Portraits,* SVB, frz. Ausg., 3-88814-546-5

Gauguin, Paul. *Gauguin in Tahiti,* SVB, 3-88814-346-2

Gilbert & George. Wolf Jahn, *Die Kunst von Gilbert & George,* geb., 3-88814-314-4

Gilbert & George. Wolf Jahn, *Die Kunst von Gilbert & George,* frz. Ausg., 3-88814-530-9

Gogh, Vincent van. Fritz Erpel, *Lebensbilder – Lebenszeichen,* geb., 3-88814-326-8

Gogh, Vincent van. *Van Gogh in Arles,* SVB, 3-88814-317-9

Gogh, Vincent van. *Van Gogh in Arles,* SVB, frz. Ausg., 3-88814-531-7

Gogh, Vincent van. *Van Gogh in St. Rémy und Auvers,* SVB, 3-88814-344-6

Gogh, Vincent van. *Van Gogh in St. Rémy und Auvers,* SVB, frz. Ausg., 3-88814-550-3

Haas, Ernst. *Farbphotographien,* geb., 3-88814-333-0

Hortus Eystettensis. *Zur Geschichte,* geb. u. brosch., 3-88814-331-4

Jubiläums-Portfolio. *15 Jahre Schirmer/Mosel,* brosch., 3-88814-318-7

Lichtenstein, Roy. *Pop-Paintings 1961–1969,* SVB, 3-88814-315-2

Lichtenstein, Roy. *Pop-Paintings 1961–1969,* SVB, frz. Ausg., 3-88814-534-1

Lichtenstein, Roy. *Pop-Paintings 1961–1969,* SVB, engl. Ausg., 3-88814-728-X

Malewitsch, Kasimir. *Kazimir Malevich 1878–1935,* russ./engl. Ausg., brosch., 3-88814-327-6

Man Ray. *Man Ray in Harper's Bazaar,* brosch., 3-88814-291-1

Mapplethorpe, Robert. *Some Women,* geb., 3-88814-306-3

Monroe, Marilyn. *Marilyn Monroe und die Kamera,* geb., 3-88814-334-9

Monroe, Marilyn. *Marilyn Monroe und die Kamera,* engl. Ausg., 3-88814-481-7

Monroe, Marilyn. *Marilyn Monroe und die Kamera,* frz. Ausg., 3-88814-538-4

Morrison, Jim. *Wildnis,* SVB, 3-88814-337-3

Newhall, Beaumont. *Geschichte der Photographie,* brosch., 978-3-88814-319-9

Newton, Helmut. *Private Property,* SVB, 3-88814-340-3

Newton, Helmut. *Private Property,* SVB, frz. Ausg., 3-88814-542-2

Nijinskij, Waslaw u.a. *Nachmittag eines Fauns,* geb., 3-88814-336-5

Picasso, Pablo. *Die poetischen Schriften,* geb., 3-88814-296-2

Rheims, Bettina. *Female Trouble,* geb., 3-88814-305-5

Rheims, Bettina. *Female Trouble,* brosch., 3-88814-328-4

Rheims, Bettina. *Female Trouble,* frz. Ausg., geb., 3-88814-537-6

Rolling Stone. *Das legendäre Magazin 1967–1988,* geb., 3-88814-335-7

Rolling Stone. *Das legendäre Magazin 1967–1988,* frz. Ausg., 3-88814-539-2

Seidner, David. *David Seidner,* geb., 3-88814-274-1

Seidner, David. *David Seidner,* frz. Ausg., 3-88814-540-6

Twombly, Cy. *24 Short Pieces,* geb., 3-88814-330-6

Warhol, Andy. *Pre-Pop,* frz. Ausg., 3-88814-528-7

Warhol, Andy. *Prints. Werkverzeichnis Druckgraphik,* NA, geb., 3-88814-348-9

Weber, Bruce. *Bruce Weber,* geb., 3-88814-320-9

Zeitblende. *Fünf Jahrzehnte Magnum-Photographie,* geb., 3-88814-347-0

1990 **Becher, Bernd und Hilla.** *Hochöfen,* geb., 3-88814-352-7

Becher, Bernd und Hilla. *Hochöfen,* frz. Ausg., 3-88814-558-9

Becher, Bernd und Hilla. *Tipologie – Typologien – Typologies,* brosch., 3-88814-417-5

Beuys, Joseph. *Block Beuys,* geb., 3-88814-288-1

Burri, René. *Die Deutschen,* brosch., 3-88814-161-3

Consemüller, Erich. *Fotografien Bauhaus-Dessau,* brosch., 3-88814-995-9

Dali, Salvador. *Meisterwerke der dreißiger Jahre,* SVB, frz. Ausg., 3-88814-543-0

Dali, Salvador. *Das geheime Leben des Salvador Dali,* NA, geb., 3-88814-404-3

Düsseldorf *– in frühen Photographien 1855–1914,* geb. u. brosch., 3-88814-376-4

Evans, Walker. *Amerika. Bilder aus den Jahren der Depression,* geb., 3-88814-351-9

Evans, Walker. *Amerika. Bilder aus den Jahren der Depression,* frz. Ausg., 3-88814-560-0

Garbo, Greta. *Ein Mythos in Bildern,* brosch., 3-88814-386-1

Garbo, Greta. *Ein Mythos in Bildern,* engl. Ausg., brosch., 3-88814-388-8

Garbo, Greta. *Ein Mythos in Bildern,* frz. Ausg., brosch., 3-88814-581-3

Gauguin, Paul. *Gauguin in Tahiti,* SVB, frz. Ausg., 3-88814-544-9

Gogh, Vincent van. Fritz Erpel, *Rohrfederzeichnungen,* geb., 3-88814-364-0

Gogh, Vincent van. Fritz Erpel, *Rohrfederzeichnungen,* frz. Ausg., geb., 3-88814-562-7

Gruyaert, Harry. *Morocco,* geb., 3-88814-323-3

Gruyaert, Harry. *Morocco,* engl. Ausg., 3-88814-392-6

Gruyaert, Harry. *Morocco,* frz. Ausg., 3-88814-579-1

Industriedenkmäler des 19. Jahrhunderts, geb., 3-88814-338-1

Leonardo da Vinci. *Die Gewandstudien,* geb., 3-88814-367-5

Leonardo da Vinci. *Gemälde und Schriften zur Malerei,* geb., 3-88814-286-5

Mapplethorpe, Robert. *Flowers,* geb., 3-88814-365-9

Marc, Franz. *Aquarelle,* SVB, 3-88814-361-6

Marc, Franz. *Aquarelle,* SVB, frz. Ausg., 3-88814-555-4

Newton, Helmut. *Big Nudes,* geb., 3-88814-355-1

Newton, Helmut. *Big Nudes,* engl. Ausg., 3-88814-399-3

Newton, Helmut. *Portraits,* NA, brosch., 3-88814-363-2

Newton, Helmut. *Private Property,* SVB, engl. Ausg., 3-88814-391-8

Presley, Elvis. *Tutti Frutti,* SVB, 3-88814-358-6

Presley, Elvis. *Tutti Frutti,* SVB, frz. Ausg., 3-88814-553-8

Ruetz, Michael. *Wales,* geb., 3-88814-263-6

Ruetz, Michael. *Wales,* engl. Ausg., 3-88814-393-4

Ruetz, Michael. *Wales,* frz. Ausg., 3-88814-563-5

Saga, Teiji. *Schwäne,* geb., 3-88814-349-7

Saga, Teiji. *Schwäne,* engl. Ausg., 3-88814-389-6

Sagnes, François. *Die Osterinsel,* geb., 3-88814-369-1

Sander, August. *Antlitz der Zeit,* SVB, 3-88814-357-8

Sander, August. *Antlitz der Zeit,* SVB, frz. Ausg., 3-88814-547-3

Schirmer's Zwölf. *No. 1,* 12 Postkarten, 3-88814-964-9

Schirmer's Zwölf. *No. 1,* 12 Postkarten, frz. Ausg., 3-88814-561-9

Schirmer's Zwölf. *No. 2. Film Stills,* 12 Postkarten, 3-88814-372-1

Schirmer's Zwölf. *No. 2. Film Stills,* 12 Postkarten, engl. Ausg., 3-88814-395-0

Schirmer's Zwölf. *No. 2. Film Stills,* 12 Postkarten, frz. Ausg., 3-88814- 565-1

Schneider, Romy. Renate Seydel, *Bilder ihres Lebens,* brosch., 3-88814-370-5

Sherman, Cindy. *Untitled Film Stills,* geb., 3-88814-353-5

Sherman, Cindy. *Untitled Film Stills,* frz. Ausg., 3-88814-572-X

Twombly, Cy. *Poems to the Sea,* geb., 3-88814-368-3

Warhol, Andy. *Silkscreens,* SVB, 3-88814-298-9

Warhol, Andy. *Silkscreens,* SVB, frz. Ausg., 3-88814-580-5

Wolf, Reinhart. *Castillos,* SVB, 3-88814-360-8

Wolf, Reinhart. *Castillos,* SVB, frz. Ausg., 3-88814-556-2

1991 **Addams, Chas.** *Häusliche Höllen,* geb., 3-88814-366-7

Appearances. *Modephotographie seit 1945,* geb., 3-88814-424-8

Becher, Bernd und Hilla. *Pennsylvania Coal Mine Tipples,* geb., 3-88814-408-6

Becher, Bernd und Hilla. *Pennsylvania Coal Mine Tipples,* engl. Ausg., 3-88814-416-7

Beuys, Joseph. *Frühe Aquarelle,* SVB, engl. Ausg., 3-88814-398-5

Beuys, Joseph. *Natur Materie Form,* brosch., 3-88814-454-X

Bloßfeldt, Karl. *Photographien,* SVB, 3-88814-381-0

Bloßfeldt, Karl. *Photographien,* SVB, frz. Ausg., 3-88814-574-0

Cartier-Bresson, Henri. *Amerika. Photo-Skizzen,* geb., 3-88814-433-7

Cassandre. Henri Mouron, *Cassandre. Plakatmaler, Typograph, Bühnenbildner,* frz. Ausg., 3-88814-584-8

Cassandre. Henri Mouron, *Cassandre. Plakatmaler, Typograph, Bühnenbildner,* brosch., 3-88814-431-0

Corbijn, Anton. *Allegro,* SVB, 3-88814-383-7

Corbijn, Anton. *Allegro,* SVB, engl. Ausg., 3-88814-428-0

Corbijn, Anton. *Allegro,* SVB, frz. Ausg., 3-88814-576-7

Dean, James / Roy Schatt. *James Dean – Ein Portrait,* NA, brosch., 3-88814-422-1

Dean, James. David Dalton u. Ron Cayen, *James Dean – Sein Leben in Bildern,* NA, geb., 3-88814-403-5

Evans, Walker. *Amerika. Bilder aus den Jahren der Depression,* engl. Ausg., brosch., 3-88814-339-X

Evans, Walker. *Amerika,* engl. Ausg., geb., 3-88814-402-7

Friedrich, Caspar David. *Gemälde und Zeichnungen aus der UdSSR,* geb., 3-88814-420-5

Hölderlin, Friedrich. *Turmgedichte,* SVB, 3-88814-410-8

Horst, Horst P. *Photographien,* geb., 3-88814-374-8

Horst, Horst P. *Photographien,* frz. Ausg., 3-88814-568-6

Hurrell, George. *The Book of Stars,* geb., 3-88814-375-6

Hurrell, George. *The Book of Stars,* engl. Ausg., 3-88814-434-5

Hurrell, George. *The Book of Stars,* frz. Ausg., 3-88814-569-4

Kirchner, Ernst Ludwig. *Gemälde,* SVB, 978-3-8296-0492-5

Kirchner, Ernst Ludwig. *Gemälde,* SVB, frz. Ausg., 3-88814-573-2

Kounellis, Jannis. *Editions 1972–1990,* brosch., 3-88814-472-8

Leibovitz, Annie. *Photographien 1970–1990,* brosch., 3-88814-342-X

Leibovitz, Annie. *Photographien 1970–1990,* geb., 3-88814-438-8

Madonna. *Superstar,* SVB, engl. Ausg., 3-88814-397-7

Madonna. *Superstar,* SVB, frz. Ausg., 3-88814-519-8

Man Ray. *Photographien, Gemälde, Objekte,* SVB, 3-88814-350-0

Man Ray. *Photographien, Gemälde, Objekte,* SVB, frz. Ausg., 3-88814-551-1

Marden, Brice. *Cold Mountain Studies,* geb., 3-88814-457-4

Modersohn-Becker, Paula. *Gemälde,* SVB, 3-88814-413-2

Monroe, Marilyn / Ed Feingersh. *Marilyn in New York,* geb., 3-88814-445-0

Monroe, Marilyn. *Photographien 1945–1962,* SVB, 3-88814-385-3

Monroe, Marilyn. *Photographien 1945–1962,* SVB, frz. Ausg., 3-88814-577-5

Morrison, Jim. Danny Sugerman, *Bildgeschichte,* geb., 3-88814-432-9

Newton, Helmut. *Illustrated No. 3. I was there,* brosch., 3-88814-405-1

Newton, Helmut. *Sleepless Nights,* NA, geb., 3-88814-421-3

Newton, Helmut. *Sleepless Nights,* engl. Ausg., 3-88814-429-9

Newton, Helmut. *Sleepless Nights,* frz. Ausg., 3-88814-582-1

Penn, Irving. *Passage,* geb., 3-88814-430-2

Polke, Sigmar. *San Francisco,* brosch., 3-88814-415-9

Pontormo. *Zeichnungen,* geb., 3-88814-409-4

Rembrandt. *Bd. 1. Gemälde,* geb., 3-88814-458-2

Rembrandt. *Bd. 1. Gemälde,* brosch., 3-88814-435-3

Rembrandt. *Bd. 2. Zeichnungen und Radierungen,* geb., 3-88814-459-0

Rembrandt. *Bd. 2. Zeichnungen und Radierungen,* brosch., 3-88814-436-1

Rheims, Bettina. *Female Trouble,* NA, brosch., 3-88814-452-3

Rheims, Bettina. *Female Trouble,* engl. Ausg., geb., 3-88814-897-9

Rheims, Bettina. *Female Trouble,* engl. Ausg., brosch., 3-88814-418-3

Rheims, Bettina. *Female Trouble,* frz. Ausg., brosch., 3-88814-587-2

Rodin, Auguste. *Die erotischen Zeichnungen,* brosch., 3-88814-426-4

Rolston, Matthew. *Big Pictures,* geb., 3-88814-439-6

Schirmer's Zwölf. *No. 3. Edward Hopper,* 12 Postkarten, 3-88814-419-1

Schirmer's Zwölf. *No. 3. Edward Hopper,* 12 Postkarten, engl. Ausg., 3-88814-427-9

Schirmer's Zwölf. *No. 3. Edward Hopper,* 12 Postkarten, frz. Ausg., 3-88814-586-4

Schirmer's Zwölf. *No. 4. Tanzphotographien,* 12 Postkarten, 3-88814-451-5

Schirmer's Zwölf. *No. 4. Tanzphotographien,* 12 Postkarten, engl. Ausg., 3-88814-362-0

Schirmer's Zwölf. *No. 4. Tanzphotographien,* 12 Postkarten, frz. Ausg., 3-88814-589-9

Sherman, Cindy. *History Portraits,* geb., 3-88814-378-0

Sherman, Cindy. *History Portraits,* engl. Ausg., 3-88814-461-2

Springs, Alice. *Portraits,* geb., 3-88814-443-4

Springs, Alice. *Portraits,* engl. Ausg., 3-88814-456-6

Springs, Alice. *Portraits,* frz. Ausg., 3-88814-588-0

Sternberg, Josef von. *Autobiographie,* geb., 3-88814-301-2

Taylor, Liz. *Photographien,* geb., 3-88814-377-2

Taylor, Liz. *Photographien,* frz. Ausg., 3-88814-570-8

Twombly, Cy. *Letter of Resignation,* geb., 3-88814-425-6

Weber, Bruce. *Bear Pond Book,* geb., 3-88814-407-8

Wilding, Dorothy. *Society Portraits,* brosch., 3-88814-441-8

1992 **Addams, Chas.** *Häusliche Höllen,* frz. Ausg., 3-88814-564-3

Addams, Chas. *Störfall im Paradies,* geb., 3-88814-466-3

Addams, Chas. *Störfall im Paradies,* frz. Ausg., 3-88814-612-7

Albers, Josef. *Photographien 1928–1955,* geb., 3-88814-470-1

Bailey, David. *Und geschaut in Nachtgesichten,* geb., 3-88814-488-4

Baumgarten, Lothar. *America. Unsettled objects,* brosch., 3-88814-660-7

Beuys, Joseph. *Die Multiples. Werkverzeichnis,* erw., überarb. Ausg., geb., 3-88814-232-6

Beuys, Joseph. *Natur Materie Form,* geb., 3-88814-453-1

Beuys, Joseph. *Frühe Zeichnungen,* SVB, 3-88814-447-7

Beuys, Joseph. *Frühe Zeichnungen,* SVB, engl. Ausg., 3-88814-471-X

Beuys, Joseph. *Frühe Zeichnungen,* SVB, frz. Ausg., 3-88814-594-5

Bull, Clarence Sinclair. *Starphotograph bei MGM,* brosch., 3-88814-994-0

Bull, Clarence Sinclair. *Starphotograph bei MGM,* engl. Ausg., 3-88814-480-9

Cartier-Bresson, Henri. *Die Photographien,* geb., 3-88814-491-4

Freund, Gisèle. *Die Frau mit der Kamera,* geb., 3-88814-487-6

Gauguin, Paul. *Gauguin in Tahiti,* SVB, engl. Ausg., 3-88814-484-1

Kahlo, Frida. Hayden Herrera. *Die Gemälde,* geb., 3-88814-469-8

Kahlo, Frida. *Meisterwerke,* SVB, 3-88814-382-9

Kahlo, Frida. *Meisterwerke,* SVB, frz. Ausg., 3-88814-575-9

Kertész, André – *in Paris. Photographien 1925–1936,* geb., 3-88814-473-6

Koons, Jeff. *Das Jeff Koons Handbuch,* brosch., 3-88814-663-1

Leibovitz, Annie. *Photographien 1970–1990,* frz. Ausg., 3-88814-624-0

Mapplethorpe, Robert. *Die große Monographie,* geb., 3-88814-489-2

Mapplethorpe, Robert. *Some Women,* brosch., 3-88814-306-3

Modersohn-Becker, Paula. *Gemälde,* SVB, frz. Ausg., 3-88814-592-9

Monroe, Marilyn. *Marilyn Monroe und die Kamera,* brosch., 3-88814-477-9

Monroe, Marilyn. *Marilyn Monroe und die Kamera,* frz. Ausg., brosch., 3-88814-596-1

Monroe, Marilyn / Bert Stern. *The Complete Last Sitting,* NA, geb., 3-88814-196-6

Monroe, Marilyn / Bert Stern. *The Complete Last Sitting,* engl. Ausg., 3-88814-191-5

Morrison, Jim & The Doors. *Die kompletten Songtexte,* brosch., 3-88814-467-1

Morrison, Jim & The Doors. *Die Songtexte der Studio-LPs,* SVB, 3-88814-448-5

Muggenthaler, Johannes. *Der Liebe Pilgerfahrt,* brosch., 3-88814-495-7

Newton, Helmut. *Pola Woman,* geb., 3-88814-442-6

Newton, Helmut. *Pola Woman,* engl. Ausg., 3-88814-455-8

Newton, Helmut. *Pola Woman,* frz. Ausg., 3-88814-590-2

Newton, Helmut. *White Women,* geb., 3-88814-281-4

Picasso, Pablo. *Meisterwerke der Blauen Periode,* SVB, engl. Ausg., 3-88814-485-X

Picasso, Pablo. *Meisterwerke der Rosa Periode,* SVB, 3-88814-449-3

Pontormo. *Zeichnungen,* frz. Ausg., 3-88814-591-0

Ritts, Herb. *Notorious,* geb., 3-88814-490-6

Rolling Stone. *Das legendäre Magazin 1967–1988,* brosch., 3-88814-195-8

Rolling Stone. *Das legendäre Magazin 1967–1988,* frz. Ausg., 3-88814-625-9

Saint Laurent, Yves. *YSL und die Modephotographie,* brosch., 3-88814-476-0

Saint Laurent, Yves. *YSL und die Modephotographie,* engl. Ausg., 3-88814-479-5

Saint Laurent, Yves. *YSL und die Modephotographie,* frz. Ausg., 3-88814-598-8

Sasse, Jörg. *40 Photographien 1984–1991,* geb. u. brosch., 3-88814-465-5

Schneider, Romy / Giancarlo Botti. *Romy – C'est la vie,* geb., 3-88814-478-7

Schneider, Romy / Giancarlo Botti. *Romy – C'est la vie,* frz. Ausg., 3-88814-607-0

Schneider, Romy / Giancarlo Botti. *Romy – C'est la vie,* brosch., 3-88814-724-7

Twombly, Cy. *Catalogue Raisonné of the Paintings I,* geb., 3-88814-463-9

Weegee. *Weegee's New York,* NA, geb., 3-88814-197-4

1993 **Agee, James / Walker Evans.** *Preisen will ich die großen Männer,* brosch., 3-88814-666-6

Avedon, Richard. *An Autobiography,* geb., 3-88814-688-7

Avedon, Richard. *Egoïste No. 12,* brosch., 3-88814-244-X

Becher, Bernd und Hilla. *Gasbehälter,* geb., 3-88814-493-0

Becher, Bernd und Hilla. *Gasbehälter,* engl. Ausg., 3-88814-681-X

Becher, Bernd und Hilla. *Grundformen,* SVB, 3-88814-704-2

Beuys, Joseph. *Hauptstrom Jupiter. Beuys und die Antike,* brosch., 3-88814-676-3

Callas, Maria. Attila Csampai, *Callas. Gesichter eines Mediums,* geb., 3-88814-669-0

Callas, Maria. Attila Csampai, *Callas. Gesichter eines Mediums,* frz. Ausg., 3-88814-616-X

Claxton, William. *Young Chet. Der junge Chet Baker,* engl. Ausg., 3-88814-230-X

Claxton, William. *Young Chet. Der junge Chet Baker,* frz. Ausg., 3-88814-629-1

Claxton, William. *Young Chet. Der junge Chet Baker,* geb., 3-88814-698-4

Corbijn, Anton. *Grönemeyer,* brosch., 3-88814-680-1

Dean, James. *Photographien,* SVB, engl. Ausg., 3-88814-483-3

Drtikol, Frantisek. Anna Farovà, *Frantisek Drtikol. Photograph des Art Deco,* engl. Ausg., 3-88814-521-X

Drtikol, Frantisek. Anna Farovà, *Frantisek Drtikol. Photograph des Art Deco,* brosch., 3-88814-683-6

Drtikol, Frantisek. Anna Farovà, *Frantisek Drtikol. Photograph des Art Deco,* frz. Ausg., brosch., 3-88814-622-4

Evans, Walker. *Der unstillbare Blick. Die endgültige Monographie,* geb., 3-88814-689-5

Freund, Gisèle / Rauda Jamis. *Gespräche,* brosch., 3-88814-672-0

Freund, Gisèle. *Photographien,* brosch., 3-88814-682-8

Freund, Gisèle. *Photographien,* engl. Ausg., 3-88814-535-X

Guibert, Hervé. *Photographien,* geb., 3-88814-708-5

Hepburn, Audrey. *Adieu Audrey. Photographische Erinnerungen,* geb., 3-88814-699-2

Hepburn, Audrey. *Adieu Audrey. Photographische Erinnerungen,* engl. Ausg., 3-88814-566-X

Hepburn, Audrey. *Photographische Erinnerungen,* frz. Ausg., 3-88814-630-5

Höfer, Candida. *Zoologische Gärten,* geb., 3-88814-685-2

Hurrell, George. *Hollywood Glamour Portraits,* brosch., 3-88814-705-0

Hurrell, George. *Hollywood Glamour Portraits,* engl. Ausg., 3-88814-275-X

Hütte, Axel. *Italien,* geb., 3-88814-677-1

Hütte, Axel. *London,* geb., 3-88814-684-4

Judd, Donald. *Prints and Works in Edition,* geb. u. brosch., 3-88814-710-7

Kollwitz, Käthe. *Handzeichnungen, Druckgraphik, Skulpturen,* geb., 3-88814-492-2

Kollwitz, Käthe. *Meisterwerke,* SVB, 3-88814-412-4

List, Herbert. *Hellas,* geb., 3-88814-670-4

List, Herbert. *Hellas,* engl. Ausg., 3-88814-549-X

Mapplethorpe, Robert. *Flowers,* brosch., 3-88814-687-9

McCartney, Linda. *Die 60er Jahre,* geb., 3-88814-665-8

McCartney, Linda. *Die 60er Jahre,* brosch., 3-88814-706-9

McEvilley, Thomas. *Kunst und Unbehagen,* geb., 3-88814-475-2

Monroe, Marilyn / Bert Stern. *The Last Sitting,* geb., 3-88814-701-8

Monroe, Marilyn / Bert Stern. *The Last Sitting,* engl. Ausg., 3-88814-261-X

Monroe, Marilyn / Bert Stern. *The Last Sitting,* frz. Ausg., 3-88814-631-3

Morrison, Jim. Jerry Hopkins, *Der König der Eidechsen,* brosch., 3-88814-673-9

Newton, Helmut. *Archives de nuit,* brosch., 3-88814-686-0

Newton, Helmut. *Archives de nuit,* frz. Ausg., 3-88814-623-2

Newton, Helmut. *Archives de nuit,* engl. Ausg., 3-88814-664-X

Newton, Helmut. *The Best of Helmut Newton,* NA, brosch., 3-88814-709-3

Newton, Helmut. *The Best of Helmut Newton,* engl. Ausg., brosch., 3-88814-635-0

Newton, Helmut. *Portraits,* engl. Ausg., 3-88814-504-X

Newton, Helmut. *Welt ohne Männer,* engl. Ausg., 3-88814-518-X

Outerbridge Jr., Paul. *Photographien,* brosch., 3-88814-499-X

Outerbridge Jr., Paul. *Photographien,* engl. Ausg., 3-88814-289-X

Outerbridge Jr., Paul. *Photographien,* frz. Ausg., 3-88814-633-X

Platt Lynes, George. *Photographien,* geb., 3-88814-694-1

Pontormo. *Fresken und Gemälde,* geb., 3-88814-494-9

Schirmer's Zwölf. *No. 5. Grace Kelly,* 12 Postkarten, 3-88814-132-X

Schirmer's Zwölf. *No. 6. Helmut Newton,* 12 Postkarten, 3-88814-146-X

Sherman, Cindy. *Arbeiten 1975–1993,* geb., 3-88814-693-3

Sherman, Cindy. *History Portraits,* frz. Ausg., 3-88814-572-4

Struth, Thomas. *Museum Photographs,* geb., 3-88814-496-5

Twombly, Cy. *Catalogue Raisonné of the Paintings II,* geb., 3-88814-690-9

Wegman, William. *Cinderella,* geb., 3-88814-675-5

Wolman, Baron. *Like a Rolling Stone,* engl. Ausg., 3-88814-597-X

Wolman, Baron. *Like a Rolling Stone,* frz. Ausg., 3-88814-621-6

Wolman, Baron. *Like a Rolling Stone,* geb., 3-88814-674-7

Zeitblende. *Fünf Jahrzehnte Magnum-Photographie,* brosch., 3-88814-707-7

Zille, Heinrich. *Berlin um die Jahrhundertwende. Photographien,* SVB, 3-88814-703-4

1994 **Anderson, Laurie.** *Empty Places,* SVB, 3-88814-679-8

Antonio. *Drei Jahrzehnte Mode,* geb., 3-88814-719-0

Antonio. *Drei Jahrzehnte Mode,* brosch., 3-88814-842-1

Antonio. *Drei Jahrzehnte Mode,* engl. Ausg., 3-88814-759-X

Antonio. Drei *Jahrzehnte Mode,* frz. Ausg., 3-88814-637-2

Avedon, Richard. *Evidence 1944–1994,* geb., 3-88814-712-3

Avedon, Richard. *Evidence 1944–1994,* frz. Ausg., geb., 3-88814-639-9

Beaton, Cecil. *Photographien 1920–1970,* engl. Ausg., 3-88814-552-X

Beaton, Cecil. *Photographien 1920–1970,* geb., 3-88814-671-2

Beaton, Cecil. *Photographien 1920–1970,* brosch., 3-88814-844-8

Becher, Bernd und Hilla. *Fabrikhallen,* geb., 3-88814-730-1

Bloßfeldt, Karl. *Urformen der Kunst – Wundergarten der Natur,* geb., 3-88814-718-2

Buñuel, Luis. *Luis Buñuel. Auge des Jahrhunderts,* brosch., 3-88814-697-6

Callas, Maria. Michael Brix, *Aufführungen/Performances,* geb., 3-88814-696-8

Cartier-Bresson, Henri. *A propos de Paris,* geb., 3-88814-692-5

Feldmann, Hans-Peter. *Porträt,* geb., 3-88814-735-2

Gursky, Andreas. *Photographien,* geb., 3-88814-717-4

Gursky, Andreas. *Photographien,* engl. Ausg., 3-88814-636-4

Hepburn, Audrey. *Adieu Audrey. Photographische Erinnerungen,* NA, engl. Ausg., 3-88814-258-X

Kahlo, Frida. *Meisterwerke,* SVB, engl. Ausg., 3-88814-700-X

Kemp, Wolfgang. *Christliche Kunst,* geb., 3-88814-737-9

Klee, Paul. *Meisterwerke,* SVB, 978-3-8296-0493-2

Knight, Nick. *Nicknight,* geb., 3-88814-661-5

Lichtenstein, Roy / Tony Hendra. *Brad '61,* geb., 3-88814-711-5

Lynch, David. *Images/Bilder,* geb., 3-88814-746-8

Madonna. *Megastar,* geb., 3-88814-498-1

Madonna. *Megastar,* engl. Ausg., 3-88814-194-X

Madonna. *Megastar,*
frz. Ausg., 3-88814-617-8

Madonna. *The Girlie Show,*
geb., 3-88814-726-3

Magnum Cinema. *Ein halbes Jahrhundert,* geb., 3-88814-744-1

Magnum Cinema. *Ein halbes Jahrhundert,* brosch., 3-88814-799-9

Matisse, Henri. *Scherenschnitte,*
SVB, 3-88814-359-4

Monroe, Marilyn.
Milton H. Greene, *Milton's Marilyn,*
frz. Ausg., 3-88814-610-0

Monroe, Marilyn.
Milton H. Greene, *Milton's Marilyn,*
geb., 3-88814-738-7

Monroe, Marilyn. *Photographien 1945–1962,* SVB, engl. Ausg., 3-88814-440-X

Morrison, Jim / Frank Lisciandro.
Stunde der Magie,
brosch., 3-88814-715-8

O'Keeffe, Georgia / John Loengard.
Georgia O'Keeffe auf Ghost Ranch,
geb., 3-88814-722-0

O'Keeffe, Georgia / John Loengard.
Georgia O'Keeffe auf Ghost Ranch,
engl. Ausg., 3-88814-745-X

Rizzo, Willy. *Starsociety,*
geb., 3-88814-720-4

Sander, August. Gunther Sander, *Menschen des 20. Jahrhunderts,*
brosch., 3-88814-723-9

Sander, August. *Antlitz der Zeit,*
SVB, engl. Ausg., 3-88814-292-X

Struth, Thomas. *Strangers and Friends,* geb., 3-88814-716-6

Twombly, Cy. *Catalogue Raisonné of the Paintings III,*
geb., 3-88814-740-9

Twombly, Cy. Kirk Varnedoe, *Retrospektive,* geb., 3-88814-739-5

Warhol, Andy. *Art from Art,*
geb., 3-88814-725-5

Watson, Albert. *Cyclops,*
geb., 3-88814-741-7

Wegman, William. *Rotkäppchen,*
geb., 3-88814-713-1

Woodstock '69.
geb., 3-88814-742-5

1995 ***Amerikanische Photographie 1890–1965.***
geb. u. brosch., 3-88814-754-9

Bailey, David. *The Lady is a Tramp,*
geb., 3-88814-756-5

Brando, Marlon. *Portraits und Filmstills 1946–1995,*
geb., 3-88814-777-8

Brando, Marlon. *Portraits und Filmstills 1946–1995,* engl. Ausg., 3-88814-891-X

Burkard, Hans-Jürgen. *Jenseits von Kreml und Rotem Platz. Bilder aus Rußland,* geb., 3-88814-772-7

Burkard, Hans-Jürgen. *Jenseits von Kreml und Rotem Platz. Bilder aus Rußland,* brosch., 3-88814-771-9

Callas, Maria. Attila Csampai, *Callas. Gesichter eines Mediums,*
engl. Ausg., 3-88814-793-X

Cartier-Bresson, Henri.
Mexikanisches Tagebuch,
geb., 3-88814-773-5

Christo and Jeanne-Claude.
Prints and Objects 1963–87, NA,
geb., 3-88814-764-6

[Das] Goldene Jahrhundert. geb., 3-88814-789-1

Gould, Glenn. Attila Csampai, *Photographische Suiten,* geb., 3-88814-736-0

Gould, Glenn. Jock Carroll, *Portraits des Künstlers als junger Mann*, geb., 3-88814-767-0

Hopper, Edward. *Catalogue Raisonné I–IV,* geb., 3-88814-768-9

Hopper, Edward. Deborah Lyons und Adam D. Weinberg, *Bilder der amerikanischen Seele,* geb., 3-88814-766-2

Horst, Horst P. *Photographien,* NA, brosch., 3-88814-748-4

Horst, Horst P. *Photographien,* engl. Ausg., 3-88814-812-X

Hütte, Axel. *Landschaft,* geb. u. brosch., 3-88814-785-9

Kahlo, Frida. Hayden Herrera, *Die Gemälde,* brosch., 3-88814-782-4

Kertész, André. *André Kertész in Paris. Photographien 1925–1936,* brosch., 3-88814-783-2

List, Herbert. *Italien,* geb., 3-88814-747-6

List, Herbert. *Memento 1945. Münchner Ruinen,* geb., 3-88814-763-8

Mapplethorpe, Robert. *Altars,* geb., 3-88814-774-3

Mapplethorpe, Robert. *Altars,* engl. Ausg., 3-88814-394-2

Marley, Bob / Bruce W. Talamon. *Bob Marley. Spirit Dancer,* geb., 3-88814-781-6

Molinier, Pierre. *Der Schamane und seine Geschöpfe,* brosch., 3-88814-775-1

Monroe, Marilyn. Milton H. Greene, *Milton's Marilyn,* engl. Ausg., 3-88814-826-X

Moss, Kate. *Kate,* geb., 3-88814-780-8

Nadar. Maria Morris Hambourg u.a., *Nadar,* geb., 3-88814-727-1

Newton, Helmut. *Illustrated No. 4. Dr. Phantasme,* brosch., 3-88814-784-0

Newton, Helmut. *Pola Woman,* NA, brosch., 978-3-88814-749-4

O'Keeffe, Georgia. *Gemälde*, SVB, 3-88814-414-0

Phoenix, River. Brian J. Robb, *Ein kurzes Leben,* brosch., 3-88814-753-0

Rock, Mick. *Stardust,* geb., 3-88814-779-4

Rodin, Auguste. *Erotische Aquarelle,* geb., 3-88814-721-2

Sherman, Cindy. Christa Döttinger [Schneider], *History Portraits,* geb., 3-88814-770-0

Sherman, Cindy. *Photoarbeiten 1975–1995,* brosch., 3-88814-752-2

Sherman, Cindy. *Photoarbeiten 1975–1995,* engl. Ausg., 3-88814-809-X

Shore, Stephen. *Fotografien 1973–1993,* geb., 3-88814-751-4

Shore, Stephen. *Fotografien 1973–1993,* engl. Ausg., 3-88814-647-X

Sieff, Jeanloup. *Torsi–Torses Nus,* brosch., 3-88814-750-6

Stevens, Wallace. *Der Mann mit der blauen Gitarre,* brosch., 3-88814-760-3

Taylor, Liz. *Photographien,* NA, brosch., 3-88814-377-2

Twombly, Cy. *Catalogue Raisonné of the Paintings IV,* geb., 3-88814-765-4

Versace, Gianni. *Damenmode,* brosch., 3-88814-761-1

Zille, Heinrich. *Photograph der Moderne,* geb. u. brosch., 3-88814-743-3

1996 **Alaïa.** Magier der Mode, geb., 3-88814-816-2

Avedon, Richard. *Egoïste No. 13,* brosch., 3-88814-762-X

Bacon, Francis. *Portraits und Selbstportraits,* geb., 3-88814-755-7

Balthus. Claude Roy, *Leben und Werk,* geb., 3-88814-792-1

Beuys, Joseph / Sammlung Marx. *The secret block for a secret person in Ireland,* brosch., 3-88814-280-6

Beuys, Joseph. *Eine Werkübersicht,* geb., 3-88814-810-3

Breitenbach, Josef. *Photographien,* geb. u. brosch., 3-88814-827-8

Campbell, Naomi. *Naomi,* geb., 3-88814-825-1

Cartier-Bresson, Henri. *Amerika. Photo-Skizzen,* brosch., 3-88814-828-6

Chanel. Magier der Mode, geb., 3-88814-815-4

Claxton, William. *Young Chet,* brosch., 3-88814-798-0

Claxton, William. *Young Chet,* engl. Ausg., 3-88814-860-X

Corbijn, Anton. *Star Trak,* geb., 3-88814-794-8

Corbijn, Anton. *Star Trak,* engl. Ausg., 3-88814-857-X

Deakin, John. *Photographien,* geb., 3-88814-805-7

Deakin, John. *Photographien,* engl. Ausg., 3-88814-888-X

Deakin, John. *Photographien,* engl. Ausg., brosch., 3-88814-969-X

[Das] deutsche Auge. brosch., 3-88814-817-0

Dolce & Gabbana. *10 Years of Dolce & Gabbana,* geb., 3-88814-482-5

Fonssagrives, Lisa. David Seidner, *Lisa Fonssagrives. Modephotographie,* geb., 3-88814-411-6

Gaultier, Jean-Paul. Magier der Mode, geb., 3-88814-819-7

Gullick, Steve. *Pop Book Number One. Photographien 1988–1995,* geb., 3-88814-796-4

Hurrell, George. *Hollywood Glamour Portraits,* frz. Ausg., 3-88814-632-1

Hütte, Axel. *Theorea,* geb., 3-88814-863-4

Judd, Donald. *Prints and Works in Edition,* NA, geb., 978-3-88814-710-4

Kollwitz, Käthe. *Handzeichnungen, Druckgraphik, Skulpturen,* brosch., 3-88814-808-1

Lacroix. Magier der Mode, geb., 3-88814-820-0

Leonardo da Vinci. *Das Wasserbuch,* geb., 3-88814-807-3

Lindbergh, Peter. *10 Women,* geb., 3-88814-791-3

Lindbergh, Peter. *10 Women,* frz. Ausg., 3-88814-644-5

Lindbergh, Peter. *10 Women,* engl. Ausg., 3-88814-843-X

Lorrain, Claude. Werner Schade, *Gemälde und Zeichnungen,* geb., 3-88814-769-7

Moholy-Nagy, László. *Fotogramme 1922–1943,* geb., 3-88814-806-5

Monroe, Marilyn / Bert Stern. *The Last Sitting,* NA, dt./engl. Ausg., 3-88814-813-8

Morrison, Jim. *The Scream of the Butterfly,* geb., 3-88814-795-6

Morrison, Jim. *The Scream of the Butterfly,* engl. Ausg., 3-88814-839-1

Morrison, Jim. *The Scream of the Butterfly,* frz. Ausg., 3-88814-650-X

Morton, Margaret. *Der Tunnel,* geb., 3-88814-802-2

Outerbridge Jr., Paul. *Photographien,* NA, dt./engl. Ausg., 3-88814-811-1

Pontormo. *Il libro mio – Zeichnungen / Fresken / Gemälde,* geb., 3-88814-838-3

Rosswog, Martin. *Ländliche Innenräume,* geb., 3-88814-804-9

Sammlung Marx. *Bilder und Skulpturen I,* geb., 3-88814-831-6

Sammlung Marx. *Bilder und Skulpturen II,* geb., 3-88814-832-4

Sternfeld, Joel. *Tatorte,* brosch., 3-88814-668-2

Valentino. Magier der Mode, geb., 3-88814-821-9

Wall, Jeff. *Space and Vision,* geb., 3-88814-837-5

Warhol, Andy / Sammlung Marx. *Frühe Zeichnungen,* geb., 3-88814-833-2

Watson, Albert. *Mad Dog,* brosch., 3-88814-836-7

Watson, Albert. *Mad Dog,* engl. Ausg., 3-88814-695-X

Weegee. *Weegee's New York,* NA, brosch., 978-3-88814-801-9

Weegee. *Weegee's New York,* NA, engl. Ausg., brosch., 978-3-88814-874-3

Wenders, Wim. *Written in the West,* NA, brosch., 3-88814-800-6

1997 **Abbott, Berenice.** Bonnie Yochelson, *Changing New York,* geb., 3-88814-882-0

Bailey, David. *Rock and Roll Heroes,* geb., 3-88814-823-5

Balenciaga. Magier der Mode, geb., 3-88814-895-2

Banier, François-Marie. *Past-Present,* geb., 3-88814-853-7

Becher, Bernd und Hilla. *Fördertürme,* geb., 3-88814-803-0

Beuys, Joseph. *Block Beuys,* gekürzte Ausg., brosch., 3-88814-829-4

Beuys, Joseph. *Die Multiples. Werkverzeichnis,* NA, geb., 3-88814-199-0

Beuys, Joseph. *Die Multiples. Werkverzeichnis,* NA, engl. Ausg., 3-88814-210-5

Bloßfeldt, Karl. *Alphabet der Pflanzen,* Meister der Kamera, 3-88814-851-0

Bloßfeldt, Karl. *Alphabet der Pflanzen,* Meister der Kamera, engl. Ausg., 3-88814-867-7

Cahun, Claude. *Bilder,* brosch., 3-88814-885-5

Cartier. Magische Marken, geb., 3-88814-859-6

Cartier-Bresson, Henri. *Europäer,* geb., 3-88814-887-1

Cartier-Bresson, Henri. *A propos de Paris,* brosch., 3-88814-295-4

Cartier-Bresson, Henri. Jean-Pierre Montier, *Seine Kunst – sein Leben,* geb., 3-88814-667-4

Coffin, Clifford. *Photographs from Vogue 1945 to 1955,* geb., 3-88814-790-5

Corbijn, Anton. *Famouz,* NA, geb., 3-88814-846-4

Dior. Magier der Mode, geb., 3-88814-854-5

Doisneau, Robert. *Drei Sekunden Ewigkeit,* engl. Ausg., 3-88814-226-1

Doisneau, Robert. *Drei Sekunden Ewigkeit,* brosch., 3-88814-847-2

Erwitt, Elliott. *Personal Exposures. Fotografien 1946–1988,* geb., 3-88814-871-5

Evans, Walker. *Amerika. Bilder aus den Jahren der Depression,* NA, brosch., 3-88814-830-8

Hepburn, Audrey. *Adieu Audrey. Photographische Erinnerungen,* NA, geb., 978-3-88814-840-8

Knight, Nick. *Flora,* geb., 3-88814-824-3

Knight, Nick. *Flora,* engl. Ausg., 3-88814-238-5

Lanvin. Magier der Mode, geb., 3-88814-894-4

Lindbergh, Peter. *Images of Women,* geb., 3-88814-861-8

Lindbergh, Peter. *Images of Women,* engl. Ausg., 3-88814-866-9

Michals, Duane. *Eine Werkübersicht,* geb., 3-88814-884-7

Miyake. Magier der Mode, geb., 3-88814-893-6

Moss, Kate. *Kate,* NA, geb., 3-88814-849-9

Penn, Irving. *Eine Retrospektive,* geb., 3-88814-883-9

Penn, Irving. *Eine Retrospektive,* brosch., 3-88814190-7

Picasso, Pablo. Anne Baldassari, *Picasso und die Photographie,* geb., 3-88814-876-6

Picasso, Pablo. Anne Baldassari, *Picasso und die Photographie,* brosch., 3-88814-207-5

Pirelli. *Das große Pirelli-Kalender Album,* geb., 3-88814-852-9

Rakete, Jim. *Photographien 1970–1997,* geb., 3-88814-886-3

Renger-Patzsch, Albert. *Meisterwerke,* geb., 3-88814-862-6

Rossellini, Isabella. *Some of me,* geb., 3-88814-898-7

Saint Laurent, Yves. Magier der Mode, geb., 3-88814-818-9

Schenkenberg, Marcus. *New Rules,* brosch., 3-88814-881-2

Schiaparelli. Magier der Mode, geb., 3-88814-858-8

Stone, Sharon. *Sharon Stone,* Megastars, engl. Ausg., 3-88814-872-3

Struth, Thomas. *Portraits,* geb., 3-88814-262-8

Twombly, Cy. *Catalogue Raisonné of Sculpture I,* geb., 3-88814-875-8

Vergleichende Konzeptionen. *Sander, Bloßfeldt, Renger-Patzsch, Becher,* geb. u. brosch., 3-88814-757-3

Versace. Magier der Mode, geb., 3-88814-856-1

Warhol, Andy. *Prints. Catalogue Raisonné,* geb., 3-88814-877-4

Warhol, Andy. *The Look,* geb., 3-88814-878-2

Watson, Albert. *Cyclops,* NA, geb., 3-88814-835-9

Weegee. *Naked New York,* Meister der Kamera, geb., 3-88814-850-2

Weegee. *Naked New York,* Meister der Kamera, engl. Ausg., 3-88814-868-5

Westwood. Magier der Mode, geb., 3-88814-855-3

Yamamoto. Magier der Mode, geb., 3-88814-892-8

1998 **Atget, Eugène.** *Paris,* Meister der Kamera, 3-88814-486-8

Atget, Eugène. *Paris,* Meister der Kamera, engl. Ausg., 3-88814-311-X

Beaton, Cecil. *Photographien 1920–1970,* frz. Ausg., 3-88814-615-1

Beuys, Joseph. *Frühe Aquarelle,* Meister der Kunst, 3-88814-648-8

Beuys, Joseph. *Frühe Aquarelle,* Meister der Kunst, engl. Ausg., 3-88814-227-X

Cartier-Bresson, Henri. *Tête à tête,* geb., 3-88814-304-7

Chanel. Paul Morand, *Die Kunst, Chanel zu sein,* geb., 3-88814-905-3

Claxton, William. *Young Chet. Der junge Chet Baker,* Bonsai Book, 3-88814-206-7

Claxton, William. *Young Chet. Der junge Chet Baker,* Bonsai Book, engl. Ausg., 3-88814-129-X

Comme des Garçons. Magier der Mode, geb., 3-88814-634-8

Courrèges. Magier der Mode, geb., 3-88814-640-2

Dolce & Gabbana. *Animal,* geb., 3-88814-251-2

Dolce & Gabbana. *10 Years of Dolce & Gabbana,* brosch., 3-88814-733-6

Donna Karan. Magier der Mode, geb., 3-88814-643-7

D'Orazio, Sante. *A Private View,* brosch., 3-88814-911-8

Durin, Bernard. *Käfer und andere Kerbtiere,* Bonsai Book, 3-88814-652-6

Durin, Bernard. *Käfer und andere Kerbtiere,* Bonsai Book, engl. Ausg., 3-88814-658-5

Ferrari & Pininfarina. Magische Marken, geb., 3-88814-332-2

Fonssagrives, Lisa. David Seidner, *Lisa Fonssagrives. Modephotographie,* frz. Ausg., 3-88814-649-6

Franck, Martine. *Von Tag zu Tag,* geb., 3-88814-913-4

Freund, Gisèle. *Die Poesie des Portraits,* Meister der Kamera, 3-88814-889-8

Freund, Gisèle. *Die Poesie des Portraits,* Meister der Kamera, engl. Ausg., 3-88814-890-1

Freund, Gisèle. *Photographien & Erinnerungen,* NA, geb., 3-88814-659-3

Gloeden, Wilhelm von. *Taormina,* Meister der Kamera, 3-88814-474-4

Gloeden, Wilhelm von. *Taormina,* Meister der Kamera, engl. Ausg., 3-88814-406-X

Gursky, Andreas. *Fotografien von 1984 bis heute,* geb., 3-88814-822-7

Gursky, Andreas. *Fotografien von 1984 bis heute,* engl. Ausg., 978-3-88814-776-X

Höfer, Candida. *Photographie,* geb., 3-88814-864-2

Hopper, Edward. Deborah Lyons und Adam D. Weinberg, *Bilder der amerikanischen Seele,* brosch., 3-88814-497-3

Hortus Eystettensis. *Die Pflanzenwelt,* brosch., 3-88814-444-2

Kiefer, Anselm. *Dein und mein Alter,* geb., 3-88814-691-7

Lesy, Michael. *Dreamland,* geb., 3-88814-266-0

Lindbergh, Peter. *10 Women,* Bonsai Book, geb., 3-88814-654-3

Lindbergh, Peter. *10 Women,* Bonsai Book, engl. Ausg., 3-88814-656-9

Löcherer, Alois. *Photographien 1845–1855,* geb., 3-88814-915-0

Lorrain, Claude. Werner Schade, *Gemälde und Zeichnungen,* engl. Ausg., 3-88814-468-X

Man Ray. *Das photographische Werk,* geb., 3-88814-916-9

Man Ray. *Selbstportrait,* NA, geb., 3-88814-149-4

Mapplethorpe, Robert. *Die große Monographie,* frz. Ausg., 3-88814-614-3

Monroe, Marilyn. Milton H. Greene, *Milton's Marilyn,* Bonsai Book, geb., 3-88814-655-0

Monroe, Marilyn. Milton H. Greene, *Milton's Marilyn,* Bonsai Book, engl. Ausg., geb., 3-88814-657-7

Mugler. Magier der Mode, geb., 3-88814-371-3

Nadar. Maria Morris Hambourg u.a., *Nadar,* brosch., 3-88814-401-9

Newhall, Beaumont. *Geschichte der Photographie,* NA, brosch., 978-3-88814-319-9

O'Keeffe, Georgia / John Loengard. *Georgia O'Keeffe auf Ghost Ranch,* Bonsai Book, 3-88814-450-7

O'Keeffe, Georgia / John Loengard. *Georgia O'Keeffe auf Ghost Ranch,* engl. Ausg., Bonsai Book, 3-88814-180-X

Picasso, Pablo. *Meisterwerke der Rosa Periode,* SVB, frz. Ausg., 3-88814-626-7

Presley, Elvis / Marvin Israel. *Elvis Presley 1956,* geb., 3-88814-906-1

Rabanne. Magier der Mode, geb., 3-88814-362-4

Rizzo, Willy. *Starsociety,* frz. Ausg., 3-88814-638-0

Rodin, Auguste. *Erotische Aquarelle,* engl. Ausg., 3-88814-678-X

Rodin, Auguste. *Erotische Aquarelle,* brosch., 3-88814-721-2

Rodtschenko, Alexander. Margarita Tupitsyn, *Das neue Moskau,* geb., 3-88814-918-5

Rodtschenko, Alexander. Margarita Tupitsyn, *Das neue Moskau,* engl. Ausg., 3-88814-602-X

[The] Rolling Stones. *A Life on the Road,* geb., 3-88814-922-3

Saint Laurent, Yves. *YSL und die Modephotographie,* Bonsai Book, engl. Ausg., 3-88814-101-X

Saint Laurent, Yves. *YSL und die Modephotographie,* Bonsai Book, 3-88814-279-2

Sandro. *American Bikers,* geb., 3-88814-464-7

Sandro. *American Bikers,* engl. Ausg., 3-88814-356-X

Schneider, Romy. *Portraits und Filmstills,* Megastars, 3-88814-645-3

Schneider, Romy / Eva Sereny. *Romy in Rom,* Megastars, 3-88814-923-1

Schneider, Romy / Eva Sereny. *Romy in Rom,* Megastars, frz. Ausg. 3-88814-387-X

Sherman, Cindy. *Untitled Film Stills,* engl. Ausg., 3-88814 620 8

Stone, Sharon. *Sharon Stone,* Megastars, 3-88814-879-0

Struth, Thomas. *Museum Photographs,* engl. Ausg., 3-88814-641-0

Struth, Thomas. *Portraits,* engl. Ausg., 3-88814-096-X

Struth, Thomas. *Still,* geb., 3-88814-204-0

Tiffany & Co. Magische Marken, geb., 3-88814-322-5

Unwerth, Ellen von. *Couples,* geb., 3-88814-446-9

Unwerth, Ellen von. *Couples,* engl. Ausg., 3-88814-734-4

Unwerth, Ellen von. *Wicked,* brosch., 3-88814-899-5

Van Cleef & Arpels. Magische Marken, geb., 3-88814-324-1

Versace, Gianni / Richard Avedon. *The Naked & The Dressed,* geb., 3-88814-841-3

Warhol, Andy. *Zeichnungen 1942–1987,* geb., 3-88814-379-9

Warhol, Andy. *Zeichnungen 1942–1987,* engl. Ausg., 3-88814-437-X

Wegman, William. *Puppies,* geb., 3-88814-321-7

1999 **Abbott, Berenice.** Bonnie Yochelson, *Changing New York,* NA, geb., 3-88814-646-1

Assig, Martin. *Zeichnungen 1993–1999*, geb.,978-3-88814-153-9

Avedon, Richard / Doon Arbus. *The Sixties,* geb., 3-88814-605-4

Baudot, François. *Die Mode im 20. Jahrhundert,* geb., 978-3-88814-642-8

Becher, Bernd und Hilla. *Grundformen,* Meister der Kamera, 3-88814-959-2

Becher, Bernd und Hilla. *Grundformen,* Meister der Kamera, engl. Ausg., 3-88814-400-0

Becher, Bernd und Hilla. *Tipologie – Typologien – Typologies,* NA, geb., 3-88814-593-7

Berlin *– in frühen Photographien 1857–1913,* NA, geb., 3-88814-984-3

Bloßfeldt, Karl. *Licht an der Grenze des Sichtbaren,* geb., 3-88814-115-X

Bloßfeldt, Karl. *Urformen der Kunst – Wundergarten der Natur,* engl. Ausg., geb., 978-3-88814-627-5

Brioni. Magier der Mode, geb., 3-88814-979-7

Burri, René. *Die Deutschen*, NA, brosch., 3-88814-988-6

Callas, Maria. Attila Csampai, *Callas. Gesichter eines Mediums*, brosch., 3-88814-987-8

Callas, Maria. A. Csampai, *Callas. Gesichter eines Mediums,* engl. Ausg., brosch., 978-3-88814-925-2

Comte, Michel. *Twenty Years 1979–1999*, geb., 3-88814-921-5

Comte, Michel. *Twenty Years 1979–1999*, engl. Ausg., geb., 3-88814-390-X

Cooper, Michael. *The London Sixties*, geb. u. brosch., 3-88814-958-4

Corbijn, Anton. *33 Still Lives*, geb., 3-88814-873-1

Corbijn, Anton. *33 Still Lives*, engl. Ausg., geb., 3-88814-151-6

Cowan, John. *Through the light barrier*, geb. u. brosch., 3-88814-585-6

Dali, Salvador. *Das geheime Leben des Salvador Dali,* NA, brosch., 3-88814-896-0

Dolce & Gabbana. Magier der Mode, geb., 3-88814-982-7

Düsseldorf *– in frühen Photographien 1855–1914,* NA, geb., 3-88814-919-3

Dylan, Bob. *Early Dylan*, geb., 978-3-88814-508-7

Gruau, René. *Gruau*, geb., 3-88814-942-8

Höfer, Candida. *Orte Jahre*, brosch., 978-3-88814-578-3

Jubiläums-Portfolio. *25 Jahre Schirmer/Mosel*, brosch., 3-88814-938-X

Kenzo. Magier der Mode, geb., 3-88814-981-9

Kiefer, Anselm. *Über euren Städten wird Gras wachsen*, geb., 978-3-88814-168-3

Krull, Germaine. Kim Sichel, *Avantgarde als Abenteuer*, geb., 3-88814-934-7

Lamsweerde, Inez van. *Photographs,* brosch., 3-88814-571-6

Leibovitz, Annie / Susan Sontag. *Women,* geb., 3-88814-541-4

Lindbergh, Peter. *Photographien,* brosch., 3-88814-960-6

Lindbergh, Peter. *Photographien,* engl. Ausg., brosch., 3-88814-117-6

Lissitzky, El. Margarita Tupitsyn, *El Lissitzky,* geb., 3-88814-917-7

Man Ray. *Das photographische Werk,* brosch., 3-88814-985-1

Mondino, Jean-Baptiste. *Déjà Vu,* geb., 3-88814-778-6

Mondino, Jean-Baptiste. *Déjà Vu,* brosch., 978-3-8296-0019-4

Nars, François. *X-Ray,* geb., 3-88814-951-7

Nürnberg 1865–1909. NA, geb., 3-88814-903-7

Penn, Irving. *Irving Penn betrachtet das Werk von Issey Miyake,* geb., 978-3-88814-628-2

Penn, Irving. *Eine Retrospektive,* NA, brosch., 978-3-88814-883-5

Pirelli. *Die neuen Pirelli-Kalender 1994–1999,* geb., 3-88814-950-9

Pucci. Magier der Mode, geb., 3-88814-980-0

Sander, August. *Landschaften,* geb., 3-88814-797-2

Schirmer, Lothar. *Von Beuys bis Cindy Sherman,* brosch., 3-88814-870-7

Schirmer/Mosel. *Katalog der erschienenen Bücher 1974–1999,* brosch., 978-3-88814-228-4

Schneiders, Toni. *Photographien 1946–1980,* geb. u. brosch., 978-3-88814-529-2

Shore, Stephen. *American Surfaces,* brosch., 978-3-88814-423-3

Traeger, Ronald. *New Angles,* geb. u. brosch., 978-3-88814-384-7

Valentin, Karl. Richard Bauer, *Das alte München,* NA, geb., 3-88814-907-X

Vial, Véronique. *Frauen vor 10 Uhr morgens,* geb., 3-88814-731-X

Wall Works. brosch., 3-88814-865-0

Wegman, William. *Modephotographien,* brosch., 3-88814-999-1

Wenders, Wim und Donata. *Buena Vista Social Club,* brosch., 3-88814-611-9

Wilde, Ann und Jürgen. *Mechanismus und Ausdruck,* brosch., 3-88814-926-6

Zille, Heinrich. *Das alte Berlin. Photographien,* Meister der Kamera, 3-88814-848-0

2000 **Assig, Martin.** *Honiggänsewiese – Gemälde,* geb., 978-3-88814-966-5

Auermann, Nadja. *Nadja,* geb., 978-3-88814-880-4

Auermann, Nadja. *Nadja,* engl. Ausg., geb., 978-3-88814-758-6

Avedon, Richard. *Egoïste No. 14,* brosch., 978-3-88814-920-7

Balthus. *Catalogue raisonné/Das Gesamtwerk,* geb. im Schuber, 978-3-88814-732-6

Balthus. Kishin Shinoyama, *Das Haus des Malers,* geb., 978-3-88814-618-3

Balthus. Kishin Shinoyama, *Das Haus des Malers,* engl. Ausg., geb., 978-3-88814-904-7

Becher, Bernd und Hilla. *Zeche Hannibal,* geb., 978-3-88814-937-5

Berges, Laurenz. *Fotografien 1991–1995,* geb., 978-3-88814-931-3

Beuys, Joseph. *Das Geheimnis der Knospe zarter Hülle. Texte 1941–1986,* geb., 978-3-88814-924-5

Bloßfeldt, Karl. *Arbeitscollagen,* geb., 978-3-88814-786-9

Bloßfeldt, Karl. *Working Collages,* engl. Ausg., geb., 978-3-88814-971-9

Corbijn, Anton. *Werk,* brosch., 978-3-88814-944-3

Corbijn, Anton. *Werk,* engl. Ausg., brosch., 978-3-88814-927-6

Cürten, Gregor. *Eben Bilder. Gemälde und Zeichnungen. 1989–2000,* geb., 978-3-88814-996-2

Esser, Elger. *Veduten und Landschaften. 1996–2000,* geb., 978-3-88814-936-8

Esser, Elger. *Vedutas and Landscapes. 1996–2000,* engl. Ausg., geb., 978-3-88814-177-5

Hanzlova, Jitka. *Female,* geb., 978-3-88814-845-3

Hepburn, Audrey. Pamela Clarke Keogh, *Audrey Style,* geb., 978-3-88814-190-4

Hopper, Edward. *Die Meisterwerke,* Meister der Kunst, geb., 978-3-88814-933-7

Hopper, Edward. *The Masterpieces,* Masters of Art, engl. Ausg., geb., 978-3-88814-993-1

Hütte, Axel / Cees Nooteboom. *Kontinente,* geb., 978-3-88814-619-0

Kiefer, Anselm. *Ich halte alle Indien in meiner Hand,* geb., 978-3-88814-970-2

Knight, Nick. *Flora,* brosch., 978-3-88814-914-6

Knight, Nick. *Flora,* engl. Ausg., brosch., 978-3-88814-910-8

Lang, Horst. *… als der Pott noch kochte. Photographien aus dem Ruhrgebiet,* geb., 978-3-88814-554-4

Le Corbusier. George H. Marcus, *Im Inneren der Wohnmaschine,* geb., 978-3-88814-957-3

Leonardo da Vinci. *Der Vögel Flug – Sul volo degli uccelli,* geb., 978-3-88814-955-9

Lindbergh, Peter. *Images of Women,* brosch., 978-3-88814-967-2

Lindbergh, Peter. *Images of Women,* engl. Ausg., brosch., 978-3-88814-969-6

List, Herbert. *Die Monographie,* geb., 978-3-88814-533-9

List, Herbert. *The Monograph,* engl. Ausg., geb., 978-3-88814-928-3

Munch, Edvard. *Die Meisterwerke,* Meister der Kunst, geb., 978-3-88814-992-4

Munch, Edvard. *The Masterpieces,* Meister der Kunst, engl. Ausg., 978-3-88814-991-7

Newton, Helmut. *Helmut Newton's Illustrated No. 1–No. 4,* brosch., 978-3-88814-613-8

Newton, Helmut. *White Women,* NA, engl. Ausg., geb., 978-3-88814-869-9

Petri, Ray. *Buffalo,* geb., 978-3-88814-952-8

Phillips, Richard. *Gemälde,* geb., 978-3-88814-973-3

Pirelli-Kalender. *Die schönsten Bilder von 1964 bis heute,* geb.,978-3-88814-948-1

Pohlmann, Ulrich / Rudolf Scheutle. *Lehrjahre – Lichtjahre. Die Münchner Fotoschule 1900–2000,* geb., 978-3-88814-943-6

Rakete, Jim. *Photographien 1970–1997,* brosch., 978-3-88814-968-9

Ritts, Herb. *Retrospektive,* geb., 978-3-88814-834-7

Schönheit. *Eine Kulturgeschichte des 20. Jahrhunderts,* geb., 978-3-88814-946-7

Theorie der Fotografie IV. Hubertus von Amelunxen, geb., 978-3-88814-729-6

Theorie der Fotografie I–IV. Wolfgang Kemp / Hubertus von Amelunxen, geb. im Schuber, 978-3-88814-202-4

Unwerth, Ellen von. *Couples,* NA, geb., 3-88814-974-6

Wegman, William. *Meine Geschichte mit Fay,* geb., 978-3-88814-947-4

Wenders, Wim und Donata. *The Heart is a Sleeping Beauty. The Million Dollar Hotel,* geb., 978-3-88814-253-6

Wenders, Wim und Donata. *The Heart is a Sleeping Beauty,* engl. Ausg., 978-3-88814-986-3

Witkin, Joel-Peter. *Zögling und Meister,* geb., 978-3-88814-945-0

Zille, Heinrich. *Hurengespräche,* NA, geb., 978-3-88814-081-5

2001 **Beuys, Joseph.** *Eine Werkübersicht,* brosch., 978-3-88814-976-4

Björk. *The Book,* brosch., 978-3-88814-908-5

Bourdin, Guy. *Exhibit A,* geb., 978-3-8296-0002-6

Bourne, Samuel. *Sieben Jahre Indien. Die Photographien und Reiseberichte 1863-1870,* geb., 978-3-88814-901-6

Cartier-Bresson, Henri. *Landschaften und Städte,* geb., 978-3-88814-814-9

Feldmann, Hans-Peter. *100 Jahre,* geb., 978-3-88814-975-7

Höfer, Candida. *Zwölf – Twelve,* geb., 978-3-88814-373-1

Hütte, Axel. *As Dark as Light,* geb., 978-3-88814-929-0

Kiefer, Anselm. Daniel Arasse, *Die große Monographie,* geb., 978-3-8296-0014-9

Lacombe, Brigitte. *Cinema / Theater. Portraits,* geb., 978-3-88814-939-9

Lacombe, Brigitte. *Cinema / Theater Portraits,* engl. Ausg., 978-3-88814-949-8

Lacombe, Brigitte. *Cinema / Theater. Portraits,* frz. Ausg., 978-3-8296-0038-5

Lamsweerde, Inez van & Vinoodh Matadin. *Photographs. Katalog Florenz,* brosch., 978-3-8296-0034-7

Leibovitz, Annie / Susan Sontag. *Women,* brosch., 978-3-88814-977-1

Leonardo Da Vinci. Pietro C. Marani, *Das Werk des Malers,* geb., 978-3-8296-0015-6

Mapplethorpe, Robert. *Flowers,* NA, geb., 978-3-8296-0027-9

Marx, Erich. *Eine Sammlung für die Nationalgalerie. Festschrift Erich Marx,* geb., 978-3-8296-0001-9

Monroe, Marilyn. *Ein wunderschönes Kind,* NA, geb., 978-3-88814-963-4

Monroe, Marilyn. *Ein wunderschönes Kind,* NA, engl. Ausg., 978-3-88814-989-4

Monroe, Marilyn. Kirk Douglas. *Eine Nacht mit Marilyn,* geb., 978-3-8296-0035-4

Moon, Sarah. *Zufällige Begegnungen. Photographien,* geb., 978-3-8296-0017-0

Penn, Irving. *Still Life,* geb., 3-8296-0000-3

Pirelli-Kalender. *Die kompletten Bilder von 1964 bis heute,* geb., 978-3-8296-0016-3

Rheims, Bettina. *Female Trouble,* NA, geb., 978-3-8296-0022-4

Rodin, Auguste. *Bilder des Begehrens. Die erotischen Aquarelle und Scherenschnitte,* NA, geb., 978-3-88814-990-0

Rodin, Auguste. *Images of Desire. Erotic Watercolors and Cut-Outs.* NA, engl. Ausg., geb., 978-3-88814-940-5

Sander, August. *Menschen des 20. Jahrhunderts. Studienband,* brosch., 978-3-8296-0024-8

Sasse, Jörg. *Arbeiten am Bild. Photographien von 1981 bis 2001,* geb., 978-3-8296-0031-6

Schirmer, Lothar. *Frauen sehen Frauen. Eine Bildgeschichte der Frauen-Photographie,* geb., 978-3-88814-932-0

Schirmer, Lothar / Marianne Schneider. *»O Stern und Blume, Geist und Kleid«. Blumenbilder und Gedichte,* geb., 978-3-8296-0025-5

Struth, Thomas. *Löwenzahnzimmer,* geb., 978-3-88814-714-2

Struth, Thomas. *Dandelion Room,* engl. Ausg., 978-3-88814-972-6

Struth, Thomas. *Still,* NA, geb., 978-3-88814-978-8

Struth, Thomas. *Still,* NA, engl. Ausg., geb., 978-3-88814-902-3

Struth, Thomas. *Katalog Galerie Max Hetzler Berlin,* brosch., 978-3-88814-941-2

Vial, Véronique. *Frauen vor 10 Uhr morgens,* brosch., 978-3-8296-0030-9

Wenders, Wim. *Einmal – Bilder und Geschichten,* brosch., 978-3-88814-953-5

Wenders, Wim. *Once – Pictures and Stories,* engl. Ausg., brosch., 978-3-88814-900-9

Wenders, Wim. *Bilder von der Oberfläche der Erde,* geb., 978-3-8296-0010-1

Wolf, Reinhart. *Castillos,* NA, geb., 978-3-8296-0026-2

2002 **Abbott, Berenice.** *Changing New York,* brosch., 978-3-8296-0021-7

Archeology of Elegance. *1980–2000. 20 Jahre Modefotografie,* geb., 978-3-8296-0004-0

Avedon, Richard / Doon Arbus. *The Sixties,* brosch., 978-3-8296-0048-4

Becher, Bernd & Hilla. *Festschrift. Erasmuspreis 2002,* geb., 978-3-8296-0064-4

Becher, Bernd und Hilla. *Industrielandschaften,* geb., 978-3-8296-0003-3

Bronfen, Elisabeth / Barbara Straumann. *Die Diva,* geb., 978-3-88814-308-3

Cartier-Bresson, Henri. Jean-Pierre Montier, *Henri Cartier-Bresson. Seine Kunst – Sein Leben,* brosch., 978-3-8296-0020-0

Corbijn, Anton. *a. somebody, strijen, holland,* geb., 978-3-8296-0059-0

Corbijn, Anton. *Star Trak,* NA, geb., 978-3-8296-0056-9

Demand, Thomas. *Neue Arbeiten,* geb., 978-3-8296-0083-5

Esser, Elger. *Cap d'Antifer – Etretat,* geb., 978-3-8296-0047-7

Heute bis jetzt Bd. I. *Zeitgenössische Fotografie aus Düsseldorf,* brosch., 978-3-8296-0052-1

Heute bis jetzt Bd. II. *Zeitgenössische Fotografie aus Düsseldorf,* brosch., 978-3-8296-0053-8

Klapheck, Konrad. *Portraitzeichnungen,* geb., 978-3-8296-0063-7

Lang, Horst. *… als der Pott noch kochte.* NA, geb., 978-3-8296-0082-8

Leonardo da Vinci. Marianne Schneider, *Eine Biographie in Zeugnissen, Selbstzeugnissen, Dokumenten und Bildern,* geb., 978-3-8296-0012-5

List, Herbert. *Die Monographie,* brosch., 978-3-8296-0036-1

List, Herbert. *The Monograph,* engl. Ausg., brosch., 978-3-8296-0037-8

Moses, Stefan. *Die Monographie. Fotografien 1947 bis heute,* geb., 978-3-8296-0062-0

Nieweg, Simone. *Landschaften und Gartenstücke. Photographien,* geb., 978-3-8296-0040-8

Pino, Guiseppe. *Jazz My Love,* geb., 978-3-8296-0066-8

Rossellini, Isabella. *Looking at Me. Über Bilder und Photographen,* geb., 978-3-88814-609-1

Rossellini, Isabella. *Looking at Me. Über Bilder und Photographen,* engl. Ausg., 978-3-8296-0057-6

Sander, August. *Menschen des 20. Jahrhunderts. Gesamtausgabe in sieben Bänden,* geb., 978-3-8296-0006-4

Schad, Christian. *Das Frühwerk 1915–1935,* geb., 978-3-8296-0060-6

Schirmer, Lothar. *Women Seeing Women,* engl. Ausg., geb., 978-3-8296-0081-1

Schneider, Romy. *Adieu Romy. Photographische Erinnerungen,* geb., 978-3-8296-0044-6

Struth, Thomas. *Photographien 1977–2002,* geb., 978-3-8296-0045-3

Struth, Thomas. *New Pictures from Paradise,* geb., 978-3-8296-0046-0

Tobey, Mark / Morris Graves / John Cage. *Klänge des Inneren Auges,* brosch., 978-3-8296-0013-2

Twombly, Cy. *Writings on Cy Twombly,* geb., 978-3-88814-954-2

Twombly, Cy. *Cat. Rais. of the Paintings Vol I–IV,* geb., im Schuber, 978-3-88814-662-6

Watson, Albert. *Photographien,* brosch., 978-3-8296-0080-4

Wenders, Wim. *Pictures from the Surface of the Earth,* engl. Ausg., 978-3-8296-0011-8

2003 **Arbus, Diane.** *Photographien,* brosch., 978-3-8296-0039-2

Arbus, Diane. *Revelations / Offenbarungen,* geb., 978-3-8296-0089-7

Becher, Bernd und Hilla. *Typologien industrieller Bauten,* geb., 978-3-8296-0092-7

Beuys, Joseph. *Joseph Beuys in Basel. Bd.1: Feuerstätte,* geb., 978-3-8296-0090-3

Cartier-Bresson, Henri. *»Wer sind Sie, Henri Cartier-Bresson?«,* geb., 978-3-8296-0068-2

Chanel, Coco. Paul Morand, *Die Kunst, Chanel zu sein,* brosch., 978-3-8296-0110-8

Collodi, Carlo. *Pinocchio. Die Geschichte eines Hampelmanns,* brosch., 978-3-8296-0073-6

Collodi, Carlo. *Pinocchio hat gesagt…,* brosch., 978-3-8296-0104-7

Corbijn, Anton. *everybody hurts,* brosch., 978-3-8296-0115-3

Erwitt, Elliott. *Das Handbuch,* brosch., 978-3-8296-0093-4

Gerster, Georg. *Flug in die Vergangenheit,* geb., 978-3-8296-0094-1

Höfer, Candida. *Monographie,* geb., 978-3-8296-0023-1

Höfer, Candida. *Monograph,* engl. Ausg., geb., 978-3-8296-0086-6

Italia. Giovanna Calvenzi, geb., 978-3-8296-0096-5

Kahlo, Frida. Helga Prignitz-Poda, *Frida Kahlo – Die Malerin und ihr Werk,* geb., 978-3-8296-0067-5

Kahlo, Frida. Helga Prignitz-Poda, *Frida Kahlo – The Painter And Her Work,* engl. Ausg., geb., 978-3-8296-0118-4

Kiefer, Anselm. *The Secret Life of Plants,* geb., 978-3-8296-0065-1

Leibovitz, Annie. *American Music,* geb., 978-3-8296-0100-9

Leonardo da Vinci. *Die Aphorismen – Rätsel und Prophezeiungen,* geb., 3-8296-0097-6

List, Herbert. *Hellas,* brosch., 978-3-8296-0088-0

Loren, Sophia. *Photographien von Tazio Secchiaroli,* geb., 978-3-8296-0101-6

Mondino, Jean-Baptiste. *Mondino. Two Much.* geb., 978-3-8296-0033-0

Morrison, Jim. *The Scream of the Butterfly,* brosch., 978-3-8296-0113-9

Ruff, Thomas. *Nudes,* geb., 978-3-8296-0041-5

Sherman, Cindy. *The Complete Untitled Film Stills,* geb., 978-3-8296-0116-0

Shinoyama, Kishin. *Auf den Traumpfaden des Königs. Ludwig II. von Bayern und seine Schlösser,* geb., 978-3-8296-0098-9

Schirmer, Lothar. *Tambourine Man. Pop Lyrics der 60er Jahre.* geb., 978-3-8296-0105-4

Twombly, Cy. *Cy Twombly in der Eremitage,* geb. 978-3-8296-0108-5

Twombly, Cy. *Photographs 1951–1999,* geb., 978-3-8296-0078-1

Wenders, Wim. *Bilder von der Oberfläche der Erde,* NA, geb., 978-3-8296-0029-3

Wenders, Wim. *Pictures from the Surface of the Earth,* NA, engl. Ausg., geb., 978-3-8296-0051-4

Wenders, Wim / Wolfgang Niedecken / Eusebius Wirdeier. *Viel passiert. Das Buch zum BAP-Film,* brosch., 978-3-88814-965-8

2004 **Becher, Bernd und Hilla.** *Grundformen industrieller Bauten,* geb., 978-3-8296-0150-4

Becher, Bernd und Hilla. *Basic Forms of Industrial Buildings,* engl. Ausg., 978-3-8296-0173-3

Besler, Basilius. *Frühlingsblumen aus dem Garten von Eichstätt. Eine Auswahl,* geb., 978-3-8296-0135-1

Besler, Basilius. *Sommerblumen aus dem Garten von Eichstätt. Eine Auswahl,* geb., 978-3-8296-0162-7

Beuys, Joseph. *Frühe Aquarelle und Zeichnungen,* geb., 978-3-8296-0152-8

Beuys, Joseph. *Early Watercolors and Drawings,* engl. Ausg., geb., 978-3-8296-0165-8

Bowe, Patrick. *Gärten der Römischen Welt,* geb., 978-3-8296-0145-0

Cartier-Bresson, Henri. *Meisterwerke,* SVB, 978-3-8296-0149-8

Corbijn, Anton / Herbert Grönemeyer. *Liedtexte und Bilder von 1980–2004,* geb., 978-3-8296-0123-8

Dali, Salvador. *Das geheime Leben des Salvador Dali,* NA zum 100. Geburtstag, geb., 978-3-8296-0133-7

Dali, Salvador. *Aufzeichnungen eines werdenden Genies,* geb., 978-3-88814-325-0

Dalí – Die Jahrhundert-Retrospektive. Dawn Ades, geb., 978-3-8296-0169-6

Demand, Thomas. *Phototrophy,* geb., 978-3-8296-0171-9

Dijkstra, Rineke. *Portraits,* geb., 978-3-8296-0151-1

Doisneau, Robert. *Drei Sekunden Ewigkeit,* NA, brosch., 978-3-8296-0070-5

Doisneau, Robert. *Three Seconds of Eternity,* NA, engl. Ausg., brosch., 978-3-8296-0071-2

Gerster, Georg. *Weltbilder – 70 Flugbilder aus den sechs Erdteilen,* geb., 978-3-8296-0154-2

Hamann, Horst. *One Night on Broadway,* brosch., 978-3-8296-0127-6

Hütte, Axel. *Terra Incognita. Photographien 1982–2003,* geb., 978-3-8296-0117-7

Kahlo, Frida / Nickolas Muray. *Ich werde Dich nie vergessen …,* geb., 978-3-8296-0120-7

Kahlo, Frida / Nickolas Muray. *I Will Never Forget You,* engl. Ausg., geb., 978-3-8296-0121-4

Kahlo, Frida. *Jetzt, wo Du mich verläßt, liebe ich Dich mehr denn je,* geb., 978-3-86555-039-2

[Die großen] LIFE Photographen. *Die Photo-Enzyklopädie des 20. Jahrhunderts,* geb., 978-3-8296-0156-6

Lindbergh, Peter. *10 Women,* NA, brosch., 978-3-8296-0137-5

Lindbergh, Peter. *Images of Women,* NA, brosch., 978-3-8296-0143-6

Löffel, Leo. *Fabelhafte Frösche,* geb., 978-3-8296-0163-4

Meene, Hellen van. *Portraits,* geb., 978-3-8296-0158-0

Newton, Helmut. *Portraits,* NA, geb., 978-3-8296-0146-7

Newton, Helmut. *Portraits,* engl. Ausg., geb., 978-3-8296-0131-3

Newton, Helmut. *Big Nudes,* NA, geb., 978-3-8296-0139-9

Nooteboom, Cees. *Die Kunst des Reisens,* geb., 978-3-8296-0167-2

Normant, Serge. *Metamorphosis,* geb., 978-3-8296-0130-6

Petersen, Anders. *Café Lehmitz,* NA, geb., 978-3-8296-0072-9

Pirelli. *Die kompletten Pirelli-Kalender – 40 Jahre in einem Band. 1964–2004,* geb., 978-3-8296-0160-3

Pohlmann, Ulrich. *Eine neue Kunst? eine andere Natur! Fotografie und Malerei im 19. Jahrhundert,* brosch., 978-3-8296-0069-9

Rheims, Bettina. *More Trouble,* geb., 978-3-8296-0106-1

Rheims, Bettina. *Retrospective,* brosch., 978-3-8296-0061-3

Rousseau, Henri. *Das kleine Dschungelbuch. Die Urwaldbilder von Henri Rousseau,* geb., 978-3-8296-0136-8

Salomon, Erich. *Photographien 1928–1938,* geb., 978-3-8296-0032-3

Sasse, Jörg. *Tableaux & Esquisses,* geb., 978-3-8296-0172-6

Schirmer, Lothar. *Das Wunder in Bildern – Bern 1954,* brosch., 978-3-8296-0164-1

Lothar Schirmer / Marianne Schneider. *Blumenbilder und Gedichte – eine Auswahl,* geb., 978-3-8296-0134-4

Schygulla, Hanna. *»Du… Augen wie Sterne«. Das Hanna Schygulla Album,* brosch., 978-3-8296-0124-5

Sherman, Cindy. *Clowns,* geb., 978-3-8296-0168-9

Shore, Stephen. *Uncommon Places. Amerika. Das Gesamtwerk,* geb., 978-3-8296-0129-0

Strand, Mark. *Über Gemälde von Edward Hopper,* geb., 978-3-8296-0155-9

Struth, Thomas. *Pergamon Museum,* brosch., 978-3-8296-0142-9

Tarkovskij, Andrej. *Lichtbilder. Die Polaroids,* geb., 978-3-8296-0132-0

Völker, Cornelius. *Malerei,* geb., 978-3-8296-0084-2

Vollmer, Jürgen. *The Beatles in Hamburg. Photographien 1961,* geb., 978-3-8296-0125-2

Zerres, Maria. *Blaue Butter. Bilder und Zeichnungen 1981–2003,* geb., 978-3-8296-0141-2

Zille, Heinrich. *Das alte Berlin. Photographien 1890–1910,* NA, SVB, 978-3-8296-0138-2

2005 **Arbus, Diane.** *Revelations / Offenbarungen,* brosch., 978-3-8296-0089-7

Avedon, Richard. *Woman in the Mirror,* geb., 978-3-8296-0191-7

Becher, Bernd und Hilla. *Kühltürme,* geb., 978-3-8296-0192-4

Becher, Bernd und Hilla. Susanne Lange, *Einführung in Leben und Werk,* geb., 978-3-8296-0175-7

Berges, Laurenz. *Etzweiler,* geb., 978-3-8296-0176-4

Corbijn, Anton. *U2&i. Die Photographien 1982–2004,* geb., 978-3-8296-0153-5

Corbijn, Anton. *U2&i. Photographs 1982–2004,* engl. Ausg., geb., 978-3-8296-0174-3

Corbijn, Anton. *Famouz. Photographs 1975–1988,* NA, geb., 978-3-8296-0182-5

D'Orazio, Sante. *Pam. American Icon,* geb., 978-3-8296-0187-0

Gerster, Georg. *Flug in die Vergangenheit,* brosch., 978-3-8296-0190-0

Goude, Jean-Paul. *So weit, so Goude,* geb., 978-3-8296-0193-1

Höfer, Candida. *Bibliotheken,* geb., 978-3-8296-0178-8

Höfer, Candida. *Libraries,* engl. Ausg., geb., 978-3-8296-0186-3

Höfer, Candida. *Fotografien 2004–2005,* geb., 978-3-8296-0194-8

Hoepker, Thomas. *Photographien 1955–2005,* geb., 978-3-8296-0195-5

Kahlo, Frida. *Katalog Tate Modern, London,* brosch., 978-3-8296-0196-2

Kahlo, Guillermo. Gaby Franger u. Rainer Huhle, *Fridas Vater. Der Fotograf Guillermo Kahlo,* geb., 978-3-8296-0197-9

Leonardo Da Vinci. Pietro C. Marani, *Das Werk des Malers,* NA, brosch., 978-3-8296-0209-9

Monroe, Marilyn. Eve Arnold, *Eine Hommage von Eve Arnold,* geb., 978-3-8296-0184-9

Munch, Edvard. Iris Müller-Westermann, *Edvard Munch. Die Selbstbildnisse,* geb., 978-3-8296-0198-6

Munch, Edvard. *Die frühen Meisterwerke,* NA, SVB, 978-3-88814-277-2

Munch, Edvard. *Die frühen Meisterwerke,* NA, SVB, engl. Ausg., 978-3-88814-608-4

Muñoz, Isabel. *Choreographie des Begehrens – Photographien,* geb., 978-3-8296-0159-7

Newton, Helmut. *Playboy,* geb., 978-3-8296-0185-6

Rheims, Bettina. *Retrospective,* frz./engl. Ausg., brosch., 978-3-8296-0213-6

Rodin, Auguste. *Bilder des Begehrens. Die erotischen Aquarelle und Scherenschnitte,* brosch., 978-3-8296-0188-7

Rodin, Auguste. *Images of Desire. Erotic Watercolors and Cut-Outs,* engl. Ausg., brosch., 978-3-8296-0189-4

Rosswog, Martin. *Schultenhöfe,* geb., 978-3-8296-0206-8

Rosswog, Martin. *Heritage. Interieur – Portrait – Landschaft,* geb., 978-3-8296-0205-1

Sander, August. *Linzer Jahre. 1901–1909,* geb., 978-3-8296-0217-4

Sasse, Jörg. *Tableaus und Skizzen 2004/2005,* geb., 978-3-8296-0216-7

Stierlin, Henri. *Die großen Monumente des Altertums. Unsere Geschichte in Flugbildern: Band I,* geb., 978-3-8296-0207-5

Struth, Thomas. *Museum Photographs,* erw. Aufl., geb., 978-3-8296-0107-8

Struth, Thomas. *Museum Photographs,* erw. Aufl., engl. Ausg., geb., 978-3-8296-0183-2

Thomas, Christopher. *Münchner Elegien. Photographien 1999–2005,* geb., 978-3-8296-0199-3

Twombly, Cy. *Cy Twombly at the Hermitage,* engl. Ausg., NA, geb., 978-3-8296-0181-8

Twombly, Cy. Richard Leeman, *Cy Twombly. Die große Monographie,* geb., 978-3-8296-0161-0

Watson, Albert. *The Vienna Album. Photographien,* geb., 978-3-8296-0215-0

2006 **Auerbach, Ellen.** Inka Graeve Ingelmann, *Ellen Auerbach. Das dritte Auge. Leben und Werk,* geb., 978-3-8296-0223-5

Becher, Bernd und Hilla. *Getreidesilos,* geb., 978-3-8296-0256-3

Beuys, Joseph. *Mein Dank an Lehmbruck. Eine Rede,* geb., 978-3-8296-0255-9

Beuys, Joseph. *Joseph Beuys in Basel. Bd. 2: Zeichnungen und Holzschnitte bis 1954,* geb., 978-3-8296-0091-0

Beuys, Joseph. Sean Rainbird, *Joseph Beuys und die Welt der Kelten,* geb., 978-3-8296-0177-1

Brooks, Louise. Peter Cowie. *Louise Brooks. Lulu Forever,* geb., 978-3-8296-0257-0

Cartier-Bresson, Henri. *»Wer sind Sie, Henri Cartier-Bresson?«,* brosch., 978-3-8296-0144-3

Cartier-Bresson, Henri. *Der Klang der Seele. Portraits,* geb., 978-3-8296-0241-9

Close, Chuck. *A Couple of Ways of Doing Something,* geb., 978-3-8296-0259-4

De Kooning, Willem. *Late Paintings,* geb., 978-3-8296-0226-6

Demand, Thomas. *Katalog Serpentine Gallery London.* geb., 978-3-8296-0249-5

D'Orazio, Sante. *A Private View,* engl. Ausg., brosch., 978-3-8296-0247-1

D'Orazio, Sante. *Pamela Anderson. American Icon,* NA, geb., 978-3-8296-0255-6

D'Orazio, Sante. *Pamela Anderson. American Icon,* NA, engl. Ausg., geb., 978-3-8296-0240-2

Elsheimer, Adam. Keith Andrews, *Werkverzeichnis,* NA, brosch., 978-3-8296-0244-0

Engel, Gerrit. *Manhattan – New York,* geb., 978-8296-0227-3

Engel, Gerrit. *Manhattan – New York,* engl. Ausg., geb., 978-3-8296-0157-3

Gerster, Georg. *Swissair Posters,* brosch., 978-3-8296-0229-7

Hobhouse, Penelope. *Das Paradies auf Erden finden. Ein Führer zu den schönsten Gärten der Welt,* geb., 978-3-8296-0258-7

Höfer, Candida. *Opéra de Paris,* geb., 978-3-8296-0230-3

Höfer, Candida. *Louvre,* geb., 978-3-8296-0250-1

Höfer, Candida. *Em Portugal / In Portugal,* geb., 978-3-8296-0279-2

Hütte, Axel. *North – South,* geb., 978-3-8296-0231-0

Hütte, Axel. *After Midnight,* geb., 978-3-8296-0261-7

Kahlo, Frida / Nickolas Muray. *Ich werde Dich nie vergessen…,* brosch., 978-3-8296-0220-4

Kemp, Wolfgang. *Foto-Essays. Zur Geschichte und Theorie der Fotografie,* NA, brosch., 978-3-8296-0240-2

Lacombe, Brigitte. *Cinema / Theater Portraits,* engl. Ausg., brosch., 978-3-8296-0180-1

Leibovitz, Annie. *A Photographer's Life. 1990–2005,* geb., 978-3-8296-0263-1

Leonardo da Vinci. *Im Herzen der Mona Lisa. Dekodierung eines Meisterwerks,* geb., 978-3-8296-0233-4

Leonardo da Vinci. *Unterwegs zu Leonardo. Texte von Luca Pacioli bis Karl Jaspers,* geb., 978-3-8296-0273-0

Leonardo da Vinci. *Die Madonna mit der Nelke,* geb., 978-3-8296-0272-3

Leonardo da Vinci. *Jede Erkenntnis beginnt mit den Sinnen. Aphorismen, Rätsel, Prophezeiungen,* geb., 978-3-8296-0593-9

Lindbergh, Peter. *Untitled 116,* geb., 978-3-8296-0179-5

Meene, Hellen van. *New Work,* geb., 978-3-8296-0264-8

Mondino, Jean-Baptiste. *Guitar Eros,* geb., 978-3-8296-0234-1

Münter, Gabriele. *Die Reise nach Amerika. Photographien 1899–1900,* geb., 978-3-8296-0265-5

Nooteboom, Cees. *Tumbas. Gräber von Dichtern und Denkern,* geb., 978-3-8296-0266-2

O'Keeffe, Georgia / John Loengard. *Gemälde & Photographien,* geb., 978-3-8296-0102-3

O'Keeffe, Georgia / John Loengard. *Paintings & Photographs,* engl. Ausg., geb., 978-3-8296-0103-0

Parzinger, Hermann / Konstantin V. Cugunov / Anatoli Nagler. *Der Goldschatz von Aržan,* geb., 978-3-8296-0260-0

Playboy. *The Celebrities,* geb., 978-3-8296-0267-9

Rossellini, Isabella. *In the Name of the Father, the Daughter and the Holy Spirits,* engl. Ausg., geb., 978-3-8296-0242-6

Rossellini, Isabella. *Im Namen des Vaters, der Tochter und der heiligen Geister,* geb., 978-3-86555-024-8

Sasse, Jörg. *Skizzen – Der Grenoble Block,* geb., 978-3-8296-0268-6

Schirmer, Lothar. *Frauen sehen Frauen. Eine Bildgeschichte der Frauem-Photographie,* brosch., 978-3-8296-0276-6

Schirmer, Lothar. *Women Seeing Women,* engl. Ausg., brosch., 978-3-8296-0277-8

Sher-Gil, Amrita. *Eine indische Künstlerfamilie im 20. Jahrhundert,* geb., 978-3-8296-0269-3

Steingräber, Stephan. *Etruskische Wandmalereien,* geb., 978-3-8296-0228-0

Stierlin, Henri. *Die großen Zitadellen und Festungen. Unsere Geschichte in Flugbildern: Band II,* geb., 978-3-8296-0237-2

Stierlin, Henri. *Heilige Stätten der Menschheit. Kathedralen, Tempel und Moscheen. Unsere Geschichte in Flugbildern Band III,* geb., 978-3-8296-0271-6

Theorie der Fotografie. *Band I-IV 1839–1995. Komplett in einem Band,* geb., 978-3-8296-0239-6

Twombly, Cy. *Cy Twombly in der Alten Pinakothek. Skulpturen 1992–2005,* geb., 978-3-8296-0235-8

Twombly, Cy. *Sculptures 1992–2005,* engl. Ausg., geb., 978-3-8296-0245-7

Unwerth, Ellen von. *Couples,* NA, brosch., 978-3-8296-0251-8

Wenders, Wim. *Bilder von der Oberfläche der Erde,* NA, brosch., 978-3-8296-0252-5

Wenders, Wim. *Pictures from the Surface of the Earth,* NA, engl. Ausg., brosch., 978-3-8296-0238-9

Wenn Musik der Liebe Nahrung ist, spielt weiter… *Sir Peter Jonas, Zubin Mehta und die bayerische Staatsoper 1993–2006,* geb., 978-3-8296-0232-7

If music be the food of love, play on… *The Sir Peter Jonas/Zubin Mehta years at the Bavarian State Opera,* engl. Ausg., geb., 978-3-8296-0254-9

2007 **Avedon, Richard.** *Die Kennedys. Portrait einer Familie,* geb., 978-3-8296-0322-5

Balthus / Kishin Shinoyama. *Das Haus des Malers. Balthus im Grand Chalet,* brosch., 978-3-8296-0320-1

Balthus. Rose-Maria Gropp, *Balthus in Paris. Die erste Ausstellung 1934,* geb, 978-3-8296-0289-1

Balthus. Sabine Rewald, *Aufgehobene Zeit. Gemälde und Zeichnungen 1932–1960,* geb., 978-3-8296-0309-6

Balthus. Sabine Rewald, *Time Suspended. Paintings and Drawings 1932–1960,* engl. Ausg., geb., 978-3-8296-0321-9

Besler, Basilius. *Der Garten von Eichstätt,* NA, geb., 978-3-8296-0318-8

Beuys, Joseph. *Das Ende des 20. Jahrhunderts. The End of the 20th Century,* geb., 978-3-8296-0287-7

Bloßfeldt, Karl. *Alphabet der Pflanzen,* NA, SVB, 978-3-8296-0303-4

Bloßfeldt, Karl. *The Alphabet of Plants,* NA, SVB, engl. Ausg., 978-3-8296-0304-1

Bonk, Ecke. *Monte Carlo Method. A Typosophical Manual,* geb., 978-3-8296-0337-9

Callas, Maria. Attila Csampai, *Callas. Gesichter eines Mediums,* NA, geb., 978-3-8296-0314-0

Callas, Maria. Attila Csampai, *Callas. Gesichter eines Mediums,* NA, engl. Ausg., geb., 978-3-8296-0314-0

Cartier-Bresson, Henri. Peter Galassi, *Die frühen Photographien,* geb., 978-3-8296-0338-6

Cartier-Bresson, Henri. *Scrapbook. Fotografien 1932–1946,* geb., 978-3-8296-0280-8

Corbijn, Anton. *In Control. A diary,* geb., 978-3-8296-0290-7

Corbijn, Anton. *U2&i. Die Photographien 1982–2004,* NA, geb., 978-3-8296-0319-5

Dick, Philip K. *A Scanner Darkly – Alles wird nicht gut,* brosch., 978-3-8296-0286-0

Fassbinder, Rainer Werner. *Berlin Alexanderplatz,* geb., 978-3-8296-0253-2

Fassbinder, Rainer Werner. *Berlin Alexanderplatz,* engl. Ausg., geb., 978-3-8296-0310-2

Havekost, Eberhard. *Benutzeroberfläche. User Interface,* geb., 978-3-8296-0334-8

Hecke, Roswitha. *Secret Views. Fotografien 1964 bis heute,* geb., 978-3-8296-0325-6

Hepburn, Audrey / Howell Conant. *Audrey Hepburn in Frühstück bei Tiffany und andere Photographien,* geb., 978-3-8296-0294-5

Hepburn, Audrey / Howell Conant. *Audrey Hepburn in Breakfast at Tiffany's and other Photographs,* engl. Ausg., geb., 978-3-8296-0306-5

Hirst, Damien. *Void,* geb., 978-3-8296-0347-8

Höfer, Candida. *Weimar. Photographien,* geb., 978-3-8296-0327-0

Hoepker, Thomas. *Photographien 1955–2005,* brosch., 978-3-8296-0219-8

Hokusai. Jocelyn Bouquillard, *36 Ansichten des Berges Fuji,* geb., 978-3-8296-0295-2

Kahlo, Frida. *Jetzt, wo Du mich verläßt, liebe ich Dich mehr denn je,* brosch., 978-3-86555-048-4

Kahlo, Frida. *Dir sende ich mein ganzes Herz. Liebesbriefe,* geb., 978-3-86555-036-1

Kiefer, Anselm. Daniel Arasse, *Die große Monographie,* brosch., 978-3-8296-0275-4

List, Herbert. *Das Gesamtwerk. Photographien 1930–1972,* NA, brosch., 978-3-8296-0348-5

List, Herbert. *The Essential Herbert List. Photographs 1930–1972,* NA, engl. Ausg., brosch., 978-3-8296-0349-2

Magnum Magnum. *60 Jahre Reportagefotografie,* geb., 978-3-8296-0323-2

Monroe, Marilyn. *Marilyn Monroe und die Kamera,* NA, geb., 978-3-8296-0311-9

Monroe, Marilyn. *Marilyn Monroe und die Kamera,* NA, engl. Ausg., geb., 978-3-8296-0312-6

Münter, Gabriele. *Die Jahre mit Kandinsky. Photographien 1902–1914,* geb., 978-3-8296-0288-4

Pare, Richard. *Verlorene Avantgarde. Russische Revolutionsarchitektur,* geb., 978-3-8296-0299-0

Pirelli. *Alle Pirelli-Kalender 1964–2007,* geb., 978-3-8296-0328-7

Playboy. *The Complete Centerfolds. Alle Playmates von 1953 bis heute,* geb., 978-3-8296-0330-0

Playboy. *The Complete Centerfolds. Alle Playmates von 1953 bis heute,* XXL-Deluxe Edition im Lederkoffer, engl. Ausg., geb., 978-3-8296-0331-7

Rakete, Jim. *Photographien 1970–1997,* NA, brosch., 978-3-8296-0284-6

Rheims, Bettina. *Heroïnes,* geb., 978-3-8296-0298-3

Rheims, Bettina / Serge Bramly. *Chambre Close. Eine Fiktion,* geb., 978-3-8296-0315-7

Rheims, Bettina / Serge Bramly. *Chambre Close. A Fiction,* engl. Ausg., 978-3-8296-0316-4

Sher-Gil, Amrita. *An Indian Artist Family of the Twentieth Century,* engl. Ausg., brosch., 978-3-8296-0270-2

Stierlin, Henri. *Schlösser, Villen und Paläste. Unsere Geschichte in Flugbildern: Band IV,* geb., 978-3-8296-0329-4

Struth, Thomas. *Making Time. Das Prado Projekt,* brosch., 978-3-8296-0300-3

Vizinczey, Stephen. *Wie ich lernte, die Frauen zu lieben,* brosch., 978-3-86555-047-7

Wesely, Michael. *Stilleben,* geb., 978-3-8296-0305-8

Zhang Huan. *Drawings,* geb., 978-3-8296-0308-9

2008 **Alvarez Bravo, Manuel.** *Photopoetry,* geb., 978-3-8296-0376-8

Assig, Martin. *Westwerk. Havelhaus,* geb., 978-3-8296-0374-4

Attenborough, David. *Wunderbare seltene Dinge,* geb., 978-3-8296-0317-1

Avedon, Richard. *Performance,* geb., 978-3-8296-0372-0

Avedon, Richard. *Woman in the Mirror,* brosch., 978-3-8296-0367-6

Béart, Emmanuelle / Sylvie Lancrenon. *Cuba Libre,* geb., 978-3-8296-0375-1

Besler, Basilius. *Der Garten von Eichstätt,* NA, geb., 978-3-8296-0389-8

Beuys, Joseph / Caroline Tisdall. *Coyote,* NA, geb., 978-3-8296-0396-6

Beuys, Joseph / Caroline Tisdall. *Coyote,* engl. Ausg., geb., 978-3-8296-0397-3

Cartier-Bresson, Henri. Clément Chéroux, *Der Schnappschuss und sein Meister,* brosch., 978-3-8296-0377-5

Esser, Elger. *Ansichten/Views/Vues,* geb., 978-3-8296-0357-7

Freund, Gisèle. *Photographien & Erinnerungen,* NA, geb., 978-3-8296-0398-0

Freund, Gisèle. *Photographien & Erinnerungen,* NA, brosch., 978-3-8296-0404-8

Freund, Gisèle. *Photographs,* engl. NA, geb., 978-3-8296-0399-7

Kelly, Grace / Howell Conant. *Grace. Ein Hollywoodstar wird Prinzessin. Die unveröffentlichten Photographien von Howell Conant,* geb., 978-3-8296-0324-9

Kiefer, Anselm. *Heroische Sinnbilder,* geb., 978-3-8296-0361-4

Kiefer, Anselm. *Aperiatur Terra,* geb., 978-3-8296-0371-3

Kiefer, Anselm. *Das Balder-Lied,* geb., 978-3-8296-0370-6

Kiefer, Anselm. *Maria durch ein Dornwald ging,* geb., 978-3-8296-0401-7

Kiefer, Anselm. *Bücher,* geb., 978-3-8296-0402-4

Koudelka, Joseph. *Invasion Prag 68,* brosch., 978-3-8296-0359-1

Leibovitz, Annie. *At Work,* geb., 978-3-8296-0382-9

MacLean, Alex. *Over,* geb., 978-3-8296-0383-6

Magnum Magnum. NA, geb., 978-3-8296-0390-4

Monroe, Marilyn / Ed Feingersh. *Marilyn in New York,* brosch., 978-3-8296-0352-2

Monroe, Marilyn / Ed Feingersh. *Marilyn in New York,* engl. Ausg., brosch., 978-3-8296-0353-9

Nooteboom, Cees / Simone Sassen. *Ultima Thule,* geb., 978-3-8296-0384-3

Nooteboom, Cees / Simone Sassen. *Ultima Thule,* engl. Ausg., geb., 978-3-8296-0393-5

Ohlbaum, Isolde. *Bilder des literarischen Lebens,* geb., 978-3-8296-0385-0

Pallanti, Giuseppe. *Wer war Mona Lisa?,* geb., 978-3-8296-0297-6

Pasricha, Amit. *Indien Monumental,* geb., 978-3-8296-0358-4

Playboy. *The Complete Centerfolds. Alle Playmates 1953 bis heute,* NA, geb., 978-3-8296-0365-2

Polke, Sigmar. *Photographische Arbeiten aus der Sammlung Garnatz,* geb., 978-3-8296-0362-1

Rakete, Jim. *1/8 sec. Vertraute Fremde,* geb., 978-3-8296-0296-9

Rheims, Bettina. *Can You Find Happiness,* geb., 978-3-8296-0351-5

Rheims, Bettina. *Can You Find Happiness,* engl. Ausg., geb., 978-3-8296-0364-5

Schneider, Romy / Giancarlo Botti. *Romy – C'est la vie,* NA, geb., 978-3-88814-724-1

Stierlin, Henri. *Wunder der Technik im 20. Jahrhundert. Unsere Geschichte in Flugbildern: Band V,* geb., 978-3-8296-0379-9

Storz, Oliver. *Die Freibadclique,* geb., 978-3-86555-057-6

Struth, Thomas. *Familienleben. Family Life,* brosch., 978-3-8296-0355-3

Twombly, Cy. *Photographs 1951–2007,* geb., 978-3-8296-0345-6

Twombly, Cy. *Photographs 1951–2007,* brosch., 978-3-8296-0369-0

Twombly, Cy. *Photographs 1951–2007,* engl. Ausg., geb., 978-3-8296-0368-3

Twombly, Cy. *Cycles and Seasons,* brosch., 978-3-8296-0373-7

Vanity Fair. *Portraits,* geb., 978-3-8296-0400-0

Visconti, Luchino. *Schriften, Filme, Stars und Stills,* geb., 978-3-8296-0236-5

Warhol, Andy. Pat Hackett, *POPism,* geb., 978-3-8296-0387-4

Weston, Edward. *Edward Weston's Book of Nudes,* geb., 978-3-8296-0360-7

Zille, Heinrich. *Berliner Leben. Zeichnungen, Photographien und Druckgraphiken 1890–1914,* brosch., 978-3-8296-0332-4

Zwakman, Edwin. *Fake but Accurate,* brosch., 978-3-8296-0388-1

2009 **Avedon, Richard.** *Fashion,* geb., 978-3-8296-0422-2

Beatles to Bowie. *The London 60s,* geb., 978-3-8296-0381-2

Becher, Bernd und Hilla – *at Museo Morandi,* brosch., 978-3-8296-0406-2

Beuys, Joseph / Heiner Bastian. *Traum und Albtraum. Von einem vergeblichen Versuch, den Zauber der Werke von Joseph Beuys in Moyland zu finden,* geb., 978-3-8296-0454-3

Chanel, Coco. Paul Morand, *Die Kunst, Chanel zu sein,* NA, geb., 978-3-86555-068-2

Chiaramonte, Giovanni. *Berlin. Die Stadt, die immer wird,* geb., 978-3-8296-0410-9

Chiaramonte, Giovanni. *Berlin. Die Stadt, die immer wird,* engl. Ausg., geb., 978-3-8296-0458-1

Engel, Gerrit. *Berlin. Photographien. 234 Berliner Bauwerke in chronologischer Reihenfolge von 1230 bis 2008,* geb., 978-3-8296-0378-2

Engel, Gerrit. *Berlin. Photographs. 234 Berlin Buildings in Chronological Order. 1230 – 2008,* engl. Ausg., geb., 978-3-8296-0392-8

Esser, Elger. *Eigenzeit,* geb., 978-3-8296-0418-5

Fellini, Federico. Tullio Kezich, *Das Buch der Filme,* geb., 978-3-8296-0423-9

Flavin, Dan. *Icons*, geb., 978-3-8296-0363-8

Flavin, Dan. *Icons*, engl. Ausg., geb., 978-3-8296-0405-5

Gray, Eileen. Peter Adam, *Leben und Werk. Die Biographie*, geb., 978-3-8296-0293-8

Gray, Eileen. Peter Adam, *Her Life and Her Work.* engl, Ausg., geb., 978-3-8296-0420-8

Gronert, Stefan. *Die Düsseldorfer Photoschule. Photographien 1961–2008*, geb., 978-3-8296-0291-4

Höfer, Candida. *Napoli*, geb., 978-3-8296-0424-6

Jeffrey, Ian. *Photographie. Sehen, Betrachten, Deuten*, geb., 978-3-8296-0408-6

Kahlo, Frida. *Fridas Kleider*, geb., 978-3-8296-0409-3

Kemp, Wolfgang. *Architektur analysieren*, geb., 978-3-8296-0262-4

Knight, Nick. *Photographien 1994–2009*, geb., 978-3-8296-0426-0

Lang, Horst. *… als der Pott noch kochte. Photographien aus dem Ruhrgebiet*, NA, brosch., 978-3-8296-0082-8

Longo, Robert. *Men in the Cities. Photographs 1976–1982*, geb., 978-3-8296-0411-6

Magnum Magnum. NA, brosch., 978-3-8296-0431-4

Meene, Hellen van. *Tout va disparaître*, geb., 978-3-8296-0417-8

Nooteboom, Cees. *Rätsel des Lichts*, geb., 978-3-8296-0428-4

Nothhelfer, Gabriele und Helmut. *Momente und Jahre. 1970–2008*, geb., 978-3-8296-0429-1

Rossellini, Isabella. *Green Porno*, geb., 978-3-8296-0441-3

Sander, August. *Sardinien – Sardegna*, geb., 978-3-8296-0433-8

Sander, August. *Sehen, Beobachten und Denken. Photographien*, geb., 978-3-8296-0434-5

Sander, August. *Seeing, Observing, and Thinking. Photographs*, engl. Ausg., geb., 978-3-8296-0443-7

Sander, August. *Voir, Observer et Penser. Photographies*, frz. Ausg., geb., 978-3-8296-0452-9

Scheler, Max. *Fotografien. Von Konrad A. bis Jackie O.*, brosch., 978-3-8296-0435-2

Schirmer, Lothar. *Die Düsseldorfer Schule. Photographien aus der Sammlung Lothar Schirmer*, brosch., 978-3-8296-0455-0

Shinoyama, Kishin. *Nude by Kishin*, geb., 978-3-8296-0415-4

Struth, Thomas. *Museum of Cycladic Art Athens*, brosch., 978-3-8296-0444-4

Struth, Thomas. *Texte zum Werk von Thomas Struth*, geb., 978-3-8296-0386-7

Tronvoll, Mette. *Photographs*, geb., 978-3-8296-0436-9

Twombly, Cy. *States of Mind. Malerei, Skulptur, Fotografie, Zeichnung,* geb., 978-3 8296-0437-6

Twombly, Cy. *States of Mind. Painting, Sculpture, Photography, Drawings,* engl. Ausg., geb., 978-3-8296-0445-1

Twombly, Cy. *The Natural World. Ausgewählte Werke 2000–2007,* geb., 978-3-8296-0416-1

Twombly, Cy. *Catalogue Raisonné of the Paintings V,* geb., 978-3-8296-0366-9

Vial, Véronique. *Paris Naked,* geb., 978-3-8296-0438-3

Völker, Cornelius. *Meerschweinchen,* brosch., 978-3-8296-0456-7

Wenders, Wim. *Journey to Onomichi. Photographs,* geb., 978-3-8296-0453-6

2010 **Assig, Martin.** *Vasen, Gipfel, Menschen,* geb., 978-3-8296-0475-8

Becher, Bernd und Hilla. *Bergwerke und Hütten,* geb., 978-3-8296-0467-3

Becher, Bernd und Hilla. *Coal Mines,* engl. Ausg., geb., 978-3-8296-0474-1

Becher, Bernd und Hilla. *Zeche Hannover/Hannover Coal Mine,* geb., 978-3-8296-0468-0

Bellucci, Monica. *Photographien,* geb., 978-3-8296-0499-4

Beuys, Joseph. *Parallelprozesse,* geb., 978-3-8296-0481-9

Beuys, Joseph. *Parallel Processes,* engl. Ausg., geb., 978-3-8296-0482-6

Bonnet, Anne-Marie/Gabriele Kopp-Schmidt. *Die Malerei der deutschen Renaissance,* geb., 978-3-8296-0407-9

Brohm, Joachim. *Color,* brosch., 978-3-8296-0518-2

Cartier-Bresson, Henri. *Sein 20. Jahrhundert,* geb., 978-3-8296-0391-1

Corbijn, Anton. *Inside The American,* geb., 978-3-8296-0476-5

Doisneau, Robert. *Mein Paris,* brosch., 978-3-8296-0502-1

Ellis, Sean. *Kubrick The Dog,* geb., 978-3-8296-0505-2

Höfer, Candida. *Spaces of their own,* geb., 978-3-8296-0514-4

Höfer, Candida. *Philadelphia,* brosch., 978-3-8296-0440-6

Hütte, Axel. *Towards the Wood,* geb., 978-3-8296-0515-1

Icons of Rock. Graham Nash. geb., 978-3-8296-0461-1

Kahlo, Frida. *Ihre Photographien,* geb., 978-3-8296-0425-3

Kahlo, Frida. Helga Prignitz-Poda, *Frida Kahlo – Die Malerin und ihr Werk,* NA, brosch., 978-3-8296-0457-4

Kiefer, Anselm. *Europa,* geb., 978-3-8296-0521-2

Kiefer, Anselm. *Himmelspaläste – Heavenly Palaces,* geb., 978-3-8296-059-8

Lindbergh, Peter. *On Street,* geb., 978-3-8296-0506-9

MacLean, Alex. *Las Vegas – Venedig. Fragile Mythen,* geb., 978-3-8296-0504-5

Magnum am Set. *Von Chaplin bis Malkovich,* geb., 978-3-8296-0470-3

Mangold, Guido. *Fotografien. 1958 bis heute,* brosch., 978-3-8296-0466-6

Mapplethorpe, Robert. *The Black Book,* NA, geb., 978-3-8296-0460-4

McQueen, Steve. *Photographien von John Dominis,* geb., 978-3-8296-0412-3

Moravia, Alberto. *Claudia Cardinale. Ein etwas ungewöhnliches Gespräch,* geb., 978-3-8296-0517-5

Newton, Helmut. *White Women,* NA, engl. Ausg., geb., 978-3-8296-0442-0

Runge, Philipp Otto. *Scherenschnitte,* brosch., 978-3-8296-0509-0

Saint Laurent, Yves. *YSL und die Modephotographie,* NA, brosch., 978-3-8296-0471-0

Sander, August. *Menschen des 20. Jahrhunderts. Ein Kulturwerk in Lichtbildern eingeteilt in sieben Gruppen,* geb., 978-3-8296-0500-7

Schneider, Romy. *Romy. Die unveröffentlichten Bilder aus Inferno/ L'Enfer von Henri-Georges Clouzot,* geb., 978-3-8296-0462-8

Struth, Thomas. *Works 2007–2010,* geb., 978-3-8296-0498-7

Struth, Thomas. *Fotografien 1978– 2010,* geb., 978-3-8296-0463-5

Struth, Thomas. *Fotografien 1978– 2010,* engl. Ausg., geb., 978-3-8296-0465-9

Twombly, Cy. *Tulips,* brosch., 978-3-8296-0495-6

Vanderbilt, Gloria. Wendy Goodman, *Die Welt der Gloria Vanderbilt,* geb., 978-3-8296-0507-6

Vanderbilt, Gloria. *Damals schien all das wichtig zu sein,* geb., 978-3-8296-0516-8

Wall, Jeff. *Transit,* geb., 978-3-8296-0478-9

Wesely, Michael. *Time Works,* geb., 978-3-8296-0513-7

Wols. *Die Aphorismen,* geb., 978-3-8296-0439-0

2011 **Arbus, Diane.** *Untitled,* geb., 978-3-8296-0554-0

Bedford, Sybille. *Jagd auf einen Lebemann,* geb., 978-3-8296-0543-4

Berges, Laurenz. *Frühauf – Danach,* geb., 978-3-8296-0538-0

Beuys, Joseph. *Ich (Ich selbst die Iphigenie),* brosch., 978-3-8296-0549-6

Beuys, Joseph. *Eine farbige Welt,* brosch., 978-3-8296-0547-2

Beuys, Joseph. *Eine farbige Welt,* engl. Ausg., brosch., 978-3-8296-0548-9

Corbijn, Anton. *Inwards and Onwards,* geb., 978-3-8296-0558-8

de Chirico, Giorgio. *Das Geheimnis der Arkade,* geb., 978-3-8296-0535-9

Engel, Gerrit. *Schinkel in Berlin und Potsdam,* geb., 978-3-8296-0427-7

Fink Larry. *The Vanities,* geb., 978-3-8296-0526-7

Frajndlich, Abe. *Penelopes hungriger Blick. Portraits von Photographen,* geb., 978-3-8296-0527-4

Frajndlich, Abe. *Penelope's Hungry Eyes,* engl. Ausg., geb., 978-3-8296-0559-5

Guibert, Hervé. *Photographien,* geb., 978-3-8296-0528-1

Hall, Jerry. *Mein Leben in Bildern,* geb., 978-3-8296-0524-3

Hubbuch, Karl. *Karl Hubbuch und das Neue Sehen,* geb., 978-3-8296-0560-1

Jagger, Mick. *Das Fotobuch,* geb., 978-3-8296-0525-0

Kelly, Ellsworth. *Plant Drawings,* geb., 978-3-8296-0561-8

Kelly, Ellsworth. *Plant Drawings,* engl. Ausg., geb., 978-3-8296-0575-5

Kleist, Heinrich von. Eric Rohmer. *Die Marquise von O…,* geb., 978-3-8296-0571-7

Le Corbusier. Lucien Hervé, *Kontakte,* geb., 978-3-8296-0546-5

Leibovitz, Annie. *Pilgrimage. Pilgerreisen zu Kultorten,* geb., 978-3-8296-0552-6

Leonardo da Vinci. *Schriften zur Malerei und sämtliche Gemälde,* NA, geb., 978-3-8296-0572-4

Lindbergh, Peter. *The Unknown. The Chinese Episode,* geb., 978-3-8296-0544-1

Magnum. *Contact Sheets. Kontaktbögen,* geb., 978-3-8296-0550-2

Maier, Vivian. *Street Photographer,* geb., 978-3-8296-0563-2

Man Ray. *Portraits. Paris – Hollywood – Paris,* geb., 978-3-8296-0503-8

Man Ray. *Portraits. Paris – Hollywood – Paris,* engl. Ausg., geb., 978-3-8296-0540-3

Marc, Franz. *Franz Marc und Joseph Beuys. Im Einklang mit der Natur,* geb., 978-3-8296-0557-1

Monroe, Marilyn. *Metamorphosen,* geb., 978-3-8296-0551-9

[The] New York Times Magazine. *Photographien 1978 bis heute,* geb., 978-3-8296-0553-3

Nooteboom, Cees. *Zurbarán. Ausgewählte Gemälde 1625–1664,* geb., 978-3-8296-0510-6

Nooteboom, Cees. *Zurbarán. Paintings 1625–1664,* engl. Ausg., geb., 978-3-8296-0545-8

Ohlbaum, Isolde. *Der Mensch möchte Fisch sein und Vogel,* geb., 978-3-8296-0530-4

Picasso, Pablo. *Die Freiheit der späten Werke/The Freedom in the Late Works,* geb., 978-3-8296-0531-1

Platon. *Power Platon,* geb., 978-3-8296-0532-8

Rakete, Jim. *Stand der Dinge,* geb., 978-3-8296-0533-5

Rauschenberg, Robert. *Photographien 1949–1962,* geb., 978-3-8296-0512-0

Rosenthal, Leo. *Ein Chronist in der Weimarer Republik,* geb., 978-3-8296-0564-9

Ross, Judith Joy. *Photographien seit 1982/Photographs since 1982,* geb., 978-3-8296-0565-6

Schumann, Charles. *Hommage an einen Chef. Ein literarisches Gästebuch,* geb., 978-3-8296-0566-3

Struth, Thomas. *Fotografien 1978– 2010,* engl. Ausg., brosch., 978-3-8296-0574-8

Twombly, Cy. *Photographs III 1951–2010,* NA, geb., 978-3-8296-0537-3

Twombly, Cy. *Drawings. Cat. Rais. Vol. 1, 1951–1955,* geb., 978-3-8296-0485-7

Völker, Cornelius. *Malerei/Painting. Werke/Works. 1990–2010,* geb., 978-3-8296-0534-2

Vreeland, Diana. *Fashion. Style. Allure. Der Roman meines Lebens,* geb., 978-3-8296-0536-6,

Warhol, Andy. *Meisterwerke der Pop Art.*, NA, SVB, 978-3-8296-0594-6

2012 **Arnold, Eve.** *Hommage,* geb., 978-3-8296-0601-1

Bastian, Heiner. *Die Argonauten erreichen das offene Meer und beraten den Fortgang ihrer Erzählung,* geb., 978-3-8296-0573-1

Beaton, Cecil. *The Essential Cecil Beaton,* NA, geb., 978-3-8296-0609-7

Beaton, Cecil. *The Essential Cecil Beaton,* engl. Ausg., NA, geb., 978-3-8296-0610-3

Beuys, Joseph. *Zeichnungen 1945–1986. Sammlung Klüser,* geb., 978-3-8296-0624-0

Beuys, Joseph. *Joseph Beuys in Basel. Bd. 3: Schneefall,* geb., 978-3-8296-0556-4

Bloßfeldt, Karl. *Arbeitscollagen,* NA, geb., 978-3-8296-0568-7

Boo. *Der süsseste Hund der Welt,* geb., 978-3-8296-0577-9

Deutschland in frühen Photographien. *Zwischen Biedermeier und Gründerzeit,* geb., 978-3-8296-0626-4

Duchamp, Marcel. *Marcel Duchamp in München 1912,* geb., 978-3-8296-0591-5

Dyer, Geoff. *Die Zone,* geb., 978-3-8296-0596-0

Erwitt, Elliott. *Personal Exposures. Fotografien 1946–1988,* NA, geb., 978-8296-0598-4

Esser, Elger. *Nocturnes à Giverny,* geb., 978-3-8296-0578-6

Evans, Walker. *American Photographs,* geb., 978-3-8296-0611-0

Höfer, Candida. *Affinities/Affinitäten/Affiniteter,* brosch., 978-3-8296-0612-7

Hopper, Edward. *Gemälde & Ledger Book-Zeichnungen,* geb., 978-3-8296-0580-9

James, Edward. *Schwäne spiegeln Elefanten,* geb., 978-3-8296-0597-7

Kippenberger, Martin. *67 Improved Papertigers Not Afraid of Repetition/ 67 Verbesserte Papiertiger ohne Angst vor Wiederholung,* brosch., 978-3-8296-0350-8

Lawler, Louise. *Louise Lawler and/or Gerhard Richter. Photographs and Works,* geb., 978-3-8296-0581-6

Leonardo da Vinci. *Das Wasserbuch. Schriften und Zeichnungen,* NA, geb., 978-3-8296-0592-2

Licht und Schatten. Hans Helmut Prinzler, *Filme der Weimarer Republik,* geb., 978-3-8296-0588-5

MacLean, Alex. *Über den Dächern von New York,* geb., 978-3-8296-0582-3

McGinley, Ryan. *Whistle for the Wind,* geb., 978-3-8296-0605-9

Monroe, Marilyn. Colin Clark, *Meine Woche mit Marilyn,* geb., 978-3-8296-0599-1

Monroe, Marilyn. Milton H. Greene, *Milton's Marilyn,* NA, brosch., 978-3-8296-0613-4

Monroe, Marilyn. Milton H. Greene, *Milton's Marilyn,* NA, engl. Ausg., brosch., 978-3-8296-0614-1

Moss, Kate. *Kate,* geb., 978-3-8296-0615-8

Nieweg, Simone. *Natur der Menschen. Photographien,* geb., 978-3-8296-0583-0

Oldenbourg, Claes. *The Sixties,* geb., 978-3-8296-0584-7

Ritts, Herb. *L.A. Style,* geb., 978-3-8296-0570-0

[Meisterwerke der] Romantik. Gerd Spitzer, geb., 978-3-8296-0616-5

Ruff, Thomas. *Works 1979–2011,* geb., 978-3-8296-0585-4

Schmölz, Karl Hugo. *Köln, Architekturfotografien,* geb., 978-3-8296-0539-7

Sherman, Cindy. Eva Respini, *Katalog MoMA,* geb., 978-3-8296-0567-0

Sherman, Cindy. Christa Döttinger [Schneider], *History Portraits,* NA, geb., 978-3-8296-0595-3

Sherman, Cindy. Christa Döttinger [Schneider], *History Portraits,* engl. Ausg., geb., 978-3-8296-0600-4

Sokurov, Alexander. *Japanische Reisen,* geb., 978-3-8296-0620-2

Struth, Thomas. *Unconscious Places,* geb., 978-3-8296-0618-9

Tarkovskij, Andrej. *Leben und Werk. Filme, Schriften, Stills & Polaroids,* geb., 978-3-8296-0587-8

Tarkovsky, Andrey. *Films, Stills, Polaroids & Writings,* engl. Ausg., geb., 978-3-8296-0627-1

[Die] Tradition von morgen. brosch., 978-3-8296-0607-3

Twombly, Cy. *Drawings. Cat. Rais. Vol. 2 1956*–1960, geb., 978-3-8296-0486-4

Twombly, Cy. *Unpublished Photographs IV,* geb., 978-3-8296-0589-2

Walker, Tim. *Storyteller,* geb., 978-3-8296-0606-6

Wenders, Donata & Wim. *Pina,* geb., 978-3-8296-0590-8

Wenders, Donata & Wim. *Pina,* engl. Ausg., geb., 978-3-8296-0623-3

2013 **Balthus.** *Cats and Girls,* geb., 978-3-8296-0647-9

Becher, Bernd & Hilla. *Steinwerke und Kalköfen,* geb., 978-3-8296-0576-2

Bergman, Ingrid. *Ein Leben in Bildern,* geb., 978-3-8296-0648-6

Bergman, Ingrid. *A Life in Pictures,* engl. Ausg., geb., 978-3-8296-0660-8

Beuys, Joseph. *Joseph Beuys im Lenbachhaus und Schenkung Lothar Schirmer,* geb., 978-3-8296-0629-5

Brassaï. Sylvie Aubenas und Quentin Bajac. *Brassaï – Flaneur durch das nächtliche Paris,* geb., 978-3-8296-0630-1

Cage, John. *Ryoanji. Cat. Rais. of the Visual Artworks. Vol. I,* geb., 978-3-8296-0625-7

Corbijn, Anton. *Waits/Corbijn,* geb., 978-3-8296-0555-7

Degas, Edgar. *Skizzenbücher,* geb., 978-3-8296-0650-9

Durin, Bernard. *Käfer und andere Kerbtiere,* erw. NA, geb., 978-3-8296-0631-8

Durin, Bernard. *Beetles And Other Insects,* erw. NA, engl. Ausg., geb., 978-3-8296-0632-5

Hopper, Edward. *Amerika – Licht und Schatten eines Mythos,* brosch., 978-3-8296-0634-9

Hopper, Edward. *Paintings & Ledger Book Drawings,* engl. Ausg., geb., 978-3-8296-0602-8

Kiefer, Anselm. *The Shape of Ancient Thought,* geb., 978-3-8296-0636-3

Kiefer, Anselm. Danièle Cohn, *Ateliers,* geb., 978-3-8296-0635-6

Landshoff, Hermann. *Portrait, Mode, Architektur. Retrospektive 1930–1970,* geb., 978-3-8296-0652-3

[Das] Lenbachhaus-Buch/ Lenbachhaus-Book. geb., 978-3-8296-0645-5

Le Nôtre, André. *Der Gartenarchitekt Ludwigs XIV,* geb., 978-3-8296-0646-2

Lindbergh, Peter. *Images of Women,* NA, geb., 978-3-8296-0637-0

Magritte, René. *Das Geheimnis des Gewöhnlichen,* geb., 978-3-8296-0653-0

München im 19. Jahrhundert. *Frühe Photographien 1850–1914,* geb., 978-3-8296-0654-7

Murnau, Friedrich Wilhelm. *Die privaten Fotografien 1926–1931,* geb., 978-3-8296-0655-4

Nooteboom, Cees. *Saigoku. Auf Japans Pilgerweg,* geb., 978-3-8296-0643-1

Parr, Michael. *Life's a Beach,* geb., 978-3-8296-0638-7

Petersen, Anders. *Monographie,* geb., 978-3-8296-0639-4

Petersen, Anders. *Café Lehmitz,* NA, geb., 978-3-8296-0659-2

Picasso, Pablo. Brigitte Leal, *Pablo Picasso 1881–1973,* brosch., 978-3-8296-0640-0

Reitz, Edgar. *Die andere Heimat 1843/44. Chronik einer Sehnsucht,* geb., 978-3-8296-0661-5

Sander, August. *People of the 20th Century,* engl. Ausg., geb., 978-3-8296-0644-8

Schygulla, Hanna. *Wach auf und träume, Autobiographie,* geb., 978-3-8296-0658-5

Twombly, Cy. *Cy Twombly Gallery The Menil Collection, Houston,* geb., 978-3-8296-0641-7

Twombly, Cy. *Drawings. Cat. Rais. Vol. 3 1961–1963,* geb., 978-3-8296-0487-1

Wall, Jeff. *Jeff Wall in München,* geb., 978-3-8296-0657-8

2014 **Becher, Bernd und Hilla.** *Basic Forms/Grundformen,* NA, geb., 978-3-8296-0694-3

Bonnet, Anne-Marie/Gabriele Kopp-Schmidt. *Die Malerei der deutschen Renaissance,* NA, geb., 978-3-8296-0693-6

Cobain, Kurt. *Die letzte Session,* geb., 978-3-8296-0681-3

Cohen, Leonard. *Almost Young,* geb., 978-3-8296-0663-9

Cohen, Leonard. *Almost Young,* engl. Ausg., geb., 978-3-8296-0664-6

Corbijn, Anton. *Looking at A Most Wanted Man,* geb., 978-3-8296-0649-3

Cürten, Gregor. *Beziehungsweisen,* geb., 978-3-8296-0680-6

Dürer, Albrecht. Anne-Marie Bonnet. *Die Erfindung des Aktes,* geb., 978-3-8296-0651-6

Ellis, Sean. *Kubrick The Dog,* NA, geb., 978-3-8296-0675-2

[Das alte] Frankfurt am Main – *Photographien von C. F. Mylius,* geb., 978-3-8296-0682-0

Fried, Michael. *Warum Photographie als Kunst so bedeutend ist wie nie zuvor,* geb., 978-3-8296-0665-3

Gray, Eileen. Peter Adam, *Leben und Werk. Die Biographie,* NA, brosch., 978-3-8296-691-2

Gray, Eileen. Peter Adam, *Her Life and Work,* NA, engl. Ausg., brosch., 978-3-8296-0692-9

Kelly, Grace. *Film Stills aus ihren elf Kinofilmen 1951–1956,* geb., 978-3-8296-0667-7

Kelly, Grace. *Film Stills,* engl. Ausg., geb., 978-3-8296-0668-4

Kiefer, Anselm. *Kühlstaub,* geb., 978-3-8296-0662-2

Kiefer, Anselm. *Posters Exhibitions,* geb., 978-3-8296-0684-4

Knight, Nick. *Flora,* NA geb., 978-3-8296-0676-9

Knight, Nick. *Flora,* NA engl. Ausg., 978-3-8296-0677-6

Lindbergh, Peter. *Images of Women II,* geb., 978-3-8296-0685-1

Magnum. *Contact Sheets. Kontaktbögen,* NA, geb., 978-3-8296-0679-0

Maier, Vivian. *Das Meisterwerk der unbekannten Photographin,* geb., 978-3-8296-0686-8

Mapplethorpe, Robert. *Flowers,* NA, dt./engl. Ausg., geb., 978-3-8296-0678-3

Menschen vor Flusslandschaft. *August Sander und die Fotografie der Gegenwart,* brosch., 978-3-8296-0672-1

Mondino, Jean Baptiste. *Three at Last,* geb., 978-3-8296-0669-1

Parr, Martin. *We Love Britain!,* brosch., 978-3-8296-0687-5

Sander, August. *Rheinlandschaften,* NA, geb., 978-3-8296-0671-4

Saint-Laurent, Yves. *Icons of Fashion Design, Icons of Photography,* NA, brosch., 978-3-8296-0471-0

Schirmer/Mosel. *40 Jahre Schirmer/Mosel 1974–2014. Die Bibliographie aller erschienenen Titel,* brosch., 978-3-8296-0700-1

Seberg, Jean. *Photographien und Dokumente aus dem Familienarchiv* geb., 978-3-8296-0674-5

Twombly, Cy. *Die Werkübersicht,* geb., 978-3-8296-0656-1

Twombly, Cy. *Drawings. Cat. Rais. Vol. 4 1964–1969,* geb., 978-3-8296-0488-8

Twombly, Cy. *Catalogue Raisonné of the Paintings VI,* geb., 978-3-8296-0688-2

W – Fashion Stories. geb., 978-3-8296-0689-9

Zille, Heinrich. *Das alte Berlin,* brosch., 978-3-8296-0690-5

2015 ***1945.*** *Ikonen eines Jahres,* brosch., 978-3-8296-0715-5

Assig, Martin. *St. Paul,* geb., 978-3-8296-0708-7

Bergman, Ingrid. *Ein Leben in Bildern,* brosch., 978-3-8296-0702-5

Berlin im 19. Jahrhundert. geb., 978-3-8296-0722-3

Beuys, Joseph. *Werkübersicht,* NA, geb., 978-3-8296-0732-2

Beuys, Joseph. *Skulpturen/ Sculptures,* geb., 978-3-8296-0745-2

Björk. *Archives,* geb., 978-3-8296-0695-0

Corbijn, Anton. *Hollands Deep,* brosch., 978-3-8296-0683-7

Cranach, Lucas D. Ä. *Maler der deutschen Renaissance,* brosch., 978-3-8296-0736-0

D'Orazio, Sante. *Polaroids,* geb., 978-3-8296-0720-9

Fassbinder, Rainer Werner. *Im Land des Apfelbaums,* geb., 978-3-8296-0714-8

[Die große] Geschichte der zeitgenössischen Photographie. *1960 bis heute,* geb., 978-3-8296-0718-6

Giacometti, Alberto. *Portraits,* geb., 978-3-8296-0730-8

Hepburn, Audrey. *Portraits einer Ikone,* brosch., 978-3-8296-0719-3

Jahn, Helmut. *Buildings/Bauten,* geb., 978-3-8296-0723-0

Kandinsky, Wassily. *Meisterwerke,* SVB, 978-3-8296-0742-1

Kiefer, Anselm. Daniel Arasse. *Die große Monographie,* NA, brosch., 978-3-8296-0703-2

Kiefer, Anselm. *Morgenthau,* geb. 978-3-8296-0729-2

Le Gray, Gustave. *Seestücke,* geb., 978-3-8296-0727-8

Longo, Robert. *Men in the Cities. Photographs 1976–1982,* NA, geb., 978-3-8296-0735-3

Macke, August. *Aquarelle,* SVB, 978-3-8296-0712-4

Marc, Franz. *Tier-Aquarelle,* NA, SVB, 978-3-8296-0494-9

Meene, Hellen van. *Die Jahre werden wie Hasen laufen,* geb., 978-3-8296-0717-9

München. Rainer Viertlböck, geb., 978-3-8296-0721-6

Nooteboom, Cees. *Zurbarán. Ausgewählte Gemälde 1625–1664,* NA, geb., 978-3-8296-0737-7

Nooteboom, Cees. *Zurbarán. Paintings 1625–1664,* NA, engl. Ausg., 978-3-8296-0738-4

Rosswog, Martin. *Milton, South Uist, Scotland,* geb., 978-3-8296-0711-7

Schöne Aussichten. *Der Blaue Reiter und der Impressionismus,* geb., 978-3-8296-0707-0

Twombly, Cy. *Drawings. Cat Rais. Vol. 5 1970–1971,* engl. Ausg., geb. 978-3-8296-0489-5

Völker, Cornelius. *Arbeiten auf Papier.* geb., 978-3-8296-0706-3

Wenders, Wim. *Einmal,* NA, brosch., 978-3-8296-0710-0

Wenders, Wim. *Einmal,* NA, engl. Ausg., brosch., 978-3-8296-0716-2

Wenders, Wim. *Written in the West. Revisited,* NA, geb., 978-3-8296-0709-4

Wenders, Wim. *4 Real and True 2,* brosch., 978-3-8296-0696-7

Wenders, Wim. *4 Real and True 2,* engl. Ausg., brosch., 978-3-8296-0697-4

2016 **Bardot, Brigitte.** Henri-Jean Servat. *Filmidol – Mode-Ikone – Sexsymbol,* geb., 978-3-8296-0773-5

Becher, Bernd & Hilla. *Im Gespräch. Zwei Interviews,* brosch., 978-3-8296-0752-0

Beuys, Joseph. *Beuys, Düsseldorf-Oberkassel, Drakeplatz 4,* geb., 978-3-8296-0704-9

Beuys, Joseph. *Joseph Beuys in Basel Bd.4: Plastische Bilder und Multiples,* geb., 978-3-8296-0753-7

Beuys, Joseph. *Joseph Beuys in Basel. Bd. 1–4,* geb., im Schuber, 978-3-8296-0802-2

Beuys, Joseph. Kirsten Claudia Voigt. *Joseph Beuys liest Friedrich Nietzsche,* geb., 978-3-8296-0754-4

Bloßfeldt, Karl. Ann und Jürgen Wilde, *Meisterwerke,* geb., 978-3-8296-0725-4

Cartier-Bresson, Henri. *Die Photographien,* NA, geb., 978-3-8296-0776-6

Dior, Christian. *Dior und ich,* geb., 978-3-8296-0766-7

Esser, Elger. *Combray,* geb., 978-3-8296-0751-3

Fassbinder, R. W. *Die Filme 1966–1982. Ein Werkverzeichnis,* brosch., 978-3-8296-0698-1

[Die große] Geschichte der Photographie. *Die Moderne. 1920 bis 1960,* geb., 978-3-8296-0778-0

Kiefer, Anselm. *Die Welt – ein Buch,* geb., 978-3-8296-0755-1

Lartigue, Jacques Henri. *Das Leben ist bunt,* geb., 978-3-8296-0749-0

Mapplethorpe, Robert. *Die Photographien 1969–1989,* geb., 978-3-8296-0747-6

McQueen, Alexander. Robert Fairer, *Alexander McQueen,* geb., 978-3-8296-0774-2

Newton, Helmut. *Portraits,* NA, engl. Ausg. mit dt. Textbeilage, geb., 978-3-8296-0131-3

[The] New York Times Magazine. *Photographien 1978 bis heute,* brosch., 978-3-8296-0757-5

Nieweg, Simone. *Der Wald, die Bäume, das Licht,* geb., 978-3-8296-0750-6

Nooteboom, Cees. *Eine düstere Vorahnung. Reisen zu Hieronymus Bosch,* geb., 978-3-8296-0746-9

Nooteboom, Cees. *A Dark Premonition. Journeys to Hieronymus Bosch,* engl. Ausg., geb., 978-3-8296-0767-4

Nooteboom, Cees. *Tumbas,* NA, geb., 978-3-8296-0771-1

O'Keeffe, Georgia / John Loengard. *Paintings & Photographs,* NA, dt./engl. Ausg., geb., 978-3-8296-0786-5

Rossellini, Isabella. *Some of Me,* NA, geb., 978-3-8296-0772-8

Toast. *Hundstage in den Hamptons,* geb., 978-3-8296-0748-3

Tenwiggenhorn, Nic. *Fotografien 1951–2012,* brosch., 978-3-8296-0779-7

Twombly, Cy. *Fifty Years of Works on Paper,* NA, engl. Ausg., brosch., 978-3-8296-0787-2

Twombly, Cy. *Ausgewählte Photographien,* brosch., 978-3-8296-0784-1

Twombly, Cy. *Drawings. Cat. Rais. Vol. 6 1972–1979,* engl. Ausg., geb., 978-3-8296-0760-5

Twombly, Cy. *Drawings. Cat. Rais. Vol. 7 1980–1989,* geb., 978-3-8296-0761-2

Viertlböck, Rainer. *Oktoberfest* geb., 978-3-8296-0765-0

Völker, Cornelius. *About Painting* geb., 978-3-8296-0782-7

Wall, Jeff. Stefan Gronert, *Specific Pictures,* geb., 978-3-8296-0705-6

Wall, Jeff. Stefan Gronert, *Specific Pictures,* engl. Ausg., geb., 978-3-8296-0780-3

2017 ***Arbus, Friedlander, Winogrand.*** *New Documents 1967,* geb., 978-3-8296-0790-2

Assig, Martin. *Die Großen (St. Paul),* brosch., 978-3-8296-0831-2

Balenciaga, Cristóbal. Mary Blume. *Balenciaga, unser aller Meister.* geb., 978-3-8296-0795-7

Beuys, Joseph. *Einwandfreie Bilder,* geb., 978-3-8296-0822-0

Braun, Adolphe. *Ein europäisches Photographie-Unternehmen.* geb., 978-3-8296-0823-7

Esser, Elger. *Morgenland,* geb., 978-3-8296-0797-1

Feldmann, Hans-Peter / Maria Grefe. *12 Entwürfe,* geb., 978-3-8296-0830-5

Fonssagrives, Lisa. *Lisa Fonssagrives-Penn,* NA, dt./engl. Ausg., geb., 978-3-8296-0796-4

[Die große] Geschichte der Photographie. *Die Anfänge. 1940 bis 1920,* geb., 978-3-8296-0788-9

[Die große] Geschichte der Photographie, drei Bände im Schuber, 978-3-8296-0820-6

Goedicke, Claus. *Dinge,* geb., 978-3-8296-0799-5

Gronert, Stefan. *Die Düsseldorfer Photoschule. Photographien,* NA, geb., 978-3-8296-0803-9

Gronert, Stefan. *The Düsseldorf School of Photography*, engl. Ausg., geb., 978-3-8296-0808-4

Kitaj, R.B. *Bekenntnisse eines alten jüdischen Malers,* geb., 978-3-8296-0770-4

Kitaj, R.B. *Confessions of an Old Jewish Painter*, engl. Ausg., geb., 978-3-8296-0813-8

Leibovitz, Annie. *Portraits 2005–2016,* geb., 978-3-8296-0815-2

Magnum Manifesto. geb., 978-3-8296-0789-6

Neurath, Eva. *Erinnerungen,* geb., 978-3-8296-0819-0

Nooteboom, Cees. *Karl Bloßfeldt und das Auge Allahs,* geb., 978-3-8296-0818-3

Penn, Irving. *Centennial,* geb., 978-3-8296-0800-8

Polke, Sigmar. *Alchemie und Arabeske,* geb., 978-3-8296-0801-5

Presley, Elvis. *Wo waren Sie, als Elvis starb?* NA, SVB, 978-3-8296-0827-5

Rodin, Auguste. *Erotische Aquarelle,* NA, dt./engl./frz. Ausg., geb., 978-3-8296-0812-1

Rossellini, Isabella. *Meine Hühner und ich,* geb., 978-3-8296-0793-3

Schneider, Romy. Isabelle Giordano. *Film für Film,* geb., 978-3-8296-0817-6

Struth, Thomas. *Thomas Struth. Figure Ground,* brosch., 978-3-8296-0798-8

Struth, Thomas. *Thomas Struth. Figure Ground,* engl. Ausg., geb., 978-3-8296-0810-7

Struth, Thomas. *New Pictures from Paradise,* erw. NA, geb., 978-3-8296-0759-9

Twombly, Cy. *The Printed Graphic Work. Cat. Rais.,* geb., 978-3-8296-0825-1

Twombly, Cy. *Drawings. Cat. Rais. Vol. 8 1990–2011,* geb., 978-3-8296-0762-9

Twombly, Cy. *Drawings. Cat. Rais. Vol. 1–4,* vier Bände im Schuber, 978-3-8296-0805-3

Twombly, Cy. *Drawings. Cat. Rais. Vol. 5–8,* vier Bände im Schuber, 978-3-8296-0806-0

Wegman, William. *Menschen wie wir,* brosch., 978-3-8296-0809-1

Wenders, Wim. *Sofort Bilder,* geb., 978-3-8296-0816-9

Wenders, Wim. *Instant Pictures,* engl. Ausg., geb., 978-3-8296-0829-9

2018 **Agamben, Giorgio.** *Pulcinella,* geb., 978-3-8296-0852-7

Berlin als Residenzstadt, geb., 978-3-8296-0836-7

Beuys, Joseph. *Joseph Beuys im Lenbachhaus,* 2 Bände im Schuber, geb., 978-3-8296-0839-8

Beuys, Joseph / Abisag Tüllmann. *Titus / Iphigenie,* geb., 978-3-8296-0837-4

Brech, Christoph. *Das Bayerische Staatsorchester,* geb., 978-3-8296-0851-0

Cézanne, Paul / Rainer Maria Rilke. *Ausstellung Paris 1907,* geb., 978-3-8296-0821-3

Cézanne, Paul / Rainer Maria Rilke. *Exhibition Paris 1907,* engl. Ausg., geb., 978-3-8296-0847-3

Corbijn, Anton. *The Living and the Dead,* brosch., 978-3-8296-0834-3

Corbijn, Anton. *Selbstportrait,* geb., 978-3-8296-0846-6

Corbijn, Anton. *Allegro,* NA, SVB, dt./engl. Ausg., 978-3-8296-0794-0

Deneuve, Catherine. *Film für Film,* geb., 978-3-8296-0854-1

Friedrich, Heiner. *Ich will nichts über mich sagen. Es geht um die Kunst,* geb., 978-3-8296-0844-2

Friedrich, Heiner. *It is the Art that Speaks,* engl. Ausg., geb., 978-3-8296-0861-9

Hackspecht, Harumi. *Harumi Hackspecht erklärt die Welt,* Spruchpostkarten, 978-3-8296-0840-4

Hepburn, Audrey. *Adieu Audrey,* NA, dt./engl. Ausg., geb., 978-3-8296-0860-2

Kahlo, Frida. *Jetzt, wo Du mich verläßt, liebe ich Dich mehr denn je,* NA, geb., 978-3-86555-002-6

Kiefer, Anselm. *Bilder / Paintings,* geb., 978-3-8296-0832-9

Lektüre. *Bilder vom Lesen – Vom Lesen der Bilder,* geb., 978-3-8296-0833-6

Magnum China. geb., 978-3-8296-0850-3

Maier, Vivian. *Farbphotographien,* geb., 978-3-8296-0862-6

Max, Gabriel von. *Affen im Salon,* geb., 978-3-8296-0824-4

Prager, Alex. *Silver Lake Drive,* geb., 978-3-8296-0841-1

Saint Laurent, Yves. *Icons of Fashion Design. Icons of Photography*, NA, geb., 978-3-8296-0471-0

Sander, August. *Meisterwerke*, geb., 978-3-8296-0673-8

Sander, August. *Masterworks*, engl. Ausg., geb., 978-3-8296-0845-9

Schneider, Romy / Hans-Jürgen Syberberg. *Romy in Kitzbühel 1966*, geb., 978-3-8296-0855-8

Schneider, Romy. *Adieu Romy*, SVB, 978-3-8296-0857-2

Tarkovskij, Andrej. *Leben und Werk*, NA, geb., 978-3-8296-0842-8

Tarkovskij, Andrej. *Life and Work*, NA, engl. Ausg., geb., 978-3-8296-0811-4

Twombly, Cy. *Catalogue Raisonné of the Paintings Vol. VII. Addendum*, geb., 978-3-8296-0781-0

Valentin, Karl. *Photographien*, geb., 978-3-8296-0858-9

Wydra, Thilo. *Hitchcock's Blondes.* geb., 978-3-8296-0835-0

2019 **Artaud, Antonin.** *Zeichnungen und Portraits*, NA, geb., 978-3-8296-0775-9

Artaud, Antonin. *Dessins et Portraits*, frz. Ausg., geb., 978-3-8296-0848-0

Bourgeois, Louise. *Femme Maison. Das Haus der Künstlerin*, geb., 978-3-8296-0870-1

Cragg, Anthony. *Skulpturen und Zeichnungen*, geb., 978-3-8296-0881-7

Enzensberger, Hans Magnus / Stefan Moses. *Eine Hommage*, geb., 978-3-8296-0882-4

Handke, Peter. *Zeichnungen*, geb., 978-3-8296-0853-4

Kelly, Ellsworth. *Austin. Die Künstlerkapelle*, geb., 978-3-8296-0878-7

Klemm, Barbara. *Zeiten Bilder*, geb., 978-3-8296-0877-0

Kneffel, Karin. *Still*, geb., 978-3-8296-0873-2

Kneffel, Karin. *Still*, engl. Ausg., geb., 978-3-8296-0883-1

Larsson, Bernard. *Berlin. Die ganze Stadt zur Zeit des Mauerbaus*, geb., 978-3-8296-0849-7

Leonardo da Vinci. *Die großen Schriftsteller unterwegs zu Leonardo*, NA, geb., 978-3-8296-0273-0

Leonardo da Vinci. Marianne Schneider. *Das große Leonardo-Buch*, NA, geb., 978-3-8296-0859-6

MoMA Highlights. *375 Werke aus dem Museum of Modern Art, NY*, brosch., 978-3-8296-0875-6

Rembrandt. Pascal Bonafoux, *Die Selbstbildnisse*, geb., 978-3-8296-0869-5

Richter, Gerhard. Armin Zweite, *Das Denken ist beim Malen das Malen – Leben und Werk*, geb., 978-3-8296-0758-2

Sander, August. *Antlitz der Zeit, Originalausgabe und Rezensionen*, geb., 978-3-8296-0865-7

Struth, Thomas. *Composition '19*, geb., 978-3-8296-0874-9

Struth, Thomas. *Thomas Struth – Figure Ground,* spanische Ausg., geb., 978-3-8296-0884-8

Twombly, Cy. *Catalogue Raisonné of Sculpture Vol. II,* geb., 978-3-8296-0866-4

Twombly, Cy. *Homes & Studios,* geb., 978-3-8296-0791-9

Waits, Tom. *von Matt Mahurin,* geb., 978-3-8296-0876-3

Walker, Tim. *Shoot for the Moon,* geb., 978-3-8296-0879-4

2020 **Balkenhol, Stephan.** *Stephan Balkenhol,* geb., 978-3-8296-0909-8

Becher, Bernd und Hilla. *Grundformen. Formes Elémentaires,* geb., 978-3-8296-0886-2

Beuys, Joseph. Volker Harlan / Wolfgang Zumdick. *Mit Beuys Evolution denken,* geb., 978-3-8296-0867-1

Bloßfeldt, Karl. *Alphabet der Pflanzen,* dt./engl. Ausg., NA, SVB, 978-3-8296-0912-8

Cartier-Bresson, Henri. *Man redet immer zuviel,* geb., 978-3-8296-0868-8

Dresden *– in Photographien des 19. Jahrhunderts,* geb., 978-3-8296-0777-3

Fassbinder, Rainer Werner. *Film Stills 1966–1982* geb., 978-3-8296-0895-4

Handke, Peter. *Pilzdrucke,* brosch., 978-3-8296-0897-8

Hopper, Edward. *Ausgewählte Gemälde. Mit Skizzen,* NA, brosch., 978-3-8296-0580-9

Hopper, Edward. *Paintings and Ledger Book Drawings,* NA, engl. Ausg., brosch., 978-3-8296-0602-8

Kiefer, Anselm. *Opus Magnum* geb., 978-3-8296-0898-5

Kitaj, R.B. *In Our Time. Covers,* geb., 978-3-8296-0864-0

Lindbergh, Peter. *Images of Women II,* NA, geb., 978-3-8296-0902-9

München. Schau her! geb., 978-3-8296-0872-5

Newton, Helmut. *Pola Woman,* NA, engl./dt./frz. Ausgabe, geb., 978-3-8296-0887-9

Newton, Helmut. *Private Property,* NA, SVB, dt./engl. Ausg., 978-3-8296-0911-1

Nooteboom, Cees. *Über das japanische Kloster Kozan-ji,* geb., 978-3-8296-0892-3

Notre Dame de Paris. *Bilder einer Kathedrale,* geb., 978-3-8296-0871-8

Notre Dame de Paris. *Bilder einer Kathedrale,* mit engl. Textbeilage geb., 978-3-8296-0906-7

Rossellini, Isabella. *Meine Hühner und ich,* Nestausgabe geb., 978-3-8296-0904-3

Schirmer, Lothar. *Frauen sehen Frauen,* NA, dt./engl. Ausg., brosch., 978-3-8296-0900-5

Schirmer, Lothar. *Über meine Künstler,* geb., 978-3-8296-0901-2

Sherman, Cindy. *The Cindy Sherman Effect,* geb., 978-3-8296-0890-9

Struth, Thomas. *Unconscious Places* NA, geb., 978-3-8296-0880-0

Twombly, Cy. *Homes & Studios,* NA, brosch., 978-3-8296-0908-1

Völker, Cornelius. *Nur auf dem Papier,* geb., 978-3-8296-0899-2

2021 **Bachler, Nikolaus.** *Sprachen des Musiktheaters,* geb., 978-3-8296-0926-5

Beuys, Joseph. Eva Huttenlauch, *Zeige Deine Wunde / Show Your Wound,* geb., 978-3-8296-0937-1

Beuys, Joseph. *Linie zu Linie. Blatt um Blatt,* brosch., 978-3-8296-0920-3

Beuys, Joseph. Alf Christophersen, *Die Kunst des Unsichtbaren,* geb., 978-3-8296-0931-9

Beuys, Joseph. *Jahrgang 1921. Joseph Beuys und Erich Marx,* geb., 978-3-8296-0938-8

Beuys, Joseph / Ute Klophaus. *Aus der Zeit gerissen,* brosch., 978-3-89202-106-3 (Museumsausgabe)

Dresden *– in Photographien des 19. Jahrhunderts,* NA, geb., 978-3-8296-0942-5

Evans, Walker. Svetlana Alpers, *America. Leben und Kunst,* geb., 978-3-8296-0910-4

Faigenbaum, Patrick. *Fotografien 1974–2020,* geb., 978-3-8296-0924-1

Kahlo, Frida. Christa Burrus, *»Ich male meine Wirklichkeit«,* brosch., 978-3-8296-0933-3

Kahlo, Frida. Marc Petitjean, *Das Herz – eine Liebesaffäre in Paris,* geb., 978-3-8296-0914-2

Kahlo, Frida. *Fridas Kleider,* NA, geb., 978-3-8296-0932-6

Kahlo, Frida. Helga Prignitz-Poda, *Die Malerin und ihr Werk,* NA, geb., 978-3-8296-0915-9

Kiefer, Anselm. *Die Kunst geht knapp nicht unter. Vorlesungen,* geb., 978-3-8296-0913-5

Kiefer, Anselm. *The fire that consumes all before it,* geb., 978-3-8296-0941-8

Lartigue, Jacques Henri. *Das schöne Leben,* brosch., 978-3-8296-0894-7

Morrison, Jim. Jerry Hopkins, *Der König der Eidechsen.* NA, brosch., 978-3-8296-0934-0

Niggl Radloff, Barbara. *Fotografien 1958–2004,* brosch., 978-3-8296-0923-4

Nooteboom, Cees. *Endlose Kreise,* geb., 978-3-8296-0916-6

Schirmer, Lothar. *Gemalte Tiere,* geb., 978-3-8296-0921-0

Twombly, Cy. *Werkübersicht,* NA, geb., 978-3-8296-0930-2

Völker, Cornelius. *Verflüchtigungen,* geb., 978-3-8296-0940-1

Wenders, Wim. *Sofort Bilder,* NA, brosch., 978-3-8296-0903-6

Wols. Patrycja de Bieberstein Ilgner, *Die Gemälde. Paris 1946–1951,* geb., 978-3-8296-0907-4

2022 **Assig, Martin.** *Weil ich Mensch bin,* geb., 978-3-8296-0969-2

Bachler, Nikolaus. *Talking about Music Theater,* engl. Ausg., geb., 978-3-8296-0943-2

Bastian, Heiner. *Der Gedanke. Gedichte,* geb., 978-3-8296-0958-6

Becher, Bernd & Hilla. *Bernd & Hilla Becher.* Kat. The Metropolitan Museum of Art, NY, geb., 978-3-8296-0957-9

Berges, Laurenz. *Das Becherhaus in Mudersbach,* geb., 978-3-8296-0948-7

Biennale Venedig. *Auf Wasser gebaut/Built on Water,* brosch., 978-3-8296-0953-1

Dahlem, Franz. *Am liebsten würde ich Marilyn Monroe sein,* geb., 978-3-8296-0936-4

Fritz, Roger. *Boulevard der Eitelkeiten,* geb., 978-3-8296-0935-7

Kneffel, Karin. *Im Bild/In the Picture,* geb., 978-3-8296-0955-5

Krüger, Michael. *Über Gemälde von Giovanni Segantini,* geb., 978-3-8296-0951-7

Monroe, Marilyn. *Marilyn Monroe und die Kamera,* NA, dt./engl. Ausg., geb., 978-3-8296-0952-4

Morath, Inge. *Hommage,* geb., 978-3-8296-0972-2

Nolde, Emil. *Anatomie aus Licht und Wasser/Anatomy of Light and Water,* geb., 978-3-8296-0956-2

Petersen, Anders. *Café Lehmitz,* NA, geb., 978-3-8296-0959-3

Sander, August. *Neue Sachlichkeit, Deutschland, 1920er Jahre,* geb., 978-3-8296-0944-9

Venus, Albert. *Der letzte Romantiker,* geb., 978-3-8296-0964-7

Wols. Patrycja de Bieberstein Ilgner, *Aquarelle,* geb., 978-3-8296-0967-8

2023 **Aguado, Olympe.** Wolfgang Kemp, *Fotografie am Hof Napoleons III,* geb., 978-3-8296-0977-7

Beuys, Joseph. *Kompass Beuys. Sammlung Rinn,* geb., 978-3-8296-0939-5

Block, René. *Drei Hubwagen und ein Blatt Papier. Die Editionen 1966–2022,* geb., 978-3-8296-0976-0

Callas, Maria. Attila Csampai, *Gesichter eines Mediums,* NA, geb., 978-3-8296-0982-1

Callas, Maria. Attila Csampai, *Gesichter eines Mediums,* NA, engl. Ausg., geb., 978-3-8296-0997-5

Castiglione, Contessa di. Catharina Berents, *Die Femme fatale des Second Empire,* geb., 978-3-8296-0976-0

De Maria, Walter. Thomas Kellein, *Eine Werkübersicht,* geb., 978-3-8296-0965-4

De Maria, Walter. Thomas Kellein, *Eine Werkübersicht,* engl. Ausg., geb., 978-3-8296-0994-4

Görg, Patricia. *Der Sturz aus dem Schneckenhaus. Bilder und Rätsel,* geb., 978-3-8296-0987-6

Krüger, Michael / Isolde Ohlbaum. *Männer, die Rosen schneiden – Literaturgeschichten zu Fotografien,* geb., 978-3-8296-0984-5

Nieweg, Simone. *Pflanzungen, Schuppen, Ackerland / Plants, Sheds, Arable Land,* geb., 978-3-8296-0996-8

Picasso, Pablo. Pascal Bonafoux, *Picasso malt Picasso,* geb., 978-3-8296-0961-6

Pohlmann, Ulrich. *Photographie sammeln. Eine Festschrift,* geb., 978-3-8296-0966-1

Points of View. *Konzepte und Sequenzen / Concepts and Sequences,* geb., 978-3-8296-0978-4

Saint-Laurent, Yves. *Form und Fashion,* geb., 978-3-8296-0985-2

Schirmer, Lothar. *Glamour Collection Lothar Schirmer,* geb., 978-3-8296-0970-8

Schirmer, Lothar. *Glamour Collection Lothar Schirmer,* engl. Ausg., geb., 978-3-8296-0983-8

Schirmer, Lothar / Marianne Schneider. *Blumenbilder und Gedichte,* NA, geb., 978-3-8296-0993-7

Theorie der Fotografie V 1995–2022. Peter Geimer, geb., 978-3-8296-0925-8

Völker, Cornelius. *Vom Erscheinen und Verschwinden der Dinge,* geb., 978-3-8296-0990-6

2024

[The] **Barnes Collection.** *Das Museumshandbuch. Raum für Raum,* geb., 978-3-8296-0986-9

Baumgarten, Lothar. *Land of the Spotted Eagle. Werke aus der Sammlung Lothar Schirmer,* geb., 978-3-8296-0999-9

Esser, Elger. *Mont-Saint-Michel,* geb., 978-3-8296-0974-6

Friedrich, Caspar David. *Gemälde und Zeichnungen aus russischen Museen,* NA, geb., 978-3-8296-0992-0

Hopper, Edward. *New York,* geb., 978-3-8296-0989-0

Renkel, Max. *Laconic Icons,* geb., 978-3-8296-0922-7

Richter, Gerhard. *Photographs,* brosch., 978-3-8296-1011-7

Schirmer/Mosel. *Jubiläumskatalog. 1974–2024. Eine illustrierte Bibliographie ,* geb., 978-3-8296-1007-0

Trinks, Stefan. *Glaubensstoffe und Geschichtsgewebe,* geb., 978-3-8296-0991-3

Nachwort für die Zukunft

Die alphabetische Ordnung, die es erlaubt, punktuelle Auffindungsorte präzise zu lokalisieren, hat den Nachteil, die Struktur des Programms in weiten Teilen unkenntlich zu lassen. Um dem abzuhelfen, haben wir uns für die Zukunft folgende Arbeiten vorgenommen:

– Die zum Erscheinungstermin dieses Buchs noch lieferbaren Titel werden demnächst als eine separate Ausgabe vorgelegt.

– Ebenfalls in separaten Ausgaben werden die thematischen Schwerpunkte unserer Programmplanung zusammengestellt und gegliedert. Neben den *Künstler-Monographien* wie z. B. von Beuys, Becher, Twombly, Kiefer, Höfer, Struth, Sander, Newton, Rossellini sind dies Titel der Sachkategorien *Photographie, Alte Kunst, Moderne Kunst, Kunstgeschichte, Showbusiness, Mode, Erotik, Literatur, Film, Cartoon* etc.

Zu gegebener Zeit finden Sie diese Informationen auch auf unserer Website *www.schirmer-mosel.com*

Dank

Dank allen Mitwirkenden:
den Künstlern, Autoren und Übersetzern,
den Zulieferern und Mitarbeitern,
den Buchhändlern und Verlagskollegen
sowie dem Publikum
L.S.

Das Verlagsteam von Schirmer/Mosel in der Cuvilliésstraße, München, 2023.
Photo Thomas Dashuber

v. l. n. r.: Angela Motlik-Ernst, Marion Kagerer, Dr. Birgit Mayer, Roland Hepp, Lothar Schirmer, Natalia Kuklina, Simon Distenfeld, Ralf Gorgas, Michaela Angermair, Johann Aigner, Regine Kaiser, Paula von Bornhaupt, Martin Thierer.

Imagine This, Imagine That!

Foreword by the Publisher

To the friends of the beautiful Schirmer/Mosel book:

If the book titles and publications from the past fifty years of labor and creations of the Schirmer/Mosel publishing house, compiled here before your eyes in words and pictures and in the arbitrary order of the author's alphabet, evoke even a partial desire to own one title or another, the antiquarian booksellers and book dealers of the world will be happy to help you fulfill this wish. And this little thick book with its 1212 pictures and 1825 title entries will have done its duty. There is no need to make people want to own the complete Schirmer/Mosel catalog. That privilege must remain reserved for the state libraries of Bavaria and the Federal Republic of Germany. They have stipulated by law that they should receive all our books as gifts.

I recently discovered a complete edition of Heiner Bastian's fabulous seven-volume Catalogue Raisonné of Cy Twombly's paintings being offered by a New York bookseller on the Internet. It was on sale for more than ten thousand euros, a hefty price. I rubbed my eyes and thought that this news would be a nice present for Schirmer/Mosel's 50th anniversary. Such a price development is certainly the exception, and a good deal of American national pride is probably priced into it.

I think this compendium will be a useful tool for booksellers, librarians, and collectors. It is at any rate a small cultural history of the past fifty years, and for people who deal with images privately or professionally, it may be an inexhaustible source of knowledge, inspiration, and pleasure. This is how it has been for me, at least, as I was producing these books for you. "Wat et nit all jit!" ["Imagine that!"] says the speaker of Cologne's dialect. In any case, I hope you enjoy browsing, looking, reading…

Lothar Schirmer
Munich, April 2024

50 Years, 1500 Books, A Man with (at least) Three Spirits: Collector, Publisher, Author

Wolfgang Kemp

Lothar Schirmer is a collector and publisher. We will come back to the author at the very end. Schirmer began collecting contemporary art as a student and has continued to do so to this day. That's a familiar story. And publishing books as a lifelong profession is also well-known. But what makes Lothar Schirmer's case so special is the concept of the publisher as collector. The occasion is the publishing house's 50th anniversary, that much is clear, but let's hold on to what Alfred Lichtwark attributed to this type of collector, which can be read as the impetus for all that follows: "By nature, the collector is determined to reach the highest heights, endowed with the gift of instinctive recognition or with the drive and capabilities of the researcher—or both. Here, the collector develops on the one hand all the powers of sensation that bring him close to the artist, and on the other, all the abilities inherent to the researcher, the scientist."

The publisher Schirmer collects artists and authors on a grand scale and demonstrates his loyalty to them with many publications. August Sander: 16 volumes; Thomas Struth: 20 volumes; Cindy Sherman: 12 volumes;

Cy Twombly: 39 volumes; Joseph Beuys: 43 volumes; Bernd and Hilla Becher: 24 volumes; Helmut Newton: 16 volumes. There are also smaller yet more distinctive collections: Isabella Rossellini gets a mere five volumes, but what a range of titles: *Some of Me – Looking at Me – In the Name of the Father, the Daughter, and the Holy Ghosts – Green Porno – My Chickens and I.*

Some artists have been fostered by Schirmer in his capacity as publisher. Among those just mentioned, the Bechers, Struth, Newton, and Sherman belong to this group. For others—Twombly, for example—he put together a major retrospective in book form: a Catalogue Raisonné in four sections for painting, sculpture, drawings, and photography. August Sander, with whom Schirmer/Mosel began fifty years ago (if we omit a samizdat publication about Beuys, fig. p. 11), had already been dead for ten years when Schirmer published his *Rhine Landscapes*, but Sander brought more to Schirmer and his publishing concept than a largely unpublished oeuvre that needed to be cataloged. As an author-photographer, Sander was a collector. As an itinerant and studio photographer, he photographed people daily, and from the 1920s onward, he did so with the idea in the back of his mind that he might be able to use the occasional picture a second time as a supporting document for a panorama of society. In terms of media, this meant photo books, picture books, anthologies. During his lifetime, Sander was only allowed a kind of preview of this project: *Face of Our Time*, published in 1929. It was not until Lothar Schirmer, in collaboration with Sander's son Gunther and the art historian Ulrich Keller, that *Menschen des 20. Jahrhunderts* [*People of the Twentieth Century*] (1980) could be completed, first as a single-volume book and then in 2002 as a seven-volume edition supervised by Susanne Lange, Gabriele Conrath-Scholl, and the grandson Gerd Sander. The title chosen by Sander is truly immodest: "People of the 20th Century" de facto meant German and mostly Rhineland people from the four decades before the Second World War. But this magnitude was permitted to one who ventured to create an image of the Whole and believed that photography was capable of handling what could be called the task of the century. I think it is no accident that Lothar Schirmer started with this photographer and continued to work with him: The incompleteness of the work and the abundance of the preserved material also signified, with respect to conservation and printing techniques, a formidable learning process requiring a degree of editorial and publishing commitment that had hitherto been unknown in regard to the curation of the life's work of photographers. Most important, however, was the trust in photography as an art form. In the last fifty years, Schirmer/Mosel made a decisive contribution to making ambitious challenges a matter of course. Schirmer, then, can do both of two tasks: firstly, publish the next volume of one of "his" authors and allow his or her life's work to accumulate, and secondly, steward a complete oeuvre, as he has done for Sander, Twombly, and Beuys.

Sander still cultivated historically recognized genres such as portraiture, landscape and architecture. With the Bechers, there came a thematic expansion so typical of the 1960s and 70s, the exploration of everyday life, pop and object culture, anonymous architecture, etc. Now, work was purposefully created for photo books. As far as the pre-Schirmer period is concerned, the *Twentysix Gasoline Stations*, which Ed Ruscha published under his own direction in 1963, are legendary: An artist's book in which an artist did not depict his own works but rather picked up "readymades" on the roadside and photographed them without artistic pretension. But he ensured the highest quality in terms of reproduction printing and typography. Ruscha had studied graphic design and apprenticed at a printing company for exclusive artist books. Having an artistic concept and working with quotidian subjects did not have to mean neglecting aesthetics. And this was also true from the outset for the Schirmer/Mosel publishing house, which, with Lothar Schirmer and Erik Mosel, boasted two book designers who displayed a certain Ulm rigor: very stark white, very stark black, with no collaging or sampling of images and texts on the page, but a touching commitment to sans-serif fonts. The image plays the leading role; its presence is simultaneously self-confident and modest—modest in the sense of being aware of the conditions of its appearance. It must not go to the edge; at Schirmer/Mosel, a finely balanced white background means that we should not forget: this image is in a book. Other layout designers may think they are doing the image a favor by giving it a borderless existence, but they are merely filling space.

Of course the publisher went along with the transition to color—just as the Bechers' students distanced themselves from their dark gray austerity and switched to color, effortlessly mastering the digital program of filters. But—I'm returning to Schirmer/Mosel and touching upon a small miracle—the color reproductions are very accurate, neither oversaturated nor muted, but they seem to me as if the color photograph has only taken the traditional place of a black-and-white photograph as a substitute. Perhaps this comes from seeing too many Schirmer/Mosel books, especially the earlier ones.

As far as the texts were concerned, however, a different standard applied from the outset and still does, albeit to a limited extent. Schirmer put an end to the formula "with a foreword by." Before Schirmer came along, photography books were published with a belly band featuring a short text by an author who was as well-known as possible but completely unencumbered by expertise in the field: Ernst Jünger introduced five photo books in his lifetime—a little known fact. Döblin wrote the foreword for Sander, Gerhart Hauptmann wrote for Kurt Hielscher, and Heinrich Zille was introduced to the world as a photographer by the well-known Berlin critic Friedrich Luft. Schirmer did things differently. He wanted to get more out of the pictures and thus justify their prominence, and to this end he employed a generation of young art historians who were ready to overcome the narrowness of their discipline and brought some new ideas with them. This was long before media theory and media studies rose to become the leading discipline in the humanities. With this as his goal and, of course, with his reliable nose for the right people, Schirmer has also written a piece of the history of art history.

When we began—Schirmer with his first book and I with mine, the same book—there was a renowned art historian in West Germany who occasionally wrote about photography. I'm referring to Josef Adolf Schmoll, a.k.a. Eisenwerth, a Munich colleague born in 1915; he also contributed two smaller pieces to Schirmer/Mosel books (*Eine neue Kunst? Eine andere Natur! Fotografie und Malerei im 19. Jahrhundert* [A New Art? A Different Nature! Photography and Painting in the 19th Century] and *Toni Schneiders. Photographien 1946–1980*). When I say "smaller pieces," I'm alluding to the consequences of the fact that the publishing house participated in the big business of producing and publishing exhibition catalogs, for which different standards apply to text contributions. Exhibition catalogs with many hundreds of pages and images have been the great innovation of the period since the 1970s. For the publishing industry, collaboration with institutions meant that funding sources previously accessible only to academic presses were now available to them: *Drittmittel* [third-party funding] is the magic word. And for exhibitions of artists of the more recent past, there were at the same time considerable savings with regard to reproduction fees. Here, the so-called "catalog image freedom" applies, which also includes products of "photographic art."

This last point requires a brief digression: When lawmakers wanted to extend copyright to photographs, they felt compelled to distinguish works "of photographic distinction" from "snapshots." A "photographic work" is protected, it possesses a "level of design" (Gestalthöhe) and "forceful expressive power"—i. e., "a mood that goes beyond the reproduction of the objective motif thanks to unusual perspective, distribution of light and shadow, or contrast and depth of field," etc. These criteria would exclude Ruscha's gas stations and the Bechers' water towers. If these "photographic works" nevertheless achieve "original creative character and design," they succeed in doing so by subverting the aesthetic standards of legislators and thus being "unusual." But this argument falls short because it starts from the individual "photographic work." What counts now are the principles of the new "aesthetic act": seriality, concept, execution.

But let's return to the subject of the exhibition catalog. Public subsidies, royalty-free images, and cost-saving techniques in four-color printing have made it large and hefty. Regarding the publishing practices of art scholars both inside and outside museums, one can see that many of the large museums, while busy with catalog production, have discontinued their own journals and annual publications. Moreover, it's evident that text contributions are increasing in number but decreasing in length. "With texts by" means that at least six names follow—in one Schirmer/Mosel publication, I counted 13 "texts by." Three things have happened: The book and exhibition now come as a package deal; responsibility for both lies with the exhibition's organizer; and the book, the catalog, has adopted the format of the anthology, which has been the second publication form that has grown immensely in popularity since the 1970s. That the exhibition catalog as an anthology does not aid exhibition visitors is not just due to its weight. We are talking about structures that have taken on a life of their own over the last fifty years, meaning change is no longer possible or desired. "There is no voluntary going back," as Robert Musil says.

It is a relief to note that Schirmer/Mosel is not a typical publisher of exhibition catalogs. The reason why is clear. For Lothar Schirmer, it's not enough that something fits into his program. Two catalogs show that things can be done differently: *Von Beuys bis Cindy Sherman. Sammlung Lothar Schirmer* with an essay by Wolfgang Kemp (1999) and *Joseph Beuys im Lenbachhaus und Schenkung Lothar Schirmer* [Joseph Beuys at the Lenbachhaus and the Lothar Schirmer Donation] with a text by Lothar Schirmer (2013). Enough self-praise! What's far more important is the completion of a circle. We have marked the following positions on it: The publisher Schirmer collects authors and artists from whom he elicits as many publications as possible. More than a few of these Schirmer/Mosel artists generate collections and series that are not only distributed in book form, but some of them are transferred to the Schirmer Collection as originals and from there, are newly selected and arranged before being transferred back into Schirmer/Mosel books. As a candidate for the German Sustainability Award, the following book is hereby proposed—I refer to it in the order given on the cover (fig. p. 8): *Glamour Collection Lothar Schirmer / With a foreword by Isabella Rossellini*. In this volume, Schirmer is active as an ideator, collector, owner, arranger, friend, and author. And this leads us to suspect or realize that our insistence on the categories of collector, collection, anthology, etc., urgently needs to be corrected by another word. How about "self-publishing"? As an author, Lothar Schirmer is represented with 14 titles in his own publisher's catalog. This does not quite make him one of the top scorers in the house, but if we add the "more than 1500 books" that Lothar Schirmer has edited, he is unparalleled. For "self-published," we used to say "privately printed." Let us be glad and grateful that he has granted us all access to his open publishing house and that many other authors—the authors' index lists 2126—have found a place alongside him. Ad multos libros—here's to many more books!

Afterword for the Future

The alphabetical ordering, which makes it possible to precisely locate specific places of discovery, has the disadvantage of obscuring the structure of the program in many respects. To remedy this, we have planned the following tasks for the future:

– The titles still available at the time of this book's publication will soon be presented as a separate edition.

– The thematic focal points of our program planning will also be compiled and structured in separate editions. In addition to *artist monographs* such as those by Beuys, Becher, Twombly, Kiefer, Höfer, Struth, Sander, Newton, and Rossellini, these include titles in the subject categories of *Photography, Old Masters, Modern Art, Art History, Show Business, Fashion, Eroticism, Literature, Film, Cartoons*, etc.

In due course, you will also find this information on our website: *www.schirmer-mosel.com*.

NAMENS-REGISTER

Dieses Register verweist ausschließlich auf den Gesamtkatalog von Seite 18 bis 365

Bildnachweis
Umschlagabb. vorne: Cornelius Völker, *Bücher* | *Books*, 2008, Öl auf Papier, 100 x 70 cm (Ausschnitt). © Cornelius Völker / VG Bild-Kunst, Bonn 2024;
Umschlagabb. hinten: Hezal Tamang in Manang, Neapel, mit der Schirmer/Mosel-Tüte, 2022, © Johannes Eisner, 2024;
Frontispiz S. 2: Konrad Klapheck, © VG Bild-Kunst, Bonn 2024;
Abb. S. 432/433: © Thomas Dashuber, München 2024

Übersetzungen ins Englische: Daniel Mufson

Litho: Bayermedia, München
Druck und Bindung: PB tisk, Příbram, Tschechien

ISBN 978-3-8296-1007-0

Eine Schirmer/Mosel Produktion
www.schirmer-mosel.com

HOMEPAGE

KATALOGE & NEWSLETTER